股票技术分析

全书

王达菲◎编著

北京联合出版公司
Beijing United Publishing Co.,Ltd.

图书在版编目（CIP）数据

股票技术分析全书 / 王达菲编著 . —北京：北京联合出版公司，2015.8（2024.10
重印）

ISBN 978-7-5502-5831-0

Ⅰ . ①股… Ⅱ . ①王… Ⅲ . ①股票投资 – 基本知识 Ⅳ . ① F830.91

中国版本图书馆 CIP 数据核字（2015）第 175156 号

股票技术分析全书

编　　著：王达菲
出 品 人：赵红仕
责任编辑：徐秀琴
封面设计：韩　立
内文排版：盛小云

北京联合出版公司出版
（北京市西城区德外大街 83 号楼 9 层　100088）
德富泰（唐山）印务有限公司印刷　新华书店经销
字数 650 千字　720 毫米 × 1020 毫米　1/16　28 印张
2015 年 8 月第 1 版　2024 年 10 月第 3 次印刷
ISBN　978-7-5502-5831-0
定价：68.00 元

前言 |

1884 年，一位名叫查尔斯·道的人，用 11 只股票的收盘价格构造了一个股价平均指数，拉开了技术分析历史的序幕。在这后来的 100 多年间，各种技术分析理论和分析方法如雨后春笋般地涌现，让人目不暇接：波浪理论、江恩理论、形态理论、技术指标、划线趋势……市场技术分析已经不仅仅是一门科学，更成为了一代又一代市场参与者根据自己的交易实践总结提炼，又靠着它在市场中生存获利的投资艺术。

技术分析是以预测市场价格变动趋势为目的，通过一些技术指标及图表对市场行为进行的研究。技术分析不止关系市场趋势形成与转化的原因，更关心价格走势的最终结果，即根据价格的上涨或下跌来预测市场的走势。技术分析认为，历史总会重演。通过对历史经验的研究，我们可以在纷繁复杂的市场现象中摸索出规律，从而指导我们的交易与投资。

然而对于中国的投资者来说，技术分析是一个既熟悉又陌生的词语。大家都知道天底下没有不劳而获的事，投资股票也必须靠深入地钻研分析，然而能深刻地研究技术分析，领会技术分析的精神实质和内涵的人少之又少，能利用技术分析在市场中获利的投资者更是凤毛麟角。

尽管股票投资已经变得大众化，然而不少投资者对技术分析的理解只停留在炒股软件的走势图上，更多的人则是靠着道听途说来买卖交易。中国的投资者有时太过急功近利，抛开对股票本身的研究，迷信小道消息，追涨杀跌而失去理性的投资者并不少见。在这种情况下，系统地学习技术分析的知识，不仅有利于投资者在市场上稳定地获利，更是提升投资者价值理念、使投资者形成自身的投资哲学的必经之路。

有些投资者进行股票操作，虽然对于理论上的买入与卖出时间有着一定的了解，在实践中却常常受股价走势蒙蔽而错失了买卖时机。因此广大投资者一定要在实践中操练，将理论与实践相结合，逐步体会技术分析的内涵。通过技术分析，我们可以查看个股的 K 线，获得关于价格走势的直观印象；也可以通过绘制大盘的趋势线，来预测大盘行情的走势；也可以利用 RSI、OBV 等指标，来进行进一步深入的分析。作为一个优秀的技术投资者，应该至少完全掌握一种技术分析的方法，并在实践中熟练运用，乃至将两种以上的方法融会贯通。一个优秀的技术投资者会在实战中检验理论，发展理论，从而形成自身独特的制胜秘籍。

从中国的资本市场情况来看，极少数人取得了比市场更好的业绩，大多数人的收益都低于市场，"一平二赚七赔"似乎成了不变的定律。很多人认为这种现象的原因是中国市场的不完善：历史发展短，法律制度不健全，市场受外部因素干扰程度较大等等，但从根本上看，对市场本身的理解不透彻，是投资者无法战胜市场的关键。

股市是一个充满风险的场所，股票操作也是一项非常复杂的工作，对于股民来说，当务之急是学会客观冷静地看待股市，认真、细致地分析股市，准确、合理地把握股市。当你用自己辛勤劳动挣来的钱去炒股的时候，千万要对自己的投资行为负责，切不可盲目入市，随意买卖股票。为了帮助广大股民明明白白地在股市中赚钱，而不是盲目地追涨杀跌，我们特编写了这部《股票技术分析全书》。本书系统地介绍了技术分析的各种理论，包括道氏理论、江恩理论、波浪理论、亚当理论、相反理论、箱体理论等世界著名技术分析理论；全面地讲解了股市中常用的技术分析方法，包括分时走势分析技巧、盘口分析技巧、K线走势分析技巧、均线分析技巧，以及各种见顶见底信号，各种K线形态、K线组合、均线形态、各种技术指标及它们在实战中的具体应用；并对各种技术语言进行解读，以此来制定操作策略，让投资者更快地理解和掌握各种技术分析诀窍，更好地选择目标个股，准确把握市场投资动向，从而尽早尽快地获取实际收益。本书最大的特色在于将理论与实践相结合，让读者在学中练、在练中学，真正兼顾了学习、运用的双重用途，使读者能精通技术分析，读懂市场语言，是广大股民学习股市操作技巧和提高操作水平的实用工具书。本书就像是一张股市的财富导航图，只要你认真学习，灵活掌握，就一定会在风云变幻的股市中获得理想的收益。如果你因本书而获得股票投资的灵感，那将是编者最大的欣慰。

目录 |

第一章 技术分析——对市场本身行为的研究 ………………… 1

技术分析的定义 ……………………………… 1

技术分析的基本假设 ………………………… 1

技术分析方法分类 …………………………… 2

技术分析和趋势判定 ………………………… 4

技术分析的三种理论 ………………………… 6

图表——技术分析师的工作工具 …………… 8

时间因素 ……………………………………… 10

周期性与市场周期模型 ……………………… 12

价格区域 ……………………………………… 14

技术分析的适用范围 ………………………… 16

第二章 道氏理论——市场技术研究的鼻祖 ………………… 18

道·琼斯平均指数 …………………………… 19

道氏理论的基本要点 ………………………… 21

道氏理论的缺点 ……………………………… 28

第三章 江恩理论 ………………………………………… 31

江恩理论的产生与发展 ……………………… 31

江恩的 21 条股票操作买卖守则 …………… 33

江恩的 12 条买卖规则 ……………………… 34

江恩回调法则 ………………………………… 45

江恩循环周期理论 …………………………… 46

江恩波动法则与共振 ………………………… 48

江恩波动法则与江恩分割比率 ……………… 49

江恩市场几何原理 ·· 50

江恩测市工具 ·· 51

第四章 波浪理论 ·· 56

波浪理论概述 ·· 56

波浪的划分 ·· 60

推动浪的各种形态 ·· 64

调整浪的各种形态 ·· 65

波浪的层次 ·· 68

波浪理论与中国市场 ·· 70

第五章 其他技术分析理论 ·· 71

箱体理论 ·· 71

量价理论 ·· 74

亚当理论 ·· 75

随机漫步理论 ·· 79

相反理论 ·· 81

黄金分割率理论 ·· 83

第六章 K线图 ·· 86

K线图概述 ·· 86

K线图的画法 ·· 87

成交量K线图 ·· 88

出水芙蓉 ·· 89

断头铡刀 ·· 91

旭日东升 ·· 93

夕阳西下 ·· 95

突出重围 ·· 96

孕育线 ·· 97

十字胎 ·· 99

三个白武士 ·· 100

三只乌鸦 ·· 102

三阳开泰 ·· 103

长十字线 ······················· 104

螺旋桨 ························· 105

大阳线 ························· 107

大阴线 ························· 108

倾盆大雨 ······················· 110

曙光初现 ······················· 111

乌云盖顶 ······················· 112

第七章　反转形态 ················· **115**

价格形态的意义 ··················· 115

反转形态所需时间 ·················· 116

各种价格形态的反转形态 ··············· 118

圆形反转中的交易活动 ················ 128

"巨量过顶"特征识别 ················ 128

休眠底部变种 ···················· 129

第八章　整理形态 ················· **131**

对称三角形 ····················· 131

上升三角形 ····················· 132

下降三角形 ····················· 134

喇叭形态 ······················ 135

钻石形态 ······················ 136

旗形 ························· 139

楔形 ························· 141

矩形形态 ······················ 144

附录：形态汇总 ··················· 148

第九章　缺口 ··················· **160**

缺口的重要性 ···················· 160

回补缺口 ······················ 162

普通缺口 ······················ 163

突破缺口 ······················ 165

持续或逃逸缺口 ··················· 166

衰竭缺口 ·································· 168

岛型反转 ·································· 171

第十章　切线·································· 174

轨道线 ·································· 174

速度线 ·································· 176

扇形线 ·································· 177

黄金分割线 ·································· 180

百分比线 ·································· 184

线性回归线 ·································· 186

第十一章　支撑与阻挡·································· 188

支撑线 ·································· 188

阻挡线 ·································· 190

均线系统法 ·································· 192

支撑与阻挡重要程度的确定 ·································· 193

支撑与压力的强度的确定 ·································· 195

整数价位的重要性 ·································· 196

支撑与阻挡的相互转换 ·································· 197

历史价位的重复 ·································· 198

指数中的支撑和阻挡 ·································· 201

实战中的典型判断方法 ·································· 201

支撑与阻挡常用技术指标 ·································· 203

第十二章　趋势与趋势线·································· 206

趋势的方向和类型 ·································· 206

如何绘制趋势线 ·································· 208

普通坐标与对数坐标趋势线的意义 ·································· 216

趋势线及其应用法则 ·································· 217

趋势线的斜率 ·································· 222

穿透的有效性 ·································· 222

趋势线的修正 ·································· 225

回归通道 ·································· 226

趋势线突破后的反扑 ⋯⋯⋯⋯⋯⋯⋯⋯⋯⋯ 229

中等下降趋势 ⋯⋯⋯⋯⋯⋯⋯⋯⋯⋯⋯⋯ 230

调整趋势——扇形原理 ⋯⋯⋯⋯⋯⋯⋯⋯⋯ 231

第十三章　移动均线 ⋯⋯⋯⋯⋯⋯⋯⋯⋯⋯ 233

移动均线用法简介 ⋯⋯⋯⋯⋯⋯⋯⋯⋯⋯⋯ 233

简单移动均线 ⋯⋯⋯⋯⋯⋯⋯⋯⋯⋯⋯⋯ 244

加权移动平均线 ⋯⋯⋯⋯⋯⋯⋯⋯⋯⋯⋯ 256

平滑异同移动平均线 ⋯⋯⋯⋯⋯⋯⋯⋯⋯⋯ 258

指数移动平均 ⋯⋯⋯⋯⋯⋯⋯⋯⋯⋯⋯⋯ 260

布林带 ⋯⋯⋯⋯⋯⋯⋯⋯⋯⋯⋯⋯⋯⋯⋯ 261

捕捉主升浪的均线系统 ⋯⋯⋯⋯⋯⋯⋯⋯⋯ 264

利用均线捕捉即将拉升的股票 ⋯⋯⋯⋯⋯⋯ 265

第十四章　大势型指标 ⋯⋯⋯⋯⋯⋯⋯⋯⋯ 267

绝对广量 ABI ⋯⋯⋯⋯⋯⋯⋯⋯⋯⋯⋯⋯ 267

腾落指数 ADL ⋯⋯⋯⋯⋯⋯⋯⋯⋯⋯⋯⋯ 270

涨跌比 ADR ⋯⋯⋯⋯⋯⋯⋯⋯⋯⋯⋯⋯⋯ 276

升降股数 AD ⋯⋯⋯⋯⋯⋯⋯⋯⋯⋯⋯⋯ 281

阿姆士指标 ARMS ⋯⋯⋯⋯⋯⋯⋯⋯⋯⋯ 283

信任广度 BT ⋯⋯⋯⋯⋯⋯⋯⋯⋯⋯⋯⋯⋯ 285

累计成交量 CVI ⋯⋯⋯⋯⋯⋯⋯⋯⋯⋯⋯ 287

麦克连指标 MCL ⋯⋯⋯⋯⋯⋯⋯⋯⋯⋯⋯ 288

麦氏综合指标 MSI ⋯⋯⋯⋯⋯⋯⋯⋯⋯⋯ 290

指数平滑广量 STIX ⋯⋯⋯⋯⋯⋯⋯⋯⋯⋯ 293

新三价率 TBR ⋯⋯⋯⋯⋯⋯⋯⋯⋯⋯⋯⋯ 295

第十五章　超买超卖型指标 ⋯⋯⋯⋯⋯⋯⋯ 297

超买超卖指标 OBOS ⋯⋯⋯⋯⋯⋯⋯⋯⋯⋯ 297

动向指标 DMI ⋯⋯⋯⋯⋯⋯⋯⋯⋯⋯⋯⋯ 301

乖离率 BIAS ⋯⋯⋯⋯⋯⋯⋯⋯⋯⋯⋯⋯⋯ 309

人气与买卖意愿 AR、BR ⋯⋯⋯⋯⋯⋯⋯⋯ 313

随机指标 KDJ ⋯⋯⋯⋯⋯⋯⋯⋯⋯⋯⋯⋯ 318

威廉指标 W%R ·· 325

相对强弱指标 RSI ··· 327

指数点数成交值指标 TAPI ··· 334

第十六章　市场与价格指数·· 337

主要的综合市场指数 ·· 337

ROC 指标 ·· 341

板块指数 ·· 344

第十七章　能量型指标··· 349

能量潮指标 OBV ··· 349

成交量比率 VR ··· 353

心理线 PSY ··· 359

负成交量指标 NVI ··· 365

正成交量指标 PVI ··· 366

动量指标 MTM ··· 368

梅斯线指标 MASS ·· 371

第十八章　止损策略··· 373

什么是止损 ··· 373

止损的原因 ··· 374

止损的作用 ··· 374

止损与止盈 ··· 375

止损点的设定 ··· 377

不断试错 ·· 381

止损操作的主要方法 ·· 383

严重被套后的止损方法 ·· 387

选择止损的时机与指令 ·· 389

需要止损的情况 ·· 394

不能止损的情况 ·· 396

用止损控制风险 ·· 397

第十九章　成交量与持仓量 ········· 399

成交量分析基本原理 ········· 399

常见的放量形态 ········· 401

缩量出现的原因 ········· 404

对持仓量的解释 ········· 407

暴增和抛售高潮 ········· 408

第二十章　风险管理策略 ········· 411

风险的含义 ········· 411

系统风险和非系统风险 ········· 412

规避市场风险 ········· 417

避开购买力风险 ········· 421

规避利率风险 ········· 425

风险评估 ········· 427

单个股票风险的衡量 ········· 430

第一章
技术分析——对市场本身行为的研究

技术分析的定义

技术分析是以证券市场过去和现在的市场行为为分析对象，借助图表和各类指标，探索出一些典型变化规律，并据此预测证券市场未来变化趋势的技术方法。证券的市场行为就是证券在市场中的表现。技术分析是对某个证券在市场中具体表现的说明和描述。简单地说，就是价、量、时、空四个要素，它们从不同侧面反映了证券在市场中的表现。技术分析的雏形诞生于1730年日本稻米市场的期货合约交易，19世纪80年代，股票市场中的"交易者"使用"账面法"跟踪股票价格，使得第一项分析技术得以出现。经过众多技术分析专家的努力，技术分析方法得到了迅速发展。技术分析最初主要运用于股票市场，后来逐渐扩展到商品市场、债权市场、外汇市场和其他国际市场。在实际应用中，有所谓的长线投资者、中线投资者、短线投资者之分，但对大多数投资者来说，技术分析更多地被应用于预测证券价格的短期波动和帮助投资者获得短期收益。

技术分析的基本假设

技术分析作为一种投资分析工具，是以一定的假设条件为前提的，主要有市场行为涵盖一切信息、价格按趋势变动、历史会重演等。

1.市场行为涵盖一切信息

这条假设是进行证券分析的基础，一切已经公开发布的信息和未发布的内幕信息都会反映到供求关系上，而买卖双方的力量对比决定了价格定位和价格的变化。如果某股票基于基本面分析或者其他分析方法被认为是值得投资的，就会有投资者去买，买方的需求增加，价格就会上升。技术分析师只要观察到这种成交量和价格的变化，就会追随这种趋势进行投资，而不必知道引起价格变动的原因。因此投资者根据历史价格的变动就可以预测未来的价格了。

2.价格按趋势变动

这种假设认为股票价格的变动受长期趋势的影响。技术分析师认为，新的信息不能立即影响市场，而是在一段时间之后才起作用。价格对信息的反应过程是渐进的。例如，某一个好消息将促使股票价格上升，达到新的均衡点。技术分析师并不预测这个均衡点的值，但是他们观察到了价格的这种变化，并且相信价格从一个均衡点到下一个均衡点的过程会持续一段时间。这就是趋势。只要在趋势开始的时候，顺着趋势的方向去操作，也就是在上升的趋势中买入和在下降的趋势中卖出，就可以获利。因而技术分析师相信趋势必将持续一段时间。如果价格对信息迅速作出反应的话，那么投资者赶上这种趋势变化的时间很短，就不能从中获益了。

3.历史会重演

这个假设是从统计学和人的心理因素方面考虑的。只有假定过去的价格变化和未来的价格变化是属于同一个概率分布的，根据历史数据对未来作出的概率估计才有意义。虽然投资者不知道某个现象出现的原因，但是投资者相信这种现象的出现不是偶然的，而是必然的。只要未来有相似的情况出现，这种现象就会出现。所以对历史数据的分析是有用的。例如投资者观察到在某一段时期，只要指数上升到某一个点位就会下跌，于是技术分析师就把这个点位当作阻力位，在接下来的投资中，只要指数达到这个水平，就建议投资者卖出，这就是一种技术分析的方法。技术分析师通过对重复出现的现象进行观察和统计，从中发现规律，来指导未来的投资活动。

技术分析方法分类

在价量历史资料基础上进行统计、数学计算、绘制图表方法是技术分析方法的主要手段。一般来说，可以将技术分析方法分为如下常用的5类:K线分析、切线分析、形态分析、波浪分析、指标分析。

1.K线分析

K线分析主要是通过K线及K线的组合，推断股票市场多空双方力量的对比，进而判断股票市场多空双方谁占优势。单独一天的K线形态有十几种，若干天的K线组合就不计其数了。人们经过不断地经验总结，发现了很多对股票买卖有指导意义的组合，而且新的组合正不断地被发现、被运用。K线作为一种专业化的证券分析手段日益成熟。目前在全世界证券及期货市场中被广泛应用。

2. 切线分析

切线分析是指按一定的方法和原则，在由证券价格的数据所绘制的图表中画出一条直线，然后根据这些直线的情况推测出证券价格的未来趋势。这些直线就称为切线。切线主要起支撑和压力的作用，支撑线和压力线向后的延伸位置对价格的波动起到一定的制约作用。在切线分析中，切线的画法是最重要的，画得"好与坏"直接影响预测的结果。目前，画切线的方法有很多种，著名的有趋势线、通道线、黄金分割线、速度线等。

3. 形态分析

形态分析是根据价格图表中过去一段时间走过的轨迹形态来预测股票价格未来趋势的方法。在技术分析假设中，市场行为涵盖一切信息。价格走过的形态是市场行为的重要组成部分，是证券市场对各种信息感受之后的具体表现。因此用价格轨迹或者说是形态来推测证券价格的将来是站得住脚的。从价格轨迹的形态，我们可以推测出市场处于什么样的大的环境中，由此对我们今后的行为给予一定的指导。价格轨迹的形态有 M 头、W 底、头肩顶、头肩底等。

4. 波浪分析

波浪分析是美国的技术大师艾略特（R.N.Elliott）于 1939 年所发明的价格趋势分析工具。艾略特波浪理论的基础在于，规律性是自然界与生俱来的法则，自然界所有的周期，无论是潮汐的起伏、天体的运行、行星的生陨、日与夜甚至生与死，都会永无止境地不断重复出现。这一规律完全可以应用到股票市场中，因为市场的周期也正是以可识别的模式进行趋势运动和反转的。波浪的起伏遵循自然界的规律，价格的波动过程遵循波浪起伏所体现出的周期规律，这个过程就是 8 浪结构。其中上升是 5 浪，下降是 3 浪，数清楚了各个浪就能准确地预见到跌势已经接近尾声，或牛市将来临，或者牛市已经到了强弩之末，熊市将来临。波浪理论最大的优点就是能提前很长时间预测到底和顶。同时波浪理论又是公认的最难掌握的技术分析方法。

5. 指标分析

指标分析是从市场行为的各个方面出发，通过建立一个数学模型，给出数字上的计算公式，得到一个体现股票市场某个方面内在实质的数字，这个数字叫作技术指标值，指标值的具体数值和相互作用关系，直接反映证券市场所处的状态，为我们的操作行为提供指导方向。常见的指标有相对强弱指标（RSD）、随机指标（KI）、趋向指标（DMI）、平滑异同移动平均线（MACD）、能量潮（OBV）等。

技术分析和趋势判定

关于技术分析，有下面一句箴言："趋势是您的朋友。"找到主导趋势将有助于统观市场全局导向，并且能培养更加敏锐的洞察力，特别是当更短期的市场波动搅乱市场全局时。每周和每月的图表分析最适合识别较长期的趋势。一旦发现整体趋势，就可以在希望交易的时间跨度中选择走势，以便在涨势中买跌，并且在跌势中卖涨。

1. 趋势线的定义

所谓趋势线，就是根据股价上下变动的趋势所画出的线路，其目的是依其脉络寻找出恰当的卖点与买点。趋势线可分为上升趋势线、下降趋势线与横向整理趋势线。股价在上升行情时，除了在连接股价波动的低点画一条直线外，也应在连接股价波动的高点画一条直线，于是股价便在这两条直线内上下波动，这就是上升趋势轨道。股价在下跌行情时，除了连接股价波动的高点画一条直线外，也要在股价波动的低点画一条直线，股价在这两条直线内上下波动，这就是下跌趋势轨道。股价在横向整理时可形成横向箱型趋势线。

2. 几种趋势的判定

（1）上升趋势分析

股价上升趋势线是由股价上升波段中股价底部低点相连接而成的线。上升趋势线通常相当规则，在上升趋势线的股价波动上可以画一条与上升趋势线平行的线，这条平行线又称返回线。

上升趋势可应用于买卖点分析中，当股价下跌而触及股价上升趋势线时，便是绝佳的买点（买进信号），投资者可酌量买进股票。当股价上升而触及股价上升趋势线之返回线时，便是股票绝佳之卖点（卖出信号），投资者可将手中的持股卖掉。艾略特波段分析认为：上升分三波段，每一波段上升幅度都相同，投资者可以等幅度进行测量，比如第一波由 45 元上升至 60 元，拉回 50 元，第二波由 50 元上升至 65 元，拉回 55 元，第三波可上升至 65 元左右。

上升趋势在行情分析中有着极大的用处。一个多头行情主要由原始、次级或短期上升波动所组成，股价一波比一波高，每两个底部低点即可连成一条上升趋势线，一般而言，原始上升趋势线较为平缓，历经时间较长，而次级或短期上升趋势线较为陡峭，其历经时间有时很短。对于原始上升趋势线而言，一般多头市场之原始上升趋势线的建立往往历经相当长时间（短则一二年，长则四五年）的波动，其上升仰角较小，约为 30° ～ 45°，短期上升趋势线是指多头市场的各次级波动，以各波之底部低点为基准点向上延伸，其经历之时间较短，一般为数周或数月的波动所建立，其上升仰角较陡，约为 45° ～ 60°，有时甚至在 60° 以上（尤其在多头市场初期最易出现）。在股价上升趋势中，遇到以往密集成交区或其他阻力位，在某个股价价位上，卖压很大，足以阻止股价上升，或迫使止升走势的股价反转下跌，这种情况便是"股逢压力"。

（2）整理趋势分析

矩形整理在股市亦称为箱形整理。股价在某一价格区内上下移动，移动的轨道由两条平行于横轴的平行线所界定，其形状就像几何图形的矩形。箱形整理形态通常出现在股价上升走势或下跌走势之初期或中期，若箱形出现在股价上升走势或下跌走势之末期，往往形成反转形态，而非整理形态。

箱形整理形态一般在股价上升波完成或下跌波完成之后出现；成交量配合箱形整理的完成，起初大量而逐步萎缩，一直到股价突破箱形整理为止；股价最迟必须在三至四周内按预定的方向突破。向上突破初期时箱形向上平移；向下跌破时箱形向下平移，暴涨暴跌的情况除外。若不符合上述特征，箱形整理有可能失败而成为箱形反转。

（3）下降趋势分析

一个空头行情是由原始、次级或短期下跌波动所构成，股价一波比一波低，每两个反弹之高点即可连成一条下跌趋势线，一般而言，原始下跌趋势线较为平缓，经历时间较长，而次级或短期下跌趋势线较为陡峭，其经历时间有时甚短。一般空头市场的原始下跌趋势线经历的时间较原始上升趋势线为短，约为 1 ~ 2 年，其下降的角度较为平缓，约为 30°~ 45°。短期下跌趋势线是指空头市场之次级波动，以各反弹顶点为基准点向下延伸，其经历之时间甚短，一般为数日或数周的波动所建立，其下降的角度约为 60° 左右。股价下跌，远离股价下降趋势线，负乖离太大，30 日乖离率达 15 ~ –30 时，股价会反弹。空头行情时，一般下降波段分为三波段，完成后方有二波段之反弹行情。在多头市场时，下降一般为二波段行情。

（4）中心趋势线

在股价趋势线中，除上升、下跌、盘整等趋势线外，还有一种趋势线，股价经常顺着该趋势线呈现上下对称或不对称的波动，这种股价围绕其进行上下波动的趋势线就是"中心趋势线"。中心趋势线有三种：a. 上升中心线。股价可以是从低档上扬，先将上升中心线当作是压力线，在一次或多次上冲后，终于突破上升中心线而上扬，在股价上扬后，仍有一次或多次拉回的走势，中心线此时由压力线转为支撑线。股价也可能是从高档下跌，在下跌过程中，一次或多次因上升中心线的支撑而反弹，但最后跌破中心线，在跌破中心线后，股价向中心线拉回，但反弹至中心线后，面临压力再下跌。b. 下跌中心线。股价围绕下跌中心线在波动，股价走势为：由上而下，中心线由支撑线转为压力线；由下而上，中心线由压力线为支撑线。c.水平中心线。股价呈现箱形的上下整理，其中心线往往是水平线，股价可能在中心线下波动，然后突过中心线之上，或称在中心线之上波动，然后跌破中心线而下。

3.利用趋势线决定买卖点

趋势线在决定买卖点时具有重要的作用，最常用的是运用支撑和阻力水准。支撑和阻力水准是图表中经受持续向上或向下压力的点。支撑水准通常是所有图表模式（每小时、每周或者每年）中的最低点，而阻力水准是图表中的最高点（峰点）。当这些点显示出再现的趋势时，它们即被识别为支撑和阻力。买入／卖出的最佳时机就是在不易被打破的支撑／阻力水准附近。一旦这些水准被打破，它们就会趋向于成为反向障碍。因此，在涨势市场中，被打破的阻力水准可能成为对向上趋势的支撑；然而在跌势市场中，一旦支撑水准被打破，它就会转变成阻力。无论是在上升或下跌趋势轨道中，当股价触及上方的压力线时，就是卖出的时机；当股价触及下方的支撑线时，就是买进的时机。若在上升趋势轨道中，发现股价突破上方的压力线时，证明新的上升趋势线即将产生。同理，若在下跌趋势中，发现股价突破下方的支撑线时，可能新的下跌趋势轨道即将产生。股价在上升行情时，一波的波峰会比前一波峰高，一波的波谷会比前一波谷高；而在下跌行情时，一波的波峰比前一波峰低，一波的波谷会比前一波谷低。处于上升趋势轨道中，若发现股价无法触及上方的压力线时，即表示涨势趋弱了。

技术分析的三种理论

1.切线理论

在长期上涨或下跌的股票趋势中，价格的变动会有短暂的调整或盘旋，投资者应该把握长期趋势，不为暂时的下调或反弹所迷惑，同时应及时把握大势的反转，切线理论就是投资者在识别大势变动方向时所常用的方法。切线理论所包含的主要分析方法有：支撑线和压力线、趋势线和轨道线。

（1）支撑线和压力线

支撑线又称为抵抗线。当股价跌到某个价位附近时，股价停止下跌，甚至有可能还有回升。因此支撑线起着阻止股价继续下跌或暂时阻止股价继续下跌的作用。压力线又称为阻力线。当股价上涨到某价位附近时，股价会停止上涨，甚至回落。因此压力线起着阻止或暂时阻止股价继续上升的作用。支撑线和压力线的作用是阻止或暂时阻止股价向一个方向继续运动。同时，支撑线和压力线又有彻底阻止股价按原方向变动的可能。一般来说，一条支撑线或压力线对当前影响的重要性有三个方面的考虑：一是股价在这个区域停留时间的长短；二是股价在这个区域伴随的成交量大小；三是这个支撑区域或压力区域发生的时间距离当前这个时期的远近。同时我们应该认识到，支撑线和压力线是可以相互转换的。一条支撑线如果被跌破，那么这个支撑线将成为压力线；同理，一条压力线被突破，这个压力线将成为支撑线。这说明支撑线和压力线的地位不是一成不变的，而是可以改变的，条件是它被有效的足够强大的股价变动突破。

（2）趋势线

趋势线是衡量价格波动方向的，由趋势线的方向可以明确地看出股价的趋势。在上升趋势中，将两个低点连成一条直线，就得到上升趋势线。在下降趋势中，将两个高点连成一条直线，就得到下降趋势线。要得到一条真正起作用的趋势线，要经多方面的验证才能最终确认。首先，必须确实有趋势存在。其次，画出直线后，还应得到第三个点的验证才能确认这条趋势线是有效的。关于趋势线请参见前文的详细介绍。

2. 形态理论

形态分析是技术分析的重要组成部分，它通过对市场横向运动时形成的各种价格形态进行分析，并且配合成交量的变化，推断出市场现存的趋势将会延续或反转。价格形态可分为反转形态和持续形态，反转形态表示市场经过一段时期的酝酿后，决定改变原有趋势，而采取相反的发展方向，持续形态则表示市场将顺着原有趋势的方向发展。形态理论是通过研究股价所走过的轨迹，分析和挖掘出曲线的一些多空双方力量的对比结果，然后采取行动。

（1）股价的移动规律

股价的移动是由多空双方力量大小决定的。股价移动是完全按照多空双方力量对比大小和所占优势的大小而进行的。股价的移动应该遵循这样的规律：第一，股价应在多空双方取得均衡的位置上下来回波动。第二，原有的平衡被打破后，股价将寻找新的平衡位置，即持续整理，保持平衡→打破平衡→新的平衡→再打破平衡→再寻找新的平衡，如此循环往复。

（2）股价移动的两种形态类型

股价曲线的形态分成两种主要类型：持续整理形态和反转突破形态。前者保持平衡，后者打破平衡。整理形态主要包括三角形、矩形、楔形、旗形和菱形。反转形态主要包括头肩顶、头肩底、复合头肩形、双重顶与双重底、三重顶与三重底、圆形、V形顶与V形底。

（3）应用形态理论应注意的问题

首先，应该站在不同的角度，对同一形态可能产生不同的解释；其次，在进行实际操作时，形态理论要求形态完全明朗后才行动，得到的利益不充分，从某种意义讲，有损失机会之嫌。

3. 道氏理论

道氏理论是所有市场技术研究的鼻祖。在熊市的早期，因为"反应迟钝"，该理论曾受到那些据不相信其判定的人的批评。但只要对股市稍有经历的人都对它有所听闻，并受到大多数人的敬重。但人们从未意识到那完全是简单的、技术性的，那不是根据什么别的，是通常用指数来表达的股市本身的行为，而不是基本分析人士所依靠的商业统计材料。

道氏理论的形成经历了几十年。1902 年，在查尔斯·道去世以后，威廉姆·皮特·汉密尔顿和罗伯特·雷亚继承了道氏理论，并在其后有关股市的评论写作过程中，加以组织与归纳而成为今天我们所见到的理论。他们所著的《股市晴雨表》、道氏理论成为后人研究道氏理论的经典著作。

这一理论的创始者——查尔斯·道，声称其理论并不是用于预测股市，甚至不是用于指导投资者，而是一种反映市场总体趋势的晴雨表。大多数人将道氏理论当作一种技术分析手段。其实，"道氏理论"的最伟大之处在于其宝贵的哲学思想，这是它全部的精髓。雷亚在所有相关著述中都强调，"道氏理论"在设计上是一种提升投机者或投资者知识的配备或工具，并不是可以脱离经济基本条件与市场现况的一种全方位的严格技术理论。根据定义，"道氏理论"是一种技术理论；换言之，它是根据价格模式的研究，推测未来价格行为的一种方法。

图表——技术分析师的工作工具

早期技术分析师的研究工具是图表，所谓图表分析是利用记录价格的图表，研究市场中多空双方的力量大小，进而测定价格的未来方向的分析方法。这种研究方法，在国际上已有很长的历史。技术分析最新的发展，是在传统的图表分析基础上增加了许多数量化的方法，人们利用数理方法，设计出不同形式的方程式，评估市场价格运动的力量，测定价格的走向。随着当代电脑技术的普及和深入，数量化分析越来越备受重视并发展成为技术分析的一个重要派别。

技术分析家认为，只要股市价格纯粹由供求原理来决定，那么必然会出现类似的市场气氛，不论是商品交易还是股票交易、外汇交易，都会产生类似的图表形态。这就是为什么图表分析法很快应用到期货交易和外汇交易上的原因。技术分析与基本因素分析之间有什么关系呢？对于技术分析，历来存在不同的态度，有人觉得深奥莫测，不敢问津；有人完全依赖图表，以为万能；有人不信图表，只相信基本因素分析。其实，外汇市场上多数的交易员都觉得应当把基本因素分析与技术分析结合起来。实际上，市场的汇率走势归根到底是要遵循基本因素的，美元兑西方主要货币的变化历史明显说明了这一点。但是，许多情况下很难以基本因素解释。图表分析的功能主要是将过去市场价格的变化系统地记录下来。下面将对具体的图表分析方法进行说明。

1. 柱状图表的绘制方法

典型的柱状图表，纵坐标是价格股价，横坐标是时间。首先在时间与股价价格相交点上找出当天最高价和最低价，连接最高价和最低价成一条垂线。收市价以在垂线的相应点上向右横向划出一条短线表示。随着时间的推移，每天在相应的时间坐标上划出柱状线，日复一日，就构成了一个高高低低，波浪起伏的柱状图。柱状图的时间间隔可以是每天分度、每周分度或每时分度。

2. 趋势线的画法与作用

（1）趋势线的画法

柱状图把股价的变化记录下来，提供了股价对市场力量起反应的连续情景，分析图表的目的是要判断股价的变化趋势及其所需要的时间。人们知道，股价的变化不外乎上升、下跌和停止在原水平三种。如果股价上升，表示买家力量压倒卖家占了上风。如果股价在某些股价水平上下重复，表示购买力与沽售压力大致相等，在图表上形成密集区，表现出市价牛皮。如果股价下跌，表示沽售压力大于购买力。

一种股票的价格的上升趋势和下降趋势，可以从连接价格的最高点和最低点所构成的直线判断出来。画法是把两个或两个以上的股价最低点连接起来，形成的直线称为上升趋势线。把两个或两个以上的股价最高点连接起来形成的直线，称为下降趋势线。上升趋势线或下降趋势线上的点越多，其可靠程度越高。随着股价的发展，在某一段时间里，原来划出的趋势线，过了一段时间后，又可以划出新的趋势线，甚至可以划出多条趋势线。趋势线的效力可以从趋势线连接的点来判断，点越多，趋势性越可靠。

（2）趋势线的可靠性

可靠性的第一条原则，绘制趋势线的目的首先是要明确市况的大势。事实上，股价的上升和下降并非一日而终，我们可以把股价的上升或下降称为一段"行程"。股价无论在上升或下跌的行程中，总是有许多反复的。道理很简单，在股价上升很多时，低价买入的人会平盘获利，抛售压力接踵而来，把买家力量压住。反之，股价下跌很多后，高价抛空的人，会在低价时平盘获利。买盘接踵而来，把沽家力量压住。如上所述，上升趋势线上的点越多，意味着支持力越强；下降趋势线上的点越多，意味着反压力越大，一句话，可靠性越高。第二条原则是趋势线所跨越的时间越长，可靠性越高，效力越大。随着时间的前进，趋势线是要不断重划的。

（3）趋势线的突破

绘制趋势线的目的，第一是要判断一个趋势的结束或一个新趋势的开始，捕捉购买或沽售的时机。第二是判断持仓的时间，以便捕捉巨额利润。根据趋势线判断旧趋势的结束和新趋势的开始，主要靠观察破线的信号。破线，是指股价突破趋势线，向原来走势相反的方向发展。

（4）趋势线的分析作用

①利用趋势线捕捉买入和卖出时机

在实际交易中，破线的买入时机固然重要，但毕竟是一个趋势的转变，需要经历一段较长的时间才可能发生。然而，借助于趋势线，人们还可以捕捉另一些买人、卖出时机。我们知道，股价会受各种因素的影响反复涨跌的。在一个上升趋势中，可能由于某些政治的和经济的突发消息，或获利回吐，市价急转直下。但是在一个上升或下跌行程未结束之前，往往在股价一跌近支持线，便有大量买基盘通至，把股价托起，聪明的技资者会抓住这样的时机入货。冒险的投资者还会在股价回落接近但未到达支持线时就提早入市，唯恐买不到便宜货。捕捉到这样的机会，往往会获得丰厚的利润。当然，如果股价到达支持线不但不反弹，反而跌破支持线，那就应当果断地斩仓，"掉转枪头"，加入抛售的行列。同一道理，在一个下降的趋势中，下降趋势线可提供卖出的最佳时机，请读者参照上述思路自己推断。

②持仓

应用趋势线还可以判断持仓的时间。持仓是投资的一种常见的行为。投资者买入某只股票后，如果对股价上升有信心，就会等待时机，暂不卖出。反之，在卖出了某只股票后，如果对股价下跌有信心，他就会等待时机，暂不平盘买回。不平盘以扩大或延续利润的行为，称为持仓。中长线投资者往往这样做，为的是捕捉巨额利润。持仓的持续时间可长可短，趋势线就是他们决定持仓时间的重要依据。

时间因素

在股票市场中，价格、成交量、时间和空间是进行分析的四大要素。这四大要素之间的相互关系是进行正确分析的基础。价，是指股票过去和现在的成交价。技术分析中主要依据的价格有开盘价、最高价、最低价和收盘价。量，是指股票过去和现在的成交量（或成交额）。技术分析要做的工作就是利用过去和现在的成交价和成交量资料来推测市场未来的走势。价升量增、价跌量减、价升量减、价跌量增是技术分析所依据的最重要的价量关系。时，是指股票价格变动的时间因素和分析周期。一个已经形成的趋势在短时间内不会发生根本改变，中途出现的反方向波动，对原来趋势不会产生大的影响。一个形成了的趋势又不可能永远不变，经过一定时间又会有新的趋势出现。循环周期理论着重关心的就是时间因素，它强调了时间的重要性。分析人员进行技术分析时，还要考虑分析的时间周期，可以以"日"为单位，也可以以"周""月""季"或"年"为单位。比如用日 K 线、周 K 线、月 K 线、季 K 线或年 K 线来进行短期、中期或长期分析。空，是指股票价格波动的空间范围。从理论上讲，股票价格的波动是"上不封顶、下不保底"的。但是，市场是以趋势运行的，在某个特定的阶段中，股票价格的上涨或下跌由于受到上升趋势通道或下跌趋势通道的约束而在一定的幅度内震荡运行，空间因素考虑的就是趋势运行的幅度有多大。不言而喻，一个涨势或一个跌势会延续多大的幅度，这对市场投资者的实际操作有着重要的指导意义。

贯穿本书所有关于技术分析的内容，我们或多或少都要暗示到时间问题。在周期分析者眼中，这个问题是理解市场涨落现象的关键之处。同时，我们打算给我们越来越丰富的分析工具包中，再添上时间这个重要的方面。这里我们所要解决的，不再是市场要向哪个方向运动、目标有多远的问题，而是要探究何时市场将达到那里，甚至是何时市场将开始转折的问题。

我们以标准的日线图为例。其中垂直轴表示价格，但这仅是有关资料的一个方面。水平轴表示时间。因此，日线图其实是时间——价格图。可是，很多人单单执迷于价格资料，而忽视了时间因素。在研究价格形态的时候，我们获悉形态形成时所经历的时间长短，与随后的市场变化的幅度之间，存在着一定的关系。趋势线、支撑水平和阻挡水平保持有效的时间越长，则其影响力越强，即便是摆动指数，我们也需要对其时间参数作出选择。

很显然，在各种技术分析方法中，都必须在一定程度上考虑时间因素。不过，这些考虑方式各行其是、各有一套，因此不太可靠。而时间周期正好对症下药。周期分析者认为，时间周期是决定牛市和熊市的决定性因素，而不是次要的或辅助性的角色。一方面，时间因素在市场上占据统治地位，另一方面，所有的技术工具再加上时间周期后，便如虎添翼。例如，移动平均线和摆动指数就可以通过主流周期而得到优化。在趋势线分析中，我们可以借助周期分析对趋势线进行甄别，以确认有效的趋势线。在价格形态分析中，如果结合考虑周期的峰和谷的分布，也能提高其效能。另外，我们还可以通过"时间窗"方法，对价格行为进行过滤，略去无关紧要的变化，突出重要的周期性顶和底附近的变化。

时间因素在支撑和阻挡中占据着极为重要的地位。时间不仅是形成支撑和阻挡的重要因素，也是衡量支撑和阻挡力度的重要标准。时间因素在支撑和阻挡中表现为：先前的支撑和阻力和当前的距离越远，其蕴含的阻力和支撑的力度越大。具体表现为两个层面的内容：（1）同一个分析周期中，先前的支撑和阻力位离当前距离越远，支撑和阻力越大；离当前距离越近，支撑和阻力越小；（2）分析周期越大，支撑和阻力位蕴含的力度越大，分析周期越小，支撑和阻力蕴含的力度越小。月线的支撑和阻力大于日线中的支撑和阻力，5分钟的支撑和阻力小于30分钟的支撑和阻力。

不同的时间周期趋势所遇到的阻力的大小不尽相同。在1分钟图表上，趋势运行所遇到阻力往往来自1分钟的阻力位，在5分钟图表上，趋势运行所遇到的阻力往往来自5分钟的阻力位。支撑与阻挡的时间共振是一种重要的市场现象，对于研判个股盘中的趋势运行状态有着非常的意义。不同周期共振的程度越高，其支撑和阻力的强度越大，对趋势运行的影响越大。

周期性与市场周期模型

一般来说，股票涨跌的规律就是指股价涨跌的周期。股价的运行往往分为四个阶段：底部区间阶段、上升趋势阶段、头部区间阶段、下跌趋势阶段。这个观点与我们以后将提到的周期循环理论实际上大同小异，只是周期循环理论说得更详细，叙述得更全面。按周期循环理论的说法，循环周期又可细分为以下九个阶段：

（1）低迷期：行情持续屡创低价，投资者购买意愿降低且对于远景大多持悲观的看法，亏损现象在市场中甚为普遍。没有耐性的投资人在失望之余，纷纷认赔抛出手中的股票，退出市场观望。做短线交易不易获利时，部分中散户暂时停止买卖，以待股市反弹时再予低价套现做空；低迷期为真正具有实力的大户（庄家）默默进货的时候，少数具有长期投资眼光的精明投资者多在此时按计划买入。因此该时期成交量的大小主要取决于盘整时间的长短。

（2）初升段：由于前段低迷期的长期盘跌已久，股价大多已经跌至不合理的低价，市场浮筹也已大为减少。此时的成交量大多呈现着不规则的递增状态，平均成交量比低迷时期多出一半以上。在此时买进的人因成本极低，下跌空间有限，大多不轻易卖出；而高价套牢未卖的人，因亏损已多，也不再斩仓抛售，市场卖压大为减轻。少数领涨股的价格大幅上涨，多数股价呈现横盘整理局面，冷门股票也已略有成交并蠢蠢欲动。大部分的内行人及半内行人开始较积极地买进股票进行短线操作，但也有不少自认精明的人士及尝到下跌末段做空小甜头的投资者，仍予套现卖出。该期多数股票上涨的速度虽现缓慢，却是真正可买进做长期投资的时候。

（3）回档期：由于不少股票在初升段持续涨升，经过长期空头市场亏损的投资者，在解套或略有获利之余，多数采取"落袋为安"的观念，采取了观望态度；而未及搭上车的有心人，及抱股甚多的主力大户，为求摆脱坐车浮额，大多趁着投资大众的信心尚未稳定之际，向下打压股价以收集到更多廉价筹码。而多数股价在盘软之余，市场上大户出货的传言特别多，此时空头又再呈活跃，但股价下跌至某一程度时，即让人有着跌不下去的感觉。回档期是大户真正进货的时期，也是真正精明的投资人大量介入投资的时期，但该期真正到来时，少数尝到做空小甜头的散户们还没清醒过来，尚未补回。

（4）主升段：上市公司的业绩大增，进入繁荣阶段。大户手上的股票特别多，市场的浮动筹码已大量地减少，该期反应在股票市场是人头攒动，到处客满。由于股价节节上涨，不管内行外行，只要买进股票便能获利，空头的信心已经动摇，并逐渐由空翻多，形成抢购的风潮，而股价会在此种越涨越抢，越抢越涨的循环中，甚至形成全面暴涨的局面。市场充满着一片欢笑声，从来不知道股票为何物的外行人，在时常听到"股票赚了多少"的鼓动下，也开始产生兴趣，进场少量买些试试。该阶段的特性，大多为成交量持续大量地增加，上市公司趁着此时大量增资扩股及推出新股，上涨的股票也逐渐地由强势热门股延伸到冷门股票，冷门股票并又逐渐转势而列居于热门榜中。精明的投资者在这段期间后将获利了结，他们所卖的虽非最高价，但结算获利已不少，只有中散户被乐观气氛冲昏了头而越买越多。

（5）末升段：此时上市公司的业绩均为大增，反映在证券市场上的，除了人气一片沸腾之外，新股亦大量发行，而上涨的股票多为以前少有成交的冷门股，原为热门的股票反而开始略显疲惫。该期的成交量破记录地暴涨暴跌的现象屡有可见，投资大众手中大多拥有股票，以期待着股价进一步上升，但是股价的涨升显得很缓慢，而反映在成交量上面就是股价上升但成交量减少，股价下跌成交量反而增加。该阶段如果短线操作成功的话会大有收获，但是一般投资人大多在此阶段将出现惨遭亏损的局面。

（6）初跌期：由于多数股价都已偏高，欲涨乏力。此时大主力多头均已出货不少，精明的投资人见获利日渐减少也开始择机出逃。而大幅满仓的中散户们心里虽然产生犹豫，但还是期望着行情回档，期待着另一段涨升的到来，甚至好多人采取下跌补仓以摊低成本的策略，可股价却是越补越跌。冷门股大幅下跌为该段行情的重要指标之一。

（7）中间反弹期：亦称新多头进场或术语上所称的逃命期。成交量的暴减以及部分浮额的赔本抛售，使得多数股价的跌幅已深。高价卖出者和企图摊平高档套牢的多头们相继进场，企图挽回市场的颓势，加上部分短空的补货，使得股价止跌而转向坚挺，但由于反弹后抢高价者已具戒心，再加上部分短线者的获利回吐，使得股价欲涨乏力，弹升之后又再度滑落。少数精明的投资人纷纷趁此机会将手上的股票卖出以求"逃命"，而部分空头趁此机会介入卖出。

（8）主跌段行情：此时大部分股价的跌幅渐深，利空的消息满天飞，股价下跌的速度甚快，甚至有连续几个停板都卖不掉的。不少多头于失望之余纷纷卖光股票退出市场，形成多杀多的局面，而做多的中散户也已逐渐试着做点小空。以前套牢持股不卖的人信心也已动摇，成交量逐渐缩小。

（9）末跌段。此时股价跌幅已深，高价套牢要卖的已经卖光了，未卖的也因赔得太多，而宁愿抱股等待，该阶段的主要特点是成交量很少。投资大众手上大多已无股票，真正有眼光的投资人及大户们，往往利用此期大量买进。股价的跌幅已经缩小，散户看空到处可见，多数股票只要一笔买进较多数量的话，便可涨上好几档，但不再有支撑续进的话，不久则又将回跌还原。

大波段的周期循环即为上述九大阶段，而有时最后的末跌段和第一阶段的低迷期往往持续时间很长，两者常常会合二为一。只要我们能够适时将现阶段的行情性质予以分析，明确区分属哪一时期，再确立做多、做空、长线、短线等操作原则，获利机会便可增加许多。以上就是周期循环理论的核心内容，从中我们总结出两点心得，即不管投资者运用哪种分析理论指导操作，只要真正理解并掌握了其中一种，长期按理论原理进行买卖，都会获益匪浅。

价格区域

在前面我们讨论了时间要素和周期模型，市场包含了四大要素：价、量、时、空（分别指成交价、成交量、时间和波动空间）。纵然技术分析方法多种多样，但千变万化也总离不开对这四大要素的研究。下面主要介绍价格区域相关要素。

1. 价和量是市场行为最基本的表现

成交价和成交量是市场行为最基本的表现。技术分析就是利用过去和现在的成交量、成交价资料，以图形分析和指标分析工具来解释、预测未来的市场走势。如果把时间也考虑进去，技术分析其实就可简单地归结为：在某一时点上的价和量反映的是买卖双方在这一时点上共同的市场行为所导致的双方力量的暂时均势点。当然随着时间的变化，均势会不断发生变化，这就是价量关系的变化。一般说来，买卖双方对价格的认同程度通过成交量的大小得到确认，认同度越大，成交量越大。双方的这种市场行为反映在价、量上就往往呈现出这样一种趋势规律：价增量增，价跌量减。根据这趋势规律,当价格上升时,成交量不再增加,意味着价格得不到买方确认,价格的上升趋势就将会改变;反之,当价格下跌时,成交量萎缩到一定程度就不再萎缩,意味着卖方不再认同价格继续往下降了,价格下跌趋势就将会改变。成交价、成交量的这种规律关系是技术分析的合理性所在,因此,价、量是技术分析的基本要素,分析、预测未来价格趋势,为投资决策提供服务。

量价关系的研究、趋势判断是一切技术分析的基础和核心。成交价和成交量是市场提供给我们的最基本、最原始的数据。价格要素是第一位重要。这里的价格,主要指的是市场成交均价,因为只有成交均价才代表了市场主流参与者的真实意图。而最高、最低、开盘、收盘价等均容易被操纵、作假,从而掩盖了市场主流参与者的真实买卖意图,因此它们的分析研判地位较为次要,并且在实战分析研判时,我们还必须仔细辨别其蕴含的真实市场含义。

但是在中国股市中,成交量被认为是最重要的。其观点认为量比价先行,即先有量后有价。其实这存在着理论认识上的误区,因为成交能量积累的大小虽然在某种程度上决定了股价的上升(下跌)空间,但成交量积累后,并非立即会引起股价的涨跌,这往往还与大盘背景、主力机构的目的及操盘手法有关。实际情况往往是,只有当价格出现波动时,才会引起市场中投资者的关注,从而进行买卖,市场上的交投因此而活跃,才表现出成交量大幅度的变化,而且在中国股市里,操作者欲实现其盈利,必须通过价格上涨才能完成,因此,研判的价格就决定了成交量的研判。

在美国等容量较大的市场,大部分成交量的产生仅仅是有的机构为了调剂头寸,回避其他投资品种的参与风险而已,并不具有战略性意图。并且由于市场中买卖角色在理论和实际上的不确定性,因而从根本上无法杜绝对虚假买卖行为的产生,因此,在实际交易中,许多成交量具有极大的虚假、欺骗成分,其并不具备真实的买卖用意。总之,在美国市场成交量被认为位列于成交价格之后。

2. 成交量与价格趋势的关系

在正常的市场中,股价随着成交量的递增而上涨。在波段的涨势中,股价随着递增的成交量而上涨,突破前一波的高峰,创下新高价,继续上涨,然而此波段股价上涨的整个成交量水准却低于前一波段上涨的成交量水准,价突破创新,量却没突破创新水准量,则此波段股价涨势令人怀疑,此时可能是股价趋势潜在的反转信号。股价随着成交量的递减而回升,股价上涨,成交量却逐渐萎缩,成交量是股价上涨的原动力,原动力不足显示股价趋势潜在反转的信号。有时股价随着缓慢递增的成交量而逐渐上涨,当走势突然成为垂直上升的喷出阶段,成交量急剧增加,股价跃升暴涨。紧随着此波走势,继之而来的是成交量大幅度萎缩,同时股价急速下跌。

这种现象表示涨势已到末期，上升乏力，走势力竭，显示出趋势反转的现象。

股价走势因交易量递增而上涨，是十分正常的现象，并没有暗示趋势反转的信号。在一波段的长期下跌，形成谷底后股价回升，成交量并没有因股价上涨而递增，股价上涨欲振乏力，然后再度跌落至先前谷底附近，或高于谷底。当第二谷底的成交量低于第一谷底时，是股价上涨的信号。股价下跌，向下跌破股价的某条重要支撑线，同时出现大成交量，是股价下跌的信号，强调趋势反转形成空头。股价跌落一段相当长的时间，出现恐慌卖出，随着日益扩大的成交量，股价大幅度下跌，继恐慌卖出之后，预期股价可能上涨；同时恐慌卖出所创的低价，将不可能在极短时间内跌破。随着市场恐慌而大量卖出之后，往往是空头市场的结束。当市场行情持续上涨很久，出现急剧增加的成交量，而股价却上涨乏力，在高档盘旋，无法再向上大幅度上涨。显示股价在高档大幅震荡，卖压沉重，从而形成股价下跌的因素。股价连续下跌之后，在低档出现大成交量，股价却没有进一步下跌，价格仅小幅变动，此表示买进时机。成交量是对价格形态的确认，关于价和量的关系，一般认为，量是价的先行者。当量增时，价迟早会跟上来；当价增而量不增时，价迟早会掉下来。从这个意义上，我们往往说"价是虚的，而只有量才是真实的"。特别是在一个投机市场中，机构大户打压、拉抬股价，投资者要想最终获利，不能即从价上进行判断，更要考虑量的变化所带来的影响。

技术分析的适用范围

技术分析并不是万能的，它有其特定的适用范围和注意事项。从理论上讲，技术分析既可以用于短期的行情预测，也可以用于长期的行情预测。但实际上，技术分析更适用于时间较短的行情预测。要进行周期较长的分析必须依靠别的因素，这是应用技术分析最应该注意的问题。技术分析的另一个值得注意的问题是，它所得到的结论不是绝对的命令，仅仅是一种建议的性质，得到的结论都应该是以概率的形式出现，不要把它当成万能的工具。

1. 技术分析方法的有效性

技术分析方法已为广大投资者所熟悉，并在不同程度上被使用，这已是一个不争的事实。但是技术分析方法是否有效，关于这方面的研究却十分有限。证券分析师对技术分析的看法大致可以归纳为：技术分析者在市场中已经占有相应的地位；在市场的短期预测中，技术分析方法的使用率非常高，随着预测周期的加长，其使用率在降低；在行情加速方向上，技术分析者的反映往往是偏于保守的，所以按技术分析的操作与市场的波动并没有直接的关联，市场的波动是按其本身的规律进行的；在价格和时间的预测中，相对于时机而言，价格的预测相对比较容易。

但是对于技术分析的质疑也很多。技术分析有一个明显的问题，就是过去的价格模式，或者说是市场变量与股价之间的关系可能不会重复出现，因此某一种可以获利的技术交易规则在以后的交易中可能不起作用。这就是说能够根据交易规则在未来持续获利的技术交易规则可能根本不存在。其次，如果真有一个十分成功的交易规则，将会有许多投资者使用它。这种广泛使用和由此带来的竞争将使这种技术变得无效。例如，大家都知道使用卖空数据的分析师已经获利，那么其他人也会使用这些数据，从而导致价格加快按照卖空模式变化，这个可以获利的交易规则在第一批投资者作出反应后将不再有利。换句话说，假如某人真的有可以获利的技术规则，那么他的反应必将是将这些技术隐藏，而不是公开，从这个角度上讲，至少所有的公开的技术交易规则都是无效的。最后，技术分析大量依靠主观判断。两个技术分析师在看到同样的价格后，作出的解释可能大相径庭。比如一个分析师认为价格已经到顶，而另一个分析师认为价格刚刚突破阻力位，还会大量上涨。因为技术分析没有统一的标准，使用技术分析的有效性就与投资者的经验、心理素质、知识和智慧等个人因素密切相关。

2. 技术分析的几点注意事项

（1）技术分析只是一种工具，而不是万试万灵的。在技术分析过程中，往往受各种主客观因素而产生偏差。因此要站在一个高的起点运用技术分析，而不要被技术分析所局限而产生错误引导。

（2）市场永远是对的，不要与市场作对。市场的走势往往有其自身的规律，存在这种走势即是合理。简单地说，就是不要逆市而为，要顺应市场的方向去操作。

（3）市场的规律总在不断变化，技术分析的方式方法也在不断变换，当大多数人都发现了市场的规律或技术分析的方法时，这个市场往往会发生逆转。当市场未发生明显反转的技术信号时，尽量不操作，在市场产生一个趋势（上升或下跌）时进行操作。

（4）技术分析往往只有短期的效果，表面性较强。而基本面分析发掘的是上市公司内在的潜质，中长期阶段性的指导意义。因此不可忽略基本面分析，而只进行单纯的技术分析。

（5）避免用单一技术指标进行分析，每一个技术指标都有自己的优点和缺陷。在进行技术分析的时候，要考虑多项技术指标的走势，同时结合短期走势进行分析理解。高水平的技术分析还要结合波浪理论、江恩循环论、经济周期等作为指导性分析工具。留意技术指标有较大的人为性，强庄股往往有反技术操作的特点。

第二章
道氏理论——市场技术研究的鼻祖

　　我们一般所称的"道氏理论"，是查尔斯·道、威廉姆·皮特、汉密尔顿与罗伯特·雷亚（Robert Rhea）等 4 人共同的研究结果。查尔斯·道（1851 ~ 1902）出生于新英格兰，是纽约道·琼斯金融新闻服务的创始人、《华尔街日报》的创始人和首位编辑。他是一位经验丰富的新闻记者，早年曾得到萨缪尔·鲍尔斯的指导，后者是斯普林菲尔德《共和党人》杰出的编辑。

　　道曾经在股票交易所大厅里工作过一段时间，这段经历的到来有些奇怪。已故的爱尔兰人罗伯特·古德鲍蒂（贵格会教徒，华尔街的骄傲）当时从都柏林来到美国，由于纽约股票交易所要求每一位会员都必须是美国公民，查尔斯·道成了他的合伙人。在罗伯特·古德鲍蒂为加入美国国籍而必须等待的时间里，道把持着股票交易所中的席位并在大厅里执行各种指令。当古德鲍蒂成为美国公民以后，道退出了交易所，重新回到他更热爱的报纸事业上来。

　　后来，道氏设立了道·琼斯公司，出版《华尔街日报》，报道有关金融的消息。1900 ~ 1902 年，道氏担任编辑，写了许多社论，讨论股票投机的方法。事实上，他并没有对他的理论作系统的说明，仅在讨论中作片段报道。

　　1884 年 6 月 3 日，查尔斯·道开始编制道·琼斯指数。该指数诞生时只包含 11 种股票，其中有 9 家是铁路公司。直到 1897 年，原始的股票指数才衍生为二，一个是工业股票价格指数，由 12 种股票组成；另一个是铁路股票价格指数。到 1928 年工业股指的股票覆盖面扩大到 30 种，1929 年又添加了公用事业股票价格指数。道本人并未利用它们预测股票价格的走势。1902 年过世以前，他虽然仅有 5 年的资料可供研究，但它的观点在范围与精确性上都有相当的成就。

　　道的全部作品都发表在《华尔街日报》上，只有在华尔街圣经的珍贵档案中仔细查找才能重新建立起他关于股市价格运动的理论。但是已故的 S.A. 纳尔逊在 1902 年末完成并出版了一本毫不伪装的书——《股票投机的基础知识》。这本书早已绝版，却可以在旧书商那里偶尔得以一见。他曾试图说服道来写这本书却没有成功，于是他把自己可以在《华尔街日报》找到的关于股票投机活动的所有论述都写了进去。在全书的 35 章中有 15 章（第 5 章到第 19 章）是《华尔街日报》的评论文章，有些经过少许删节，内容包括"科学的投机活动""读懂市场的方法""交易的方法"以及市场的总体趋势。

1902 年 12 月查尔斯·道逝世，华尔街日报记者将其见解编成《投机初步》一书，从而使道氏理论正式定名。

道·琼斯平均指数

"股票市场指数就像温度计一样，会反映股市整体的涨落。"道氏在 19 世纪 80 年代提出了如何读懂股票市场指数这支"温度计"的问题。那个时候的绝大多数报纸都已经开始公布股票每天的收市价格了，但是这些价格不能让人们一眼看出市场整体的表现情况。就像华氏温度计和摄氏温度计一样，道氏的温度计也需要一个标度。于是他创造了两个平均指数，一个指数是铁路指数——那个年代的蓝筹股，另外一个是反映风险相对较大的工业企业股票的平均指数。

最初包括了 12 种股票的工业股票平均指数第一天收于 40.94。有意思的是，道氏开始编制市场指数，市场就开始下落，到 8 月份的时候，道格拉斯指数已经跌到了 28.48，狂泻了 30%。如果美国商务部在这个时候就公布 GNP 数据的话。GNP 也会显示这是一段艰难的时期，但实际上美国商务部直到 1929 年才开始编制计算 GNP。

自 1884 年 6 月 3 日产生以来，道·琼斯平均价格指数毫无疑问地成为了股市的晴雨表。它由最初的 69.93 点上涨到 1999 年的 10000 点以上，这是任何一个国家的任何股市都没有的历史这么悠久的平均指数记录，由此我们可以从这个事实中看到它强大的生命力。道氏及其所创立的道·琼斯指数，是股市历史上最伟大的发明，它将伴随着世界股市的发展而永垂不朽，同时它也将被载入世界股市史册而流芳千古。

1. 道·琼斯指数的概况

19 世纪 70 年代末，一位不满 30 周岁的美国小伙抱着成为知名财经记者的梦想，只身从西部喧闹的小矿城来到繁华的纽约华尔街。或许没有人料到，短短不到 10 年时间，他竟成为世界资本市场的风云人物，发明了第一个反映市场总体走势的股票平均指数，创办了现今在美国乃至全世界影响力最大的金融类报纸——《华尔街日报》。这个年轻人就是道·琼斯指数的创立人、投资分析理论基础——"道氏理论"的创造者查尔斯·道。

当年的华尔街已经具备了相当大的规模，成为绝大多数银行、经纪人事务所、保险公司和商品交易所的总部所在地。在华尔街大亨们的控制和垄断下，股票价格频现疯狂的暴涨暴跌。涉足华尔街不久的查尔斯·道开始认识到，普通投资者难以从当时的华尔街获得能够把握金融市场总趋势的有价值信息。通过对股票收盘价的研究，他和他的伙伴爱德华·琼斯一起发明了股票平均指数。道·琼斯指数一经推出，就风靡一时。它的出现仿佛一盏指路明灯，缓解了华尔街股票交易的迷茫困境。而他们在《华尔街日报》上发表的有关证券市场的文章，被广泛引用、传播，成为今天"道氏理论"的雏形。

道·琼斯指数是指美国道·琼斯公司编制并在该公司出版的《华尔街日报》上发布的股票价格指数。它目前主要有两大类：一类称为"道·琼斯工业平均指数（DowJones Industrial Average Index.DJIA），是纽约证券交易最具权威、最具影响力的股价指数，也是世界上历史最悠久的股价指数；另一类就是道·琼斯运输指数（DowJones Transportation Average Index.DJTA），它是包括了有代表性的交通行业的企业，如运输、交通、铁路、航运，空运等企业在内的指数。但论及重要性，仍然是道·琼斯工业平均指数最重要，它不仅包括传统的大企业也包括大型的高科技企业，如微软公司。当然，一些较小型的高科技公司不会被列入道·琼斯工业平均指数之内，而只会被纳入纳斯达克指数之内。不过，虽然近几年纳斯达克指数的重要性不断增强。但在美国，历年来代表所谓"旧经济"，即传统企业的股市指数还是道·琼斯工业平均指数。

现在主要有四类道·琼斯平均股价指数：30种工业股平均股价指数、20种运输股平均股价指数、15种公共事业股平均股价指数及全部65种股票平均价格综合指数。其中比较重要的是第一种指数和第四种指数，它们均以1928年10月1日为基期，基期指数为100。该指数通过电子计算机连续采样，每分钟计算一次，每小时发布一次，计算迅速，发布及时，所选用的65种股票都是行业内具有重要地位的股票。

虽然不断有人试图模仿道·琼斯指数的算法，但是目前为止它仍然是通行的标准。阅读它的方法也是数不胜数，却没有一种方法可以像道氏理论那样经受得住考验。价格的运动代表了华尔街的整体知识，最重要的是它代表着华尔街对未来事件的整体理解。在华尔街没有人是无所不知的。在亨利·H.罗杰斯的时代曾出现过一种被称为"标准石油板块"的办法，它在许多年里对股票市场的预测一直是错误的。拥有"内部信息"是一回事，了解股票将如何据此进行运动则是另一回事。市场代表着任何人所了解、希望、相信和预期的任何事，而所有这一切又正如参议员多利弗在美国参议院发言时引用《华尔街日报》评论所说的那样，最终都变成了市场的无情的判决。虽然道·琼斯指数存在弱点——被表面的相关性所迷惑而引入了一些无关的东西，一直有人试图把销售额加入进来并在阅读平均指数时把它与商品指数联系起来，但这是完全不必要的，因为平均指数显然已经把这些因素考虑在内，正如晴雨表会考虑到任何影响天气变化的因素一样。

2. 平均指数包容消化一切

平均指数在其每日的波动过程中包容消化了各种已知的可预见的事情，以及各种可能影响公司债券供给和需求关系的情况。因为他们反映了无数投资者的综合市场行为，包括那些有远见力的以及消息最灵通的人士。甚至于那些天灾人祸，但其发生以后就被迅速消化，并包容其可能的后果。

3. 分析股票指数为投资个股提供了方法

在投资股票市场内的个别股票之前，我们需要知道股票市场的指数升跌情况。如果投资者忽略对指数的分析而买卖个别股票，将不能对股票市场作出全面分析。即使在股市中只是买卖个别股票，对股市指数也不能忽视。指数决定了整体股票的趋势，也影响了所有股票的可能走势。对于已经投资股票的投资者，当听到股票价格指数下跌的消息就猜到自己的投资受损，因为市场股票的价格运动常是成群的，这也是羊群效应的一种反映。

整个股票市场的大趋势的分析在于股票指数的分析，要知道股市的整体走势，一定要从分析其股市指数着手。这其实就是道氏理论首先提出的思想方法。道氏理论的作用最主要的一点，就是指出股票市场内会有很多种不同的因素。这些因素会在不同的时间内出现，如何量度这些因素的作用就要以股票市场指数作为准则。道氏理论的应用就在于分析股市指数上。有了股市指数就可以运用道氏理论的原则，将个别股票与整体市场进行相互验证，这为准确预测个股提供了方法。

道氏理论的基本要点

1. 道氏理论的理论基础

道氏理论有极其重要的三个假设，与人们平常所看到的技术分析理论的三大假设有相似的地方，不过，在这里，道氏理论更侧重于其市场涵义的理解。

假设 1：人为操作——指数或证券每天、每星期的波动可能受到人为操作，次级折返走势也可能受到这方面有限的影响，比如常见的调整走势，但主要趋势不会受到人为操作的影响。有人也许会说，庄家能操作证券的主要趋势。就短期而言，他如果不操作，这种适合操作的证券的内质也会受到他人的操作；就长期而言，公司基本面的变化不断创造出适合操作证券的条件。总的来说，公司的主要趋势仍是无法人为操作，只是证券换了不同的机构投资者和不同的操作条件而已。

假设2：市场指数会反映每一条信息——每一位对于金融事务有所了解的市场人士，他所有的希望、失望与知识，都会反映在"上证指数"与"深圳指数"或其他的什么指数每天的收盘价波动中；因此，市场指数永远会适当地预期未来事件的影响。如果发生火灾、地震、战争等灾难，市场指数也会迅速地加以评估。在市场中，人们每天对于诸如财经政策、扩容、领导人讲话、机构违规、创业板等层出不尽的题材不断加以评估和判断，并不断将自己的心理因素反映到市场的决策中。因此，对大多数人来说市场总是看起来难以把握和理解。

假设3：道氏理论是客观化的分析理论——成功利用它协助投机或投资行为，需要深入研究，并客观判断。当主观使用它时，就会不断犯错，不断亏损。可以再告诉大家一个秘密：市场中95%的投资者运用的是主观化操作，这95%的投资者绝大多数属于"七赔二平一赚"中的那"七赔"人士。

2. 道氏理论的基本观点

（1）股票市场是商业运行和变化的晴雨表

汉密尔顿在《股票市场晴雨表》中提到：道氏理论有意识地创造了一种科学而又实用的晴雨表规则，认为晴雨表具有预测的特有功能，这是它的价值所在，也是道氏理论的价值所在。股票市场是美国乃至全世界商业市场运行和变化的晴雨表，同时道氏理论告诉了我们如何对它们进行分析。由此可见，道氏理论的基本思想是认为股票市场的变动和兴衰能够对商业市场的运行与变化作出预测。汉密尔顿还认为：股票交易所的交易规模和交易趋势代表了华尔街对市场的过去、现在和未来的所有理解。市场中所出现的任何细微消息都会在整个股票市场的运行和变化中反映出来，同时市场行为对消息的反应也就是市场对消息的理解。同时，道氏理论还认为，市场总的基本趋势（主要趋势）是无法通过人为进行操纵的。

（2）股票市场上平均价格的变化状况能够包容和消化一切因素

道氏理论的追随者认为，市场中平均价格的变动趋势是非常重要的，市场能够反映影响股票价格的所有信息。道氏理论认为股票市场作为一个市场整体，它的运行方式永远是正确的。道氏理论认为市场中平均股票价格包含的信息远远超过了个体投资者对市场的理解，它的运行是市场中所有信息的反映。

（3）关于股票的价值和价格

汉密尔顿认为，股票的"市场价格"就是对公司价值的最好度量，这一观点在他的《股票市场晴雨表》中已经有所体现。在该书中他认为：股票市场的价格在调整中已经反映了当前已知的所有信息。自由市场中在对股票的价格进行评估时会自然而然地想到再生产价值、特许经营权、路权、商誉以及不动产价值等一切能够反应股份公司的信息。由于市场中的信息是层出不穷的，作为一种对资产价值的估计，它在公布的时候甚至在公布的前几个月里都已经是过时的了，即使使用的公布方法是基本公正和有效的。至于股票市场中出现的水分，汉密尔顿是这样解释的，即"股票水分"是股票"预期增长的价值"，随着股票市场的不断运行，这些水分最终会在股票市场中被蒸发掉。可见，道氏理论也包含了股票增长价值的思想，但这一思想并不排斥股票基本价值的概念，而是认为股票价值的决定因素是多方面的。这一思想包含了"有效市场"的概念，这也是道氏理论与其他纯技术分析理论不相同的地方。

另外，汉密尔顿还认为"股票的市场价格等于其价值"这一命题的成立是有条件的，即"市场价格"必须是由通过市场的自由交易而形成的价格，而不是由垄断交易形成的价格，这一思想又包括了"市场并非永远有效"这一含义。汉密尔顿还论述了市场失灵的几种状况，同时他也总结了进行股票投资的两种重要方法，即抛售高潮时买进和相对分散的投资，这种观点与基本分析流派的思想方法以及现代证券投资理论的思想方法是相通的。

（4）股票市场的变动趋势

股票市场的变动趋势是道氏理论的主要组成部分。道氏理论认为，虽然股票市场存在千变万化，但和经济发展的变动状况一样，这种变化具有一定的周期性。道氏理论对趋势的定义是：只要相继的上冲价格波峰和波谷都相应地高过前一个波峰和波谷，市场就处于上升趋势之中，换言之，上市趋势必然体现在依次处于上升状态的波峰和波谷上；相反，下降趋势则依次体现在下降的波峰和波谷上。道·琼斯在其1902年发表的著作《运动中的运动》一书中将趋势定义为三类，即主要趋势、次要趋势和短期趋势。

主要趋势是指那些能够持续1年或1年以上的趋势，看起来像一个大潮，也叫作长期趋势、基本趋势。这一趋势包括上升趋势和下降趋势两种，长期趋势大约持续1～4年，股票价格上升和下降幅度一般超过20%，其中上升的股市称为牛市，下降的股市称为熊市。

次要趋势是指那些能够持续3周到3个月的变动趋势，看起来像一个波浪，也叫中期趋势。次要趋势是对主要趋势的调整，且运动方向表现在与主要趋势的相反，对主要趋势起到一定的牵制作用。次要趋势是长期趋势中牛市或熊市的正常整理状态，通常一个长期趋势中会有二到三个次要趋势出现。

短期趋势是指持续时间不超过3周的趋势，这一趋势看起来像波纹，其波动幅度比主要趋势和次要趋势更小。一般3个或3个以上的短期趋势可组成一个次要趋势。道氏理论认为，短期趋势的出现主要是受到偶然因素或者人为操纵的影响，这一趋势在股票市场的运行中并不是一个主要的趋势，可以不予理睬。

在以上三种趋势中，最重要的是主要趋势，这个趋势决定了证券价格的基本变化方向。道氏理论认为，在股票市场的运行中，长期趋势和中期趋势是可以预测的，而短期趋势则变化莫测，难以预测。

道氏理论认为，股票市场的主要趋势通常包括三个阶段，第一个阶段是累积阶段。此时，股票的价格处于盘整时期，聪明的投资者在得到信息并进行分析的基础上开始对股票进行买入。第二个阶段为上涨阶段，这时，更多的投资者根据分析和财经消息开始参与股市，股票的价格快速上扬，许多技术性顺应趋势的投资者开始买入，此时的趋势尽管是上涨的，但也存在股票价格暂时的修正和回落。第三个阶段为最后一个阶段，大量的投资者积极入市，股票市场异常活跃，市场价格达到一个顶峰后又会出现一个积累期，在这一时期，投机性的交易量也会日益增长。

（5）股票市场的周期性变化

道氏理论认为，周期性是股票市场的重要变化特点。汉密尔顿就是一个股票市场周期性的追随者，他认为：由于理论的实用主义基础依赖于人性本身，繁荣会促使人们对股票市场的过度疯狂，并且投资者会最终为这种行为付出代价，由此导致股票市场的萧条。在股票市场的运行中，重新的调整是必不可少的。另外，技术分析学派的学者认为，股票周期运动的模式是不会变化的，但汉密尔顿反对严格的股市周期论，反对按照严格的周期性理论对股票市场的运动进行预测，股票市场是牛市和熊市不断交替的，但周期的长度是无法预测的。在美国股市中，牛市的持续时间和幅度一般都大大超过熊市，牛市是美国股票市场的常态，其总体趋势是向上的。

3. 道氏理论的主要定理

（1）定理1：任何市场的股票指数都有三种趋势：短期趋势，持续数天至数个星期；中期趋势，持续数个星期至数个月；长期趋势，持续数个月至数年。任何市场中，这三种趋势必然同时存在，彼此的方向可能相反。

长期趋势最为重要，也最容易被辨认、归类与了解，它是投资者主要的考量，对于投机者最为重要。中期与短期趋势都归属于长期趋势之中，唯有明白它们在长期趋势中的位置，才可以真正了解它们，并从中获利。中期趋势对于投资者较为次要，但却是投机者的主要考虑因素。它与长期趋势的方向可能相同，也可能相反。如果中期趋势严重背离长期趋势，则被视为是次级的折返走势或修正。次级折返走势必须谨慎评估，不可将其误认为是长期趋势的改变。短期趋势最难预测，唯有交易者才会随时考虑它。投机者与投资者仅有在少数情况下，才会关心短期趋势：在短期趋势中寻找适当的买进或卖出时机，以追求最大的获利，或尽可能减少损失。

将价格走势归类为三种趋势，并不是一种学术上的游戏。投资者应该了解这三种趋势而专注于长期趋势，也可以运用逆向的中期与短期趋势提升获利。运用的方式有许多种。第一，如果长期趋势是向上，他可在次级的折返走势中卖空股票，并在修正走势的转折点附近，以空头头寸的获利追加多头头寸的规模。第二，上述操作中，他也可以购买卖权选择权或销售买权选择权。第三，由于他知道这只是次级的折返走势，而不是长期趋势的改变，所以他可以在有信心的情况下，渡过这段修正走势。最后，他也可以利用短期趋势决定买卖的价位，提高投资的获利能力。上述策略也适用于投机者，但他不会在次级的折返走势中持有反向头寸；他的操作目标是顺着中期趋势的方向建立头寸。投机者可以利用短期趋势的发展，观察中期趋势的变化征兆。他的心态虽然不同于投资者，但辨识趋势变化的基本原则相当类似。

自从 20 世纪 80 年代初期以来，由于信息科技的进步以及电脑程式交易的影响，市场中期趋势的波动程度已经明显加大。1987 年以来，一天内发生 50 点左右的波动已经是寻常可见的行情。基于这个缘故，维克多斯波朗迪（《专业投机原理》的作者）认为长期投资的“买进——持有”策略可能有必要调整。在修正走势中持有多头头寸，并看着多年来的利润逐渐消失，似乎是一种无谓的浪费与折磨。当然，大多数的情况下，经过数个月或数年以后，这些获利还是会再度出现。然而，如果你专注于中期趋势，这些损失大体都是可以避免的。因此，对于金融市场的参与者而言，以中期趋势作为准则应该是较明智的选择。然而，如果希望精确掌握中期趋势，你必须了解它与长期（主要）趋势之间的关系。

（2）定理 2：代表整体的基本趋势，通常称为多头或空头市场，持续时间可能在一年以内，乃至于数年之久。没有任何已知的方法可以预测主要走势的持续期限。正确判断主要走势的方向，是投机行为成功与否的最重要因素。

没有任何已知的方法可以预测主要走势的持续期限。了解长期趋势（主要趋势）是成功投机或投资的最起码条件。一位投机者如果对长期趋势有信心，只要在进场时机上有适当的判断，便可以赚取相当不错的获利。有关主要趋势的幅度大小与期限长度，虽然没有明确的预测方法，但可以利用历史上的价格走势资料，以统计方法归纳主要趋势与次级的折返走势。

雷亚将道琼指数历史上的所有价格走势，根据类型、幅度大小与期间长短分别归类，他仅有 30 年的资料可供运用。非常令人惊讶地，他当时归类的结果与目前 1992 年的资料，两者之间几乎没有什么差异。例如，次级折返走势的幅度与期间，不论就多头与空头市场的资料分别或综合归类，目前正态分布的情况几乎与雷亚当时的资料完全相同；唯一的差别在于资料点的多寡。

这个现象确实值得注意，因为它告诉我们，虽然近半个世纪以来的科技与知识有了突破性的发展，但驱动市场价格走势的心理性因素基本上仍相同。这对专业投机者具有重大的意义：目前面临的价格走势、幅度与期间都非常可能落在历史对应资料平均数的有限范围内。如果某个价格走势超出对应的平均数水准，介入该走势的统计风险便与日俱增。若经过适当地权衡与应用，这项评估风险的知识，可以显著提高未来价格预测在统计上的精确性。

（3）定理3：主要的空头市场是长期向下的走势，其间夹杂着重要的反弹。空头市场会历经三个主要的阶段：第一阶段，市场参与者不再期待股票可以维持过度膨胀的价格；第二阶段的卖压是反映经济状况与企业盈余的衰退；第三阶段是来自于健全股票的失望性卖压，不论价值如何，许多人急于求现至少一部分的股票。它来自于各种不利的经济因素，唯有股票价格充分反映可能出现的最糟情况后，这种走势才会结束。这项定理有几个层面需要理清。

"重要的反弹"（次级的修正走势）是空头市场的特色，但不论是"工业指数"，或"运输指数"，都绝对不会穿越多头市场的顶部，两项指数也不会同时穿越前一个中期走势的高点。"不利的经济因素"是指（几乎毫无例外）政府行为的结果：干预性的立法、非常严肃的税务与贸易政策、不负责任的货币或（与）财政政策以及重要战争。有人曾经根据"道氏理论"将1896年至目前的市场指数加以归类，在此列举空头市场的某些特质：由前一个多头市场的高点起算，空头市场跌幅的平均数为29.4%，其中75%的跌幅介于20.4%至47.1%之间。空头市场持续期限的平均数是1.1年，其中75%的期间介于0.8～1.8年之间。

空头市场开始时，随后通常会以偏低的成交量"试探"前一个多头市场的高点，接着出现大量急跌的走势。所谓"试探"是指价格接近而绝对不会穿越前一个高点。"试探"期间，成交量偏低显示信心减退，很容易演变为"不再期待股票可以维持过度膨胀的价格"。经过一段相当程度的下跌之后，突然会出现急速上涨的次级折返走势，接着便形成小幅盘整而成交量缩小的走势，但最后仍将下滑至新的低点。空头市场的确认日，是指两种市场指数都向下突破多头市场最近一个修正低点的日期。两种指数突破的时间可能有落差，并不是不正常的现象。空头市场的中期反弹，通常都呈现颠倒的"V-型"，其中低价的成交量偏高，而高价的成交量偏低。有关空头市场的情况，雷亚的另一项观察非常值得重视：空头行情末期，市场对于进一步的利空消息与悲观论调已经产生了免疫力。然而，在严重挫折之后，股价也似乎丧失了反弹的能力，种种征兆都显示，市场已经达到均衡的状态，投机活动不活跃，卖出行为也不会再压低股价，但买盘的力道显然不足以推升价格。市场笼罩在悲观的气氛中，股息被取消，某些大型企业通常会出现财务困难。基于上述原因，股价会呈现狭幅盘整的走势。一旦这种狭幅走势明确向上突破，市场指数将出现一波比一波高的上升走势，其中夹杂的跌势都未跌破前一波跌势的低点。这个时候明确显示应该建立多头的投机性头寸。

（4）定理4：主要的多头市场是一种整体性的上涨走势，其中夹杂次级的折返走势，平均的持续期间长于两年。多头市场有三个阶段：第一阶段，人们对于未来的景气恢复信心；第二阶段，股票对于已知的公司盈余改善产生反应；第三阶段，投机热潮转炽而股价明显膨胀——这阶段的股价上涨是基于期待与希望。在此期间，由于经济情况好转与投机活动转盛，所以投资性与投机性的需求增加，并因此推高股票价格。

这项定理也需要理清。多头市场的特色是所有主要指数都持续联袂走高，拉回走势不会跌破前一个次级折返走势的低点，然后再继续上涨而创新高价。在次级的折返走势中，指数不会同时跌破先前的重要低点。主要多头市场的重要特质如下：由前一个空头市场的低点起算，主要多头市场的价格涨幅平均为77.5%。

主要多头市场的期间长度平均数为两年又四个月（2.33年）。历史上的所有的多头市场中，75%的期间长度超过657天（1.8年），67%介于1.8年与4.1年之间。多头市场的开始，以及空头市场最后一波的次级折返走势，两者之间几乎无法区别，唯有等待时间确认。多头市场中的次级折返走势，跌势通常较先前与随后的涨势剧烈。另外，折返走势开始的成交量通常相当大，但低点的成交量则偏低。多头市场的确认日，是两种指数都向上突破空头市场前一个修正走势的高点，并持续向上挺升的日子。

（5）定理5：次级折返走势是多头市场中重要的下跌走势，或空头市场中重要的上涨走势，持续的时间通常在三个星期至数个月；次级折返走势经常被误以为是主要走势的改变，因为多头市场的初期走势，显然可能仅是空头市场的次级折返走势，相反的情况则会发生在多头市场出现顶部后。此期间内折返的幅度为前一次级折返走势结束之后主要走势幅度的33%至66%。

次级折返走势是一种重要的中期走势，它是逆于主要趋势的重大折返走势。判断何者是逆于主要趋势的"重要"中期走势，这是"道氏理论"中最微秒与困难的一环；对于信用高度扩张的投机者来说，任何的误判都可能造成严重的财务后果。判断中期趋势是否为修正走势时，需要观察成交量的关系、修正走势之历史或然率的统计资料、市场参与者的普遍态度、各个企业的财务状况、整体状况、"联邦准备理事会"的政策以及其他许多因素。走势在归类上确实有些主观成分，但判断的精确性却关系重大。一个走势，究竟属于次级折返走势或是主要趋势的结束，我们经常很难、甚至无法判断。

大多数次级修正走势的折返幅度，约为前一个主要走势波段（介于两个次级折返走势之间的主要走势）的 1/3 ~ 2/3 之间，持续的时间则在 3 个星期至 3 个月之间。对于历史上所有的修正走势来说，其中 61% 的折返幅度约为前一个主要走势波段的 30% ~ 70% 之间，其中 65% 的折返期间介于 3 个星期至 3 个月之间，而其中 98% 介于 2 个星期至 8 个月之间。价格的变动速度是另一项明显的特色，相对于主要趋势而言，次级折返走势有暴涨暴跌的倾向。次级折返走势不可与小型折返走势相互混淆，后者经常出现在主要与次要的走势中。小型折返走势是逆于中期趋势的走势，98.7% 的情况下，持续的期间不超过两个星期（包括星期假日在内）。它们对于中期与长期趋势几乎完全没有影响。截止 1989 年 10 月，"工业指数"与"运输指数"在历史上共有 694 个中期趋势（包括上涨与下跌），其中仅有 9 个次级修正走势的期间短于两个星期。

在对于次级折返走势的定义中，有一项关键的形容词："重要"。一般来说，如果任何价格走势起因于经济基本面的变化，而不是技术面的调整，而且其价格变化幅度超过前一个主要走势波段的 1/3，都称得上是重要。例如，如果美联储将股票市场融资自备款的比率由 50% 调高为 70%，这会造成市场上相当大的卖压，但这与经济基本面或企业经营状况并无明显的关系。这种价格走势属于小型（不重要的）走势。另一方面，如果发生严重的地震而使一半的加州沉入太平洋，股市在三天之内暴跌 600 点，这是属于重要的走势，因为许多公司的盈余将受到影响。然而，小型折返走势与次级修正走势之间的差异未必非常明显，这也是"道氏理论"中的主观成分之一。雷亚将次级折返走势比喻为锅炉中的压力控制系统。在多头市场中，次级折返走势相当安全阀，它可以释放市场中的超买压力。在空头市场中，次级修正走势相当于为锅炉添加燃料，以补充超卖流失的压力。

道氏理论的缺点

有些读者可能会觉得道氏理论的内容繁难冗长，另一些人则会更注意其实际运用中的某些不足，同时也提出许多异议。因而，在论及更多的图表之前，我们最好用一部分文字来对此作一说明。首先，我们来看一下论及道氏理论时作者们常会使用的"第二猜测"，这是一种道氏理论家经常产生的指责。即使是最富经验、最细心的道氏理论分析家也认为，在一系列市场行为无法支持其投机立场时就有必要改变其观点。他们并不否认这一点，但他们认为，在一个长期趋势中，这样暂时性的措施所导致的损失是极少的。许多道氏理论家将其观点定期发表出来，有助于交易者在交易前后和交易时作参考，如果稍加记录和留意，就会发现当时给出的阐述是由当时公认的道氏分析家作出的，因而不可避免地存在着一些缺陷。

1. "信号太迟"的指责

有人评论说，"道氏理论是一个极为可靠的系统，因为它在每一个主要趋势中使交易者错过前三分之一阶段和后三分之一阶段，有的时候也没有任何中间的三分之一的阶段。"或者干脆就给出一个典型实例：1942 年美国一轮主要牛市以工业指数 92 开始而以 1946 年 212.5 结束，总共涨了 119.58 点，但一个严格的道氏理论家不等到工业指数涨到 125.88 是不会买入的，也一定要等到价格跌至 191.04 时才会抛出，因而盈利最多也不过 65 个点或者不超过总数的一半，这一典型事例无可辩驳。但通常对这一异议的回答就是："去找出那么一个交易者，他在 92.92（或距这一水平 5 个点以内）首次买进，然后在整轮牛市中一直数年持有 100% 的头寸，最终在 212.50 时卖出，或者距这一水平 5 个点以内"，实际上，我们会发现道氏理论的提出在当时还是相当出色的。由于它包括了迄今为止过去每一轮牛市及熊市所有的灾难，一个较好的回答就是详细研究过去的交易纪录。从理论上讲，这一计算结果可以表明这样的情况，一笔仅 100 美元的投资于 1897 年 7 月 12 日投入道·琼斯工业指数的股票，此时正值道氏理论以一轮牛市出现，这些股票将在并且只有在道氏理论证明确认的主要趋势中一个转势时，才会被售出或再次买入。简而言之，1897 年投入资金 100 美元到了 1956 年就变成了 11236.6 美元。投资者只要在道氏理论宣告一轮牛市开始时买入工业指数股票，在熊市到来之时抛出就可以了。在这一期间，投资者要做 15 次买入，15 次卖出，或者是根据指数变化每两年成交一次。

这一纪录并非完美无缺。有一笔交易失误，还有三次再投入本应在比上述清算更高水平上进行。同时，这一纪录并未考虑佣金以及税金，但是也未包括一名投资者在这一期间持股所得的红利；不用说，后者将会对资金增加许多。对于那些信奉"只要买入好股票，然后睡大觉"这一原则的初学者来说，对照上述纪录，在这 50 年当中，他只有一次机会购入，就是在工业指数至最低点时，同样也只有一次机会抛出持股，即指数最高点。就是说，1896 年 8 月 10 日达最低点 29.64 时买入，100 美元的投资到这一时段的最高点，即 60 年后 1956 年 4 月 6 日的 521.05，只增值到 1757.93 元，这与遵循道氏规则操作所得结果 11236.65 元相去甚远。

2.道氏理论带给投资者的困惑

道氏理论常会令投资者感到疑惑不定，但并不总是这样。道氏理论对主要趋势走向的问题总会给出一个预测，而这一预测在新的主要趋势开始的短期之内是未必清楚和正确的。对于"做何种股票"这一问题，道氏理论的原则往往与其他途径所得的结果不相一致，因而有些投资者就对道氏理论产生了怀疑。但毫无疑问，道氏理论往往更接近于事实。有时，一个优秀的道氏分析家也会说："主要趋势仍然看涨，但已处于危险阶段，所以我也不知道是否建议你现在买进。现在也许太迟了。"然而，上述这一异议常常只是反映批评者本身难以接受"股价指数包容了一切信息和数据"这一基本概念。

这一评论在另一方面也反映了一种急躁心理。道氏理论无法"说明"的阶段可能会持续数周或数月之久（例如：直线形成阶段），活跃的交易者往往本能地作出有悖于道氏理论的决策，但在股票市场中与其他情况下一样，耐心同样是一种美德，实际上，如果要避免严重的错误，这是必需的。

3.道氏理论对中期帮助甚少

道氏理论对于中期趋势的转变几乎不会给出任何信号。然而，如果选准了股票购买，那么交易者仅从主要趋势中就可获利颇丰了。一些交易者在道氏理论的基础上总结出一些额外的规则，运用于中期阶段，但结果却不尽如人意。

4.指数无法买卖

道氏理论只是以一种技术性的方式指示主要趋势的走向，这一点至关重要，正如我们在前面所提到的，大多数的个股票走势都与主要趋势一致。道氏理论不会、也不能告诉你该买进何种股票。这也是我们后文所要阐述的问题之一。

第三章

江恩理论

　　江恩理论是由美国著名投资学家威廉·江恩通过数学、几何学、宗教、天文学的综合运用，在美国资本市场上总结建立起的独特的分析方法和测市理论，以研究测市为主。

　　由于其分析方法的极高准确性，很多江恩理论的研究者非常注重江恩的测市系统。与此同时，江恩还建立了一整套操作系统，以在测试系统发生失误时来对其进行补救。而将测市系统和操作系统一同使用正是江恩理论达到如此高的准确性的原因。江恩理论的实质就是在看似无序的市场中建立江恩时间法则、江恩价格法则、江恩线等严格的交易秩序，并以此来发现价格会发生回调的时间以及回调的价位。

江恩理论的产生与发展

　　江恩理论的形成和发展与他的人生经历息息相关。威廉·江恩于1878年6月15日出生于美国得克萨斯州的卢浮金小镇。江恩的父母是爱尔兰裔移民，都是极为虔诚的基督教徒，正是这种来自家庭的思想积淀，使江恩受到启迪。江恩自幼熟读《圣经》，在《圣经》中，江恩曾领悟了市场的循环周期，同时，江恩相信股票市场里也存在着宇宙中的自然规则，市场的价格运行趋势不是杂乱的，而是可通过数学方法预测的。并且他曾经说道："我坚信《圣经》是人类了解未来进程的钥匙，我的关于未来与历史再现之学说完全启蒙于《圣经》。"

　　江恩从小就和商业有缘。江恩的父亲在学校教书，并有一间台球房，他也买卖马和牛。16岁时，江恩就在火车上从事售卖明信片、食品、小饰物和小礼品、递送报纸和电报的工作。

　　而让江恩对市场产生浓厚兴趣的是他家乡棉花生产商和批发商利用期货市场为实物价格作对冲的做法。1902年，24岁的江恩第一次入市买卖棉花期货，干起了经纪人的差事。1906 年，江恩到俄克拉荷马州当股票经纪人，既管理客户也自己交易。两年后江恩移居纽约，建立了自己的经纪业务。江恩第一次引起人们注意的是他于 1908 年 8 月 8 日宣布了自己最看重的市场预测方法——控制时间因素并多次准确预测市场。1909 年 10 月，江恩在接受著名杂志《股票行情与投资文摘》经理纳理童德·环考夫的采访期间，总共进行了 286 次交易，平均 20 分钟就交易一次，既做多又做空。交易结果是：264 次获利，22 次损失，操作成功率高达 92.3%，资本增值了 1000%。当地市场每周有 6 个变易日，江恩在 25 个交易日里受到了严密的监视，此次采访了被进行了详细的报道。

江恩出名后相继发表了一系列文章。1910 年，他的《投机——有利可图的职业》面市了，他还撰写一系列的通讯报道，比如：《供与求》《年度股票预测》，并发行对棉花和谷物的年度预测。在每年出版的股市全年走势预测中，他都清楚地绘制出了在什么时间见什么价位的预测图，这些出版物的准确性很高，比如：1918 年春，他预测到世界大战的结束；于 1992 年预测到伍德罗·威尔逊将当选美国总统；以及 1924 年和 1925 年美国股市的牛市，还有之后 1929 年和 1937 年的美国股市大崩盘。江恩的事业高峰期曾聘用过 25 个人，为他制作各种分析图表及进行各类市场走势的研究。同时他还成立了江恩科学服务公司及江恩研究公司，这两家公司出版了多种投资资讯。

江恩后因身体原因放弃了出版发行大量的印刷资料的工作。在 1950 年，江恩将自己的公司业务和出版版权卖给了爱德华·兰伯特。江恩在佛罗里达州的迈阿密市度过几年的晚年生活，后于 1955 年 6 月 18 日离开了人世。

作为一名致力于研究股票价格的先行者，江恩首先主要以商品期货市场作为研究对象，直至 1908 年在纽约工作时他才把股票和金融期货作为主要研究对象，而和汉密尔顿的《股票市场晴雨表》一起为技术分析领域开辟了新的天地的《股票行情的真谛》他最早关于股票的著作。

伴随着查尔斯·道的道氏理论的形成发展，江恩的研究也不断地进步，他在 1930 年、1935 年相继出版了《华尔街股票选择器》和《新股票趋势探测器》《江恩股票市场教程》等书，这些著作集中了江恩的大多数理论，它们的形成和出版就是江恩理论的不断形成。

江恩将数学、几何学、星相学等学科知识运用到研究中，自然定律与投资市场之间的关系、古代数学与星相学对投资市场的影响等等也在他的研究范围内。他也认为"波动法则"是金融市场运行的基本根据。这一法则可以用来准确地预测市场中某特定时间的价格水平。根据一定的数学原理，江恩认为历史上的股票市场是可以反映经济繁荣的，所以股票价格经常上升到脱离现实的水平。即在股票下跌的第一个过程，股票价格调整到股票价格的合理水平，然后由于商业经济的逐渐低迷所导致的公司的盈利水平的下降，股票的价格便会继续下跌，同时反映出未来商业经济将会产生不利的状况。同时，时间周期是江恩理论最根本、最基础而绝不可抛开的理论，和道氏理论一样，江恩认为一个中长期的价格运动要持续 10 年。

江恩的 21 条股票操作买卖守则

江恩认为投资者应该根据市场的转变，根据以下 21 条股票交易操作法则进行买卖交易：

（1）每次入市买卖，损失不应超过资金的 1/10。

（2）永远都设立止损位，减少买卖出错时可能造成的损失。

（3）永不过量买卖。

（4）永不让所持仓位转盈为亏。

（5）永不逆市而为。市场趋势不明显时，宁可在场外观望。

（6）有怀疑，即平仓离场。入市时要坚决，犹豫不决时不要入市。

（7）只在活跃的市场买卖。买卖清淡时不宜操作。

（8）永不设定目标价位出入市，避免限价出入市，而只服从市场走势。

（9）如无适当理由、不将所持仓平盘，可用止赚位保障所得利润。

（10）在市场连战皆捷后，可将部分利润提取，以备急时之需。

（11）买股票切忌只望分红收息。（赚市场差价第一）

（12）买卖遭损失时，切忌赌徒式加码，以谋求摊低成本。

（13）不要因为不耐烦而入市，也不要因为不耐烦而平仓。

（14）肯输不肯赢，切戒。赔多赚少的买卖不要做。

（15）入市时设下的止损位，不宜胡乱取消。

（16）做多错多，入市要等候机会，不宜买卖太密。

（17）做多做空自如，不应只做单边。

（18）不要因为价位太低而吸纳，也不要因为价位太高而沽空。

（19）永不对冲。

（20）尽量避免在不适当时搞金字塔加码。

（21）如无适当理由，避免胡乱更改所持股票的买卖策略。

江恩的 12 条买卖规则

江恩的 12 条买卖规则是建立在他 45 年的华尔街投资经验之上，从而建立了整个买卖系统。

规则一：决定趋势

任何市场的未来趋势是如何决定的是非常重要和值得研究的。江恩认为在股票市场上，股票平均综合指数最为重要，它决定整个市场的趋势。同时，分类指数对于市场的趋势亦有相当启示性。比如：在外汇市场上，"美元指数"将可反映外汇走势的趋向。因此投资者选择股票时，应以根据大市的趋势为主。

江恩认为投资者应当将特殊的图表方法与以上规则结合使用，下面以三天图及九点平均波动图为主来说明大市指数。

首先需明确两种图的意义和绘制方法：三天图指的是以三天的活动为基础记录市场波动。这三天包括周六及周日。三天图表的规则是，当三天的最低水平下破，则表示市场会向下，当三天的最高水平上破，则表示市场会出现新高。其绘制方法按照以下三个步骤：

（1）当市场从低位上升，连续三天出现较高的底位及高位，图表上的线应移至第三天的高点。若市场下跌两天后第三天再创新高，则图表上的线应垂直上移至当天的高点。

（2）当市场连续三天创新低时，图表的线便可下移至第三天低位的水平，若市场继续下跌，则可将图表上的线垂直下移至当天的低点。

（3）若市场连续三天创新高点，"三天图"表便可回升。（见图 3-1）

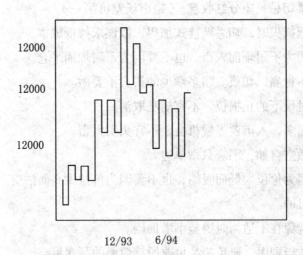

12/93　　6/94

图 3-1 恒生指数三天图

同样，九点平均波动图也可用来分析市势。

江恩在 1912 ~ 1949 年的道·琼斯工业平均指数之上进行应用，得到如下统计：在 37 年同内，波幅在 9 点或以上的有 464 次，少于 9 点的有 54 次，平均每月有 9 点的波动。波动幅度为 9 点至 21 点的市场所占比例超过 50%；波动幅度在 21 点至 31 点之间的市场占 25%；波动幅度在 31 点至 51 点之间的市场约占 12%；在 464 次市场波动中，只有 6 次在 51 点之上。由此可以看出市场波动 9 点至 21 点，是一个重要的市场转折的指标。

"九点平均波动图"有以下规则：当市场处于下跌当中，市场反弹小于 9 点，表示反弹乏力；大于 9 点，表示市场有转势可能；在 10 点之上，则市势可能反弹至 20 点；大于 20 点的反弹出现，市场则可能进一步反弹至 30 至 31 点，而反弹超过 30 点的的市场一般很少。此规则也存在于上升市道中。

绘制此图表时，若市况上升超过 9 点，图表线可作上升并跟随每日高点上移，直至市场出现 9 点的下跌，图表线才跟随下移至当日低点。（见图 3-2）

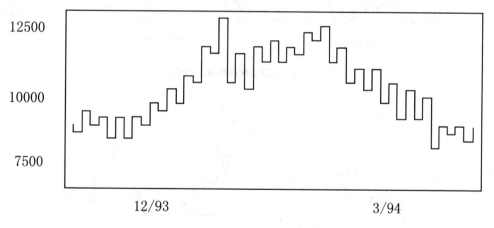

图 3-2 恒生指数九点图，每单位等于 10 点

总结江恩的"三天图"及"九点图"，"三天图"是以时间决定市势的趋向，"九点图"则以价位波动的幅度去决定市势的走向，通过对二者的结合，分析者可以对市场趋势了如指掌。同时，它们都是以跟随市势的方式绘制，这与目前我们所使用的"点数图"十分类似。

但是与点数图相比，定义点数图的转向，是由分析者自行决定，成功与否在于分析者对市况的认识，而江恩的九点图，则是以统计为基础，九点转势的成功机会有近 88%，增大了成功几率。

规则二：在单底、双底或三底买入

即当市场接近从前的底部、顶部或重要阻力水平时，根据单底、双底或三底形式入市买卖。

此规则说明了买入和沽空时机。市场以前的底部是重要的支持位，可入市吸纳。另外，当以前的顶部上破时，则阻力转变为支持，当市价回落至该顶部水平或稍低于该水平，都是重要的买入时机。反之，当市场到达以前顶部，并出现单顶，双顶以至三顶，以及当市价下破从前的顶部，之后市价反弹回该以前顶部的水平，都是沽空的时机。（见图 3-3、3-4）

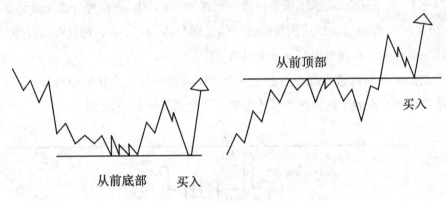

图 3-3 在以前底部或顶部之上买入

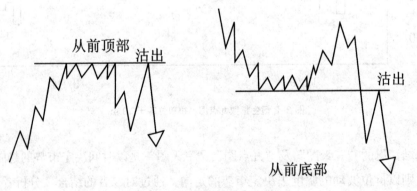

图 3-4 在以前顶部或底部下沽出

但需要注意的是市场出现第四个底或第四个顶的情况，根据江恩的经验，市场四次到顶而上破，或四次到底而下破的机会十分大。（见图 3-5）

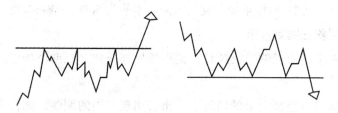

图 3-5 四次到顶而破以及四次到底而破

除此之外，对于入市买卖，投资者必须设下止蚀盘，止蚀盘一般根据双顶 / 三顶幅度而设于这些顶部之上，如果不知怎样止蚀则不应入市。

规则三：根据百分比买卖

江恩认为，只要顺应市势，有两种入市买卖的方法：若市况在高位回吐 50%，是一个买入点；若市况在低位上升 50%，是一个沽出点。（图 3-6）

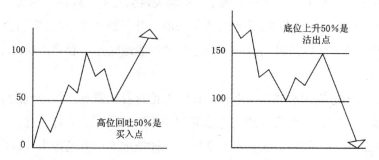

图 3-6 由高点价位的 50% 水平买入；由低点价位的 50% 水平沽出

另外，成为市场的重要支持或阻力位往往是一个市场顶部或底部的百分比水平，因此，3% ~ 5%、10% ~ 12%、20% ~ 25%、33 ~ 37%、45 ~ 50%、62 ~ 67%、72 ~ 78%、85 ~ 87% 这几个百分比水平值得特别留意。（图 3-7）

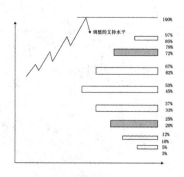

图 3-7 调整浪的支持水平

在众多百分比之中,市场重要的支持或阻力水平为 50%、100% 以及 100% 的倍数。

规则四：调整三周后入市

江恩通过对金融市场的广泛统计,把市场反弹或调整根据市场主流趋势归纳为两点：

（1）在市场主流趋势向上的情况下,市价出现三周的调整,则代表一个买入的时机。在市场的主流趋势向下的情况下若市价出现三周的反弹,则代表一个沽出的时机。

（2）同时,若市场逆趋势出现调整或反弹,则在相应的时间应该注重市势的发展。根据江恩的经验,若市场反弹或调整超过 45 ~ 49 天时,下一个需要留意的时间应为 60 ~ 65 天,而 60 ~ 65 天为一个逆市反弹或调整的最大平均时间的幅度。当市场上升或下跌超过 30 天时,下一个留意市势见顶或见底的时间应为 6 ~ 7 星期。

规则五：市场分段运行

不论在上升还是下跌趋势的市场中,市场通常会经历三段甚至四段。

具体说来,在上升市场中,市场并不是一浪上升直到见顶,通常市场会经历上升、调整、上升、调整,然后再上升一次的过程才可能走完整个趋势,反之,在下跌的市场中也一样。

江恩对市场走势的看法与艾略特的波浪理论有着相通点,波浪理论认为,在一个上升的推动图中有五个浪,两次逆流的调整,三次顺流的上升,这是与江恩理论相互印证的,但不同的是,江恩不像艾略特一样规定了一个趋势中究该应该有多少段浪,而是认为在某些市场趋势中,可能会出现四段浪。所多出来的一段浪可能是低一级不规则浪的 b 浪,也可能是形态较突出的延伸浪中一个,还可能是调整浪中的不规则 b 浪（第一个）。（图 3-8）

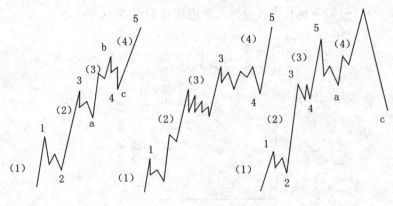

图 3-8

规则六：利用五至七点波动买卖

基于数字学，是江恩对于市场运行研究的一个显著特点，数字学是一套研究不同数字含意的学问。江恩认为，市场所运行至的一个阶段，就是一个数字阶段，市场相应地便会出现波动及市场作用。这种波动和作用是这样体现的：

上升趋势时，当市场出现 5 ~ 7 点的调整时，可趁低吸纳，通常情况下，市场调整不会超过 9 ~ 10 点。下降趋势时，当市场出现 5 ~ 7 点的反弹时，可趁高沽空。在某些情况下，10 ~ 12 点的反弹或调整也是入市的机会。若市场由顶部或底部反弹或调整 18 ~ 21 点水平时，市场可能出现短期市势逆转的情况。（图 3-9）

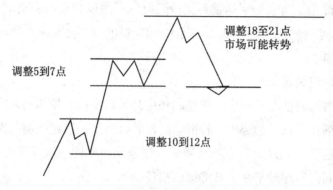

图 3-9 市场调整的幅度决定市场是否会转势

江恩的这种分析金融市场的方法十分特别，他站在市场运行的数字学的角度上，并不特别指明是何种股票或哪一种金融工具，亦没有特别指出哪一种程度的波幅，因此江恩的买卖规则有普遍的应用意义。例如：在外汇市场上实践这样的规则，短期波幅可看为 50 ~ 70 点，100 ~ 120 点，而重要的波幅则为 180 ~ 210 点。汇市超过 210 点的反弹或调整，则预示着短线市势逆转。

规则七：市场成交量

市场的成交量和市场走势的趋势、形态及各种比率一样，需要特别的研究。江恩认为，市场每月及每周的成交量是极为重要的，利用成交量的纪录以决定市场的走势是研究市场成交量的目的所在。这其中有以下两条规则：

（1）大成交量经常伴着市场顶部出现。当大量投资者蜂拥入市的时候，由于大户或内幕人士大手派发出货，市场成交量大增，当派货完毕后，坏消息浮现，此时市场见顶。

（2）当市场一直下跌时，成交量逐渐缩减，意味着市场抛售力量已近尾声，投资者套现的活动已近完成，市场底部随即出现，而不久市价即将反弹。（图 3-10）

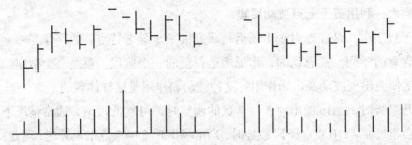

图 3-10 成交量有助于决定市场见顶或见底；大成交量通常表示见顶，低成交量通常表示见底。

为了增加预测的准确度，在利用成交量分析市场趋势逆转的时候，应当遵循以下两点规则：首先，当市场到达重要支持阻力位，而成交量的表现配合见顶或见底的状态时，市势逆转的机会便会增加。其次，成交量的分析必须配合市场的时间周期，以防止收效减弱。

规则八：时间因素

江恩认为时间因素在一切决定市场趋势中是最重要的。原因有两点：

（1）当市场在下跌的趋势中，若市场反弹的时间第一次超越前一次的反弹时间，表示市势已经逆转。同理，若市场反弹的价位幅度超越前一次反弹的价位幅度，亦表示价位或空间已经超越平衡，转势已经出现。

（2）当市场在上升的趋势中，其调整的时间较之前的一次调整的时间为长，表示这次市场下跌乃是转势。此外，若价位下跌的幅度较之前一次价位调整的幅度为大的话，表示市场已经进入转势阶段。（见图 3-11）

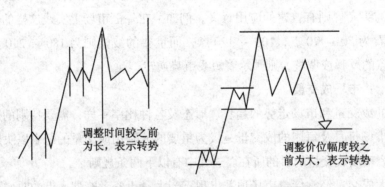

图 3-11 市场的时间及价位超越平衡，表示市场转势回落

通常在市场即将到达转势时间时，会出现一定的迹象。比如：在市场分三至四段浪上升或下跌时候，通常末段升浪无论价位及时间的幅度上都会较前几段浪为短，这意味着市场的时间循环已近尾声，转势随时出现。（见图 3-12）

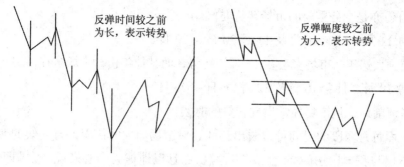

图 3–12

同时江恩还认为季节性循环也是金融市场的影响因素。因此，为了很快察觉市场趋势的变化，只要在配合其他买卖规则的基础上，将注意力集中在一些重要的时间。

下面是极具参考价值的一年之中每月重要的转势时间：

（1）1月7日～10日及1月19日～24日

上述日子是年初最重要的日子，所出现的趋势可延至多周，甚至多月。

（2）2月3日～10日及2月20日～25日

上述日子重要性仅次于一月份。

（3）3月20日～27日

短期转势经常发生，有时是主要的顶部或底部的出现。

（4）4月7日～12日及4月20日～25日

上述日子较1、2月次要，但后者也经常引发市场转势。

（5）5月3日～10日及5月21日～28日

5月是十分重要的转势月份，与2月的重要性相同。

（6）6月10日～15日及6月21日～27日

短期转势会在此月份出现。

（7）7月7日～10日及7月21日～27日

7月份的重要性仅次于1月份，在此段时间，气候在年中转化，影响五谷收成，而上市公司亦多在这段时间半年结派息，影响市场活动及资金的流向。

（8）8月5日～8日及8月14日～20日

8月转势的可能性与2月相同。

（9）9月3日～10日及9月21日～28日

9月是一年之中最重要的市场转势时候。

（10）10月7日～14日及10月21日～30日

10 月份亦是十分重要的市场转势时候。

（11）11 月 5 日～10 日及 11 月 20 日～30 日

在美国大选年，市场多会在 11 月初转势，而其他年份，市场多在 11 月末转势。

（12）12 月 3 日～10 日及 12 月 16 日～24 日

在圣诞前后，是市场经常出现转势的时候。

从上面每月两段的时间可以看出，江恩对市场周期的认识，与气候的变化息息相关。不仅与我国历法的 24 个节气对应，而且以地球为中心来说，太阳行走相隔 15 度的时间。

同时，要掌握市场转势的时间，除了留意一年里面，多个可能出现转势的时间外，还要留意一个市场趋势所运行的日数。基于对"数字学"的认识，江恩认为市场的趋势是根据数字的阶段运行，当市场趋势运行至某个日数阶段，市场则可能出现转势。由市场的重要底部或顶部起计，江恩认为：7～12 天、18～21 天、28～31 天、42～49 天、57～65 天、85～92 天、112～120 天、150～157 天、175～185 天是有机会出现转势的日数。

同样，将其应用到外汇市场中，最重要的为以下三段时间：

（1）短期趋势——42～49 天；

（2）中期短势——85～92 天；

（3）中／长期趋势——175～185 天。

江恩花费大量精力在图表研究上，并得出三种重要的预测顶底时间的方法，这些方法使市场重要顶部或底部的预测时间都非常准确，值得投资者借鉴。

（1）方法一：统计市场数十年来的走势，研究市场重要的顶部及底部出现的月份，将二者进行比较，可以更为容易地掌握市场顶部及底部的时间。

（2）方法二：市场转势，经常会在历史性高低位的月份出现，同时市场经过重要顶部或底部后的一年、两年，甚至十年，都是重要的时间周期。因此，市场的重要顶部及底部周年的纪念日是必须密切留意的。

（3）方法三，当某些重要市场消息入市而引致市场大幅波动。例如：战争、金融危机、贬值等，这些日期的周年都要特别留意。此外，消息入市时的价位水平经常会成为市场的重要支持或阻力位水平，需要特别注意。

规则九：当出现新低时沽出，创新高时买入

这条规则即为：当市价开创新高，表示市势向上，可以追市买入；当市价下破新低，表示市势向下，可以追沽。（见图 3-13）

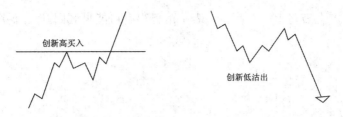

图 3-13 市场创新高是买入的机会，创新低则是沽出的机会

而在应用这条规则时，要注意时间因素，即由从前顶部到底部的时间、由从前底部到底部的时间、由重要顶部到重要底部时间、由重要底部到重要顶部的时间。（见图 3-14）

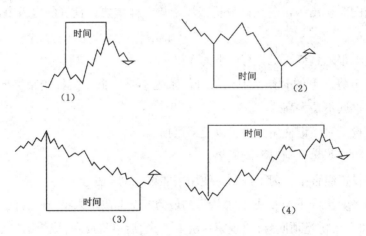

图 3-14 量度市场顶底之间的关系，有助于预测市场转势

此规则表明，如果市场创新高或新低，表示趋势未完，投资者可以根据前面所述的"数字学"的计算方法估计市场下一个转势的时间。若所预期者为底部，可从底与底之间及顶与底之间的日数配合分析，若两者都到达历史上的日数，则转势的机会便会大增；若所预测者为顶部，则可从顶与顶之间的日数或底与顶之间的日数以配合分析。除此之外，市场顶与顶及底与顶之间的时间比率，例如：1 倍、1.5 倍、2 倍等，也会成为计算市场下一个重要转势点的依据。

规则十：趋势逆转

此条规则是趋势逆转的分析。根据江恩对市场趋势的研究，通过对图表形态及时间周期的分析可以预测出趋势逆转的出现。

在价位形态方面，当市场处于升市时，可参考江恩的九点图及三天图。若九点图或三天图下破对上一个低位，是市势逆转的第一个预兆；当市场处于跌市时，若

九点图或三天图上破对上一个高位，表示市势很有可能见底回升。（见图3-15）

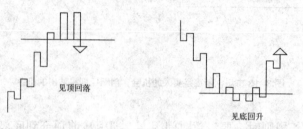

图 3-15 三天图及九点图上，曲线下破之前低点表示市场见顶回落，曲线上破之前高点表示市场见底回升

规则十一：最安全入货点

在适当的时机出入市与正确分析市场走势一样重要，良好的出入市策略可以避免损失。

江恩对于跟随趋势买卖，有以下的建议：

（1）当市势向下的时候，追沽的价位永远不是太低；同样当市势向上的时候，追沽的价位永远不是太高。

（2）在投资时谨记使用止蚀盘以免招巨损。

（3）要顺势买卖，绝对不能逆势。

（4）在投资组合中，为了获利，使用去弱留强的方法。

而在趋势确认后才入市，是江恩认为的最为安全的决定入市点的方法。具体如下：在市势向下时，市价见顶回落，出现第一次下跌，之后市价反弹，成为第二个较低的顶，当市价再下破第一次下跌的底部时，便是最安全的沽出点，止蚀位可设于第二个较低的顶部之上。在市势向上时，市价见底回升，出现第一个反弹，之后会有调整，当市价无力破底而转头向上，上破第一次反弹的高点的时候，便是最安全的买入点。止蚀位方面，则可设于调整浪底之下。据江恩的研究表示，市价逆市反弹或调整在一个快速的趋势中，通常只会出现两天，这是一个判断市势的有效方法。（图3-16）

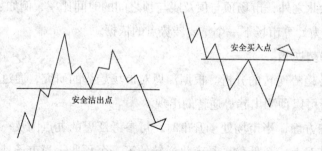

图 3-16 市场上破之前高点，是安全买入点；市场下破之前底点，是安全沽出点

规则十二：快速市场的价位滚动

经过长时间的研究，江恩认为不同的市势是由市价上升或下跌的速度来界定的，即市场的动量是界定不同市势的准则。

江恩认为，快速的市场市价平均每天上升或下跌一点，若市场平均每天上升或下跌两点，则市场已超出正常的速度，市势不会维持过久。这类的市场速度通常发生于升市中的短暂调整，或者是跌市中的短暂时间反弹。

在应用上面的原则时投资者需要注意的是江恩所指的每天上升或下跌一点，每天的意思是日历的天数，而非交易日，这点是江恩分析方法的特点。

通常人们认为当市场的升势到达超买阶段，市场需要一段较长的时间以消化市场的技术状态。但江恩认为，若市场在短促的时间大幅下跌，亦可消化整个市场的超买技术状态。举两个例子：1987 年股灾时，美国道·琼斯工业平均指数只在极短的时间内下跌 50%，便已经调整完数年来的上升幅度。所以当市场调整幅度足够，不少技术超买／超卖状态已经完毕，投资者不容忽视。1991 年 8 月 21 日后，美元在数天内反弹千多点，亦是美元下跌的技术性调整。江恩的意思也就是说，时间与价位的影响可以互相转换的。当市场处于一个超买阶段，市场要进行调整，若调整幅度小的话，则调整所用的时间便会相对地长。相反而言，若市场调的幅度大的话，则所需要的时间便会相对地少。

江恩回调法则

回调理论是江恩价格理论中重要的一部分。所谓回调，是指价格在主运动趋势中的暂时的反转运动。根据价格水平线的概念，50%、75%、100% 作为回调位置对价格运动趋势构成强大的支持或阻力。例如：某只股票价格从 40 元最高点下降到 20 元最低点开始反转，价格带的空间是 40 元减去 20 元为 20 元。这一趋势的 50% 为 10 元，即上升到 30 元时将回调。而 30 元与 20 元的价格带的 50% 为 5 元，即回调到 25 元时再继续上升。升势一直到 40 元与 20 元的 75%，即 35 元再进行 50% 的回调，最后上升到 40 元完成对前一个熊市的 100% 回调。

江恩认为，为了判断峰顶与峰底，需要观察以年为单位的价格图来决定一年中的顶部与底部，因为投资者在一年中只要求有几次出色交易，因此这之后才是月线图、周线图和日线图。

江恩 50% 回调法：

江恩认为：不论价格上升或下降，最重要的价位是在 50% 的位置，在这个位置经常会发生价格的回调，如果在这个价位没有发生回调，那么，在 63% 的价位上就会出现回调。

在江恩价位中，50%、63%、100%分别与几何角度45度、63度和90度相对应，这些价位通常用来决定建立50%回调带，因此最为重要。投资者计算50%回调位的方法是：将最高价和最低价之差除以2，再用最高价减去所得结果，或者将所得结果加上最低价。需要注意的是实际价格也许高于或低于50%的预测，因为价格的走势是难以预测的，在预测走势上应该留有余地。

经过观察大量的图表，可以看到以下江恩法则的存在：

（1）价格明显地在50%回调位反转；

（2）如果价格穿过50%回调价位，下一个回调将出现在63%价位；

（3）如果价格穿过63%回调价位，下一个回调将出现在75%价位；

（4）如果价格穿过75%回调价位，下一个回调将出现在100%价位；

（5）支持位和阻力位也可能出现在50%、63%、75%和100%回调重复出现的价位水准上。

（6）有时价格的上升或下降可能会突破100%回调价位。

江恩投资实战技法适合于各种时间尺度的图表，包括5分钟图、日线图、周线图、月线图和年线图。

江恩循环周期理论

江恩的循环理论是对整个江恩思想及其多年投资经验的总结。

江恩将其理论图形化以揭示市场价格的运行规律。他用按一定规律展开的圆形、正方形和六角形来进行推述。这些图形包括了江恩理论中的时间法则、价格法则、几何角、回调带等概念。

江恩认为较重要的循环周期有短期循环、中期循环、长期循环三种：短期循环指1小时、2小时、4小时、18小时、24小时、3周、7周、13周、15周、3个月、7个月；中期循环指1年、2年、3年、5年、7年、10年、13年、15年；长期循环指20年、30年、45年、49年、60年、82或84年、90年、100年。

其中30年循环周期和10年循环周期是江恩分析的重要基础。30年共有360个月，这恰好是360度圆周循环，按江恩的价格带理论对其进行1/8、2/8、3/8、7/8等，正好可以得到江恩长期、中期和短期循环。同时，江恩认为10年周期可以再现市场的循环。一个新的历史低点将出现在一个历史高点的10年之后，与之对应，一个新的历史高点将出现在一个历史低点的10年之后。江恩还指出，任何一个长期的升势或跌势其间必然有3～6个月的调整,都不可能不做调整地持续3年以上,因此,

10 年循环的升势过程实际上是前 6 年中，每 3 年出现一个顶部，最后四年出现最后的顶部。

为了提供正确预测股市走势的有力工具，江恩用圆形、正方形、六角形等将这些长短不同的循环周期之间存在的数量上的联系显示出来。江恩循环理论，可为有效地把握进出市场的时机奠定基础。

从上述周期理论可以看出，市场运动的最终线索就在其运行周期上。在其应用方面，周期分析者通常认为，因为绝大多数周期的变异出现在波峰上，也就是说波峰的形成比较复杂，因而认为波谷更可靠些，所以周期长度的度量都是从波谷到波谷进行的。在实际中，由于周期理论研究倾向于关注底部，所以在牛市中周期分析远比在熊市中表现优异。在熊市中相反，因为市态较弱，市场常以整理形态取代反弹，所以波峰比波谷形成时间要短，易于发现。而在牛市中，波谷比波峰形成或驻留的时间相对较短，而波峰因常出现强势整理的态势，变得复杂起来，所以较难把握。所以在运用周期理论测市的时候，牛市中以波谷法度量较为准确，熊市中以波峰法度量胜算更高些。

此外，除了使用趋势线来筛选之外，在决定使用峰测法还是谷测法度量的时候，还有一种方法。即先观察上一层次周期中，波峰是向周期时间中线左移还是右移，即一个涨跌周期如是 40 天，波峰是向 20 天之前移还是向 20 天之后移，左移看跌，右移看涨。看跌时用峰测法，看涨时用谷测法。波峰左移和右移作为辅助工具之一，适用于任何趋势和长度的周期。

由于菲波纳契数列（1、1、2、3、5、8、12、21、34、55、89、144⋯⋯）是波浪理论的基础，波浪理论与周期理论也有相通之处，所以在运用周期理论测市的时候，得出的菲波纳契时间目标，可能成为市场重要的转折点。在这些时间窗口，如何取得交易信号，还需辅以其他技术手段以验证。在江恩的理论中，"7" 及其倍数的周期被视作重要的转折点。"7" 是一个代表周期的数字，上帝用 7 天创造了世界，在《圣经》中，耶稣在死后第三天复活，"7" 意味着完整。"3" 是菲波纳契数字，而 "4" 是更不可忽视的。地球自转一周为 360 度，每 4 分钟旋转 1 度，因此，最短的循环可以是 4 分钟，地球自转一周需 24 小时，也是 4 的倍数，所以 4×7 天的周期也是一个很重要的短期周期。而上述一系列数字构成了价格变化的时间窗，一旦市场进入了时间窗，我们还须利用摆动指标 KDJ、W%、RSI 等其他技术工具作为过滤器，过滤不真实、不重要的信息来判断转折点的出现，并得出交易信号。同时，在运用周期理论、波浪理论、菲波纳契数列的时候，要注意它们都是以群体心理为基础的，也就是说市场规模越大，参与的人数越多，就越符合上述理论，比如股指远比个股符合上述理论，况且波浪理论本意也是应用于股市平均指数的。

江恩波动法则与共振

江恩波动法则的出发点来自于物理上的共振现象。在第一次世界大战中，一队德国士兵迈着整齐的步伐，通过一座桥，结果把桥踩塌。就桥梁的本身负载能力而言，远远大过这队德国士兵的重量，但由于士兵步调整齐、节奏一致，结果大桥在这种齐力的作用下而倒塌，这就是共振的作用。共振经常应用于音响领域上。当短频率与长频率出现倍数的关系时，就会产生共振。

江恩则认为当市场的内在波动频率与外来市场推动力量的频率产生倍数关系时，市场便会出现共振关系，令市场产生向上或向下的巨大作用。市场的波动率或内在周期性因素，来自市场时间与价位的倍数关系。

这种共振作用在股市的历史走势中可以发现：股票走势经常大起大伏，比如从高位向下突破，股价很快迅速下跌，或者一旦从低位启动，产生向上突破，股价迅速上涨。这种现象能进一步引起人们的情绪的波动，股价高速下跌，人们产生恐慌心理；股价飞速上升，人们蜂拥入市，当人们的心理影响到实际操作，可能会产生江恩所说的价格崩溃。

因此一个股票投资者，应对共振现象充分留意。共振不是随时都可以发生，如下情况将可能引发共振现象：

（1）当时间周期中的长周期、中周期、短周期交汇到同一个时间点且方向相同时，将产生向上或向下共振的时间点；

（2）当长期投资者、中期投资者、短期投资者在同一时间点，进行方向相同的买入或卖出操作时，将产生向上或向下的共振；

（3）当长期移动平均线、中期移动平均线、短期移动平均线交汇到同一价位点且方面相同时，将产生向上或向下共振的价位点；

（4）当K线系统、均线系统、成交量KDJ指标、MACD指标、布林线指标等多种技术指标均发出买入或卖出信号时，将产生技术分析指标的共振点；

（5）当某一上市公司基本面情况、经营情况、管理情况、财务情况、周期情况方向一致时，将产生这一上市公司的共振点。

（6）当基本面和技术面方向一致时，将产生极大的共振点。

（7）当金融政策、财政政策、经济政策等多种政策方向一致时，将产生政策面的共振点。

以上是共振可能发生的条件，当这些条件满足时，可以产生共振；当条件不满足时，共振就不会发生；当部分条件满足时，也会产生共振，但作用就小；当共振的条件满足得越多时，共振的威力就越大。在许多时候，已经具备了许多条件，但是共振并没有发生，这是因为没有关键条件，共振将无法产生。

共振是一种合力，是发生在同一时间多种力量向同一方向推动的力量，它是使股价产生大幅波动的重要因素，投资者可以从短期频率、中期频率和长期频率以及其倍数的关系去考虑。江恩还认为：市场的外来因素是从大自然循环及地球季节变化的时间循环而来，把握好共振可以帮助投资者获利避险。

江恩波动法则与江恩分割比率

江恩波动法则直至他去世时也没有给出明确的定义，这也就造成了以后研究江恩理论的分析家对波动法则的不同理解。音乐家兼炒股家彼得认为江恩的理论与乐理在波动上有相通之处，音节的基本结构由七个音阶组成，在七个音阶中，发生共振的是 C 与 G 及高八度的 C，亦即 10% 及一倍水平。也就是说，音阶是以 1/2、1/3、1/4 及 1/8 的形式产生共振，因此频率的 1 倍、2 倍、4 倍、8 倍会产生共振，这与江恩的分割比率有密切联系。

江恩的分割比率是以 8 为基础的，也就是江恩的分割比率是 50%（1/2），其次是 25%（1/4）和 75%（3/4），再其次便是 1/8、3/8、5/8 及 7/8。江恩的经验是从美国股市和期市上总结出的，但这一结论同样适合于我国股市。江恩的波动法则和分割比率并不局限于某一特定区域，它是一种自然法则，而这种自然法则是人们在交易过程中自然而然遵循的一个法则，它是人们固定习性的反映，而这种固定习性是不会轻易被打破的。因此江恩的经验虽然是从美国股市和期市上总结出的，但这一结论同样适合于我国股市。

倍数关系和分割比率的分数关系是江恩波动法则强调的，而倍数关系和分数关系是可以相互转化的，但取决于所取数值的大小。如一个庄家要把 4 元的股票做到 8 元，那么从 4 元至 8 元上涨 100% 为 1；而 6 元是上涨的 50%；5 元为上涨的 25%；7 元为上涨的 75%；那么在这些位置是江恩分割比率要重视的位置。如果我们把 4 元涨至 5 元，涨幅 1 元作为 1 个单位的话，那么到 6 元涨 2 元，到 8 元涨 4 元，就是第一段涨幅 1 元的倍数关系，而这又是江恩波动法则强调的可能产生共振点的倍数关系。倍数关系可以无限扩大，分数关系可以无限缩小，关键是取什么数值定为 1。然后利用倍数和分数关系建立起一种市场框架，当时间和价位的单位都运行到这种倍数关系和分数关系时，市场的转折点就可能已到达。在价位方面会出现自然的支撑和阻力，在时间方面会出现时间的阻力。在市场的重要低位开始，计算

1/2、1/4、1/8 的增长水平，及 1 倍、2 倍、4 倍、8 倍的位置，将可能成为重要的支撑和阻力。在低位区，走势常受到 1/8 的阻力，波动小，时间长，走势反复，一旦产生有效突破，阻力减少，走势明快。在市场的重要高点，计算该位置的 1/2、1/3、1/4 及 1/8，常为调整的重要支撑。将股指或股价的重要低点至高点的幅度分割为八份，分割的位置都是重要的支撑和阻力。对于时间循环，可将一个圆形的 360 度看作市场的时间周期的单位，并用 1/2、1/4 及 1/8 的比率分割，分割为 180 度、90 度、45 度，包括月份、星期、日期的周期单位，分割的位置常成为市场周期的重要转折点。

江恩市场几何原理

江恩市场几何原理指的是用角度线与圆周角度预测市场走势。将平面几何概念引用到市场技术分析领域是江恩率先开创的，也因此江恩市场几何原理被认为更深奥。

尽管几何原理早已被用来研究市场，但江恩却将其中一些图形赋予时间与价位的特殊意义。比如：用平面直角坐标来表达的时间与价位关系就是一种简单直观的几何图形，通常所使用的趋势线与上升通道等重要概念实际上也就是在使用几何角度概念研判市场走势，所不同的是，江恩认为，当市场运行的角度在其股价长度与时间长度之比为 1∶4、1∶3、1∶2、2∶3、3∶4 特别是为 1 时，股价往往会发生较大转折，而在市场走势图上，这一规律表现为一系列从某一原点出发符合上述比例的角度线，它们构成了对市场走势的支持与阻力。

江恩几何原理的另一项内容是用 360 度圆的分割角度来表达市场走势的支持值与阻力位。江恩认为市场的每一次上涨或下跌过程都是股价在时间序列上的起止过程，换一个角度也可以看作是股价在时间上走过了一个几何圆 360 度，股价发生较大转折的位置是这个 360 度圆的 3 等分、4 等分、6 等分、8 等分点。

下面是将江恩几何原理应用到上证走势中：以 1999 年 5 月 17 日上证指数 5·19 行情的超低点 1047 点为 4 等分圆的 0 度，每增加 90 度表示上证指数上涨了 240 点，那么按照 4 等分圆增长的上证指数应为 0 度——1047 点；90 度——1287 点；180 度——1527 点；270 度——1767 点；360 度——2007 点。而 5·19 行情以来上证指数的实际走势情况是：1999 年 5 月 28 日摸高 1294 点后进行了一周小震荡调整。这一高点恰与上述 4 等分圆的 90 度角处的理论点位 1287 点相近；1999 年 6 月 30 日摸高 1756 点后进行了为期数月的调整，这个高点恰与上述 4 等分圆 270 度处的理论点位 1767 点相近；而上证指数的高点 2000 多点恰与上述四等分圆 360 度处的理论点位相近，往后的市场处于 5·19 行情结束后的漫长调整阶段。

江恩测市工具

1. 江恩线

江恩线是用来表示江恩理论中价格与时间的关系。在江恩的理论中，最重要的概念就是江恩线与价格运动的关系。以 X 为时间轴，Y 为价格轴，建立江恩线 "TxP"，其中 T 为时间，P 为价格。

江恩线由时间单位和价格单位定义价格运动，决定每条江恩线的是时间和价格的关系，从图上各个明显的顶点和底点画出江恩线，它们彼此互相交叉，构成江恩线之间的关系。它们不仅能确定何时价格会反转，而且能够指出将反转到何种价位，体现时间与价格之间的协调。江恩线的基本比例为 1：1，即 1 单位的价格对应 1 单位的时间。1×1 表示江恩线上每单位时间内，价格运动 1 个单位，2×1 表示江恩线上每 2 个单位时间内，价格运动 1 个单位。当市场的趋势由下降转为上升时，价格通常会沿着上升甘氏线向上运动，当上升趋势缓和时，价格会沿着 2×1 线上升，如果反弹有力，上升趋势会提高到 1×2、1×3 或 1×4 线。但大多数情况下，价格会沿着 1×1（也就是 45 度线）上升。在下降的趋势中要套用下降甘氏线。另外，还有 1/8、2/8、1/3、3/8、4/8、5/8、2/3、6/8、7/8 等江恩线，每条江恩线有其相对应的几何角。

2. 江恩数字表

江恩数字表用来预测价格的支持位和阻力位。江恩将数字沿垂直方向排列形成四方形，形成江恩数字表。

江恩数字表有多种，如以数字 6、9、12、19、20、27、36、52、90 等为基数的四方形，其中常用的是九九四方形数字表。

九九四方形数字表的绘制方法：从四方形的左下角，自下而上填写 1 ~ 9，从第二列下面继续填写 10 ~ 18，依次类推直至填到 81。

江恩认为，每一种股票都有其独特的波动率，在一定市场条件下，波动率会产生"共鸣"，引起趋势的反转。

因此，应该使用与该市场波动率相近的四方形才能有好的效果。

与江恩螺旋四方形（下述）类似，江恩数字表的重要支持位或阻力位极有可能发生在：四方形的中点、中心点或对角线。

3. 江恩轮中之轮

江恩认为股票市场存在有短期、中期、长期循环以及循环中的循环，这就像自然定律中的四季交替和阴阳主次之分，正如《圣经》所述的"轮中之轮"。

这种规律使江恩研究并设计了市场循环中的轮中之轮。"轮中轮"是对江恩全部理论的概括总结，"轮中轮"理论将市场上的短期、中期和长期循环加以统一的描述并将价位与江恩几何角也统一起来。

"轮中轮"是用以下方式得到的：将圆进行 24 等分，以 0 度为起点，逆时针旋转每 15 度增加一个单位，经过 24 个单位完成第一个循环，依此类推，经过 48 个单位完成第二个循环……最后经过 360 个单位完成第十五个循环，即一个大循环，形成江恩"轮中轮"。

江恩轮中轮上的数字循环既是时间的循环也是价格的循环，例如，对时间循环而言，循环一周的单位可以是小时、天、周、月等，对价格循环而言，循环单位可以是元或汇率等。

江恩"轮中轮"的关键是角度线，市场的顶部、底部或转折点经常会出现在一些重要的角度线上，如 0 度、90 度、180 度等。"轮中轮"是预知市场价位的良好工具，以下是其用法：

对照轮中的数字，将游标一选定所要判断的目标股或指数的最低点或最高点。

（1）上涨时游标二逆时针旋转，价位或点数将在 45 度、90 度、120 度处遇初级阻力，在 180 度处遇强阻力，在 225 度、270 度处遇超强阻力，在 315 度、360 度处遇特强阻力。

（2）下跌时游标二顺时针旋转，价位或点数将在 45 度、90 度、120 度处遇初级支撑，在 180 度处遇强支撑，在 225 度、270 度处遇超强支撑，在 315 度、360 度处遇特强支撑。

根据原江恩理论书籍介绍，轮中之轮用于长周期判断，一周天为 360 天，指的是自然日，用于短周期判断一周天为 24 小时，而没有指出是自然日还是交易日。在运用江恩理论轮中轮理论时候要特别注意以下三点：轮中之轮的 0 度、90 度、180 度、270 度，及 45 度、135 度、225 度、315 度所构成的两个正四方形处为阻力或支撑。另外，由 0 度、120 度、240 度所构成的正三角形处也为阻力或支撑；当股价或指数突破或跌破一个阻力或支撑位时，将向下一个阻力或支撑位移动；一周分为 24×15（度），暗含 24 节气。价位或指数由内向外找，大数取内优先。

根据我国的股市情况，散户炒作多为中短线，并可以总结出：一周天如按交易日，则大约为 18 个月，每交易日为 4 小时；一周天可以是 180 天，90 天，45 天，22.5 天，11.25 天，以及最短 6 天，对应每格（15 度）为 7.5 天、3.75 天、1.875 天、0.9375 天或 3.75 交易小时，0.46875 天或 1.875 交易小时 1 交易小时。

市场在重要的时间到达重要的位置（股价或股指）时，市场的趋势将发生逆转，表现为如下四点：

（1）一周天的重要时间为到达上面第一个所述的角度位置所需的时间。周期的长短第二个选择。

（2）当选用的长周期和短周期所指向的位置为同一位置时，该点即为市场的最为重要的位置。时间大致为长、短周期重叠的时间位置。

（3）如果股价或股指在重要的时间内超越了一个重要的位置。那么，它将向下一个重要的位置移动。

（4）如果股价或股指在重要的时间内没有超越那个重要的位置。那么，它将回头寻找它前一个重要的位置。

以上证走势为例说明以上原理。以上证指数 2000 年 3 月 16 日的低点 1596.07 点为起点，取一周天为 11.25 天（短周期判断）。股指运行 9 天后到达 1811.06 点（3 月 30 日）。江恩轮中之轮逆时针转（上涨）315 度，需 $0.46875 \times 315/15 = 9.84375$ 天，阻力位为 1810 正负 5 点。时间和价位重叠，即江恩理论中的市场在重要的时间到达重要的位置（股价或股指）时，市场的趋势将发生逆转。随后的一天（3 月 31 日），股指在四小时的交易时间内，由 1810.90 点下跌到 1780.41 点，收于 1800.22 点。此时取一周天为 6 天（更短的周期），用江恩轮中之轮顺时针转 45 度（3 小时）为 1780 ± 5 点（当天盘中大约下跌了 3 个小时），到达支撑位。由于收盘时股指已返回到 1800.22 点，可判断第二天股指不会再下跌。4 月 3 日，股指最高为 1816.86 点，最低为 1798.25 点，收于 1801.00 点。再用 11.25 的周期分析，显然在特定的时间内股指没有顺利冲过 1810 ± 5 点的阻力位，因此向下调整是必然的。以后的 8 小时调整，由 1815 ± 5 点顺转 120 度（重要支撑位）达 1735 ± 5 点。最低点为 1746.30 点，收于 1771.20 点。股指重新步入升途。

总结起来，江恩轮中之轮理论阐述了时间与价位的关系，它对于时间和价位预测的准确程度远远高于其他理论，轮中之轮预测个股走势，一样非常准确，江恩的轮中之轮理论，是其理论中最精华的篇章。应用时要把长短周期结合起来，互相印证，而周天数的选取，以各人的理解不同而取值不同。但任何理论都不是绝对完美的，江恩理论的弱点是缺乏对另一市场的重要因素——成交量的描述。因此，应当将江恩理论与道氏趋势理论、艾略特波浪理论，相互结合使用，取长补短。

4. 江恩螺旋四方形

江恩"轮中轮"的另一种表现形式是江恩螺旋四方形。江恩螺旋四方形就是将市场循环一周八等分，而四方形的十字线和对角线上的价格就是极有可能发生转折的重要价位。

绘制江恩螺旋四方形时，首先观察价格的历史走势，从中选择历史性高位或低位作为江恩螺旋四方形的中心，然后确定价格上升或下降的价格单位，最后逐步逆时针展开。

根据江恩的理论，上述四方形的中心线和对角线上的价位将可能会成为价格走势的重要支持位或阻力位。

江恩认为：一个升势若以对角线上的价位为起点，则可能在价格的二次方上结束；一个跌势若以对角线上的价位为起点，则可能在价格的平方根上结束。

江恩螺旋四方形是江恩循环理论的重要组成部分，只有经过长期的时间，才能准确地把握。

江恩螺旋四方形与黄金展开线有着相似的地方，这是江恩螺旋四方形有着较准确的预测功能的原因，只不过江恩螺旋四方形是以算术级数展开，为等差数列，而黄金展开线是以对数级数展开，后面一项是前一项的 1.618 倍。

5. 江恩六边形

江恩六边形是用来发现价格将要出现的转折点以来掌握买卖时机的工具。江恩螺旋正方形是将市场循环分为八等分，而江恩六边形则是把市场循环分为六等分，是介于江恩螺旋四方形与江恩轮中轮之间的一种图形。江恩六边形把 360 度圆周六等分，每部分为 60 度，按照逆时针螺旋展开直至无穷的。

第一个循环：1 ～ 6，数字增加 6；

第二个循环：7 ～ 18，数字增加 12；

……

第九个循环：217 ～ 330，数字增加 54；

第十个循环：331 ～ 396，数字增加 60。

六角形中的数字代表市场的价位，当市场中的价位到达江恩六边形某一重要角度线时，就会出现支持力或阻力，如 0 度和 180 度等。

江恩曾经告诫投资者，在投资之前必须先细心研究市场，否则可能会作出与市场完全相反的错误的买卖决定。同样重要的是必须学会如何去处理这些错误，因为任何一个投资者，即使是一个成功的投资者，面对千变万化、捉摸不定的市场不能保证不犯错误。而成败的关键是成功者懂得如何去处理错误，不使其继续扩大；反之，失败者因犹豫不决、优柔寡断，任错误发展，并造成更大的损失。

江恩的理论是天文学、数学以及几何学等自然科学分析方法的综合，这一研究方法和所得出的理论拓宽了人们的研究视角，丰富了技术分析流派的理论。然而，人类对自然规律的认识是有限的，任何人都不可能完全准确地认识和了解天地万物的运行规律，人们对自然界的认识只是在局部的条件下进行的。而人类的认识本身，也只是总体自然规律中的一个特殊情况。这就是说人们只能在局部的范围，以及特定的时空背景下才能认识自然界的局部运行规律，而其他部分是无法认识的。同理，对于证券市场，投资者想要从整体上掌握变化莫测的证券市场的运行规律是非常难的，在实际交易中也不可能预料并战胜市场中的所有现象，因此基于自然规律和科学规律的江恩理论在操作运用中也有许多和实际不相符合的地方。

首先，江恩理论是从天文学、数学、几何学的规律中去摸索证券市场变化的规律。由于证券市场是变幻莫测的，单纯将科学规律或者自然规律应用到证券市场进行分析难免有牵强之处，造成预测结果与实际情况相背离。同时，江恩理论的一些玄妙的计算方式脱胎于星相学，隐晦难懂，过于迷信自然法则，虽然江恩晚年已转向于统计研究，但统计往往只是对过去数据的统计，不代表将来。

其次，江恩理论过于相信技术分析，以至于忽视股价变动的内因而妄图以图形结果来求解下一个结果。好在江恩有严格的交易规则，可以保护自己避免预测的失误。过于着眼于技术分析之中，使得江恩的分析眼界有限，无法以投资者的眼界来看待股市的发展问题，比如江恩认为美国股市永远不会超越 1929 年的高点等等

再次，如何选择江恩理论分析起点是无法客观确定的，而江恩理论的分析结果在很大程度上还取决于分析起点选择的好坏，选择不同的分析起点，会造成完全不同的分析结果，这导致投资者在具体的操作中产生很大的困惑，并由此造成投资者在选择中错过良好的时机造成损失。

最后，江恩理论比较适合于在股市中做短期投机或在期货市场进行交易，而不适合做长线投资。因为市场对投机的容忍度和吞吐量都是有限的，这使投机者难以发展壮大。

基于以上原因，投资者应该以"具体问题具体分析"的态度应用江恩理论，只有这样才能在实战中更好地判断市场的走势，在投资中避险获利。

第四章
波浪理论

波浪理论概述

1.波浪理论形成简史

波浪理论是投资分析中最难以了解和精通的分析工具，然而也是最为神奇的分析工具。波浪理论是所有技术分析方法中最为神奇的方法。用波浪理论得出的一些结论，在开始时总是被认为很荒唐，但过后都不可思议地被事实证明。但是这些结论总是在市场运作过程中被一次又一次地验证。从技术的角度讲，波浪理论不容易掌握，敢说自己能很熟练地应用波浪理论的人，目前还不多见。但是，正是因为波浪理论的神奇性以及应用的广泛性，使得它的流行范围很广，每个人都希望自己是掌握这把神奇钥匙的人，每个人都希望自己能熟练地掌握这种分析方法，使更多难题变得明晰易解。

波浪理论是由艾略特在 1938 年所提出的。1871 年 7 月 28 日，艾略特出生于美国密苏里州的一个小镇，1896 年左右开始从事会计行业。之后的 25 年里，艾略特供职于墨西哥和中美洲的一些铁路公司。后来他在危地马拉大病一场，1927 年因病退休。退休后，他回到加利福尼亚的老家养病。正是在这段漫长的休养期间，他揣摩出了股市行为理论。1939 年，艾略特在《金融世界》上连续发表了 12 篇文章宣传自己的理论。1946 年，也就是艾略特去世前两年，他完成了关于波浪理论集大成之作——《大自然的法则——宇宙的奥秘》。

艾略特最初发明波浪理论是受到股价上涨和下跌现象不断重复的启发，努力从中找出其波动的规律。他将市场上的价格趋势形态，归纳出几个不断反复出现的形态。艾略特归纳整个市场的价格波动形态规律。艾略特以周期为基础，把股价变动分成各种不同的时间周期并得出每个大周期都包含小周期，小周期也可以不断细分成更小的周期，艾略特发现不论趋势的层级大小，均遵循着一种五波上升三波下降的基本节奏，五波的上升趋势可分为三个推动波以及二个修正波，三个推动波分别为第1、3及5波，而修正波则为第2及第4波；在三波下降趋势波则分为a、b、c三波。这上升及下降的八波形成一个八个波动的完整周期，而且这样的周期将不断的反复持续，并且这八个波动的完整周期的现象普遍存在于各种时间刻度，而形成各种大小的波浪，每一个波都可包含了更小规模的波动，并且每一个波也都为另一个更大刻度的波所包含。如图4-1所示。

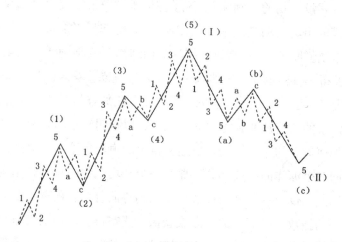

图4-1

艾略特的波浪理论认为，不管是多头市场还是空头市场，每个完整循环都会有几个波段。多头市场的一个循环中前五个波段是看涨的，后三个则是看跌的；而前五个波段中，第一、三、五，即奇数序号，是上升的，第二、四、六波段，即偶数波段中的六波段偶数序号是明显看跌的；第七为奇数序号则是反弹整理。因此奇数序波段基本上在不同程度上是看涨的或反弹，而偶数序波段则是看跌或回跌。整个循环呈现的是一上一下的总规律。而从更长的时间看，一个循环的前五个波段构成一个大循环的第一波段，后三个波段构成大循环的第二个波段。整个大循环也由八个波段组成。

而空头市场的情况却恰恰相反，前五个波段是看跌行情，后三个则呈现看涨行情。前五个波段中，又是第一、三、五奇数序波段看跌，二、四偶数序波段反弹整理，看涨行情的三段中，则第六、八段看涨，第七段回跌整理。整个循环依然是一上一下的八个波段。在空头市场，一个循环也构成一个大循环的第一、二个波段，大循环也由八个波段组成。而空头市场和多头市场也有着一定的相似性：无论是多头市场还是空头市场，在价格波动中都是第五波段是最长的，即上升时升幅最大，下降时跌幅也最大。也就是说，无论价格波动情况究竟是上升还是下降，它的变动幅度都是最大的。

2. 波浪理论与道氏理论

有人说道氏理论告诉人们何为大海，而波浪理论指导人们如何在大海上冲浪。这句话很好地概括了波浪理论与道氏理论的关系。波浪理论中有很多道氏理论的痕迹，波浪理论把道氏理论更加具体化和数字化了。按查尔斯·道的说法，市场的主要趋势是广阔、吞没一切的"潮流"，这个潮流被"波浪"或次级的反作用和反弹所打断。小规模的市场运动是波浪上的"波纹"。除非后者能形成一条线（定义为在5%的价格波动范围内，至少持续三周的盘档结构），否则通常无足轻重。道氏理论大师威廉·彼得·汉密尔顿、罗伯特·雷亚、理查德·罗素和E.乔治·施佛进一步发展了道氏理论，但从未改动过它的基本原则。正如查尔斯·道曾注意到的那样，航标可以随着海水的涨落被冲到海边的沙滩上，以指明潮水的方向，这同用走势图来表示价格是如何运动的完全一样。由经验得出的道氏理论基本原则是，既然两个平均指数都是同一个海洋的组成部分，那么一个平均指数的潮汐作用应与另一个相协调才可靠。因此，仅由一种平均指数形成的趋势向价格新极点的运动，是一种被认为缺乏其他平均指数"印证"的新高或新低。艾略特波浪理论与道氏理论有着一些共同点：如果说道氏理论对趋势作出了比较完善的解释，那么波浪理论则定量分析了趋势，对市场进行非常细致地刻画。波浪理论提出了一套相关的市场分析理论，提炼出市场的13种形态或波型。在上升的推动浪期间，市场应是一个广泛性强的"健康的"市场，而且其他平均指数也印证了这种活动。调整浪和终结浪在行进过程中，更可能出现的是不同平均指数间的背离，或称缺乏印证。理论的追随者还发现了一轮市场上升过程中的三个心理"阶段"。波浪理论验证了大部分的道氏理论，但道氏理论没有验证波浪理论，因为艾略特的波浪作用概念有一种数学基础，它只需要研判一种市场平均指数，而且根据特定的结构展开。但是，两种手段都以观察为基础，并在理论和实践上相辅相成。

3. 波浪理论考虑的因素

波浪理论主要考虑三个方面的因素：

（1）股价趋势所形成的形态；

（2）股价趋势图中各个高点和低点所处的相对位置，即比例关系；

（3）完成某个形态所经历的时间的长短。

其中在这三个要素中，股价的形态最为重要，是波浪理论赖以生存的基础，是波浪的形状和构造。弄清比例关系，通过测算各个波浪之间的比率，可以确定股价的回撤点和将来可能达到的位置，用时间则可以验证某个波浪形态是否已经形成，波浪形态的完成时间还可以验证波浪的形态和比率，而各浪之间的波幅比例和时间比例大多符合黄金分割比例。

以上三方面可以简单地概括为：形态、比例和时间。这三个方面是波浪理论首先应考虑的。其中，以形态最为重要。

4. 形态与波浪理论的关系

形态的发展和波浪理论是分不开的。任何主力建仓都会留下痕迹，因为大多数主力都希望在底部大量买进，所以经常会出现底部反复震荡，拉高打压的走势。我们根据经验可以发现很多经典的形态，比如 W 底、头肩底、三重底等等。但是对于一般的投资者，只会简单地根据形态进行判断，并不明白它们形成的原理，自然就不知道如何灵活运用并举一反三。

在实战的过程中，形态的发展和波浪理论的运行是分不开的，5 浪上涨 3 浪调整的过程就是各种形态形成的过程，比如头肩底和 W 底。

下面我们了解一下一些典型形态的分析过程，以便于在实战中更好地应用。

例如我们了解到头肩底形成过程如下：股价的下跌会具有明显的波动性，大多数都会有 5 波下跌，那么头肩底的左肩就是下跌 4 浪的反弹所形成的。股价经过反弹后又继续做第 5 浪下跌，如果第 5 浪创出了新低，并最终确认为最低点，然后开始新的一轮上涨，那么右肩就是股价在经过第 1 浪上涨后进行第 2 浪回调后形成的，这样，股价经过下跌 4 浪、5 浪，上涨 1 浪和 2 浪后形成头肩底，当然真正的头肩底需要确认，当上升 3 浪成功超过了左右肩的连线后，头肩底彻底完成，新的主升浪随即展开。

很多投资者就是根据这种判断来选择买入点的。

所以，明白了形成过程，自然对头肩底有了更深入的认识。肩头就是下跌浪的最低端以及上升浪的开始端所形成的。原来头肩底是下跌浪尾声和上升浪的开端所共同形成的。这样我们就非常清楚地把波浪理论知识和一般的形态判断结合在一起，就不会机械死板地套用一般的形态理论来判断。比如，如果一个形态非常像头肩底，但是前期并没有明显的 5 浪下跌，这个时候就要当心了，很有可能是下跌中继，并非真正的底部。我们就要留心，这可能并不是最低端，很可能只是下跌中断，而真正的底端也许并未来临。

通过上述例子，我们明白，要研究形态，就必须研究波浪理论，研究好波浪理论就完全明白了经典形态。长期研究自然会形成明显的节奏感，踏准节奏是快乐投资的前提。对形态了解越透彻，越能很好地把握好投资的时机。

波浪的划分

我们刚了解了形态与波浪理论的关系，然而如何来划分上升五浪和下跌三浪呢？一般说来，八个浪各有不同的表现和特性，我们在这里需要了解一下各浪的特点以及划分依据，为波浪理论的学习奠定必要的基础。

波浪理论认为一个完整的波浪分为八浪循环，如图 4-2：

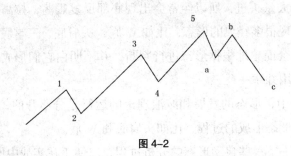

图 4-2

波浪理论有以下基本特点：

（1）上升浪和下跌浪永远交替运行。

（2）基本形态为顺势五浪，即推动浪用 1、2、3、4、5 表示；逆势三浪即调整浪用 a、b、c 表示。

（3）推动浪可划分为低一级的 5 个子浪。调整浪可划分为低一级的 3 个子浪，即浪中有浪。

（4）一个完整的八浪循环形成后，1、2、3、4、5 浪可以合并为高一级的（1）、（3）、（5）浪，a、b、c 浪可以合并为高一级的（2）和（4）浪。

（5）无论股价的上涨、下跌的幅度有多大或多小，也无论时间有多长或多短，都不会改变波浪的形态。因为市场仍会按照基本形态发展，波浪可以延长，也可以缩短。但基本形态永远不会改变，改变的是涨跌的幅度和运行时间。

（6）推动浪基本上就是 1、2、3、4、5 浪如图所示，为 5—3—5—3—5 形态，且一浪高于一浪，即推动浪由 5 浪构成，这 5 浪又分别由 5 浪、3 浪、5 浪、3 浪、5 浪构成。而每一个浪又可细分为 5 个子浪。

1. 第 1 浪

在整个波浪循环开始后，一般市场上大多数投资者并不会马上就意识到上升波段已经开始。几乎半数以上的第 1 浪，是属于营造底部形态的第一部分，第 1 浪是循环的开始，由于这段行情的上升出现在空头市场跌势后的反弹和反转后的末期，空头的操作氛围以及操作手法没有及时改变，所以买方力量并不强大，加上空头继续存在卖压，因此，在此类第 1 浪上升之后出现第 2 浪调整回落时，其回档的幅度往往很深，下调的幅度比较大；另外半数的第 1 浪，出现在长期盘整完成之后，在这类第 1 浪中，其行情上升幅度较大，但是还应提起注意的就是，从经验看来，第 1 浪的涨幅通常是 5 浪中最短的，所以当成功地识别出第一浪时还应把握和控制好投资的时机。

2. 第 2 浪

这一浪是下跌浪，由于市场人士误以为熊市尚未结束，成交量下跌，其调整下跌的幅度相当大，降幅甚至大于第一浪的升幅，当行情在此浪中跌至接近底部（第 1 浪起点）时，市场出现惜售心理，抛售压力逐渐衰竭，成交量也逐渐缩小时，第 2 浪调整才会宣告结束，出现传统图形中的转向形态，例如常见的头肩、双底等。

3. 第 3 浪

第 3 浪的涨势往往是最大，最有爆发力的，是主升段的一大浪。上升浪中，这段行情持续的时间经常是最长的，幅度也是最大的，市场投资者信心恢复，成交量大幅上升，常出现传统图表中的突破信号，例如裂口跳升等，这段行情走势非常激烈，一些图形上的关卡，非常轻易地被穿破，尤其在突破第 1 浪的高点时，是最强烈的买进信号，由于第 3 浪涨势激烈，经常出现"延长波浪"的现象。第三浪的运行轨迹，大多数都会发展成为一涨再涨的延升浪；在成交量方面，成交量急剧放大，体现出具有上升潜力的量能；在图形上，常常会以势不可挡的跳空缺口向上突破，给人一种突破向上的强烈信号。

4. 第 4 浪

第 4 浪是行情大幅劲升后的调整浪，通常以较复杂的形态出现，经常出现"倾斜三角形"的走势，但第 4 浪的底点不会低于第 1 浪的顶点。

5. 第 5 浪

在股市中第 5 浪的涨势通常小于第 3 浪，且经常出现失败的情况，第五浪是三大推动浪之一，但其涨幅在大多数情况下比第三浪小。第五浪的特点是市场人气较为高涨，往往乐观情绪充斥整个市场。从其完成的形态和幅度来看，经常会以失败的形态而告终。在第五上升浪的运行中，二、三线股会突然普遍上升，而常常会升幅极其可观。在第 5 浪中，二三线股票通常是市场内的主导力量，其涨幅常常大于一线股（绩优蓝筹股、大型股）。即投资人士常说的"鸡犬升天"，此期市场情绪表现相当乐观。

6. 第 A 浪

A 浪的调整是紧跟着第 5 浪产生的。在 A 浪中，市场投资人士大多数认为上升行情尚未逆转，此时仅为一个暂时的回档现象，因此毫无防备之心。实际上，A 浪的下跌，在第 5 浪中通常已有警告信号，如成交量与价格走势背离或技术指标上的背离等，但由于此时市场仍较为乐观，A 浪有时出现平势调整或者"之"字形态运行。A 浪的调整形态通常以两种形式出现，平坦型形态与三字形形态，它与 B 浪经常以交叉形式进行形态交换。

7. 第 B 浪

B 浪表现经常是成交量不大，一般而言是多头的逃命线，此时应是多头出手的好时机，然而由于是一段上升行情，很容易让投资者麻痹，误以为是另一波段的涨势，形成"多头陷阱"，许多人士在此期间惨遭套牢。

8. 第 C 浪

紧随着 B 浪之后的是 C 浪，由于 B 浪的完成使许多市场人士醒悟，一轮多头行情已经结束，期望继续上涨的希望彻底破灭，所以，大盘开始全面下跌，迫害力极强，是一段破坏力较强的下跌浪，跌势较为强劲，跌幅大，持续的时间较长久，而且出现全面性下跌。

从以上看来，波浪理论似乎颇为简单和容易运用，实际上，由于其每一个上升 / 下跌的完整过程中均包含有一个八浪循环，大循环中有小循环，小循环中有更小的循环，即大浪中有小浪，小浪中有细浪，因此，使数浪变得相当繁杂和难以把握，再加上其推动浪和调整浪经常出现延伸浪等变化形态和复杂形态，使得对浪的准确划分更加难以界定，这两点构成了波浪理论实际运用的最大难点。但是艾略特波浪理论中认为"时间的长短不会改变波浪的形态，因为市场仍会依照其基本的形态发展。波浪在其运行中可以拉长，也可以缩短，但其根本的形态则永恒不变"。根据上述理论，一个超级循环的波浪与一个极短线的波浪（例如分时价格走势）比较，其基本的形态仍会依照一定的模式进行。分析的方法亦大同小异。所不同的是，涉及的波浪级数有高有低。

另外，波浪理论还有几个不可违背的数浪定律，即我们说的铁律。

（1）1、3、5 是处于上升趋势的浪，在 1、3、5 三个浪中，第 3 浪绝对不是最短的浪，相反，而往往都是最长的浪，且成交量大增。

（2）第 2 浪虽然下降趋势较为迅猛，但是它的低点不能低于第 1 浪的起点。

（3）第 4 浪的底不能与第 1 浪的顶重叠，但出现在倾斜三角形中的第 5 浪中的次一级可以低于 1 浪顶。

（4）调整浪中的 c 浪必定可细分为 5 个次一级的浪，即 C 浪必须以 5 个子浪运行，且 C 浪运行有相当的破坏性。

（5）第 4 浪大都以盘整形态出现，呈现出矩形整理等。

不管上升或下跌趋势，就幅度的变化而言第 5 浪幅度通常比第 3 浪小，但是第 5 浪的涨跌速度却是最快的，但当第 5 浪为延伸浪时，其涨跌幅度则是最长的。

9. 延伸浪

延长浪是指浪的运动发生变异或者拉长的现象。理想的上升趋势具有 5 浪结构，但也可能出现某个主浪延长的情况。波浪延长现象具有重要的分析意义。一般情况下，三个推动浪中仅有一个浪出现延伸，这就使波浪的延伸现象变成了预测推动浪运行长度的一个相当有用的依据。如果其中只能有一个浪延长，那么另外两个未延长的浪更倾向于在时间和幅度上大小相等。

在 1、3、5 浪中只有一个浪会出现延伸浪。

如果 1、3 浪长度差不多，而且 5 浪成交量明显比 3 浪大时，则 5 浪出现延伸浪机会最大。

如果延伸现象出现在 3 浪，那么 5 浪形态简单，5 浪的长度和时间与 1 浪相当。

如果延伸出现在 5 浪，那么 5 浪会以二次回档出现；第一次回档下跌至延伸浪的起点附近；第二次回档是反弹上升创出新高之后的回档。如图 4-3 所示：

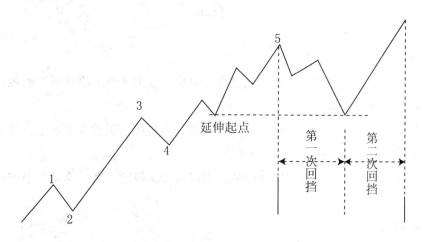

图 4-3

当第 5 浪成为延伸浪而属于高一级的 1 浪或 3 浪时，则第一次回档至延伸浪的起点，即是高一级的 2 浪、4 浪的低点；第二回档则反弹上升形成 3 浪或 5 浪并创出新高。

推动浪的各种形态

1. 倾斜三角形

艾略特认为倾斜三角形为推动浪的一种特殊形态，主要出现在第 5 浪的位置。又可分为上升斜三角和下降斜三角两种。其形成的原因多半是由于市场运行速度过快，以消耗性的形式快速上升或赶底。

倾斜三角形只可能在推动浪 5 浪中发生，而且在其发生之前，通常有一段非常迅速的暴涨和暴跌，然后其成交量逐渐递减，并且波动幅度减缓，演变为倾斜三角形。当倾斜三角形发生在头部时，暗示股价将向下反转，下降途中出现倾斜三角形暗示股价将向上反转。如图 4-4 所示：

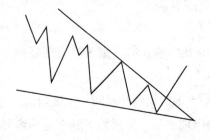　　　　　　　　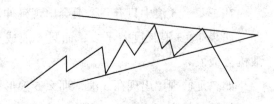

空头倾斜三角形　　　　　　　　　　　多头倾斜三角形

图 4-4

倾斜三角形的特点如下：

（1）当 5 浪成为倾斜三角形，通常可分为次一级的 5 个子浪且第 5 浪包含在两条逐渐汇合的直线之内。

（2）第 5 浪中的 5 个次级浪全部只可以划分为再次一级的 3 个子浪，其他推动浪也不例外，走势为 3—3—3—3—3 形态。

（3）倾斜三角形第 5 浪中第 4 浪的底可以低于 1 浪的顶点，这是波浪铁律中唯一的例外。

2. 失败形态

失败形态也称为衰竭形态。失败形态通常出现在第 5 浪中，在牛市中第 5 浪上升的高点低于第 3 浪的高点，形成双头形态；在熊市中第 5 浪的低点高于第 3 浪的低点，形成双底形态。衰竭形态大多数情况下是由于基本面出现突然的重大变化而造成的，如利率变动、战争、政变等。不过，单有基本面的变化而没有第 3 浪过分扬升的话，也很难令第 5 浪失败。事实上，。失败形态就是双重顶或双重底失败形态，主要有两个特点：

（1）失败形态中的第5浪可分为次一级的5个子浪；

（2）牛市中的失败形态，反映市场潜在的弱势；熊市中的失败形态反映市场潜在的强势，在形态学中称M头或W底。如图4-5所示：

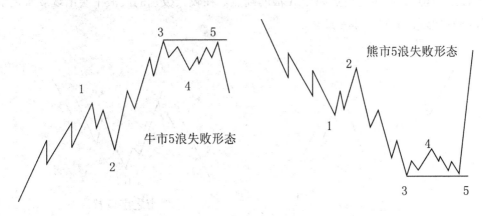

图4-5

调整浪的各种形态

调整浪包括简单的调整形态和复杂的调整形态，简单的调整形态只包含"之字形"调整一种模式，而复杂的调整形态主要有平行台、不规则性、三角形调整等几种形式。调整浪是比较复杂多变的，是波浪理论中比较难以掌握的一部分。因此遇到调整浪时要格外谨慎。股票市场不仅怕盘整，更怕调整。因为在上升或下跌途中，只要趋势明显，我们跟着走就可以了，就基本可以判定投资方向。但是如果出现调整浪，何时出现调整，调整到什么程度，都是无法掌握的，而且调整浪正在运行时无从知道它将何时结束。不过,任何一个调整浪都是推动浪的调整，要么是第2浪，要么是第4浪。2浪调整的方式直接决定股市未来的走势。

调整浪通常由A、B、C三浪组成。C浪必定是以5个子浪的方式运行，这是波浪的铁律。识别调整浪最有效的办法是看浪的结构，因为调整浪绝不会以第5浪的形式出现，当然三角形形态除外。调整浪往往是简单形态与复杂形态交替出现，下面我们共同了解一下调整浪的各种形态。

1. 之字形

之字形是唯一的简单形态的调整模式。之字形调整以A、B、C三浪运行，并可进一步划分为低一级的5—3—5共13个子浪。其特点是：多头市场B浪的高点低于 A 浪的起点，但是不超过 75% 以上。C 浪的低点低于 A 浪的低点，会在 A 浪之下有形成一个新低。C 浪的长度常是 A 浪的 1 倍或 1.618 倍。A 浪为 5 浪是"之字形"调整的一个主要特征，其他的调整中 A 浪一般为 3 浪。因此如果某个 A 浪具有 5 浪的结构，就基本可以断定这个调整是"之字形"调整。在空头市场中 B 浪的低点高于 A 浪的起点，C 浪的高点高于 A 浪的高点。在较大级别的波浪中会出现双重之字形的调整形态。（如图 4-6）

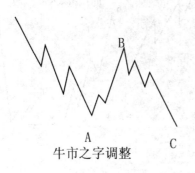
牛市之字调整

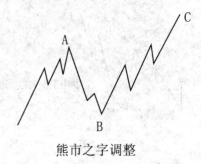
熊市之字调整

图 4-6

2. 平坦形

平坦形又称平台形。平坦形调整就是 A 浪只有三个子浪。B 浪也是三个子浪，且 A 浪和 B 浪大致相等，C 浪呈五浪走势，其中高度与 A 浪和 B 浪相等，即以 3—3—5 共 11 浪的模式波动。在平台型调整中，每一浪的长度都是相同的。平坦走势经常出现延伸的走势，其酝酿的时间较长时，则下一次涨跌的力度也要加大。平坦形是黑马股最容易、最经常出现的形态。

平坦浪调整有两种不规则变体，即高不规则浪和低不规则浪。

平坦调整浪，B 浪会因调整幅度较大的原因而抵达 A 浪的起点同一水平位置。然而 B 浪也会因调整幅度较大的原因，大幅超越 A 浪起点，而 C 浪又跌过了 A 浪的底，此时称为高不规则浪。

B 浪抵达 A 浪的起点位置，而 C 浪无法穿越 A 浪的终点，此时称为低不规则浪。

高不规则浪表示牛市的力度较强，还有一种变体更为坚挺，称为顺势调整。顺势调整浪，较常发生于上升趋势之中，即 A—B—C 三波调整浪会高于前一波的高点。顺势调整是后市极为强劲的形态，在诸多的黑马股中几乎都出现过顺势调整浪的影子，该形态是我们重点研究的形态。股价上升过程中出现顺势调整浪，即表示市场比预期的要强；而下跌过程中若出现顺势调整浪，则表示市场弱势明显。让我们设想，若调整浪价格反而比前一浪还要高，则后市特征是涨势会非常迅猛，甚至达到不可思议的地步。如图 4-7 所示：

图 4-7

3. 三角形

艾略特对三角形的解释与经典的价格形态分析比较一致，属于横向巩固形态，可以分为 5 浪结构。三角形形态以 A、B、C、D、E 五浪运行。每个浪又可划分为低一级的三个子浪即 3—3—3—3—3 方式运行。三角形调整形态通常出现在 4 浪的 B 浪中。三角形浪运行完成后，推动浪即 5 浪或 C 浪将会以快速冲刺方式完成。在商品期货市场，由于图表形态较为仓促，三角形往往只具备 3 浪结构而不是 5 浪结构，但不管怎样，三角形必须具备四个转折点。另外三角形的突破或最小价格目标预测都与形态分析类同。三角形调整浪分为上升三角形、下降三角形、对称三角形（正三角形）和扩大三角形等四种。如图 4-8 所示：

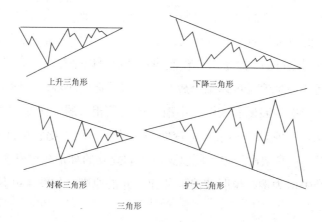

三角形

图 4-8

三角形调整的变异形态有两种：

（1）强势三角形：通常三角形态中每一个次级浪均是依次递减（增）的，但在某些时候，特别是收缩三角形中，B浪会突破A浪的始点，这样就形成了强势三角形形态。这种情况的出现，说明市道极为强劲，但也令分析师束手无策。究竟到底是新一轮升势，还是B浪反弹？的确是一件头痛的事情，很难把握和控制。

（2）前置三角形：前置三角形在5浪中居多，但是也可以出现在C浪中，其内部结构为3—3—3—3—3或者5—3—5—3—5形态。

注意：三角形整理时，其成交量从左向右递减。

若股价运行至三角形尾端时，向上向下力度均不大，只有在2/3处突破时力度才大。

4. 复合型

复合型是之字形、平坦形和三角形的综合体。当市场出现复合型调整浪时表示股价走势相当不稳定，方向不明；由于行情的犹豫不决，一个调整浪结束之后又出现另一个调整浪，行情无法界定。复合型股价走势应等待基本面的好转。复合型又分为两种形态：即三重三和双重三。

波浪的层次

在波浪理论中，波浪可以根据一定的原则和技巧将其不断的细分。每一浪都可以向下一层次划分成新的小浪，而小浪又可以根据同样的原理进一步向下一层次划分。相同的道理，处于层次较低的小浪也可以向上合并成较高层次的大浪。波浪理论考虑股价形态的跨度是可以随意而不受限制的。大到可以覆盖从有股票以来全部时间跨度，小到可以只涉及数小时，数分钟的股价走势。正是由于上述的时间跨度的不同，在数8浪时，必然会涉及到将一个大浪向下细分成很多小浪和将很多小浪向上合并成一个更高层次的大浪的问题。这就是每一个浪所处的层次问题。

正如我们刚刚提过的，处于层次较低的几个浪可以合并成一个层次较高的大浪，而处于层次较高的一个浪又可以细分成几个层次较低的小浪。当然，要注意，这里我们所说的浪的层次的高低和大浪、小浪的地位是相对的。比如一个浪，对于比它更高一层的浪来说，它就是小浪，是较低一层的浪，对于比它更低一层的浪来说，它就是大浪，就是较高层次的浪。所以这里我们提到的都是相对概念。

下面以上升牛市为例，说明波浪细分和合并的原则。如图4-9是这种细分和合并的图形表示：

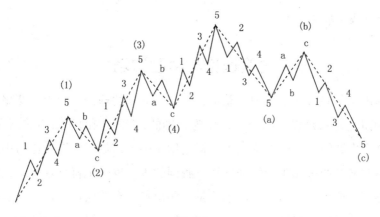

图 4-9

从图中可以看出，最大规模也就是最大层次的浪的是两个浪，从起点到顶点是第一个大浪，从顶点到末点是第二个大浪，它是第一个大浪的调整浪。但是这两个浪又可以进行细分，第一个大浪和第二个大浪又分别可以细分成 5 浪和 3 浪，共 8 浪。

第一大浪可以分成（1）（2）（3）（4）和（5）共 5 浪，而第二大浪可以分成 3 浪，这 8 浪是规模处于第二层次的大浪。

第二层次的大浪又可以细分成第三层次的小浪，这就是图中的各个 1、2、3、4、5 以及 a、b、c。数一下可知这样的小浪一共有 34 个。

在上述例子中，我们将第一个大浪分成了 5 浪，把第二个大浪分成了 3 浪。不过在平时，将波浪细分时，会遇到这样的问题，究竟是应该将一个较大的浪分成 5 个较小的浪，还是分成 3 个较小的浪呢？浪的细分数目问题主要有两个因素决定，第一，我们要看较大的浪是处于上升趋势还是下降趋势，第二，我们还要看比这个浪较高一层次的浪是上升还是下降，根据这两个因素，我们可以总结出以下几条规律。

（1）本大浪是上升，上一层的大浪是上升，则分成 5 浪；

（2）本大浪是上升，上一层的大浪是下降，则分成 3 浪；

（3）本大浪是下降，上一层的大浪是上升，则分成 3 浪；

（4）本大浪是下降，上一层的大浪是下降，则分成 5 浪。

换句话说，如果这需要被细分的一浪的上升和下降方向与比它更高上一层次的浪的上升和下降方向相同，则分成 5 浪，如果它的上升和下降方式与上一层次的浪的方向相反则分成 3 浪。例如，图中的（2）浪，本身是下降，而（2）浪的上一层浪第一大浪则是上升，所以（2）分成 3 浪。a 浪本身是下降，a 的上一层浪第二大浪也是下降，所以 a 分 5 浪结构。按照这一原则可以将任何一个浪进行细分。如此看来同样不管是什么样的证券市场，按照这样的原则不断地合并下去，最终整个过程就会被合并成 1 浪或 2 浪。

波浪理论与中国市场

波浪理论是艾略特先生发现、总结、归纳并创立的理论，但由于艾略特先生的生长环境和研究背景是以美国经济市场为基础的，而中国的国情与美国大不相同，所以大家会产生疑问，波浪理论是否同样适用于中国市场，波浪理论对中国市场研究有何实际意义？经过几年的验证确认，我国的市场也完全符合这种理论的运行规则及指导方针。这足以证明，波浪理论是股票市场具有普遍性的理论。之所以它具有普遍性，其前提应该归结于人性。因为市场是人的群体操作而形成的市场，它自然就包括并体现着人性的特质。而人性，无论中外，无论是东西南北，本国人与外国人，与自然界其他动物相比有着相同的特点。因此，说波浪理论是人类行为轨迹的科学并非耸人听闻，而是有着确凿的现实基础。波浪理论的适用范围有时会超乎我们的想象。但是，在承认我国市场总体上符合波浪理论的同时，我们也应该看到另一面，那就是在具体运行股市上我国与美国市场相比又存在着许多差异，在某些局部存在着截然相反的运行。而对于这样的市场行为，我们似乎别无选择没有其他的捷径可走，只有从中西方人思想意识的差异中区寻找根源。中西方人由于历史发展不同，所处自然环境不同，所从事的劳动对象与劳动过程不同，在思想意识领域存在着很大差异，这是人们能够普遍接受的事实。这里我们顺便探讨一下市场差异的原因，为以后研究市场差异，合理应用波浪理论作铺垫。

1. 市场差异及原因

通过对比股价调整结构的运行差异，我们体会到一个国家的股票市场以什么方式运行，将是一个国家与民族整体精神、特质与形象在市场中的再现。按照美国人的总结，第三浪多是延长浪，而我们中国市场基本上就是在以第四浪为黄金分割位的五浪延长中运行。

2. 波浪性质认识差异及成因

如果将某一波浪运行机械地进行性质上的界定，将给人们分析波浪造成思想认识上的困惑，从而导致无所适从。西方学者经常认为二元对立，真理只有一个，不是 A 就是 B，而中国则认为阴阳互补同归而途殊。

3. 观察方法差异及成因

从很多例子中，我们都看到了波浪理论广泛的实用性，因此对于那些对波浪理论持有怀疑态度的投资者来说，也大可不必因噎废食，掌握波浪理论的基本原理，理解和把握好市场差异，必定能更加自如地运用波浪理论。

第五章
其他技术分析理论

箱体理论

1. 箱体理论概述

箱体理论，主要描述的是股票在运行过程中，形成了一定的价格区域，也就是说股价是在一定的范围内波动，这样就形成一个股价运行的箱体。当股价滑落到箱体的底部时会受到买盘的支撑，当股价上升到箱体的顶部时会受到卖盘的压力。一旦股价有效突破原箱体的顶部或底部，股价就会进入一个新的箱体里运行，原箱体的顶部或底部将成为重要的支撑位和压力位。因此，只要股价整体上扬，基本符合股民心里所想象的另外一个箱子，就应买进；反之应卖出。

2. 箱体理论的优势

箱体理论的优势在于它不仅仅是以所有 K 线数据作为研究对象，而且以一天或几天的 K 线数据为研究对象，因而决策的信息量更大、数据更加准确和详细。箱体理论的精髓在于，股价收盘有效突破箱顶，就意味着原先的强阻力变成了强支撑，而股价必然向上进入上升周期。只要技术指标盘中不即时显示箱顶标志，持仓待涨应该是个不错的选择，尤其当股价升势明显时。同理，当上升中的股价出现箱顶标志后开始出现下跌，以后很可能会下跌或整理一段较长的时间，将时间或精力耗在其中是件不明智的事情，但往往对此前景投资者是无法预测到的。突破（跌破）强阻力（支撑）必然上涨（下跌），寻强阻力（支撑），突破上箱底进入上箱寻顶，跌破下箱顶进入下箱寻底。

箱体理论的基本特征是：股价涨至某一水准，会遇到阻力，跌至某一水准，则遇到支撑。自然而然使股价在某水准间浮沉。股价趋向若确立为箱形走势，每当股价到达高价附近，卖压较重，自应卖出股票；当股价回到低点附近，支撑力强，便是买进机会。这种短线操作可维持至股价向箱体上界限或下界限突破时，再改变操作策略。

3. 箱体理论的具体应用

股价箱体就是把股价的高点做顶，低点做底，在一个涨跌的周期里画成一个方形的箱，这就是股价箱。箱体整理指股价在箱体内运动时，在触到顶部区（或箱体的高位区）附近即回落，触到底部区（或箱体的底位区）附近即反弹。当上升中的股价在箱顶开始出现下跌，以后很可能会下跌或整理一段较长的时间。箱体都有其头部与底部，头部就是箱形的压力，而底部就是它的支撑。这一套是短线操作法的理论依据，即不买便宜的股票，只买会涨的股票（要站上箱体之上）。实战中的操作方式是：设定好现在箱体的压力、支撑后，就可以在箱体内，短线来回操作，不断来回进出，从中赚取差价，然后随时留意箱体的变化，并比对上、下两个箱体的位置，意即支撑与压力会互换，行情往上突破，当初的压力就变支撑，行情往下跌破，当初箱型的底部支撑就变成目前股价的压力，当箱体发生变化之后，投资人必须在新的箱体被确认后，才可以在新的箱体之内短线操作。

4. 箱体理论的事例

谈及箱体理论，美国股市的一位传奇人物，尼古拉斯·达瓦斯不得不提。他在20世纪50年代中期，用短短的3年时间，以少量的资金在股市中，赚得了200万美元。尼古拉斯·达瓦斯成功的要诀在于，他经历了操作的挫折后，总结出一套行之有效的方法——箱体理论。很多投资者可能不以为然，因为在很多投资者眼中，箱体理论并不是一个多么复杂的理论，而且似乎是人人都能理解的理论。但请自问一句，你赚钱了吗？赚大钱了吗？人人都懂箱体理论，但很少有人赚钱。为什么？因为你的操作是错误的。箱体理论中，箱底买入、箱顶卖出的操作是错误的吗？是的，是错误的。实际上尼古拉斯·达瓦斯的箱体理论，是按照箱顶买入，而在更高的箱顶卖出的原则来操作的。也就是说尼古拉斯·达瓦斯买入的时候，实际上是在选择突破点。

为了方便表述，用五个过程表示一个箱体：（一）从3元涨至5元，（二）从5元跌至3元，（三）又从3元涨至5元，（四）又从5元跌至3元，（五）又从3元涨至5元。

分析这五个过程中特定位置的市场情况。受图形造成的心态变化影响，从（三）开始，3元处买盘变强，5元处卖盘变强，而且越来越强。到（五）中3元处是五个过程中买盘最强，（五）中5元处是五个过程中卖盘最强。尼古拉斯·达瓦斯的操作是选择那些在（五）中5元处卖压最大但不跌反涨的股票，那表明一定有大资金在此位置承接压力，导致市场买卖双方力量发生变化，上涨的概率极大。正确的操作是在（五）中 5 元处，观察是否有强势支撑，来决定是否买入。这才是箱体理论的原意。

而箱底买入则仅是对箱体的一种猜测，是一种赌博的心态。箱体理论的最后一个箱顶实际上起到的是缓冲顶部和洗盘清理浮码的作用。箱体理论的熟练运用，需要对市场有较深的理解。由于构筑箱体的股票，通常都是长线个股，主力都实力非凡，可以借助他们预测大盘。因此箱体理论，对于研判大盘也有妙用。大箱体的箱顶、箱底，对股指的波动有极其重要的作用。一旦箱底被穿破，必向下看另一个大箱体的 3 个子箱底才有支撑；一旦箱顶被突破，必向上看另一个大箱的 3 个子箱顶才会遇到较大的阻力。大箱体中轴的主要作用是：一旦向上突破中轴，预示股指短期内必见大箱顶，大盘将持续走强 3 日；一旦向下穿破中轴，预示股指短期内必见大箱底之上的子箱顶，大盘将持续走弱 3 日。大箱体对研判股指长、中期走势有较大意义。一个大箱体内有 2 个中箱体，分为上中箱体和下中箱体。他们也有顶、底和中轴。当股指突破或穿破中轴，预示近期内将向箱顶或箱底接近。中箱体对股指的中期走势研判有较大作用。小箱体切割为 4 个，上中箱体内 2 个和下中箱体内 2 个。股突破呈穿破小箱体中轴，也会向该小箱顶或底方向运动。当股指回档或继续上攻时，小箱体中轴有极为重要的支撑或阻力作用。重要的分界线是大箱体顶部的小箱体底和大箱体底部的小箱体顶，也即是上下 2 中箱体的中轴，这是股指短期转强或转弱的重要信号。子箱体有 8 个，主要作用是对股指一周走势的研判。可以通过子箱体的中轴来判断前半周和后半周股指的趋势。子箱体有 16 个，主要是对当日或次日股指点位变动和强弱的研判。子箱体的顶、中轴、底，可能当日就能见到，关键是看收盘指数在子箱体中轴之上、下来研判次日的高、低点。因此，箱体理论在股票操作过程中有其重要价值。

箱体理论将股价行情连续起伏用方框一段一段地分开来，也就是说将上升行情或下跌行情分成若干小行情，再研究这些小行情的高点和低点。上升行情里，股价每突破新高价后，由于群众惧高心理，极可能发生回跌，然后再上升，在新高价与回跌低点之间就形成一个箱子；在下跌行情里，股价每跌至新低价时，基于强反弹心理，极可能产生回升，然后再趋下游，在回升的高点与新低价间亦是形成一个箱子，然后再依照箱内股价波动情形来推测股价变动趋势。由于股价趋势冲破箱形上界限，表示阻力已克服，股价继续上升，一旦回跌，过去阻力水准自然形成支撑，使股价回升，另一上升箱形又告成立。因此，股价突破阻力线回跌时，自然形成一买点，此时买进，获利机会较大，风险较低。相反，股价趋势突破箱形下界限时，表示支撑已失效，股价继续下跌，一旦回升，过去支撑自然形成阻力，使股价回跌，另一下跌箱形成立。因此股价跌破支撑而回升时就是卖点，而不适于买进，否则亏损机会大，风险同样增加。

量价理论

1.量价理论概述

量价理论，最早见于美国股市分析家葛兰维所著的《股票市场指标》。葛兰维认为成交量是股市的元气与动力，成交量的变动，直接表现股市交易是否活跃，人气是否旺盛，而且体现了市场运作过程中供给与需求间的动态实况，没有成交量的发生，市场价格就不可能变动，也就无股价趋势可言，成交量的增加或萎缩都表现出一定的股价趋势。

量，指的是一只股票的单位时间的成交量，有日成交量、月成交量、年成交量等；价，指的是一只股票的价格，以收盘价为准，还有开盘价、最高价、最低价。一只股票价格的涨跌与其成交量大小之间存在一定的内在关系。投资者可通过分析此关系，判断形势，买卖股票。

2.量价理论的八种关系

成交量几乎总是先于股价，成交量为股价的先行指标。在量价理论里，成交量与股价趋势的关系可归纳为以下八种：

（1）量涨价涨，即所谓的有价有市。

（2）量涨价涨，股价创新高，但成交量却没有创新高，则此时股价涨势较可疑，股价趋势中存在潜在的反转信号。

（3）股价随成交量递减而回升，显示出股价上涨原动力不足，股价趋势存在反转信号。

（4）股价随着成交量递增而逐渐上升，然后成交量剧增，股价暴涨（井喷行情），随后成交量大幅萎缩，股价急速下跌，这表明涨势已到末期，上升乏力，趋势即将反转。反转的幅度将视前一轮股价上涨的幅度大小及成交量的变化程度而定。

（5）股价随成交量的递增而上涨的行情持续数日后，一旦出现成交量急剧增加而股价上涨乏力，在高档盘旋却无法再向上大幅上涨时，表明股价在高档卖压沉重，此为股价下跌的先兆。股价连续下跌后，在低档出现大成交量，股价却并未随之下跌，只小幅变动，则表明行情即将反转上涨，是买进的机会。

（6）在一段长期下跌形成谷底后，股价回升，成交量却并没因股价上升而递增，股价上涨行情欲振无力，然后再度跌落至先前谷底附近（或高于谷底）时，如第二谷底的成交量低于第一谷底，则表明股价即将上涨。

（7）股价下跌相当长的一段时间后，会出现恐慌性抛盘。随着日益增加的成交量，股价大幅度下跌。继恐慌性卖出后，预期股价可能上涨，同时因恐慌性卖出后所创的低价不可能在极短时间内突破，故随着恐慌性抛盘后，往往标志着空头市场的结束。

（8）股价向下跌破股价形态趋势线或移动平均线，同时出现大成交量，是股价下跌的信号。

亚当理论

1.亚当理论概述

亚当理论是美国人威尔德所创立的投资理论。威尔德于 1978 年发明了著名的强弱指数 RSI，还发明了其他分析工具如 PAR、抛物线、动力指标 MOM、摇摆指数、市价波幅等。这些分析工具在当时的时代大行其道，受到不少投资者的欢迎，即使在今天的证券投资市场中，RSI 仍然是非常有名的分析工具。然而，威尔德在之后的几年时间里发表文章推翻了这些分析工具的好处，取而代之的是另一套崭新理论，即"亚当理论"。

亚当理论讲述的是在市场中操作获取利益，即在全世界任何自由市场操作获利的道理。亚当理论指引人们用特殊的方式观察市场，并指导人们运用比较特别的方法从事市场操作。亚当理论是最纯粹、最简单和容易运用在市场上操作获利的方法，它只运用市场本身所透露的讯息。亚当理论的作用不仅如此，它还告诉操作者，市场未来最可能运行的方向。运用亚当理论的预测技术，操作者可以预估并确实见到行进的路线。之后，操作者可以自问："我要不要进场？"如果答案肯定，就立即进场。

有句名言就是对操作的最重要声明：认赔小钱，坐赚大钱。这八个字说明一切。如果我们谈的是以小博大、信用交易比率甚高，和有时间限制的期货操作，那么，除此之外，别无良方。即使你做短线，你也必须在赚大钱的同时，认赔小钱。操作股票时，信用交易比率较低，而且也不需要抢着平仓，这种事情虽不关生死但为了获得最高的利润，仍有必要奉这句名言为圭臬。

亚当理论可以运用到任何时间结构，也就是说，可以运用到月图、周图、天图以及分时走势。它是运用视觉反应的理论，简单的 K 线图就可以看得很清楚，不必用数学。现在，运用 K 线图，回到"你是不是想操作"的问题上。如果答案肯定，操作者就进入市场，第二天，操作者在应用亚当理论，获悉市场最可能运行的路线。再自问"我还要操作吗？"这个问题的答案终究会是"不"，而亚当理论也会带领你出场。亚当理论从事上述工作时只观察市场本身所透露的信息，决不武断。亚当理论是最简单而且最纯粹的概念，多数操作者却忽视了它。

2.亚当理论的应用

亚当理论关心的问题是：在市场中获利的基本原则是什么？或者换句话说，亚当理论如何完成下列句子：要在市场中成功，人们是不是必须存在若干共通原则，是操作者有意或无意中运用，而能在市场上获胜？

市场如何运作的理论，与在市场上获利是有差别的。亚当理论主要不在于讨论市场或市场的运作方式，而讨论的是在市场成功的秘诀，这是不同的。愈伟大的秘诀愈简单，这是合理的说法。这就是亚当理论遭到轻忽的理由，因为他太简单了。

避免发生巨额损失的唯一方法，就是承受小损失。小额损失不啻是从事这一行的成本。我们不应该因为发生小额损失而感到痛心。我们应该把它们视为营业费用。如果我们不愿付出这种保费，那么我们实在应该从事风险较低的事业。操作时只有一种无法原谅的错误，那就是让小的损失演变成大损失。对不同的操作来说，止损点也许不尽相同，因为止损点要依据这个问题："到那一点的时候，我不再要这笔操作？"这里我们所说的要点是：你愿意一直做这种事吗？如果你不去做它，只要你不做一次，就有覆巢的风险。"如果有什么事可能会出差错的话就会出差错，那一次伤害你最深。"

关于这一点，我们人类总是虎头蛇尾。这是很要命的行为。在市场中，我们可能做对一千次，只错一次——而就是这次差错，我们的财富将减半，或甚至一扫而光。因此，投资人光是积极缩减亏损是不够的。他们应该了解，认赔小钱是每天日出日落之间、进场出场之间，永远必须身体力行的事。不管有什么理由，都不能例外，不能偶尔不做。我们一旦想开先例，让亏损扩大，我们就一定会找理由这么做，而这些理由又看似冠冕堂皇和合情合理。所以说，我们必须记住，永远都不能有例外。赔小钱，不可怕，但是要经得起诱惑。

人类心灵极端偏好复杂和困难，喜欢和它们挑战。心灵也因此常不能了解简单的事，这是伟大的真理吗？怎么会简单得如此荒唐？亚当理论谈的是事物的根本道理，只讨论什么事发生。它看起来不新鲜也不复杂，但这就是它的功用，亚当理论不讨论什么事应该发生，或什么是令人印象深刻。他只讨论一件事——什么事情真正、事实上发生。亚当理论告诉我们：一切都很简单，一点也不难了解，真正关心的只有一件事，什么事发生？任何其他事可能很有趣，但这并不重要。

你是不是曾经读过报章杂志上的买卖建议专栏中，有用投飞镖的方式列出该买该卖的市场建议？他们的做法是，投出飞镖，看它的落点，从而决定卖出公债、买进小麦……等等。我相信，投资人如果以投飞镖的方式选择他的操作……只在起初的止损处反向操作……并单纯地遵守以上金言，那么到年底的时候一定可以赚到钱。我机会在电脑上使用乱数产生器，制定模式，作为操作选择的依据。不管怎么样，从这八个字可以看出，要在市场上（任何市场）获利，它们是如何重要。有一件事是几乎所有成功的操作者都同意的。这件事是：要不是市场偶尔有大波动，除了短线客外，没有人到年底结算时能够赚钱。换成另一种方式来说：如果你不追随大波动操作，你就赚不到足够的钱来弥补其他小损失。因为你损失的次数很可能多于赚钱的次数。因此，获胜的唯一方法是，利润高于亏损。用正确的态度对待亏损同样是很重要的事情。操作是一种事业。它可能是一种兼差事业，但就跟其他事业一样，有收入，也必须付出费用。这项事业的收入，是你操作创造的利润。费用则是所缴的经纪商佣金，买图、归集资料的花费。炒股可以是非常赚钱的事业。但在人们心中，它也是一种很危险的事业。所以必须缴的保费相当高。金额不大的操作损失，就是你必须付出的保费，为的是防备巨额损失。

不知道大家对这种现象是否熟悉？操作者建立了某个仓位，然后才发现市场走势对他很不利，于是他抱紧仓位，期待市场不会恶化，同时死也不肯承认市场已经恶化。在我们发现自己正在期待市场出现某种事时，立即平掉仓位，会是最保险的做法。人心运作的方式很奇怪。往往大势不利某个仓位时，我们心理还是不觉得自己真的赔了钱，除非我们拿起电话，把仓位平掉。这还用说吗？钱早就赔掉了。由于我们不肯轻易承认自己的错误，而且不肯在错误时放手，所以我们几乎不可能一直在市场中获利。当代一位最伟大的操作者说过下面这些话："你可以做错很多事，但只做对一件事——也就是赔小钱——便能在这一行中赚很多钱。"我们这个时代或可算是最伟大的一位操作者这么说道："操作的秘密……在于你怎么处理错误的股票，而不在于你怎么处理赚钱的股票。"另一位极其成功的操作者也说过："最重要的事情上保本……赚钱的方法是认赔许多小钱。"认赔大钱会叫我们万劫不复，认赔小钱却不会。如果我们真的这么想，而且市场对我们很不利，为什么我们还要待在里面？假使它又会对我们有利，我们总有机会再回去。这件事情看起来似乎连五岁小孩也懂，但是你一定会跌破眼镜，因为许多操作者一再违背认赔小钱的法则。说穿了，就是这么一句话：别烦恼所赚的钱，该注意的是损失。如果你能照料赔钱的部分，赚钱的部分便会照料自己。在市场中持有股票的每一个人都知道，一旦你拥有了股票，你就会变得较无理智和较不客观，而显得比较情绪化和主观。一旦我们进场，我们就锁在其中；我们会开始找证据来证明自己是对的。我们被那个股票牵着鼻子走；恐惧和贪婪会爆发。我们在场外的时候，头脑会十分清醒，如果我们错了，这是决定退出的最好时刻。因此，设定止损点的目的，是要在激战当中，强迫我们在必要时作出退场的决定。如果没有止损点，则在股价开始变得对我们不利时，我们会受到很大的诱惑，抱持"观望"态度。然后我们便不再去"映射"市场；接着我们会说，自己的意见比发生的事实还重要，灾难随之而来。如果没有止损点，我们就像处在狂风巨浪中的一艘没有舵和锚的小船——我们很容易成为情绪和推理的牺牲者。使用止损点的第二个重要理由是，它们在市场中行动的速度要比我们快很多。即使我们只花 15 秒便能在营业厅中执行单子，碰到市场瞬间对我们不利时，几秒钟的时间会像几小时那么难挨。而这又假设，我们最好不要碰到延误或有问题的状况。在市场暴涨或暴跌的时候，止损点的重要性凸现出来。

因此设定良好的止损点对于广大投资者是非常重要的。操作时千万不能没有止损点。没错，营业厅操作员知道在何处设止损，而且，他们也到处找止损。这没关系，止损的好处远超过它的坏处。没错，当市场真的开始发动时（而这也正是我们想进场的时候），营业厅操作员的确很难找到止损点。这时，市场的动力太强，设定止损不易。我见过有些操作者不设止损的理由，是因为"我不想止损出场"。但这也正是止损的要点，也就是在股票对我们不利时，让位们赔点小钱出场。如果股票又转而对我们有利，我们总有机会再度进场。操作者所犯的最严重错误，是让小损失变成大损失。不设止损的话，这种情形发生的可能会高出许多。止损一旦设定，就应永远维持。除非市场是朝操作的方向，否则止损不应移动。要不然，当初何必设止损？如果你使用的是当日止损（也就是在交易日结束时消失），那么你在隔天开盘前，就应设定下一天的新止损，价格相同或更好（也就是朝操作所需的方向移动止损）。千万别往后调整止损点，或取消止损。如何设定止损的位置，也非常值得研究。

亚当理论给我们的重要阐述是没有任何分析工具可以绝对准确地推测市势的走向。每一套分析工具都有其缺陷。市势根本不可以推测。如果市势可以预测的话，凭借 RSI、PAR、MOM 等辅助指标，理论上就可以实现。但是不少人运用这些指标却得不到预期后果，仍然输得很惨，原因就是依赖一些并非完美的工具推测去向不定、难以捉摸的市势，将会是徒劳无功的。所以亚当理论的精神就是教导投资人士要放弃所有主观的分析工具。在市场生存就是适应市势，顺势而行就是亚当理论的精义。市场是升市，抓逆水做沽空，或者市场是跌市，持相反理论去入市，将会一败涂地。原因是升市时，升完可以再升；跌市时，跌完可以再跌。事前无人可以预计升跌会何时完结。只要顺势而行，则可以将损失风险减到最低限度。任何技术分析都有缺陷，都无法准确预测股市。凭技术指标就能预测股市的话，掌握了 RSI、SAR 等技术指标工具的人就可以毫不费力地成为百万富翁。但实际上，正是掌握了

RSI、SAR 等技术指标工具的人，却在炒股中往往亏得一塌糊涂。必须摒弃马后炮、主观的技术分析，炒股就是要顺势而行，不可逆势而行。只要是升势确立，哪怕已经升高也要坚决跟进。因为升高了还可以再升高。只要是跌势确立，哪怕亏损割肉也要坚决平仓。杜绝均价摊低、越跌越买的愚蠢买入法，因为跌深了还可以再跌深。及时认错，坚决出局。一旦判断失误，炒作方向错误，则应该认错改错，坚决果断出局。不能摆出一副死猪不怕开水烫的态度。自己不要和股市较劲。

随机漫步理论

1. 随机漫步理论概述

随机漫步理论也称随机游走，是指股票价格的变动是随机且不可预测的。通常这种随机性被认为暗示着股票市场是非理性的，然而恰恰相反，股价的随机变化表明了市场是正常运作或者说是有效的，因而投资咨询服务、公司盈利预测、复杂的图表形态分析全无用处。随机漫步理论认为，证券价格的波动是随机的，像一个在广场上行走的人一样，价格的下一步将走向哪里，是没有规律的。证券市场中，价格的走向受到多方面因素的影响。一件不起眼的小事也可能对市场产生巨大的影响。从长时间的价格走势图上也可以看出，价格的上下起伏的机会差不多是均等的。随机漫步理论指出，股票市场内有成千上万的精明人士，并非全部都是愚昧的人。每一个人都懂得分析，而且资料流入市场全部都是公开的，所有人都可以知道，并无什么秘密可言。既然你也知，我也知，股票现在的价格就已经反映了供求关系，或者离本身内在价值不会太远。所谓内在价值的衡量方法就是看每股资产值、市盈率、派息率等基本因素来决定。这些因素亦非什么大秘密。每一个人打开报章或杂志都可以找到这些资料。如果一只股票资产值 10 元，断不会在市场变到值 100 元或者 1 元。市场不会有人出 100 元买入这只股票或以 1 元沽出。现时股票的市价根本已经代表了千万醒目人士的看法，构成了一个合理价位。市价会围绕着内在价值而上下波动。这些波动却是随意而没有任何轨迹可寻的。

随机漫步理论对图表派无疑是一个正面大敌，如果随机漫步理论成立，所有股票专家都无立足之地。所以不少学者曾经进行研究，看这个理论的可信程度。在无数研究之中，有三个研究，特别支持随机漫步的论调：

（1）曾经有一个研究，用美国标准普尔指数的股票作长期研究，发觉股票狂升或者暴跌，狂升四五倍，或是跌 99% 的，比例只是很少数，大部分的股票都是升跌 10%~30% 不等。在统计学上有常态分配的现象。即升跌幅越大的占比例越少。所以股价并无单一趋势。买股票要看你是否幸运，买中升的股票还是下跌的股票机会均等。

（2）另外一次试验，有一个美国参议员用飞镖去掷一份财经报纸，拣出 20 只股票作为投资组合，结果这个乱来的投资组合竟然和股市整体表现相若，更不逊色于专家们建议的投资组合，甚至比某些专家的建议更表现出色。

（3）亦有人研究过单位基金的成绩，发觉今年成绩好的，明年可能表现得最差，一些往年令人失望的基金，今年却可能脱颖而出，成为升幅榜首。所以无迹可寻，买基金也要看你的运气，投资技巧并不实际，因为股市并无记忆，大家都只是瞎估。

随机漫步总的观点就是：买方与卖方同样聪明机智。他们都能够接触同样的情报，因此在买卖双方都认为价格公平合理时，交易才会完成；股价确切地反应股票实质。结果，股价无法在买卖双方能够猜测的单纯、有系统情况下变动。股价变动基本上是随机的。此一说法的真正涵义是，没有什么单方能够战胜股市，股价早就反映一切了，而且股价不会有系统地变动。天真的选股方法，如对着报纸的股票版丢掷飞镖，也照样可以选出战胜市场的投资组合。

随机漫步理论产生价值波动波动，形成的原因是：

（1）新的经济、政治新闻消息是随意，并无固定地流入市场。

（2）这些消息使基本分析人士重新估计股票的价值，而作出买卖方针，致使股票发生新变化。

（3）因为这些消息无迹可寻，是突然而来，事前并无人能够预告估计，股票走势推测这回事并不可成立，图表派所说的只是一派胡言。

（4）既然所有股价在市场上的价钱已经反映其基本价值。这个价值是公平的，由买卖双方决定，这个价值就不会再出现变动，除非突发消息，如战争、收购、合并、加息减息、石油战等利好或利空等消息出现才会再次波动。但下一次的消息是利好或利空大家都不知道，所以股票现时是没有记忆系统的。昨日升并不代表今日升。今日跌，明日可以升亦可以跌。每日与另一日之间的升跌并无相关。就好像掷铜板一样，今次掷出是正面，并不代表下一次掷出的又是正面，下一次所掷出的是正面，或反面各占机会率 50% 的机率。亦没有人会知道下一次会一定是正面或反面。

（5）既然股价是没有记忆系统的，企图用股价波动找出一个原理去战胜市场，赢得大市，肯定失败。因为股票价格完全没有方向，随机漫步，乱升乱跌。我们无法预知股市去向，无人肯定一定是赢家，亦无人一定会输。至于股票专家的作用其实不大，甚至可以说全无意义。因为他们是那么专长的话，就一定自己用这些理论致富，哪里会公布研究使其他人发达？

总之，随机漫步理论的观点是买卖双方都是同样的聪明机智。不久前，另外一位获得诺贝尔经济学奖获得者保罗·克鲁格曼在自己的博客中发表了对萨缪尔森的悼念文章，他将萨老一生中最重要的思想归结为 8 点，其中，最后一点便是萨缪尔森对证券投资的看法——随机漫步理论。时至今日，"随机漫步"这一术语已经成为学术界用来高声谩骂华尔街专业研究员的一个贬义词。但是在 20 世纪 60 年代的时候这个理论还是很流行的。这一派的理论家认为，股价没有记忆，而且今天和明天之间根本没有半点关系。

2. 随机漫步理论的事例

随机漫步理论又称投飞镖理论，20 世纪 60 年代中期，美国国会讨论基金立法的时候，有一天参议院议员汤玛斯·麦因泰带一块上面贴满股票名字的飞镖靶走进会场，然后他开始立定投镖，再将投中的股票名字抄下来，结果被他"乱镖"投中的股票组合，比基金公司的专家精选股的成绩更好。麦因泰因此证明"随机漫步派"理论的正确性。之后，更讽刺的是，《芝加哥太阳时报》2003 年开始，找了一只名叫亚当·芒克的宠物猴选股：在电视镜头前，工作人员摊开股市行情板，让芒克猴用笔随意点出它看到的股票，结果成绩辉煌，该组合 2003 年涨 37%、2004 年涨 36%、2005 年升涨 3%、2006 年涨 36%，不但跑赢了指数，还超过不少华尔街投资经理的成绩。即便如此，并没有人真的根据飞镖或猴子的选股去投资，虽然这样做能省下不少顾问费。况且，在投资实务中，投资者还会遇到许多操作上的专业问题。那么，萨缪尔森自己是怎么投资的呢？检索萨老历往的文献，可以确定，萨老也投资证券市场，但他笃信指数化投资，是先锋基金公司的忠实客户。

相反理论

1. 相反理论概述

相反理论的基本观点是投资买卖决定于全部基于群众的行为。它指出不论股市及期货市场，当所有人都看好时，就是牛市开始到顶。当人人看淡时，熊市已经见底。只要你和群众意见相反的话，致富机会永远存在。相反理论并非只是大部分人看好，我们就要看淡，或大众看淡时我们便要看好。相反理论会考虑这些看好看淡比例的趋势，这是一个动态概念。相反理论并不是说大众一定是错的。群众通常都在主要趋势上看得对。大部分人看好，市势会因这些看好情绪变成实质购买力而上升。这个现象有可能维持很久。直至所有人看好情绪趋于一致时，市势才会发生质的变化——供求的失衡。培利尔说过：当每一个人都有相同想法时，每一个人都错。相反理论从实际市场研究中，发现赚大钱的人只占 5%，95% 都是输家。要做赢家只能和群众思想路线相背，切不可以同流。相反理论的论据就是在市场行情将转势，由牛市转入熊市前一刻，每一个人都看好，都会觉得价位会再上升，无止境地升。大家都有这个共识时候，大家会尽量买入了，升势消耗了买家的购买力，直到想买入的人都已经买入了，而后来资金，却无以为继。牛市就会在大家所有人看好声中完结。相反，在熊市转入牛市时，就是市场一片淡风，所有看淡的人士都想沽货，直到他们全部都沽了货，市场已经再无看淡的人采取行动，市场就会在所有人都沽清货时见到了谷底。在牛市最疯狂，但行将死亡之前，大众媒介如报章、电视、杂志等都反映了普通大众的意见，尽量宣传市场的看好情绪。人人热情高涨时，就是市场暴跌的先兆。相反，大众媒介懒得去报导市场消息，市场已经没有人去理会，报章新闻全部都是市场坏消息时，就是市场黎明的前一刻，最沉寂最黑暗时候，曙光就在前面。大众媒介永远都采取群众路线，所以和相反理论原则刚刚违背。这反而做成相反理论借鉴的资料。大众媒介全面看好，就要看淡，大众媒介看淡反而是入市时机。

上述所说的，仅仅反映了相反理论的精神。但我们凭什么知道大家是看好还是看淡呢？单凭直觉印象或者想象并不足够。运用相反理论时，真正的数据通常有两个，一是好友指数；另一个叫作市场情绪指标。两个指标都是一些大经纪行、专业投资机构的期货或股票部门收集的资料。资料来源为各大经纪，基金，专业投资通讯录，甚至报章、杂志的评论，计算出看好和看淡情绪的比例。就以好友指数为例，指数由零开始，即所有人都绝对看淡。直到100%为止，即人人看好，包括基金，大经纪行，投资机构，报章杂志的报导。如果好友指数在50%左右，则表示看好看淡情绪参半。指数通常会在30～80之间升沉。若果一面倒地看好看淡，显示牛市或熊市已经到了尽头，行将转角。因为好友指数由0～100，都有不同启示，详细的分析将会给投资者一个更清晰的概念

2. 相反理论的应用

相反理论带给投资者的讯息具有深刻启迪性。首先，这个理论并非局限于股票或期货，其实亦可以运用于地产、黄金、外汇等。它指示投资者一个时间指针，何时离市，哪个时候是机会，哪个时刻市势未明朗而应该忍手。相反理论更加像一套处世哲学。古今多少成功的人士，都是超越了他们同辈的狭窄思维，即使面对挖苦、讽刺、奚落、遇到白眼闲言，仍然一往无前向自己目标迈进，才成为杰出人物。人云亦云，将会是在人海消失的小人物。作为投资人士的借鉴，相反理论提醒投资者应该做到以下几点：

（1）深思熟虑，不要被他人所影响，要自己去判断。

（2）要向传统智慧挑战，群众所想所做未必是对的。即使是投资专家所说的，也要用怀疑态度去看待处理。

（3）凡事物发展，并不一定好似表面一样，你想象市升就一定市升。我们要高瞻远瞩，看得远，看得深，才会胜利。

（4）一定要控制个人情绪。恐惧贪婪都是成事不足，败事有余。周围的人，他们的情绪会影响到你，你反而要因此加冷静。其他人恐惧大市已经没得玩，有可能这才是时机来临。在别人一窝蜂地争着在市场买入期货、股票时，你要考虑市势是否很快就会见顶而转入熊市。

（5）当事实摆在眼前和希望并非相符时，勇于承认错误。因为投资者都是普通人。普通人总不免会发生错误。只要肯认输，接受失败的现实，不作自欺欺人，将自己从普通大众中提升为有独到眼光见解的人，才可使自己为成功人物。

在任何市场，相反理论都可以发挥作用，因为每一个市场的人心、性格、思想、行为都是一样。大部分人都是追随者，见好就追入，见淡就看淡。只有少部分人才是领袖人物。领袖人物之所以成为领导人，皆因他们见解、眼光、判断能力和智慧超越常人。亦只有这些异于常人的眼光和决策才可以在群众角力的投资市场脱颖而出，在金钱游戏中成为胜利者。

实际运用相反理论时，一般的难题都出于搜集资料方面。好友指数并非随时可以得知，在报章上亦并非随时找到。投资人士可以自行将报纸杂志投资专家发表的言论去归纳分析好坏观感的比例，以作买卖决策。但资料是否全面，当然是一大疑问。另外，相反理论有个很好的启示，那就是当大众媒介都争着报导好消息时，大市见顶已为时不远。这个说法，屡经印证，屡试不破。投资人士可以加倍留意。最后一点要提醒大家，即使收集到一个可靠的好友指数也不能等待百分之一百的人看好时才决定离市，或者所有人看淡时才入市。因为当你的数据确认有这些现象出现时，时间上已经出现了差距，其他人早比你洞悉先机，可能已经比你快一步采取行动。你有可能错失在最高价沽出或出最低价买入货的机会。快人一步，早过好友指数采取适当行动的投资人士将实现利益最大化。

黄金分割率理论

1. 黄金分割率理论概述

黄金分割是一个古老的数学方法。黄金分割又称黄金律，是指事物各部分间一定的数学比例关系，即将整体一分为二，较大部分与较小部分之比等于整体与较大部分之比，其比值为 1：0.618 或 1.618：1，即长段为全段的 0.618。0.618 被公认为最具有审美意义的比例数字。上述比例是最能引起人的美感的比例，因此被称为黄金分割。对它的各种神奇的作用和魔力，数学上至今还没有明确的解释，只是发现它屡屡在实际中发挥我们意想不到的作用。

黄金分割线买卖基本法则0.618法，来至自然的法则，运用于股票买卖很准，简述如下：以阶段性的低点（1.000）作黄金线，分为：1.191、1.382、1.500、1.618、1.809等，每一条线位就是阻力位，一般只要有行情，每个股票都会冲破1.191线，上1.382线，部分股票上1.618线，少数上1.809线，极少股票突破1.809线甚至更高。把阶段性的顶点（1.000）作黄金线分为：0.809、0.618、0.500、0.382、0.191每一条线都是强支撑位，强势股大多在0.809线止跌反弹，弱势股到0.618线或0.382线等，据黄金线炒作，比较安全！从高位下落不到0.618线附近，不要作为黄金线的起点。没有一底比一底高的股票低点，不要作黄金线起点。

2. 股市中的黄金分割率理论

股市是投资未来的行为，预测在股市中的重要性非常明显。在股票的技术分析中，有一个重要的分析流派——波浪理论中要用到黄金分割的内容。黄金分割率具有极强的自然属性，黄金分割率是世界事物运动永恒的转折点，只有在这里转折，事物的运动才会和谐，才会持续。它是作用在人们深层潜意识里的客观规律。股市中最基本的规律是高低相间，没有永远的牛市，也没有永远的熊市，股市将永远在高低之间运动。这就使短线高手有在黄金分割线指导下追涨获利的可能。为了使追涨成功系数增大，必须考虑以下两个问题：此股票有庄家在运作，运用横盘洗不掉、获利不抛的和解套不跑的三种方法来判断庄家的存在。

（1）黄金线五段买卖法则

①耐心持有待突破：在1.191线内购股最安全，为股票的盘整期，总有突破的那一天，在此价位内甚至也不必作差价，耐心持有为第一位！第一黄金线位是股票的盘整期。股价一旦突破1.191线，一定会上摸到1.382线,您一定要抛！否则会回落，首次冲高抛掉！而回调也会到1.191线为止，你一定要买回来！

②高抛低吸取黄金：在1.191～1.382可作差价，高抛低吸，不必害怕，此区域一般不会套住，庄家获利不是很大，且在拉升途中，庄家自己也会高抛低吸来降低自己的持股成本,对自己熟悉的股票多做差价,也要敢于做差价。1.382线是强阻力位，强阻力位有很长时间的盘整，而一旦有效突破，股价就很难再跌破1.382线，最好在1.191价+（1.382价−1.191价）×0.618位抛掉。

③虎口拔牙要小心：在1.382～1.618也可作差价，不过是虎口拔牙,应加倍小心，最好在1.382价+（1.618价−1.382价）×0.618位抛掉,从高位下落的股票不要在0.809位抢反弹，而要在0.618位，但涨10%必须抛掉，不要恋战。

④高高在上不宜买：在1.618以上的股票，意味着从低位已上涨62%，无特别

好消息，不要购在 1.618 线附近的股票。在该线附近盘整越久，庄家出货的概率越大。加倍小心！

⑤风光无限在险峰：在 1.809 上的股票，就可能是无限风光了，有倍率上涨的机会，如：某股票的 1.809 价为 7.98 元，突破后有机会到 16.00 元附近，一般不要理会倍率黄金线的使用，知道就可。

（2）在股价预测中，根据该两组黄金比，有两种黄金分割分析方法。

①第一种方法

以股价近期走势中重要的峰位或底位，即重要的高点或低点为计算测量未来走势的基础，当股价上涨时，以底位股价为基数，跌幅在达到某一黄金比时较可能受到支撑。当行情接近尾声，股价发生急升或急跌后，其涨跌幅达到某一重要黄金比时，则可能发生转势。

②第二种方法

行情发生转势后，无论是止跌转升的反转抑或止升转跌的反转，以近期走势中重要的峰位和底位之间的涨额作为计量的基数，将原涨跌幅按 0.191、0.382、0.5、0.618、0.809 分割为五个黄金点。股价在后来的走势将有可能在这些黄金点上遇到暂时的阻力或支撑。举例：当下跌行情结束前，某股的最低价 10 元，那么，股价反转上升时，投资人可以预先计算出各种不同的反压价位，也就是 $10 \times (1+19.1\%) = 11.9$ 元，$10 \times (1+38.2\%) = 13.8$，$10 \times (1+61.8\%) = 16.2$ 元，$10 \times (1+80.9\%) = 18.1$ 元，$10 \times (1+100\%) = 20$ 元，$10 + (1+119.1\%) = 21.9$ 元，然后，再依照实际股价变动情形做斟酌。反之上升行情结束前，某股最高价为 30 元，那么，股价反转下跌时，投资人也可以计算出各种不同的支持价位，也就是 $30 \times (1-19.1\%) = 24.3$ 元，$30 \times (1-38.2\%) = 18.5$ 元，$30 \times (1-61.8\%) = 11.5$ 元，$30 \times (1-80.9\%) = 5.7$ 元。然后，依照实际变动情形做斟酌。

第六章
K 线图

K 线图概述

K 线图又称为蜡烛线、阴阳线、日式线、日本线、经黑线，这种图表源于日本德川幕府时代，被当时日本米市的商人用来记录米市的行情与价格波动，后因其细腻独到的标画方式而被引入到股市及期货市场。目前，这种图表分析法在我国以至整个东南亚地区均尤为流行。由于用这种方法绘制出来的图表形状颇似一根根蜡烛，加上这些蜡烛有黑白之分，因而也叫阴阳线图表。通过 K 线图，我们能够把每日或某一周期的市况表现完全记录下来，股价经过一段时间的盘档后，在图上即形成一种特殊区域或形态，不同的形态显示出不同意义。我们可以从这些形态的变化中摸索出一些有规律的东西出来。K 线图形态可分为反转形态、整理形态及缺口和趋向线等。

1.K 线的四个重要价格

K 线中有四个重要的价格，即开盘价、最高价、最低价、收盘价。开盘价又称开市价，是指某种证券在证券交易所每个交易日开市后的第一笔买卖成交价格。世界上大多数证券交易所都采用成交额最大原则来确定开盘价。最高价和最低价是在每个交易日中，成交价格曾经出现过的最高和最低的价格，它们反应当时股票价格上下波动的幅度大小。收盘价是多空双方经过一天的争斗最终达成的共识，是供需双方最后的暂时平衡点，目前中国市场的收盘价计算按证券最后一笔交易前一分钟的所有交易的成交量的加权平均数确定，具体指明当前价格位置功能的重要性。四个价格中收盘价是最重要的，这一点早在 100 年前就被投资者所认识。

K 线分为日线、月线、周线、年线四种，K 线绘制最常用的类型是阴阳线，通常根据涵括时间的长短将阴阳线分为日线、周线、月线、年线。日线是以当天的数据绘制的，周线是以周一的开盘价、周五的收盘价及周内的最高价和最低价绘制的。月线、年线依此类推。

2.K 线理论的意义及功能

目前 K 线已经成为人们进行技术分析必不可少的图表。作为经过长期实践检验而保留下来的精华，K 线图谱蕴含着丰富的东方哲学思想，即以阴阳之变表现出多空双方"势"的转换。K 线法的研究手法是根据若干天 K 线的组合形态推测证券市场多空双方力量的对比。为了确保个人利益，投资者需要预测买卖双方在一天、一周以及未来一段时间内孰占优势，以便决定加入买方还是加入卖方得阵营。多条 K 线的组合图谱可以更详尽地表述多空双方一段时间内"势"的转化。多空双方中任何一方突破盘局获得优势，都将形成一段上涨或下跌的行情，这就是所谓的"势在必行"。而这种行情的不断发展又为双方积蓄反攻的能量，也就是"盛极而衰"。分析 K 线组合图谱的目的就是通过观察多空势力强弱盛衰的变化，感受双方"势"的转换，顺势而为，寻找并参与蓄势待发的底部，抱牢大势所趋的上涨股票，规避强弩之末的顶部风险。

K 线图优点是能够全面透彻地观察到市场的真正变化。我们从 K 线图中，既可看到股价或大市的趋势，也同时可以了解到每日市况的波动情形。K 线图缺点是绘制方法十分繁杂，是最难制作的一种线图。阴线与阳线的变化繁多，对初学者来说，在掌握分析方面会有相当的困难，不及柱线图那样简单明了。

K 线图的画法

一条完整的 K 线包罗四个要素：开盘价、收盘价、最高价、最低价。以一周为一时间段，这周一开盘时的股票价格为 K 线的开盘价，周五收盘时的股票价格为 K 线的收盘价。这一周内股票成交的最高价为 K 线的最高价。这一周内股票成交的最低价为 K 线的最低价。按照以上四个要素画出本周的资金 K 线，每一周的资金 K 线连起来，组成 K 线图。

若以绘制日 K 线为例来说明，则要首先确定开盘和收盘的价格，它们之间的部分画成矩形实体。如果收盘价格高于开盘价格，则 K 线被称为阳线，用空心的实体表示。反之称为阴线，用黑色实体表示。目前很多软件都可以用彩色实体来表示阴线和阳线，在国内股票和期货市场，通常用红色表示阳线，绿色表示阴线。但涉及到欧美股票及外汇市场的投资者应该注意：在这些市场上通常用绿色代表阳线，红色代表阴线，和国内习惯刚好相反。用较细的线将最高价和最低价分别与实体连接。最高价和实体之间的线被称为上影线，最低价和实体间的线称为下影线。

用同样的方法，如果用一分钟价格数据来绘K线图，就称为一分钟K线。用一个月的数据绘制K线图，就称为月K线图。绘图周期可以根据需要灵活选择。

K线图有直观、立体感强、携带信息量大的特点，能充分显示股价趋势的强弱、买卖双方力量平衡的变化，预测后市走向较准确，是各类传播媒介、电脑实时分析系统应用较多的技术分析手段。K线是一种特殊的市场语言，不同的形态有不同的含义。如图6-1所示。这些我们之后会讲到。

阳线	阴线	十字线
常以红色、白色实体柱或空心黑框表示	常以绿色、黑色或蓝色实体柱表示	
股价强	股价弱	股价走平
收盘价高于开盘价	收盘价低于开盘价	收盘价等于开盘价
最高价等于收盘价时，无上影线	最高价等于开盘价时，无上影线	最高价等于开盘价时，无上影线
最低价等于开盘价时，无下影线	最低价等于收盘价时，无下影线	最低价等于开盘价时，无下影线

图 6-1

成交量K线图

投资者平时分析数据时不太注意观察成交量K线图，大部分只注重成交量，而不分析其成交量K线图的走势变化等等。其实，投资者对成交量K线图的应用也十分重要。把握好成交量K线图也就把握了股价的趋势。在这里我们简单的介绍一下它的应用技巧：

（1）股价随成交量的递增而上涨，为市场行情的正常特性，此种量增价涨的关系，表示股价将继续上升。当然这种上升不可能永久地持续下去，是有时间限制的。股价具体何时转向还是要看当时的市场行情和其他技术分析结果。

（2）股价下跌，向下跌破股价形态、趋势线、移动平均线，同时出现大成交量是股价将深幅下跌的信号，强调趋势的反转。

（3）温和放量。个股的成交量在之前的持续低迷之后，出现连续温和放量形态，一般可以证明有一笔大资金注入。但这并不意味着投资者就可以马上介入，个股在底部出现温和放量之后，股价会随量上升，量缩时股价会适量调整。当持续一段时间后，投资者才可谨慎介入，因为此时股价的上涨的步伐一般会加快。

（4）突放巨量。这其中可能存在多种情况，如果股价经历了较长时间的上涨过程后放巨量，通常表明有实力资金开始派发，后市继续上涨将面临一定困难。而经历了深幅下跌后的巨量一般多为空方力量的最后一次集中释放，后市继续深跌的可能性很小，投资者介入时机近在眼前，该股即将反弹。

（5）观察成交量K线图的形态，当成交量构筑圆弧底，而股价也形成圆弧底时，往往表明该股后市将出现较大上涨机会。

出水芙蓉

出水芙蓉是K线与均线结合的产物，指横盘整理或下跌过程当中，某天一根长阳线突破短期均线系统（如5日、10日、20日均线），即形成出水芙蓉。如图6-2所示。

图6-2

股价在长期下跌或者长期的横向振荡以后，某日放量冲上均线系统（可能是季均线系统，也可能是月均线系统），阳棒突出均线系统。

出水芙蓉 K 线的特点：

①唯一性，也就是说在股价长期下跌的过程中，第一天出来，只有这一天没有第二天。出水芙蓉确实是捕捉股价底部启动一瞬间的一个很好的参照物。出水芙蓉带动股价的长期走势。

②可靠性，也就是股价在冲破了季均线系统以后，在那里作个买入点，以后再次下跌造成重大损失的可能性不大。也就是说它具有某种操作的可靠性、盈利的可靠性。

为什么在出水芙蓉发生的一瞬间股价有连续的飙升痕迹，甚至于有的股票还会出现跳空，再跳空这种走势？原因是在出水芙蓉前庄家进行震仓然后买进，这叫洗筹，再进行震仓打压，再洗筹，再打压再洗筹，直到把筹码基本上建仓完毕，这样造成了长期的走低，然后要迅速地拉开成本区。

迅速拉开是要使跟风的人不容易买进。第一个要买进来不及，因为很多人不具备那个出水芙蓉的常识，不知道在这个时候要买进；还有一种人在连续飙升的过程中认为相对位置较高而不敢买进。

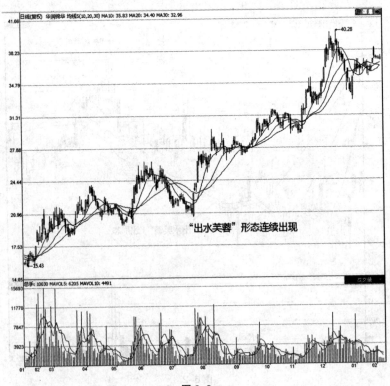

图6-3

也就是说，当出水芙蓉发生的一瞬间，我们也可以认定为是庄家公开的、肆无忌惮的、大量的、明显的建仓行为和拉升行为的先兆，所以这个时候不买进，当然是放弃了一个很好的买入点。

在这个点出现后买进，第二天还有可能跌破均线，也是个买入机会；如果第三天也没有买进，那么就要等它上升以后回档，回档不破均线，就可以坚决买进，这是第二次机会。如图6-3所示。

断头铡刀

"断头铡刀"指的是高位的大阴线，特别是阴森森、惨兮兮一刀下去切断多根均线的大阴线，此时应警惕有一轮跌势。特别是带有较大成交量的阴线，则更有下跌的可能。

断头铡刀是指当股价在高位盘整后渐渐下滑，5日、10日、20日均线由先前的多头排列转而收敛并逐渐粘合，此时如出现一根阴线跌破此三条均线，即一阴断三线时就形成了断头铡刀。股价往往将会有一轮大的跌势，特别是带有大成交量的中阴或巨阴时，则中线转弱的信号更强，股价有可能会一江春水向东流，甚至飞流直下三千尺，投资者在出现断头铡刀时要趁早离场。

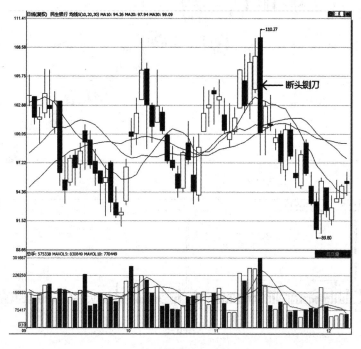

图6-4

图 6-4 是民生银行 2007 年 11 月 13 日形成的断头铡刀，一举把前几天的阳线全都吞没，而且那天的成交额是 40 亿，随后就是一轮暴跌。

股价已有较长时间横向震荡后，当 5 日、10 日、20 日内买进股票的平均成本越来越接近时，人们发现早买和迟买股票一样都无利可盈，购买股票的迫切性降低。而市场另一方面卖出方已明显感到购买力降低，愿意用更低的价格出售股票。于是有一天卖出方突然用低于三条均线的价格大量卖出，当日收盘价跌破三条均线，形成"断头铡刀"。5 日、10 日、20 日内买进股票的人惊呼已被套牢，先知先觉者在第二天行情中愿意比"断头铡刀"这根阴线收盘价更低的价格沽出，于是发生空轧空行情。此时股票供应量急剧增加，而股票需求量急剧减少，终于诱发一轮跌势。如图 6-5 所示。

实战中需注意的事项：

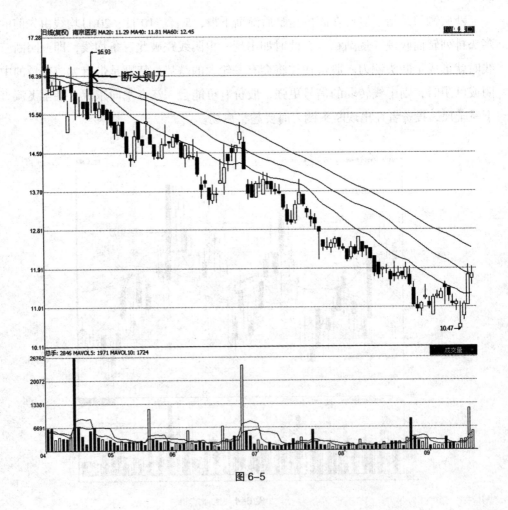

图 6-5

（1）断头铡刀如在上涨行情末期出现的，则股价的向下抛压将十分重，如在下跌途中出现抵抗性反弹之际出现，下跌动力强度也相当大，往往预示着新一轮下跌的开始。

（2）断头铡刀往往是在向下突破重要技术支撑位时才出现的，如前期平台成交密集区等，而均线系统也不仅仅局限于5日、10日、20日三条均线，如在30日、60日、120日、250日等均线也合而为一时，这时出现的断头铡刀一阴断多线，其空头威力更强，也更具实战的止损与止盈功能。

（3）断头铡刀的较佳逃命点是在一阴断多线之际，当然如果错过了这一逃命机会，断头铡刀之后的第二个交易日仍继续为出局时机，如果第二日出现向下跳空缺口时，其中线离场的信号则更有效。

旭日东升

旭日东升K线组合形态特征为：在连续下跌行情中先出现一根大阴线或中阴线，接着出现一根高开高走的大阳线或中阳线，阳线收盘价已高于前一根阴线的开盘价，这说明股价经过连续下挫，空方能量已释放殆尽，在空方无力再继续打压时，多方奋起反抗，并旗开得胜，股价高开高走，前景又光明起来。

投资者见旭日东升组合图形，不宜继续看空做空，而要转变思维，逢低吸纳筹码，适时作多。

"旭日东升"的市场意义：假如股价始终在年线之下滑跌，则始终不会有向上攻击的爆发力。当股价放量突破年线时，有可能成为向上转势的信号。假如股价能在年线之上企稳，则转势向上的把握更大。"旭日东升"形态的技术特征为：股价经过长期的回调，跌势趋于缓和，年线由持续下行到慢慢走平，最后转身向上。而股价在年线的压制下反复走低，并创出一个明显的低点，成交量同时萎缩，呈散兵坑状态。股价创出一个低点后缓慢回升，某天放量突破年线，表明股价已确立升势，旭日开始渐渐升起，此时即可介入。

实战中有三种情况都可称之为"旭日东升"：

①当股价长期在年线之下滑跌，有一天忽然放量冲过年线并能收盘守在年线之上，这一根阳线称之为旭日东升；

②当股价长期在年线之下横向震荡，有一天忽然放量冲过年线并收盘守在年线之上，这一根阳线也称之为旭日东升；

③有时股价分几次上冲年线，其中有一根阳线最终能冲稳在年线之上，这根阳线也称之为旭日东升。

图 6-6 为青岛啤酒在 2003 的行情中出现 6 次旭日东升的形态，每一次形态的出现都是最佳的短线介入机会。

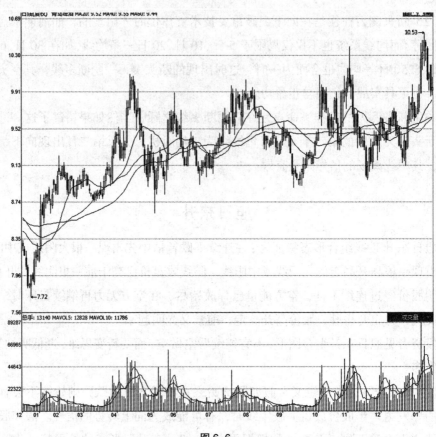

图 6-6

旭日东升的特点：

（1）年线横向运行时，通常会有长达半年甚至一年的横盘整理。

（2）年线对股价涨跌的反应非常缓慢，轻易不会出现拐头，而其一旦发生拐点，对股价的中长期走势会产生深远影响，如果这时股价有一天突然放量冲过年线并能收盘守在年线之上，旭日东升的买点就呈现在市场面前。

（3）旭日东升的买入时机。买入时机有三：第一在出现旭日东升之际逢低买入，最好在出现旭日东升的当天收盘前积极买入，第二在旭日东升出现后上攻途中出现回档时，比如股价在回档时可在 10 日或 20 日均线附近可逢低吸纳，只要股价仍保持原始上升趋势，这不失为较好的介入时机。第三可结合其他技术研判方法如 K 线等等。在旭日东升形成过程中，往往会伴随出现买入 K 线组合或其他买进信号，而两阳夹一阴、阳后两阴阳、三阳开泰等买进信号出现，从侧面也进一步证明了操作的有效性，也符合更多指标发出买入信号将提高研判准确性的规律。

（4）旭日东升把握买入时机，只适用于那些上市超过一年的个股，特别是前期已经过长期、深幅调整的个股，对上市时间短的新股、次新股不适用，一些呈波段式走势的个股，此法的参考价值亦不大。同时旭日东升出现时个股普遍已有一定的涨幅，即使该形态并不能保证能买到最低点，但一般是长期升势的低位区，若及时介入，持股稍长一段时间一般都会有所斩获。

（5）年线滞后较多，一波行情的起点都在距年线较远处便正式展开，这也使分析时可能产生较大误差。因此有时也可结合运用半年线即120日均线进行研判，而半年线的主要运用技巧基本上等同于年线，只不过长期性与稳定性不如年线！

夕阳西下

夕阳西下：这是股票在下跌中的一种独特K线形态，也是主力被套式建仓的一种操盘定式，更是我们发现长期上涨大牛股的一种好方法。

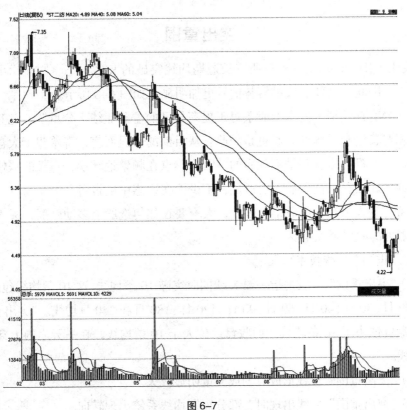

图6-7

定式特征:股价长期一路阴跌,主力被套其中,为自救,股价一路跌,一路打压,一路吸筹。其形态极其完美,似"夕阳西下"一般。尽管是下跌,但K线运行得非常有规律,常常呈现出小阴小阳连续小幅下跌走势,规则而"漂亮"。正如一支训练有素的部队,即使是"撤退",也是有条不紊。

操作要点:

(1)"夕阳西下"的K线形态,一定要处在相对低位。否则,这种连续下跌,便不是主力打压建仓的行为,而是在派发出货。

(2)K线运行要有规则,不能乱七八糟。因为越规则,说明主力控盘程度越高,日后的暴发力度才会更大,牛气才会冲天。

(3)当发现"夕阳西下"的定式出现后,不要急于介入,一定要等到标志性信号的出现和确认。

夕阳西下的形态说明股价趋势转弱,后市极有可能会面临进一步的破位行情,因此,投资者需要选择适当的机会,予以卖出。

在2004年的2月~5月期间,二纺机曾经在6元左右走出过多次夕阳西下的形态,此后股价出现连续性的长期下跌。如图6-7所示。

突出重围

"突出重围"K线是一种对所有长短期均线突破的K线形态,它显示出强烈的反转动力,因此,这种K线的转势信号更加明显。如图6-8所示。

买入具有连续涨升能力的股票对于提高自己的盈利业绩十分重要,尤其是在大势处于相对稳定和平衡的时候更是如此。从目前的市况而言,寄希望于大盘暴涨而绝大多数股票都上涨获利是不现实的,因为热点在频繁地转换,每天的涨幅榜上都会冒出许多新面孔,让我们无所适从,不少人在惶惑中度过每一个交易日,抱怨自己无缘持有进入涨幅榜的股票。因此,大家要在如何选股上多动脑筋,买入具有连续涨升能力的股票至关重要。

"突出重围"K线技术特征:

(1)"突出重围"K线是指一根K线同时突破10条均线,这10条均线包括5日、10日、20日、30日、40日、60日、90日、120日、180日和240日均线。"突出重围"K线的开盘价位小于10条均线,而收盘价位大于10条均线,在一天之内上穿所有长短期均线。

(2)"突出重围"K线形成时的成交量明显放大。

(3)"突出重围"K线出现时,部分短期均线系统出现转向。

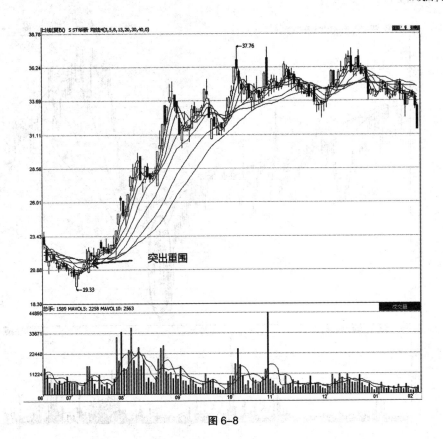

图6-8

突出重围的应用法则："突出重围"K线是一种强势突破的K线形态，预示股价将出现大幅上涨行情，因此，在出现该K线形态后，投资者可以积极买进。

孕育线

经过连日飙升后，当日的开收盘价完全孕育在前一日的大阳线之中，并出现一根阴线，这也代表上涨力道不足，是下跌的前兆。若隔天再拉出一条上影阴线，更可判断为行情暴跌的征兆。

"孕"就是怀孕的意思，K线的外观好像女人大肚子怀小宝宝的模样，它也暗示股价将诞生一个新生命。孕线通常由一根阳线或阴线，搭配一根十字星所构成，其左方的阳线或阴线，一般不会有上、下影线，就算有，也只能是较短的影线，否则，不能以孕线视之。在上升趋势或下跌趋势中所出现的孕线，其形态有点差别，作用也有点不同。上升趋势中所出现的孕线，其左方的K线通常是阳线；下跌趋势中所出现的K线，其左方的K线通常是阴线，这虽然不是硬性规定，但是，以上述现象的信号较为可靠。

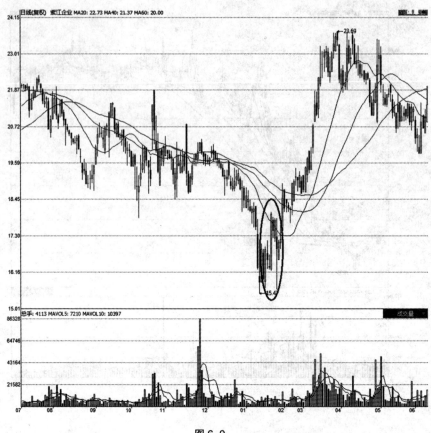

图 6-9

所谓育"孕"新生命的意思，如果发生在上升趋势，表示行情会产生继续向上的新生命；如果发生在下跌趋势，表示行情会产生继续向下的新生命。然而，K线理论最难的地方就在于，它并不是很生硬的学问，经常会有例外及变形产生。

紫江企业在 2001 年曾经跟随大盘出现大幅下跌行情，直到 2002 年初，该股走出孕育线之后，终于确认了底部，开始了长期下跌之后的上升行情。如图 6-9 所示。

形态特征：

（1）在本形态长实体之前一定有相当明确的趋势。

（2）长实体之后是小实体，小实体被完全包含在长实体的实体区域之内。

（3）第一天的长实体的性质反映市场的趋势方向。

（4）第二天小实体的性质并不重要。

市场含义：

孕育线有一个突出的特点是：后一根 K 线的最高价与最低价，均未超过前一根 K 线的最高价与最低价。其看上去就好像是长 K 线怀中的胎儿，故而该形态又称身怀六甲形态。该形态的出现，一般预示着市场上升或下跌的力量已趋衰竭，随之而来的很可能就是股价的转势。

确认原则及注意事项：

（1）注意分析孕育线形态出现时成交量的变化。如果股价放量之后又大幅度萎缩，则市场趋势改变的可能性较大。

（2）与前面我们所讲的"锤子线""早晨之星""上吊线"等K线形态相比，孕育线形态所构成的反转信号要次要许多。也就是说在该股形态出现后，投资者要有一个确认的过程。

（3）熊市孕育线出现后，要对股价位置、成交量水平、重心变动情况，进行综合研判，以判断该K线组合的性质（是顶部还是洗盘）。

（4）牛市孕育形出现后，要注意设立止损位。

十字胎

十字胎的判别方法和身怀六甲一样，即出现十字胎时，后市有机会转向，其转向讯号比身怀六甲强烈。十字胎既可在头部出现也可在底部出现，不过实战中出现的较少。见顶十字胎表现为，在上涨过程中出现中阳或巨阳，随后突然出现跳空低开并收出阴或阳十字，为重要的见顶信号。见底十字胎表现为，在下跌过程中出现中阴或巨阴，随后突然出现跳空高开并收出阴或阳十字，为重要的见底信号。

"十字胎"，即股价在收出一根大阳线或大阴线之后，出现了一颗"十字星"。通常来说，"十字胎"的出现具有以下的市场意义：

（1）"十字胎"只代表市场原来的趋势难以维持，但并不是说市场即刻会发生反转。

（2）"十字胎"也可能是市场多空力量暂时的平衡点，若市场原有的力量仍占主导，则其演变成盘整状态的可能较大。

（3）"十字胎"是比身怀六甲重要许多的主要反转形态。

（4）"十字胎"出现在上升趋势中看跌的效力要比其出现在下跌趋势中看涨的效力强许多。

"身怀六甲"形态的出现，一般预示着市场上升或下跌的力量已趋衰竭，随之而来的很可能就是大盘或股价的转势。从市场的实际情况看，目前市场已经进入多空平衡格局中，市场各方都在静待消息面的明朗化，预计在重大消息出台前，股市将在新的平衡整理箱体中运行。

重庆啤酒在2004年1月中旬出现了十字胎，当时股价已经处于底部，预示着后市看涨。后市该股果然走出了一波上涨行情。如图6-10所示。

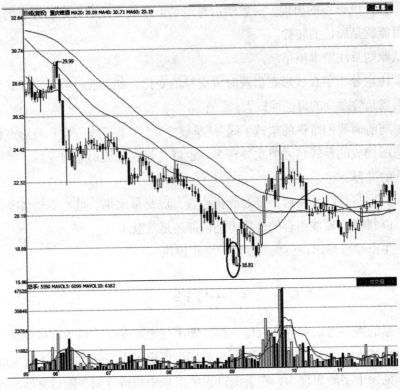

图 6-10

投资者在运用该形态时应注意以下几方面问题：

（1）成交量。该 K 线形态最理想的量能变化是前一个交易日成交量有效放大，而后一个交易日成交量又迅速萎缩，并且如果行情继续调整，则量能也随之减少，这表示后市行情出现反转的可能性较大。

（2）股价或指数。出现该 K 线形态后，走势上一般会有一个短期整理的过程，使得原来大幅震荡的走势逐渐平稳，然后再寻求突破方向，投资者如果在方向确认后介入比较稳妥。

三个白武士

所谓的"三个白武士"，是由三根短小的连续上升的阳 K 线组成，K 线收盘价一日比一日高。它要符合四点标准：一、在下降趋势中连续三天出现阳线；二、每根阳线的收盘价高于前一天的最高价；三、每天的开盘在前一天的实体之内，也就是每根阳线的开盘价低于前一天的收盘价；四、每天的收盘价等于或接近当天的最高价。它的精要在于，股价经过一轮下跌后，买气逐渐旺盛，股价出现见底回升，可是经受前期空方压迫，多头仍噤若寒蝉，只敢派出小股部队骚扰，心态上是三根小阳线小心翼翼试探空头压力，逐步收复失地。当看到空头对此毫无察觉，多头的主力部队就将发起攻击，一举瓦解空方防线，此时将拉出大阳线。

经过 2009 年 10 月末的调整之后，2009 年 11 月 2 日周一中国国旅见底回升，周二早盘低开，此后逐波上扬，周三继续上攻，仍然没有遭遇抛盘压力。如图 6-11 所示。

应用法则：

图 6-11

（1）三个白武士 K 线表明多方开始反击，一般在股价或指数处于低位时效果比较明显，出现此信号股价见底回升可能性较大。

（2）在下降趋势中三个白武士呈阶梯形逐步上升，这说明行情已经发生明显变化，后市将逐渐转好。

（3）在上升趋势中，如果股价上涨幅度较大、上涨速度过快时出现该形态则有可能导致行情的短期见顶。只有在缓慢上涨过程中出现该 K 线组合形态才表明股价将进一步上涨。

例：某日，大盘出现略微下跌的阴线，使得市场再次担心反弹见顶，但是通过统计可以发现，"三个白武士" K 线组合形态之后会紧随着出现一根小阴线，这种现象出现的概率非常高，而这种小幅下跌行情不仅不会影响上升趋势，反而有利于行情的蓄势和以后的进一步发展。

三只乌鸦

三只乌鸦是与向上跳空两只乌鸦的另一个类似形态，在连续出现了三根依次下降的阴线，则就构成了所谓的三只乌鸦形态。如果三只乌鸦形态出现在高价水平上，或者出现在经历了充分发展的上涨行情中，就预示着价格即将下跌。

一般来说，在上升行情中出现三只乌鸦，说明上档卖压沉重，多方每次跳高开盘，均被空方无情地打了回去。三只黑乌鸦是由三个短小的连续下跌的小阴实体组成，K线收盘一日比一日低，表示空方力量在逐步加强，后市看淡，下跌速度将加快。

上海能源在 2004 年年末出现"三只乌鸦"，开始下跌，下跌过程中接连出现三只乌鸦，一路狂跌不止。如图 6-12 所示。

从图形上说，这三根阴线的收盘价都应当处于当日最低价或近似最低价；并且每根阴线的开盘价都应该是在前一根阴线实体之内。理想状态还要求第一根阴线的实体是前一根阳线的最高点以下。

图 6-12

当三只乌鸦形态的第二根与第三根阴线的开盘价分别是前一根阴线的收盘价水平稍上的情况，则称为三只乌鸦接力形态。这种形态比较少见，但一旦出现，代表行情特别疲软。

如果看见三只乌鸦形态，一般可以在确立之后的回拉建立空单，也可酌情建立起突破跟进的空单。

第1天多为观望期，此时市场不明朗，市场信心不强烈，后市走向把握度不高。第2天，三只乌鸦形态雏形已现，可考虑轻仓建空。止损可设在重要阻力区之上。第3天，三只乌鸦形态确立，可进场建空。

三阳开泰

三阳开泰的表现为，在股价有所企稳之后与加速上扬之前，多头能量在短时间内的快速爆发，稳中有升并连拉三根中阳或大阳，呈现加速上升特征。三阳开泰的"泰"为《易经》阳卦之一，旧历十月为坤卦，乃纯阴之象；十一月为复卦，一阳生于下；十二月为临卦，二阳生于下；正月为泰卦，三阳生于下。这时天地交而万物通，天地气相和，主顺通。三阳开泰就是说冬去春来，阴消阳长，大地回春，吉运当头，是一年开始的吉祥语，也为股市中企稳转强的信号之一。

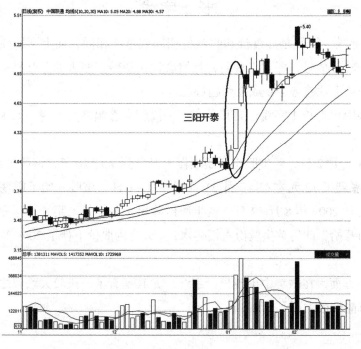

图 6-13

三阳开泰的技术特征与"三个白武士"K线组合的特征极为相似，都是在低位时连拉三根阳线，预示着后市可能见底回升，两者之间最明显的区别在于："三个白武士"K线的三根阳线皆为小阳，为短期见底信号；三阳开泰的三根阳线为中阳或大阳线，一般为加速扬升的信号。

在实际操作中，我们还要注意第三根阳线的长度，如果阳线的实体逐渐萎缩，那么说明该股缺乏进一步上涨的动力。如 2004 年 1 月初的中国联通，虽然走出了三根阳线，但是最后一根的实体已经明显比中间一根有所缩短，后市该股上涨乏力，陷入高位调整。如图 6-13 所示。

应用法则：

（1）三阳开泰与"三个白武士"K线都是重要的底部K线组合，如果是在低位或盘整市道中出现此类图形，反映出继续上升的可能性居大。但在应用法则上有较大区别，红三兵更多情况下是企稳信号，行情的全面起动还将有待时日，而三阳开泰则是较为强烈的反转信号。

（2）在研判过程中要注意第三根阳线的实体大小与上影线长短，如阳线的实体呈现逐渐缩短或者出现上影线较长时，说明该三阳开泰K线形态缺乏进一步上涨动力。

长十字线

"长十字线"特征是开盘价和收盘价相同或基本相同，而上下影线特别长。长十字线是个转势信号，即它出现后，行情会发生逆转，原来的上升趋势会变成下跌趋势，原来的下跌趋势会变成上涨趋势。

在涨势中出现长十字线，尤其是有了一段较大涨幅之后出现，见顶回落可能性极大。

2009 年 7 月 2 日，兰生股份开始缓慢上升，到 7 月 20 日，该股短期涨幅可观，从 10 元上涨到了 12 元左右。7 月 21 日到 8 月 11 日，该股开始了震荡调整。而使方向明确的是 2009 年 8 月 12 日，兰生股份收出了一根长十字线。这根长十字线标志了下跌的开始，此后兰生股份大幅跳水，4 天之内股价下挫了 20% 多！如图 6-14 所示。

而另一方面，在跌势中出现长十字线，尤其是有了一段较大跌幅之后出现，见底回升的可能性极大。

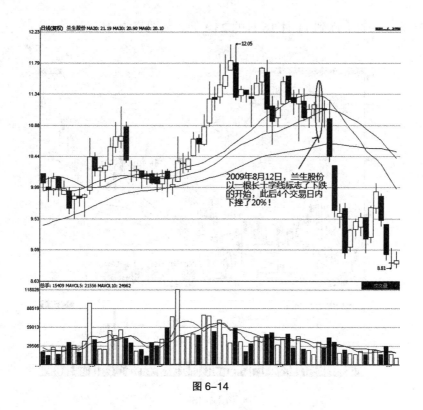

图 6-14

螺旋桨

"螺旋桨"的特征是它中间的实体很小，上下影线很长，看上去就像飞机的螺旋桨。这是一种转势信号。它在上升行情中出现，尤其是在有一段较大涨幅之后，螺旋桨所起的作用是领跌。反之，在下跌行情中出现，尤其是有一段较大跌幅之后，螺旋桨所起的作用是领涨。这里需要说明的是，螺旋桨既可以阴线形式出现也可以阳线形式出现，两者并无实质区别，不过一般认为在上涨行情中，螺旋桨是阴线，则比阳线力量要大，而在下跌行情中，情形正好相反。值得注意的是，螺旋桨和长十字线很容易混淆。它们的区别是长十字线中间是一根横线，而螺旋桨中间是个矮小的实体。螺旋桨和长十字线技术含义相同，都是一种转势信号。但螺旋桨的转势信号比长十字线表现得更为强烈。

2009 年 7 月 10 日，上海家化收出一根涨停阳线后，便开始一路下挫。到 2009 年 8 月 19 日，上海家化收出一根"螺旋桨"，标志了下跌趋势的结束。2009 年 8 月 20 日，上海家化收出一根阳线，底部反转确认成功，此时正是投资者介入的大好机会。果然，上海家化的反弹一直进行到 2009 年 11 月 16 日，股价从"螺旋桨"当天的 16.25 元, 一直上涨到 11 月 16 日的 23.4 元。如图 6-15 所示。

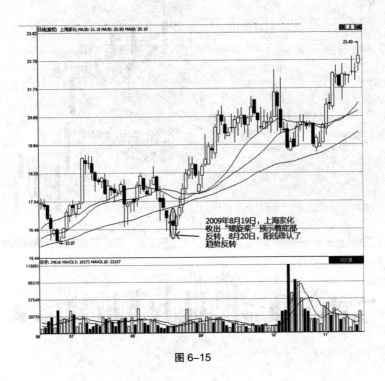

图 6-15

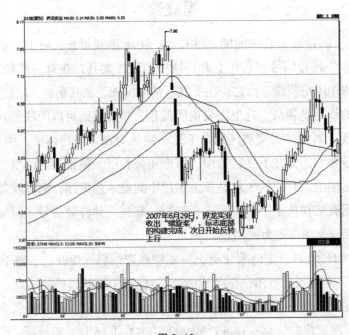

图 6-16

界龙实业在 2007 年年初到 2007 年 5 月 28 日一直维持着稳定的上升态势。5 月 29 日,界龙实业开始了猛烈的下跌,期间多次跌停。6 月 5 日股价略有企稳,6 月 20 日继续下跌态势。这种情况在 6 月 29 日得到了逆转,6 月 29 日,该股收出了一根"螺旋桨"。一般情况下,低位的螺旋桨意味着下跌态势的结束。果然,从 7 月 2 日开始,界龙实业开始稳步上升。如图 6-16 所示。

大阳线

阳线,由于它低开高收的格局,本身就有向好的意义,如果阳线实体很长,它表明买方气势旺盛,力量强大。大阳线的力度大小,与其实体长短成正比,也就是说阳线实体越长则力量越强,反之,则越小,不过也不是说只要 K 线图上一出现大阳线,后市就看涨。

根据实战经验,如在连续下跌的情况下出现大阳线,则反映了多方不甘心失败,发起了反攻,可能见底回升。

2005 年 6 月 9 日,S 仪化上探至 2.94 元后开始下跌,到 7 月 18 日,股价已经跌破 2 元,最低到了 1.78 元! 7 月 19 日到 21 日,三根密集排列的小阳线标志着该股的底部开始构建。7 月 22 日,该股突然发力,收出一根涨停大阳线,宣告着该股脱离底部,开始上行! 如图 6-17 所示。

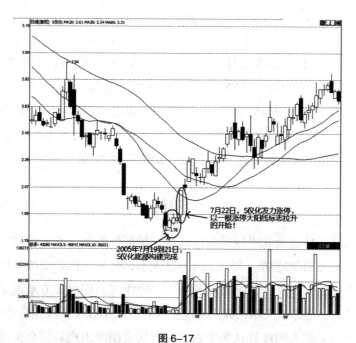

图 6-17

但是，在价格连续上扬的情况下拉出大阳线，则要当心多方能量耗尽，见顶回落。

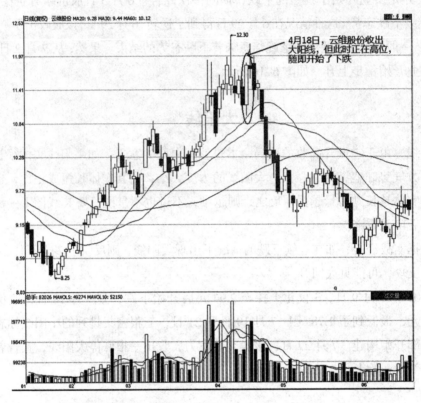

图 6-18

2011 年 1 月 25 日，云维股份开始从底部启动，4 月 11 日，不到 3 个月的时间，云维股份从底部的 8.25 到达了 12.3 的高点。之后一直到 4 月 18 日，股价都在高位震荡。4 月 18 日，云维股份收出了一根大阳线，但是此时云维股份前期已经有了一定的涨幅，所以这根大阳线不但不意味着升势的延续，反而意味着强弩之末的到来。果然，云维股份收出大阳线之后一路下挫。如图 6-18 所示。

大阴线

大阴线的特征是当天几乎以最高价开盘，最低价收盘，它表示多方在空方打击下节节败退，毫无招架之功。大阴线的力度大小，与其实体长短成正比，即阴线实体越长，则力度越大，反之，则力度越小。大阴线的出现对多方来说是一种不祥的预兆。但事情又不是那么简单，我们不能把所有的大阴线都看成是后市向淡的信号，也就是说并非一见到大阴线就认为要跌，有时候大阴线出现后，会出现不跌反涨的情况。那么，如何分别大阴线现出后是涨还是跌呢？这里有几种情形：

（1）大阴线出现在涨势之后，尤其是较大涨幅之后，它表示回调或者正在做头部。这时看空为宜。

（2）大阴线若出现在较大跌幅之后，暗示做空的能量已经释放得差不多了，根据物极必反的原理，此时要弃空而做多。

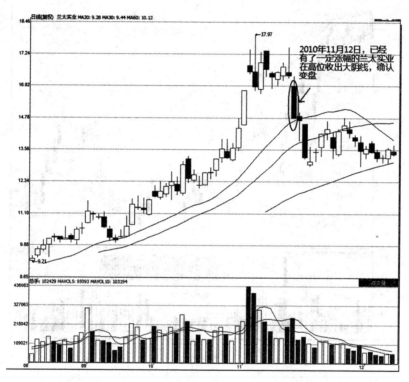

图 6-19

兰太实业自2010年8月27日底部启动以来，一直保持着良好的上升通道。2010年11月3日，兰太实业在高位收出了一根长影线，预示着变盘的到来。11月4日到11日，兰太实业在高位小幅盘整，走势尚不明确。然而11月12日的一根大阴线，变盘确认，投资者需马上出局。如图6-19所示。

上图中大阴线是在涨势中出现的。毫无疑问，在已经有一段较大涨幅后，出现这么一根大阴线，转向的可能性极大。如果就此由升转跌，这根大阴线就是导火索，其强大的杀伤作用将令多方不寒而栗。此时投资者应该弃多转空。

2007年9月18日，世茂股份到达了高点30.92元，此后股价便一路下挫，到2007年12月17日，股价已下挫至16.9元，几近"腰斩"！2002年12月17日，世茂股份再次收出了大阴线。但是此时，股价已经有了前期的大幅下挫，空方动能几乎释放殆尽，因此这根大阴线标志着空方最后的一搏，此后多方便占据了上风。12月18日，19日，世茂股份收出了两根十字星，和大阴线一起预示着底部的构筑完成。果然此后，世茂股份迎来了阶段性的反弹。如图6-20所示。

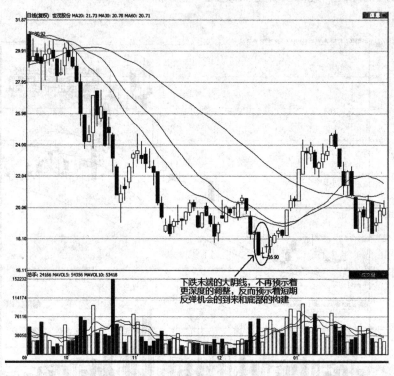

图6-20

上图的大阴线是在跌势后期出现的。从图中可以看出，在这根大阴线出现前市场已经连续下挫，盘中做空的能量得到了较大程度的释放，规律告诉我们，当行情冷到极点时，离春天也就不远了。虽然我们还不能在连续下跌的情况下出现一根大阴线后，就判断行情会逆转，但我们至少应该看到跌势已到末期，这时再继续做空是不理智的。相反，我们应该结合其他技术指标，分析一下是否见底，考虑何时做多。

倾盆大雨

"倾盆大雨"的特征是：在有了一段升幅之后，先出现一根大阳线或中阳线，接着出现了一根低开低收的大阴线或中阴线。其收盘价已比前一根阳线的开盘价要低。我们见此图形应及早平多出局观望。这根低开低收的阴线使多方信心受到极大的打击。低开，说明人们已经不敢追高，而想低价沽出的投资者却大有人在；低收，更是反映了看淡市场的大众心理。这种K线组合，如伴有大成交量，形势则更糟糕。

尤其是在上涨了很多之后看到这种图形，从规避风险的角度出发，建议投资者还是多仓减磅操作为好。在这之后，如果重心仍在下移，就坚决沽出。

从2010年初到2010年3月，中国软件一直小幅上涨。3月10日，中国软件以26.01元开盘，以27.16元收盘，收出一根大阳线。然而次日，2010年3月11日，中国软件以高于前一个交易日的27.3高开，却没能持续高走，一路下挫到25.39元，最终收于25.61元。3月11日的大阴线的收盘已经低于了3月10日大阳线的开盘，是典型的"倾盆大雨"，投资者此时毋庸置疑要出局为妙。如图6-21所示。

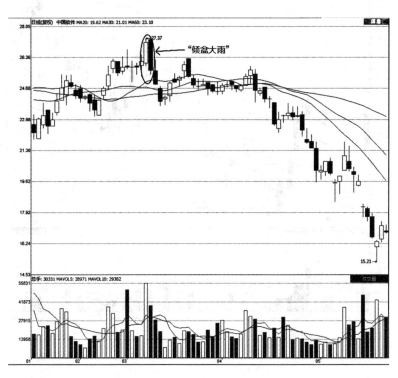

图 6-21

曙光初现

"曙光初现"的特征是：在连续下跌行情中先出现一根大阴线或中阴线，然后接着出现一根大阳线或中阳线，阳线实体深入到前一根阴线实体的1/2以上处。从技术上来说，该K线出现后，暗示跌势已经沉底或者是阶段性底部，见底回升的可能性很大。因此建议投资者见到这些图形可以适量建多仓。

2009 年 8 月 12 日到 8 月 17 日，友谊股份在短短 4 个交易日内，股价从 13.98 元跌到了 11.1 元。8 月 18 日，友谊股份收出小阳线，但 8 月 19 日，友谊股份又以一根大阴线打击了投资者的信心。转机出现在 8 月 20 日，友谊股份终于收出了一根实体较大的阳线，虽然没有盖过头一个交易日大阴线的实体，但是已经表明市场上的人气在汇聚。果然，从 8 月 21 日开始，友谊股份一路上行，短期涨幅可观。如图 6-22 所示。

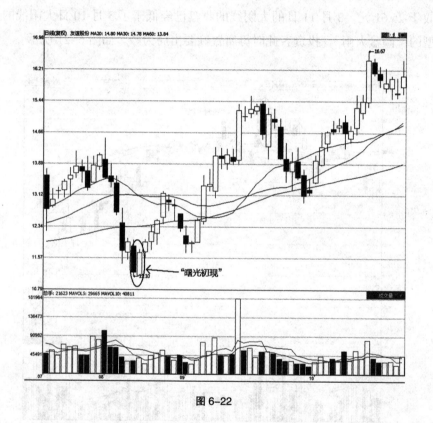

图 6-22

乌云盖顶

乌云盖顶的特征是：在上涨行情中，出现一根中阳线或大阳线后，第二根 K 线跳空高开，但没有高走，反而高开低走，收了一根中阴线或大阴线，阴线的实体已经深入到第一根阳线实体 1/2 以下处。这预示着上升势头已尽，一轮跌势即将开始。我们见到此 K 线图形，应警觉市况有变，以抛多做空为宜。

2010 年 10 月 18 日开始，三精制药从底部启动，一路迅猛上扬，多次收出涨停。

2010年11月10日至11月29日,该股在高位震荡盘整。11月29日,再度收出大阳线,让投资者兴奋异常,以为是调整结束再度上攻。哪知11月30日,该股收出了一根大阴线,实体长度几乎和29日的大阳线相同,可谓是乌云盖顶的典型,此时投资者需马上出逃,变盘已成定数。果然,该股一路下跌半年多的时间,2011年6月20日,该股才到达低点。比起高位的将近20元,股价已经跌到了11元左右。如图6-23所示。

K线是股票价格走动的轨迹,也是多空争夺所留下的"痕迹",多空争夺的主要表现形式又可以分为多空僵持(蓄势)、多空搏杀和多空加速。而不同表现形式下产生不同的K线,K线中的阴阳线的密度以及K线本身的长度是一个很重要的衡量多空能量的指标。根据这些不同特征的K线,投资者可以更好地判断当前多空所处的形势,更好地了解多空厮杀状况,以更好预测后市。

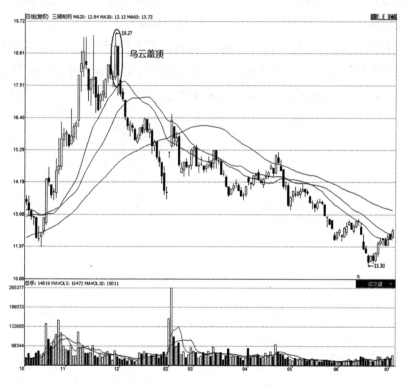

图6-23

一般地,如果所表现出来的K线一般波动幅度都很小,一般期价所处的位置属于相对低位时,主要表现为小阴K线、小阳K线和较多的十字星K线。一个阶段的股价波动幅度也不大。但是要注意一种特殊情况,那就是极端暴跌下所形成的见底行情,这个阶段的K线很可能是连续加速的大阴K线。

　　而其所表现出来的 K 线波动幅度都很大，其股价所处位置一般属于相对的阶段性高位时，则，主要表现为大阴 K 线或大阳 K 线，而且伴随着某日 K 线高低点可能是涨跌停板的价格。

　　而当其所表现的 K 线波动幅度适中，一般都呈阴阳 K 线相间，期价所处位置属于上升或下跌中继阶段，或者是可上可下的横盘阶段位置。

　　一般地，如果一段时间的 K 线表现为较大比重的阴线，则此阶段空头力量正在积蓄，后期期价一般面临回落或暴跌行情。

　　如果经过一段时间的上涨行情后期价开始表现出较多的阴 K 线，特别是大阴 K 线，那么就表明该位置空头的力量非常大，有较大的可能性形成阶段性顶部。

　　因此判断一个商品价格顶部的方法很多，针对不同的情况下使用不同的分析方法，才能达到较好的效果。如果使用了技术性和基本面策略仍未能判断出该品种出现阶段性顶部信号时，则说明该品种期价还没见顶。

　　与单根 K 线形态一样，投资者需要知道都有什么样子的组合形态才能在实战中合理地运用它们，否则只能纸上谈兵，看看就忘掉了。然而有追求的投资者就会一丝不苟地将各种形态记在脑中，运用起来才得心应手。

第七章
反转形态

价格形态的意义

价格形态指的是股票或期货价格行情走势图上的特定图案，简单地说就是股价走势图上形成的特定模式，他们具有预测性的价值，可以被分门别类。

目前越来越多的人使用价格形态来分析股价走势，进而进行更精准的投资分析，因此了解价格理论是进行科学投资的基础，但投资者必须充分认识到价格形态也并非万能，它有优点，也有缺点，需要投资者谨慎使用。

具体而言，使用价格形态图的优点有两点。其一是，利用交易软件对图形分析进行量化，使得那些曾经纯粹是任意性的方法变得更加准确化。其二是，即使任何一种具体的价格形态分析在用于预测时都被认为是不可接受的，但有一点是可以肯定的，对于价格图形进行研究总是能揭示一些有关市场动向的信息，从而能够帮助交易者制定决策。举例来说，一个交易者正为买入两种不同的股票而冥思苦想，其中一种股票的价格形态图显示该股票的价格扶摇直上在创新高，而另一种股票的形态图显示出缓慢下跌的盘软态势并跌落到以前的某些低点，那么他就可以对这两种股票采取完全不同的操作手法。

但价格形态的缺点也是有目共睹的，主要有以下两点。其一是近年来大多数形态图的使用方法已广为人知，许多交易者非常熟悉这些形态图，从而根据价格图的走势采取行动时也经常步调一致。这样，为了对"牛市"或"熊市"形态作出反应，市场就会出现买入或卖出浪潮，从而产生"自足的预言"现象。而当这种买浪或卖浪过去以后，市场价格经常就会向反方向运动，从而形成"形态陷阱"。这就好比正面的信息或负面的基本面信息不能在价格走势上得以充分反映而出现"折价"现象一样，正面的或负面的技术面信息在价格走势上也会出现"折价"现象。其二是图形分析师们对自己的交易纪录所作的分析结果并不乐观。几乎在所有的情况下，根据以图形分析为基础的投资顾问所给出的建议进行交易也并不比随机选择交易的结果好。即使对于那些显得出类拔萃的图形分析师来说，也并没有足够的证据表明，他们的成功仅仅是依靠分析图表取得的。对于出现上述现象的原因，比较合理的假设是，无论这些价格形态对于预测价格走势具有怎样的价值，这些价值总是不容易被人领会的。

由以上的分析可知，价格形态可以在投资交易方面起到一定的辅助作用，但投资者应该综合考虑多种因素才是投资的上策。

反转形态所需时间

在介绍反转形态所需时间之前，我们先了解一下什么是反转形态。

股票的价格以趋势运动，有些趋势是直线的；而有些则是曲线的，有些短暂，有些持续时间较长；有些不规则且难以确定，另一些则极有规律地产生于一系列方向一致的运动和波浪中；迟早这些趋势都会转变方向；可能回落（由涨至跌），也可能为一些横向运动所中断之后又再次沿原趋势方向发展。绝大多数情况下，当一个价格走势处于反转过程中，不论是由涨至跌还是由跌至涨，图表上都会呈现一个典型的"区域"或"形态"，这就被称为反转形态。

了解了反转形态之后，投资者研究反转形态的时间有什么意义呢？一些图表形成极为迅速，而另一些可能需要数周之后才会明确地显示出反转形态，这就是反转所需时间的不同。总的说来，反转区域越大，其所具有的意义也越大；这其间价格波动的范围越大，其形成的周期也越长，这一阶段的交易量也就越多——笼统而言，一个大的反转形态会带来一轮幅度较大的运动，而一个小的反转形态就伴随一轮小的运动。简单来说，投资者进行技术分析最重要的任务就是研究反转形态，从而选择不同的交易时机进行买卖操作。

在介绍反转时间之前，我们以驾车为切入点，在驾车过程中，我们不可能将一辆以时速 70 英里奔驰的大卡车立即停下，又在同一瞬间将其调转过来；在道路上沿相反的方向重新以每小时 70 英里的速度疾驰。驾车需要时间，股价反转也同样如此。在新的趋势推进之中，价格形态的形成是需要时间的。在一个交易日内出现并完成的明确的反转形态，我们称之为"一日反转形态"。有时也会出现这种情况，在任一上升或下跌的运动中，至少暂时会出现一个意味深远的停滞阶段，而就其一般的表现形式而言，却并不意味着会在相反方向上很快运动。这一形态极为有用，我们将在后面予以详细阐述。

在股票市场中，股价的反转以及时滞的形成是这样的。

假定有一些消息灵通而且资金雄厚的投资者决定投资某公司的股票，现在的售价是价位很低的 40，目前这一公司的经营状况前景乐观，吸引众多的投资者，股票也因此会上升到一个高的价位，可能是 60 或 65。这些消息灵通的投资者意识到，如果他们能熟练地把握其市场操作，而又没意外情况影响其计划的话，在这一轮行情中就可以赚上 20 个点。所以此时他们就将开始买入所有的抛盘，而且尽可能不为人所知，直到他们已经建起足够的仓位，例如可能达到数千股，并实际上代表了该股票当前所有的流动供给数量，然后他们就持币观望，等待时机抛售以获取利润。而在市场评述上，专业人士开始心生疑虑，市场传言四起，诸如"中石油上有所动作"云云，或者有一些精明的交易者已经发现这一公司的前景看好，图表分析家也开始察觉股票运作中的建仓信号。

在消息灵通的投资者的不断注资下，辅之以利好消息的大量发布，该股票的升势不断加速，市场上越来越多的交易者为飚升的价格所吸引，良好的财务报表中显示的高利润、分红增加等对此推波助澜，而这些利好消息正是我们这群交易者所预计的。最终价格达至他们预期的获取利润的高度。但出清持股操作比建仓时更要求足够的耐心和娴熟的技巧；我们可以作个假设，假定某投资者现在持股量是 20000 股，就不能马上一次性出仓或分散。因为如果这样做最终会对其本身不利，他仍必须一点点地把趋势维持住，尽量避免引起其他散户投资者的注意，否则就会影响市场需求量，而导致价格狂跌。如果此时此种股票日交易量已达到一定水平，比方说每日成交 2000 股，那么他们可以一天抛出持股的 500 股，这样就不至于导致价格下跌。因而在涨势看起来已经达到最大的能量，或者价格达到了他们的预期目标，但距离其最终可能达到的极限高度还有一段距离时，他们就开始抛售持股，而当其迅速抛售的同时，另一些人云亦云、判断失误的买家正在迅速地买入。时滞的不同造成了价格形态反转所需时间的不同。

但这个过程并非一帆风顺。也许是有远见的买家察觉到了供应量的增加，这时就出现了一个回调。不久之后，正如我们的一条道氏原则所提及的，在其出清所有持股之前，需求量会出现一个间歇。我们的交易者马上停止出仓；甚至在此时购入一部分以维持价位，以免价格下跌过猛。由于市场供应量又出现短缺，下跌停止后又开始上扬，直至价位又抬升到一个新的高度，这一涨势虽然在波动中上涨，但由于股票市场的未知性加强了其他散户持股者的信心，也吸引了更多的卖家。一旦股价达到了预期的高点，**我们的交易者就开始新一轮出仓**，如果投资者策略高明的话，在两至三周之内，**市场需求疲软之前**，这一轮出仓就已经完成了。

在这次轮回交易中，我们的交易者现在出清了持股而且获利颇丰，20000股已转手他人。如果其对市场判断准确，在涨势转跌时的最高价位时出清持股，那么在未来的很长一段时间里，市场需求量都会得到满足，因此价格可能会一度回跌至前一轮跌势时他们所支持的价位；这一轮股价波动结束之后，又由于那些专门等着新的股价回调时买进的交易者的操作而略有回升。而另外一些失败的交易者由于在前一轮交易高峰期未能把握时机出手获利，现在正急于抛出持股，买卖双方一拍即合，导致了一个中等或主要的下跌趋势。

通过上面的这些描述，现在你应该清楚，在一轮典型的行情中，形成一个顶点区域的图表形态是需要时间和交易量这两种因素的。但是，现实生活中作为平凡的投资者，我们没有必要一定要和那些知情人士或投资财团一争短长，也没有必要被其他投资者对于一种股票不同的态度和盲目的操作而不知所措。

各种价格形态的反转形态

1.头肩型

顾名思义，头肩型形态是由貌似人的头和两个肩所形成的股价图形。头肩形的反转形态分为头肩顶和头肩底两种形态。

头肩顶型的形状见图7-1，股价呈强烈的上升形态，成交量随涨势大增。接着发生初级下跌，成交量减少，是为左肩。以后，又有一个成交量极大的上升，在超过左肩顶部后发生另一成交量较小的下跌，价格接近左肩底部的水准，是为头部。第三次上升的顶点也无法超过头顶，成交量也较左肩与头顶时减少，然后开始下跌，是为右肩。等到从右肩顶下跌，突破由左肩底与头部底所连接的底部颈线后，股价随成交量大增而下跌的幅度至少为头顶至颈线的距离。

图7-1

在市场行情图中，头肩顶和头肩底是经常出现的反转形态，也是主要反转形态中较可靠和典型的一种。虽然它们都属于头肩型反转形态，但值得注意的是两者的形态完成与确认不同。在头肩形态中，至少会形成五次局部的反向运动，即头肩顶中至少应有三个高点和两个低点，中间的高点相对较为突出，而头肩底则有三个低点和两个高点。当股价在右肩发生转折并突破先前重要支撑或阻力即颈线位，只要收于颈线以外 3% 或以上，形态就已经完成，一般不必进行确认。头肩顶的突破往往较头肩底要可靠得多，而头肩底上破后不久却经常伴有回抽确认现象，完成时或随后必须显著放量，否则有效性便值得怀疑。

该形态完成后的最小涨跌幅预期有两个：一是头肩形态前的涨跌幅回到起点；一是形态高度，即先量出由头部至颈线位的最大距离，由突破位置开始计算，两者幅度的确定采用执小原则。按照惯常的标准，复合头肩形态持续时间较长，形态规模理应大一些，但多数走势却显示力度明显不及简单头肩形态，有时甚至达不到量度幅度，如中国泛旅 1999 年 9 月中旬下破三个月的复合头肩顶颈线，但在此前密集成交区中部或仅达到左肩至颈线的幅度，股价便止跌企稳。

2. 倒头肩型

头肩底形态有时候也称为倒头肩形，如图 7-2 所示，它正好与头肩顶形态互为镜像。它具有三个清楚的底谷，其中头（中间的谷）稍低于两肩。

图 7-2

与头肩顶形态一样的是，有效突破颈线位是完成头肩底形态的必要条件。而且突破后的量度目标，也是先测出从头部到颈线的垂直距离，然后从颈线被突破的点出发，往上量出同样的距离而得出的。略微有点不同的是，头肩底形态当颈线被突破后，更经常走出回抽的行情。

虽然这两种形态之间有很多共同点，但是区别也是存在的。最大的区别在于形成过程中相应成交量的变化。通常情况下从左肩、头部到右肩，头肩顶形态的成交量是依次变小，反应在上升趋势的后期由于看多的投资者逐渐减少，最终导致趋势发生逆转。而头肩底形态通常在头部形成的时候，是市场最为恐慌之际，因而底部相应的成交量是最小的。但是经过短暂的恐慌过后，由于看多的投资者逐渐增加，使得随后从底部回升过程中成交量逐渐放大。直到突破颈线的时候，由于多头取得决定性的胜利，常常成交量是整个形态中最大的。在判别头肩底形态及其突破的时候，交易量起到更为关键的验证作用。市场具有"因自重而下跌"的倾向性，因此在底部，当市场力图发动一轮牛市的时候，必得具有较多的交易量才行，也就是说，必须具有显著增强的买进推力。

了解了两种形态的同异之后，我们再谈谈颈线的倾斜度问题。通常头肩底的颈线是稍稍向下倾斜或者水平的，但也存在颈线是向上倾斜的情况，这种走势使得右肩形成的时间比较长，而且相对突破时也艰难一些，是比较消耗量能的一种形态。同时对于一些习惯根据颈线突破后再跟进的投资者而言，这时候的买入信号也显得稍微迟了一点，在突破之前已经累积了一定的升幅。

最后再来谈谈对于我们的交易者最关心的一个问题，那就是头肩底形态的买入时机问题：首先，相对比较大胆积极的投资者，可以相信自己已经正确判断头肩底后，在右肩形成的过程中就开始尝试着买入。从这个过程成交量逐渐放大的情况看，有不少投资者是在这个过程介入的。其次，在右肩下跌完成时考虑买入。另外还可以利用底部回升过程中的缺口作为参考，但是在这个案例中最终并没有回试缺口。最后，也就是利用突破颈线或者回抽的时机买入，但正如上文分析在这个案例中这个信号来得太迟了一点，而且仅仅是形成假突破后行情就重新陷入了调整。

但值得广大交易者注意的是，倒头肩形态的突破并不总是顺利的。对有一些图表形态来说，很难辨认形态如何发展。倒头肩形态更为困难。倒头肩形态是市场反转的强烈信号，但是形态没有提供很多关于长期突破趋势可能会如何发展的线索。

3. 复杂头肩型

在现实中有时还会出现一些头肩形的变体，我们称之为"复杂的头肩形"。复杂的头肩形可能会出现两个头，也可能会有两个左肩和两个右肩，甚至还有既是两个头，又是两个左肩和两个右肩的情况。

由于股价变动是市场多种因素合力作用的结果，因此表现在股价演变的图形上，会出现激烈的多空争斗，来回拉锯式的波动，往往产生复合头肩型图形。复杂头肩形虽然不像典型的头肩形那样常见，但是它的预测功能、成交量的增减和颈线倾斜的方向等使用方法却与典型的头肩形是相同的。在此简单介绍一头双肩式图形以供大家有更充分的认识，一头双肩式具有一个头部、两个左肩和两个右肩，按正立和倒立可分为一头双肩顶形态和一头双肩底形态，主要表现在多空方激战在颈线附近这一特点。其市场的含义是：多方为了达到建仓目的，并不急于马上冲击颈线，把股价拉回，蓄势再度建仓，然后一举攻破颈线，形成两个肩部的一头双肩甚至多肩的头肩底形态。同样空方为了达到清仓目的，来回拉抬股价形成跌势图形——变形的头肩顶形态。类似的还有双头多肩型的双头多肩和双头多肩底形成，构成了我们称之为"复合头肩型"图形。

在研判复杂头肩形时需要注意以下两个问题，其一是颈线的确认，由于复合头肩型的多肩多头特点，使其颈线很难贯通所有肩部，这里我们确定一个最低最高原则：即在复合头肩顶中，找肩部中最明显的两个低点连成颈线，而在复合头肩底中，找反弹最明显的两个高点连成颈线。另外掌握一点，即颈线被肩部触及的次数越多则预测精度越高。其二是最小升幅或最小跌幅的量度原则，方法同头肩型相同，即把头部与颈线的垂直距离作为最小升幅或最小跌幅，并从颈线突破点向突破方向测量。

综上所述，头肩型的技术分析意义较为重大，因为它代表了一个中期转向的信号，且预测准确率极高，尤其是头肩顶形态，即便后市证实形态失败，也是一种强烈的信号。

4. 双重顶和双重底

为了让读者更清晰地区分双重顶和双重底以及两者之间的关系，下面将分开介绍。

（1）双重顶，又称"双顶"或"M"头，是K线图中较为常见的反转形态之一，由两个较为相近的高点构成，其形状类似于英文字母"M"，因而得名。

如下图7-3所示，股价持续上涨至B点位置形成高点回落，在C点企稳反弹，至D点附近反弹无力掉头向下，随后跌破E点位置颈线支撑，双重顶形态形成。

在了解了双重顶形态的基本情况之后，我们来分析一下它的特征。双重顶形态是在股价上涨至一定阶段后形成，形态表现为两个顶峰，分别成为左锋、右锋。理论上，双重顶两个高点应基本相同，但实际K线走势中，左锋一般比右锋稍低一些，相差3%左右比较常见。另外，在第一个高峰（左锋）形成回落的低点，在这个位置画水平线，就形成了通常所说的颈线，当股价再度冲高回落并跌破这根水平线（颈线）支撑，双重顶形态就此形成。在双重顶形成过程中，左锋成交量较大，右锋成交量次之。成交量呈现递减现象，说明股价在第二次反弹过程中资金追涨力度越来越弱，股价有上涨到尽头的意味。双重顶形态形成后，股价在下跌过程中往往会出现反抽走势，但是反抽力度不强，颈线位置构成强阻力。

在形成双重顶的过程中，读者需要注意以下几点：

①双重顶的两个顶部最高点不一定在同一高度，一般相差 3% 是可以接受的范围。通常来说，第二个头部可能比第一个头部稍微高一些，意味在回落反弹过程中有看好的资金试图进一步拓展上涨高度，但因成交量不配合，主力没法使股价上涨距离第一个顶峰 3% 以上的距离就掉头向下。如果第二个顶峰超过 3%，会有更多的做多资金进场，双重顶形态就会演变成上升途中的调整。

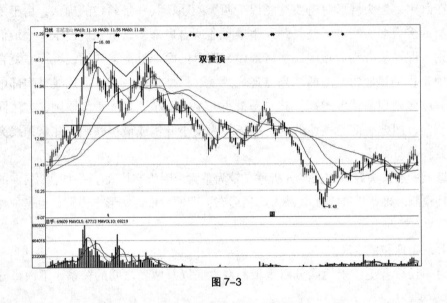

图 7-3

②形成第一个头部时，其回落的低点约是第一个高点的 10% ~ 20% 左右。

③双重顶形态有时候不一定都是反转信号，如果长时间没有向下跌破颈线支撑，将有可能演变为整理形态。这需要由两个波峰形成的时间差决定，时间间隔越大，有效性越高。通常两个高点形成时间间隔超过一个月比较常见，但如果日线双重顶的时间间隔超过半年，其判断价值就很小。

④双重顶形成两个高峰过程都有明显的高成交量配合，这两个高峰的成交量同样也会尖锐和突出，在成交量柱状图中形成两个高峰。但第二个高峰的成交量较第一个显著收缩，反映市场的购买力量在减弱。如果同比反而放大，双顶形态则有失败的可能。

⑤通常两个顶峰形成，股价有效跌破颈线后，双重顶形态才能宣告形成。之后

股价会有短暂的反抽动作，但将遇阻颈线，同时反抽不需要成交量的配合亦可。

⑥双重顶形态最少跌幅的度量方法，是由颈线与双顶最高点之间的垂直距离。后市股价跌幅至少是这个理论跌幅。

⑦一般来说，双重顶的跌幅都较理论最少度量跌幅要大。

双重顶是一种常见的顶部反转信号，一旦形成，股价下跌几乎成为定局。因此，一旦股价出现构筑双重顶的势头，投资者应该认识大势，及时停损离场是最佳操作策略。关于双重顶，作者有以下操作建议，仅供参考：

①双重顶形态正式形成，股价正式跌破颈线支撑，持股者应及时清仓，持币者继续持币观望。所谓正式跌破颈线支撑，是指股票收盘价在颈线之下，并满足百分比原则和时间原则。百分比原则要求股价跌破一定的百分比数，时间原则要求跌破颈线后保持多日（至少两日）。

②如果只是下影线刺穿颈线位置，不算有效跌破颈线，继续持股观望。

在颈线没有被有效跌破之前，不可先入为主断定为双重顶。潜在的双重顶形态，也可能会演化成三重顶、矩形或者三角形形态。

股价有效跌破颈线后未能及时止损的投资者，可以等待股价再度反抽至颈线阻力位置再逢高出局。

（2）双重底也称"W底"，是指股票的价格在连续二次下跌的低点大致相同时形成的股价走势图形，两个跌至最低点的连线叫支撑线。如图7-4所示，"双重底"图形的特点是：两个低价支撑点位置相当，而且整个股价走势中，股价的变动与成交量的变动向同一方面变化。值得提出的是，在双重底形成的过程中，如果股价从第二个支撑点反弹后，出现了第三次回跌，其跌幅不得超过第二次跌幅的1/3，而后立刻反弹，创造新的高点。只有在这种情况下，才能确认"双重底"已经形成，否则股价可能仍处于低价调整期。

与双重顶类似，一旦"双重底"图形形成后，投资者可抓紧时机，大量买进。"双重底"是标准的低价反转型，此后，股价定会不断上升。那么如何准确判断双重底形态是关键，一个成功的双重底应该有两个最基本的特征：

①从技术形态看在两个底部中第二个底部的位置更高，意味着市场做多的力量占据上风，否则就表明当前走势是弱势的，即这种双底是很弱的；②成交明显放大。不仅是上涨过程中有成交配合，并且在下跌缩量中与前期相比也是明显放大的，表明有新资金介入，成交越大越好。当然，如果是缩量直接涨停则是更强的表现。只有具备这两个基本特征，才能判断市场走势已经企稳，后市有一轮上涨行情。

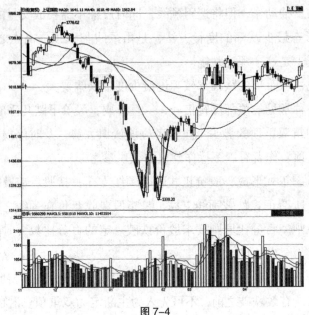

图 7-4

5. 三重顶和三重底

在了解了双重顶和双重底的基础上再来学习三重顶和三重底就显得轻而易举了。下面同样先介绍三重顶再介绍三重底。

三重顶又称为三尊头。它是以三个高位相近而形成的转势图表形态，通常出现在上升市况中。典型的三重顶通常出现一个较短的时期内及穿破支持线而形成。另一种确认三重顶信号，可从整体成交量中找到。三重顶形态中，第一个顶点时的成交量，大部分都会比后面两个顶点时的成交量大，而在第三个顶点时的成交量，大都会比前面两个顶点时的成交量小，这是三重顶形成的确认信号。图 7-5 和 7-6 所示的分别是股票中常见的三重顶和三重底。

三重顶的市场含义是股价上升一段时间后投资者开始获利回吐，市场在他们的沽售下从第一个峰顶回落，当股价落至某一区域即吸引了一些看好后市的投资者的兴趣，这样以前在高位沽出的投资者亦可能逢低回补，于是行情再度回升，但市场买气不旺盛，在股价回复至与前一高位附近时即在一些减仓盘的抛售下令股价再度走软，在接近前一低点时，前一次回档的低点被错过前一低点买进机会的投资者及短线客的买盘拉起，于是行情再度回升，但由于高点二次都受阻而回，令投资者在股价接近前两次高点时都纷纷减仓，股价逐步下滑至前两次低点时一些短线买盘开始止损，此时若愈来愈多的投资者意识到大势已去均沽出，令股价跌破上两次回落的低点（即颈线），于是整个三重顶形态便告形成。

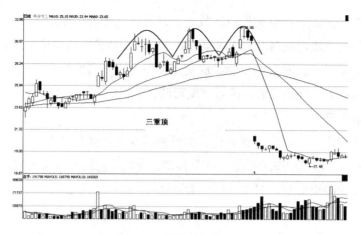

图 7-5

关于三重顶，有以下几个方面需要注意：

（1）三重顶之顶峰与顶峰的间隔距离与时间不必相等，同时三重顶之底部不一定要在相同的价格形成。

（2）三个顶点价格不必相等，大至相差 3% 以内就可以了。

（3）三重顶的第三个顶，成交量非常小时，即显示出下跌的征兆。

三重底是三重顶形态的倒影，在跌市中以三点相约之低点而形成。在价格向上摆动时，发出重大转向信号。与三重顶相比，三重底图形通常拖延数月时间及穿破阻力线才被确认为三重底图形。另一种确认三重底的信号可从成交量中找到。在形成图形的过程中，成交量会减少，直至价格再次上升到第三个低位时，成交量便开始增加，形成一个确认三重底的信号。

图 7-6

值得注意的是，最高点的形成，投资者通常以它作为主要阻力线，价格出现双底后回升至接近颈线，重遇阻力回落至双底水平的支持位。价格未能跌破此支持位，而当其时成交量骤减，并开始反弹，成交量随即大增。当价格升越颈线时，成交量激增。在价格向上突破颈线后，三重底图形已被确认。

6.圆顶和圆底

股价进入整理期，多空短兵相接，力量的转变亦可能是渐进的，从图形看，从涨至跌，或从跌至涨均呈抛物线状，亦是弧形，我们将它称为圆顶或圆底。下图7-7所示即是常见的圆顶形态，图7-8所示为圆底形态。

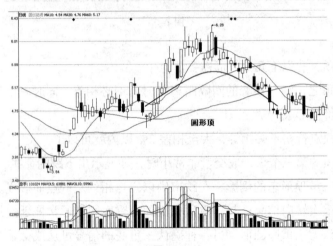

图 7-7

形态在发生反转的进程中，有的是经过长期的斗争并与大成交量配合才使趋势改变，即由上升转为下跌或由下跌转为上升，有的则没有如此激烈，股价方向简单、明显、连续且相当对称地变化;经过一段潜移默化期后，一方力量自然移转至另一方，圆形反转便是如此。

圆顶的市场含义是经过一段买方力量强于卖方力量的升势之后，买方趋弱或仅能维持原来的购买力量，使涨势缓和，而卖方力量却不断增强，最后双方力量均衡，此时估计会保持没有上落的静止状态。如果卖方力量超过买方，股价就会回落，开始只是慢慢变化，跌势并不明显，但后期则由卖方完全控制市场，跌势便告转急，说明一个大跌势快来临，未来下跌之势将转急转大，那些先知先觉者在形成圆形顶前离市，但在圆形顶完全形成之后，仍有机会撤离。

圆形反转的基本形态是股价变动呈弧形下跌，成交量逐渐减少，然后当股价缓跌至相当价位时，上下波动几乎呈水平状态，成交量也减少至交易几乎停顿。此时供需渐渐增加，股价缓慢上升，呈一弧形，成交量随股价上升亦显著增加，而股价亦加快脚步上升，轨道趋于陡直，经过几天的直线上升，涨势在顶点碰到大量卖出才停止，从反转过程看，不论股价或成交量变化都呈圆形。

当股价变动进入上升行情里，上涨初期，多头快速拉升股价，表示其实力强劲，涨升一段后，多头开始遇到阻力，而使股价上升快速减缓，甚至下跌，多空间形成拉锯战，多头由主动而变为被动，最后力竭，快速下跌，在图形之上端形成弧状，亦即圆形顶。

圆形底的形成过程一般是这样的，底部成交量极小，上涨初期亦不大，股价开始向上冲刺时，成交量迅速扩大。由图形观察，圆形底形成后，股价涨升初期速度不快，最后回跌，完成此段上升行情。换言之，股票下跌后，进入探底，经图形反转而上升，此种上升行情力量属于爆发性，涨得急，结束得也快，完全是一口气拉升，中间极少出现回档整理。

一般而言确认为圆底形态必须满足以下几个条件：

（1）股价形成一个圆弧底。

（2）圆弧内的K线多为小阴小阳线。

（3）最后以上升缺口来确认圆底形态的成立。在下跌或横向整理时，出现圆底K线形态，表示市场做空力大大减弱，后市很有可能转为升势。因此，投资者见线形态应考虑适量买进。

图7-8

同样确认为圆顶形态也必须满足以下几个条件：

（1）股价形成一个圆弧顶。

（2）圆弧内的K线多为小阴小阳线。

（3）以下跌缺口来确认圆顶形态成立。圆顶的技术含义是股价在上涨或横向整理时出现圆顶K线组合，表示多方已无力推高股价，后市很有可能转为跌势。因此，投资者见此K线组合应早做退场准备。

圆形反转中的交易活动

圆形反转的成交量是有趣的，同时也是有含义的，圆底中的成交量形态常常同价格形态一样清晰而明确，在形成圆底的供求中，第一回合表现为卖压的减轻。前面已被放大的成交量逐渐减少，但它所受的压力已经小了；因而，尽管价格仍然在下跌，但速度却慢了下来，而趋势也越来越弯向水平方向。在底部，由于买卖力量在技术上相平衡，只有相对较少的交易活动记录，相应的交易活动也几乎停滞不前，然后需求开始增长，价格曲线转而向上，交易开始活跃起来，成交量也随着价格趋势而加速增长，到最后几天常常伴随图表上几乎"垂直"的价格运动而达到天量，达到一种爆发性的高峰。

在这样的形态中，图表下方的成交量线段的顶端连线呈弧形——这一弧形常常与其上方的价格"碗"大致平行。这样的形态，当其出现在一轮大规模的市场下跌之后，就显得尤为重要，因为它们几乎总是意味着主要趋势发生反转，一轮大规模的上涨将会来临。然而，这轮涨势很少立即开始"火箭式"飙升，在数周内就结束整个主要运动。相反地，紧随这一形态的上升趋势一般很缓慢，而且会被频繁地打断，让没有耐心的交易者出局，但只要坚持下来，最终的收益是相当可观的。

综上所述，一个碗形要想可信，其底部的成交量要减少到极低的水平。然而，在价格经历了中部这段死亡地带并开始第一次平缓的（成交量只有轻微增加的）爬升后，可能会出现一些不成熟的突破行为。在没有任何预警的情况下，一轮购买冲动可能会把价格向上推动一两天，这个部分决不少见，但几乎不变的是，价格很快会再次落回原先的通道中，缓慢的圆形运动继续推进。

"巨量过顶"特征识别

一般来说，价升量增、价跌量缩是大盘或个股运行的正常形态。指数或价格处于上升阶段时成交量往往很大；股指见顶时成交量便极度萎缩。而黑马的出现往往反其道而行之，它会在低位时大幅放量，甚至超过前期筑头时的成交量，这种情况被称为"巨量过顶"，表明该股后市看好。

这种形态的特征一般包括：

（1）前期筑头（一年起以内的顶部）时带着较大的成交量。

（2）前期一直处于下降通道中，目前有止跌回稳态势，并且在近日某相对低位放出巨量，单日成交量超过筑顶时的成交量，一般换手率超过10%。此时底部放大量，可断定为主力大举进场的一个标志。同时底部的量超过头部的量，极有利于化解头部的阻力。

（3）放出巨量后股价继续保持企稳状态，并能很快展开升势。这通常表明股价的根基扎实，后市还有较大的空间，此时可以及时跟进。有些黑马在主力吸纳时往往能在量上找出迹象，而有些主力则喜欢悄无生息地吸纳，在低位时并无明显的放量现象。这些个股上升过程中明显的特征是成交萎缩，甚至越往上涨成交量越小。

主力如果用少量成交即可推升股价，从而透露出这样可靠的信息：

（1）主力已经完全控盘，筹码高度集中，要拉多高由主力决定。

（2）上升缩量，说明主力无派发的可能及意愿，后市仍将看涨。未出现明显的头部特征时不妨长期持有。

同时，在以下这几种情况下会出现缩量涨升：

（1）股价越往上涨，成交反而比前期减少；随着股价升高，愿意抛售的人反而减少，反映出市场强烈的惜售心理。

（2）换手率较低，日换手率一般不超过10%，以极少的成交量即保持持续升势，说明上升趋势一时难以改变。

（3）上升时成交量保持平稳，一段时间内每天的成交量比较接近，无大起大落现象。进入顶部阶段之时盘中表现为：上升过程中放出大量，换手率一般达到30%以上，主力减仓迹象极为明显。

休眠底部变种

有一类主要底部的图表形态被称为"休眠底部"，但它逻辑上与我们的圆形形态相关——它是"延伸的平底形状"的极端发展形式。它经常出现在小盘股，即那些流通在外面的总股数或浮动供应股数很小的股票。这类股票的一个特征是，即使在一轮活跃的上涨市场中，一个正常交易日里成交量也很小，成交价格也是在很小的范围内波动。最终，交易活动出现一个突然的、令人费解的爆发。交易记录突然增加，价格暴涨。这种"从休眠中觉醒"可能是不成熟的运动——就如前面在典型的圆底中提到的那样，随后又是数周的休眠；或者可能是一系列上涨台阶的第一级，这些台阶之间的间隔越来越短，直到最终形成一轮连续的上升趋势，无论哪一种情况，它都表明这是一个重要的建仓形态。

形成休眠底部的过程易于理解。股票数量极少，只是偶尔才会有零星的数股在市场上出售。投资者（可能是那些熟知公司内情的人士）如果开始买入这一股票，只需要将市场所有的股票全部买光，别人无法获得，从而抬高价格，这样就可成功。因而他们只需"在树下拿一只篮子"，正如一句谚语所说的那样，立即捡起所有可得到的东西，但从不主动跃起摘取，直到最后树上的果子掉光，然后他们就会抬高出价。如果市场看上去仍有大量股票待售，他们就会重新回到原来的待售策略。

第八章
整理形态

对称三角形

所谓整理是指股价经过一段时间的快速变动后，不再前进而在一定区域内上下窄幅变动，等时机成熟后再继续以往的走势。这种显示以往走势的形态称之为整理形态。

对称三角形又称为等腰三角形。一般情形之下，对称三角形是属于整理形态，即价格仍然会沿着原来的趋势移动。如图 8-1 所示，它是由一系列的价格变动组成，其变动幅度逐渐缩小，亦即每次变动的最高价，低于前次的水准，而最低价高于前次最低价的水准，整体呈一压缩图形。如果从横的方向看价格变动领域，其上限为向下斜线，下限为向上倾线，把短期高点和低点，分别以直线连接起来，就可以形成一对称的三角形，对称三角形也由此得名。

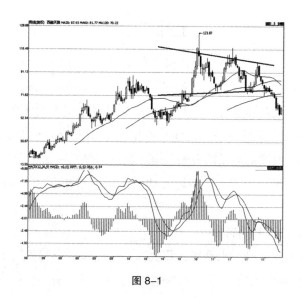

图 8-1

对称三角形的成交量以及愈来愈小幅度的价格变动，实质上正反映出多空力量对后市犹疑不决的观望态度，然后当价格突然跳出三角形时，成交量便会随之变大。

在大成交量的配合下，若价格往上冲破阻力线便是一个短期买入信号；反之，在低成交量的配合下，若价格往下跌破便是一个短期沽出信号。

以上图为例，下降趋势出现，价格流入对称三角形，交易徘徊在这个区域。趋势线亦在随后两个月出现，之后，价位开始穿破阻力线，尝试转势，却成为一个假突破。这提醒投资者必须等待收市后的信号，及并留意破位是否准确或是否一个好的入市位。最终，价格在趋势线下开市，确认先前的信号是假的。随后，价格穿破三角形的下点及大量沽盘，这才正式确认了对称三角形的下跌趋势持续。

在市场含义方面，对称三角形是因为买卖双方的力量在该段价格区域内势均力敌，暂时达到平衡状态。股价从第一个短期性高点回落，但很快地便被买方所消化，推动价格回升；但购买的力量对后市没有太大的信心，又或是对前景感到有点犹疑，因此股价未能回升至上次高点已告掉头，再一次下跌。在下跌的阶段中，那些沽售的投资者不愿意太低价贱售或对前景仍存有希望，导致回落的压力不强，股价未低跌到上次的低点便已告回升，买卖双方的观望性争持使股价的上下小波动日渐缩窄，形成了此一形态。

对称三角型的最少升幅量度方法是当股价往上突破时，从形态的第一个上升高点开始画一条和底部平等的直线，我们可以预期股价至少会上升到这条线才会遇上阻力。至于股价上升的速度，将会以形态开始之前同样的角度上升。因此我们从这量度方法估计到该股最少升幅的价格水平和所需要的完成时间。

上升三角形

如图 8-2 所示，上升三角形通常回升高点的连线趋近于水平而回档低点的连线，逐步垫高，因而形成往上倾的上升斜线，而在整理形态的末端，伴随着攻击量能的扩增，一般往上突破的机会较大。价格在某水平呈现强大的卖压，价格从低点回升到水平便告回落，但市场的购买力强，价格还来不及返回至上次低点便即时反弹，持续使价格随着阻力线的波动而日渐收窄。我们若把每一个短期波动高点连接起来，便可画出一条阻力线；而每一个短期波动低点则可相连出另一条向上倾斜的线，便形成上升三角形。

上升三角形具有以下特征：

（1）几次冲顶连线呈一水平线，几次探底连线呈上升趋势线；

（2）成交量逐渐萎缩在整理的尾端时才又逐渐放大，并以巨量冲破顶与顶的连线；

图 8-2

（3）突破要干净利落；

（4）整理至尾端时，价格波动幅度越来越小。

价格在某条水平线遇到了强大的卖空压力，价格从低点回升到某条阻力线位便开始回落，但市场购买力十分强，价格还没来得及回至上次低点便开始弹升，这种情况持续使价格随着一条阻力水平位置波动，日渐缩窄。我们把没次波动的高点连接起来，可以画出一条明显的阻力线。而把每次波动的低点连接起来，可以画出一条向上的支撑线，这就是三角形形态，成交量在形态形成的过程中不断减少。上升三角形显示买卖双方在该范围内的较量，买方的力量在争持中已稍占上风。卖方在其特定的价格水平不断买进，却不看好后市，于是价格每升到理想的阻力位便即跌落，这样在同一价格的跌落形成了一条水平的阻力线。不过，市场的购买力量很强，他们不待价格回落到上次的低点，更急不可待地买进从而推动价格上升，因此形成一条向右上方倾斜的支撑线。

上升三角形的上边线表示一种压力，在这水平上存在某种抛压（做空势力），而这一抛压并不是固定不变的。一般来说，某一水平的抛压经过一次冲击之后应该有所减弱，再次冲击时更进一步减弱，到第三次冲击时，实质性抛压已经很少了，（这就是为什么价格一般都会试探三次的原因）剩下的只是心理上的压力而已。这种现象的出现，说明市场上看淡后市的人并没有增加，倒是看好后市的人越来越多，也正因为如此，价格向上突破上升三角形的时候，其实不应该拖泥带水，不应该有多大的阻力，这是判断一个真实突破的关键。

然而，如果在价格多次上冲阻力线的过程中，抛压并没有因为多次冲击而减弱，那只能说市场的心态本身正在转坏，抛压经过不断消耗反而没有真正减少，是因为越来越多的人加入了空方的行列，这样的话，在冲击阻力过程中买入的人也会失去信心，转而投降到空方的阵营，这种情形发展下去，多次冲击不能突破的顶部自然就形成了一个具有强大压力的头部，于是三角形有可能失败。

下降三角形

下降三角形通常在回档低点的连线趋近于水平而回升高点的连线则往下倾斜，代表市场卖方的力量逐渐增加，使高点随时间而演变，越盘越低，而下档支撑的买盘逐渐转弱，退居观望的卖压逐渐增加，在买盘力量转弱而卖压逐渐增强的情况下，整理至末端，配合量能温和放大，而价格往下跌破的机会较大。（见图 8-3）

图 8-3

下降三角形的形状与上升三角形恰好相反，价格在某特定的水平出现稳定的购买力，因此每回落至该水平便告回升，形成一条水平的需求线。可是市场的沽售力量却不断加强，价格每一次波动的高点都较前次为低，于是形成一条下倾斜的供给线。下降三角形同样是多空双方的较量表现，然而多空力量却与上升三角表所显示的情形相反。

下降三角形属于弱势盘整。卖方显得较为积极,抛出意愿强烈,不断将价格压低,从图形上就造成了压力颈线从左向右下方倾斜,买方只将买单挂在一定的价格之上,造成在水平支撑线抵抗,从而在图中形成下降。

此种形态不可贸然确定底部。在其他三角形形态中如果价格发展到三角形的尾端仍然无法形成有效突破的话,其多空力道均以消耗殆尽,形态会失去原有意义。但是下降三角形是个例外,当价格发展到其尾部时仍然可能会下跌。

形态被突破后,其价格也会有回抽的过程,回抽的高度一般在颈线附近,在此位置获利盘与逃命盘的大量涌出会使价格继续大幅下跌。

在破位时如果没有伴大量的成交量则意味着价格下打的意味不是很浓,此时应注意下方的支撑位,如果价格遇阻徘徊的话就应考虑减仓了。

喇叭形态

股价经过一段时间的上升后下跌,然后再上升再下跌,上升的高点较上次为高,下跌的低点亦较上次的低点为低。整个形态以狭窄的波动开始,然后和上下两方扩大,如果我们把上下的高点和低点分别连接起来,就可以画出一个镜中反照的三角形状,这便是喇叭形,下图 8-4 所示即是常见的喇叭形态。成交量方面,喇叭型在整个形态形成的过程中,保持着高而且不规则的成交。喇叭型分为上升型和下降型,其含义一样。

喇叭型是由投资者冲动和不理性的情绪造成的,因此它绝少在跌市的底部出现,这因是股价经过一段时间的下跌之后,投资意愿薄弱,因此它在低沉的市场气氛中,不可能形成这形态。

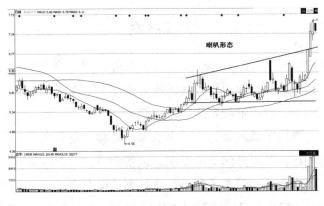

图 8-4

在了解了喇叭形形态之后，我们再介绍下它的市场含义。

整个形态是因为投资者冲动的投资情绪所造成，通常在长期性上升的最后阶段出现，这是一个缺乏理性和失去控制的市场，投资者受到市场炽烈的投机风气或传言所感染，当股价上升时便疯狂追上，但他们对市场的前景（或公司前景）却一无所知，又或是没有信心，所以当股价下跌时又盲目地加入抛售行列。他们冲动和杂乱无章的行动，使得股价不正常地大上大落，形成上升时，高点较上次为高，低点则较上次为低。至于不规则而巨额的成交，正反映出投资激动的买卖情绪。这形态说明大跌市来临前的先兆，因此喇叭型可说是一个下跌形态，暗示升势将到尽头，可是形态却没有明确指出跌市出现的时间。只有当下限跌破时，形态便可确定，未离市的投资者就该马上沽出撤离了。

学习喇叭形态这一节，我们还有以下几个要点需要注意：

（1）一个标准的喇叭型应该有三个高点，二个底点。这三个高点一个比一个高，中间的二个低点则一个较一个低；当股价从第三个高点回跌，其回落的低点较前一个低点为低时，可以假设形态的成立。和头肩顶一样，喇叭型属于"五点转向"形态，故此一个较平缓的喇叭型也可视之为一个有较高右肩和下倾颈线的头肩式走势。

（2）这形态并没有最少跌幅的量度公式估计未来跌势，但一般来说，振幅都是很大。

（3）这形态也有可能会向上突破，尤其在喇叭型的顶部是由两个同一水平的高点连成，如果股价以高成交量向上突破（收市价超越阻力水平3%），那么这形态最初预期的分析意义就要修正，它显示前面上升的趋势仍会持续，未来的升幅将十分可观。这是因为当喇叭型向上冲破时，理论上是一次消耗性上升的开始，显示市场激动的投资情绪进一步扩大，投资者已完全失去理性的控制，疯狂地不计价追入。当购买力消耗完结后，股价最终便大幅跌下来。

钻石形态

钻石形态又称为菱形形态，是喇叭形、对称三角形、头肩顶的综合体。如下图8-5所示，形态犹如钻石或平行四边形，其颈线为V字状。左半部类似于喇叭形，右半部类似于对称三角形，喇叭形确定之后趋势就是下跌，而对称三角形又使下跌暂时推迟，但终究没有摆脱下跌的命运，而喇叭形与对称三角形结合，成为错综复杂的菱形。与喇叭形相比，其更具向下的意愿。也就是说，可以将菱形排列的形成过程分成二个阶段，前半段价格形态走的是扩张排列，但在经过二三个波峰谷后，价格开始出现收敛状况，后半段呈现了等腰三角形态，从而形成了菱形排列。

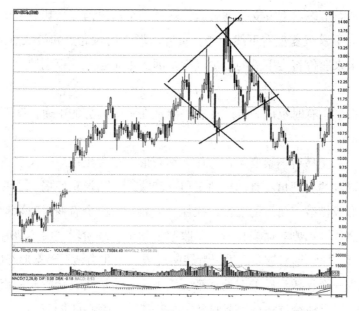

图 8-5

综上所述，钻石形态是一种比较特殊且非常罕见的形态，通常出现在顶部，它大多充当反转突破形态，而较少作为持续整理形态露面。它其实是由两种不同类型的三角形——扩大三角形（喇叭形）和对称三角形组合而成的，前半部分是一个扩大三角形，后半部分是一个对称三角形。在该形态中，先是两根边线逐渐分离，然后再逐渐聚拢，围成了与钻石非常相像的图表形态，故称钻石形态。上图 8-5 中标注的即是常见的钻石形态。

钻石形态在形成的过程中，价格变化所对应的交易量形态是这样的，在形态前一半，交易量逐渐扩张，在后一半，交易量逐渐缩小。在钻石形的后半部分，当下边的上升趋势线被向下突破后，形态完成。一般在其向下突破时，常常会伴有交易量的增加。

钻石形态的最小价格目标的测算方法与其他形态的测算方法大致相同。先测出该形态最宽部分的竖直距离，然后，从突破点起向下投射相等距离。有时候也会出现反扑现象，价格回到下方的组挡线附近，但新趋势应从这里恢复运行。

下面结合上图所示说明钻石形态实战运用技巧：

（1）钻石形态形成过程中的成交量较多，左边喇叭形时量较大且呈现不规则的波动，右边对称三角形成交量越来越小。

（2）钻石形态很少为底部反转，通常它在中级下跌前的顶部出现，其形态完成后往往成为空头大本营，是个转势形态。

（3）当钻石形态右下方支持跌破后，就是一个沽出信号。其最小跌幅的量度方法是从股价向下跌破菱型右下线开始，量度出形态内最高点和最低点的垂直距离，这距离就是未来股价将会下跌的最少幅度。因此形态越宽跌幅也越大，形态越窄跌幅越小。

（4）钻石形态有时也成为持续形态，出现在下降趋势的中途，钻石形态之后将继续下降。

那么我们的交易者不禁要问，为什么钻石形态整理出现后，大多数情况下会下跌呢？从投资者的心理角度看，扩散三角形和收缩三角形正好揭示了两种不同的状态。市场在形成扩散三角形的时候，往往反应参与的投资者变得越来越情绪化，使得行情的震荡逐渐加剧。而当行情处于收窄三角形整理阶段，由于暂时市场正在等待方向的选择，导致越来越多的投资者转向观望。因此当钻石形态形态出现的时候，说明市场正由一个比较活跃的时期逐渐萎缩下来。也因为这个阶段的市场参与者在不断减少，使得行情经过钻石形态调整后大多时候选择了向下调整。

一般情况下，当构成扩散三角形的主要支持线被有效跌穿，便宣告这种形态已基本完成。此外，由于钻石形态的形成初期是扩散三角形，而扩散三角形在大多数情况下属于看跌形态，所以投资者在该形态形成之初就可以选择卖出。

值得注意的是，其他一些技术分析方法也可能会在同一时间发出相应的卖出信号。如 MACD、KDJ 等技术指标在形成扩散三角形的时候会出现顶背驰的现象；OBV 在股价不断创新高时并未同步向上，从而使得量能不配合，这些都是卖出的主要依据。

当钻石形态右下方支持跌破后，就是一个抛出信号。还有一种特殊情况：钻石形态有时会出现在两个反方向通道的结合部，如果价格以上升通道方式运行到高位后进行整理，这个通道平行线成为钻石形态的左上边和右下边。随后，价转身向下，还是下降通道的方式运行，这样，钻石形态的右上边和左下边则成为下降通道的两条平行边。一旦出现这样的情况，价格的跌幅通常至少是先前涨幅的 50%。

在利用钻石形态进行研判时需要注意以下几个原则：

（1）此形态很少出现在底部，一般出现在下跌趋势之前（或交易量大时）的顶部，是转折的形态。

（2）当钻石形右下方支持线被跌破的话，就是卖出的信号；当价格向上破右抵抗线并交易量激增时，就是买入的信号。

（3）一旦跌破右支持线，下降的最小幅度一般都是菱形内最高点和最低点之间的垂直距离。

旗形

1.旗形概述

顾名思义,"旗形"走势的形态就像一面挂在旗杆顶上的旗帜,其中又可分作"上升旗形"和"下降旗形"二种。通常在急速而又大幅的市场波动中出现,价格经过一连串紧密的短期波动后,形成一个稍微与原来趋势呈相反方向倾斜的长方形,这就是旗形走势。图 8-6 所示即是"上升旗形",图 8-7 所示即是"下降旗形"。

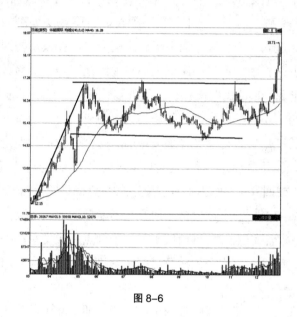

图 8-6

图 8-7

2. 上升旗形和下降旗形的异同点

首先介绍一下相关概念。当价格经过陡峭的飙升后，接着形成一个紧密、狭窄和稍微向下倾斜的价格密集区，把这密集区的高点和低点分别连接起来，便可划出二条平行而下倾的直线，这就是上升旗形。当价格出现急速或垂直的下跌后，接着形成一个波动狭窄而紧密，稍微上倾的价格密集区，像是一条上升通道，这就是下降旗形。

接着介绍一下两者之间的不同点。形态完成后价格便继续向原来的趋势移动，上升旗形将有向上突破，而下降旗形则往下跌破。上升旗形大多数在牛市末期出现，因此暗示升市可能进入尾声阶段；而下降旗形则大多数在熊市初期出现，显示大市可能作垂直式的下跌，因此形成的旗形细小，大约在三四个交易日内已经完成，但如果在熊市末期出现，形成的时间较长，且跌破后只可作有限度的下跌。

楔形旗是由两条相同方向移动且收敛的直线而成，而这两条直线是在较短时间内形成一个扁长的三角形。行情在异端极短的时间内，作喷射性或十分陡峭的大幅飙升或下跌（当形成"下降旗形"时），这时成交也随之大量增加。接着行情遇上阻力，出现短暂性回落（或回升）。可是回落的幅度不大，价格只回落两三个价位便即弹升，成交量这时有明显的减少，不过价格的回升却不能抵达上次的高点，成交量也没法增多。在继续的一个下跌令价格再稍低于前一个低点，成交量进一步减少。经过一连串紧密的短期波动后，形成一个稍微与原来趋势呈相反方向倾斜的长方形，这就是"旗形"走势。

楔形较常出现在一个涨势或跌势的中心位置，即上涨中的中段整理及下跌过程中的反弹逃命波，而成交量大多数在整理过程中逐渐减少，而在突破或跌破后量能又显著的放大。在上升趋势中，楔形旗是由左上方向右下方倾斜；在下降趋势中，则由左下方向右上方倾斜，形状与旗形相似，颇像船尾所悬挂的旗帜。

现实交易中，许多投资者对该形态都有一种误解，以为行情软弱无力。其实该形态可比喻作一次长途赛跑中的茶水站，让参赛健儿在这茶水站略作补充水分和喘息后，再继续原来的路程。

3. 旗形的指示意义

（1）这是一个"整理形态"，形态完成后价格继续原来的趋势方向移动。也就是说："上升旗形"将是向上突破，而"下降旗形"则是往下跌破。

（2）"上升旗形"大部分在牛市第三中出现，因此该形态暗示升市可能进入尾声阶段。

（3）"下降旗形"大多在熊市第一期出现，该形态显示大市可能作垂直的下跌，因此这阶段中形成的旗形十分细小，可能在三四个交易日内完成。如果在熊市第三期中出现，旗形形成的时间需要较长，而且跌破后只作有限度的下跌。

（4）该形态可能量度出"最少升/跌幅"。其量度的方法是突破旗形（"上升旗形"和"下降旗形"相同）后最少升/跌幅度，相等于整支"旗杆"的长度。至于旗杆的长度是形成旗杆的突破点开始，直到旗形的顶点为止。

（5）价格于突破形态后的移动速度和形成形态前的速度一样，也就是说突破旗形后市场将回出现急速的飙升或下跌。

4. 运用旗形的注意事项

（1）该形态必须在急速上升或下跌之后出现，成交量则必须在形成形态期间不断地显著减少。

（2）当"上升旗形"往上突破是，必须要有成交量激增的配合。有时，当"下降旗形"向下跌破时，成交也会大量增加。

（3）形态必须在4个星期之内，向预期中的方向突破。当形态超过3个星期尚未呈突破时，我们就该提高警觉，小心这是一个错误的形态估计。

（4）假如形态形成期间，成交量并非减少，仍是维持不规则的高成交量，这可能是失败的旗形信号，形态将可能出现与理论相反的突破方向（即"上升旗形"往下突破，而"下降旗形"则是向上升突破）。换言之，高成交量的旗形形态暗示市况可能出现逆转，而不是个"整理形态"。

因此，成交量的变化在旗形走势中十分重要，它是观察和判断形态真伪的唯一方法。

楔形

楔形分为上升楔形和下降楔形，具体就是指有收拢趋势或扩张趋势的图形。上升楔形一般发生在一个大跌市，股价迅速上升，交易价格一路收窄。上升楔形可分为持续图形或逆转图形两种。下降楔形是出现在上升价格顶部的一种常见形态。在价格出现上下小幅波动的整理期间，下降楔形可分为持续图形和逆转图形两种。图8-8所示即是常见的上升楔形，图8-9所示为下降楔形。

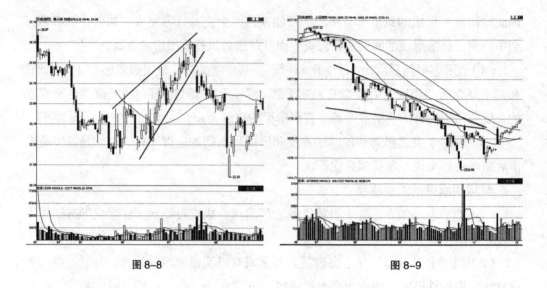

图 8-8   图 8-9

接下来，我们将分别介绍上升楔形和下降楔形。

上升楔形呈倾向上斜直到遇阻时开始下降走势。而逆转图形亦会同样呈向上倾斜，但成交则顺势上升。无论任何一种图形，这图形都被视为看淡。

上升楔形通常拖延至 3 ~ 6 个月时间，并能提供投资者一个市势正在逆转中的警号。上升楔形的形成，最少有两个高点，以每个高点及先前的最高点连成一条最高的阻力线；同样，最少有两个低点，以每个低点及先前的最低点连成一条最低的支持线。在上升楔形中，价格上升，卖出压力亦不大，但投资人的兴趣却逐渐减少，价格虽上扬，可是每一个新的上升波动都比前一个弱，最后当需求完全消失时，价格便反转回跌。因此，上升楔形表示一个技术性的意义之渐次减弱的情况。当其下限跌破后，就是沽出信号。

上升楔形的特征表现为股价经过一段时间大幅下跌之后，出现强烈的技术性反弹，当股价弹升到某个高点时，就掉头回落。不过这种回落较为轻微而缓和，因而股价在未跌到上次低点之前已得到支撑而上升，并且越过上次高点，形成一浪高于一浪的趋势。第二次的上升止于另一两点之后，股价再度回落。我们把两个高点和两个低点分别用直线连起来，就形成了一个上倾的楔形，这就是上升楔形。

实际操作中，在整个上升楔形的形成过程中，成交量不断减少，整体上呈现价升量减的反弹特征。上升楔形整理到最后，以向下突破居多。因此，从本质上来说，上升楔形只是股价下跌过程中时一次反弹波，是多方在遭到空方连续打击后的一次无力挣扎而已。那么投资者见到上升楔后究竟应如何操作呢？作为股市中人应该明白，上升楔形只是反弹，并不能改变股价下跌的趋势。因此，持筹的可趁反弹时卖出一些股票，进行减磅操作，而一发现股价跌穿上升楔形的下边线，这时就不要再存幻想了，应立即抛空离场，以避免股份继续下跌带来的更大风险。持币的要经得起市场考验，不为反弹所动，要相信自己的判断，持币观望，不买股票。说到这里，也许有人会问，上升楔形最后一定是往下突破，不会往上突破吗？其实也不一定。不过在一般情况下，往上突破的可能性较小，即使是往上突破，也并非无端倪可寻，如楔形形态内成交量出现逐步放大迹象，向上突破时放出巨量，等等。投资者如果能密切注意上升楔形内的成交量变化。对上升楔形究竟会朝下突主，还是朝上突破，大致还是能分得清楚的。

了解了上升楔形之后，对下降楔形也就了如指掌了。

下降楔形的特征表现为在持续图形中，下降楔形呈向下倾斜，直到相遇现时的上升走势。反之，逆转图形亦同样呈向下倾斜，但成交则顺势下降。无论任何一种类型，这图形都被视为看好。下降楔形通常拖延至 3～6 个月时间，并能提供投资者一个市势正在逆转的警号。价格经过一段时间上升后，出现获利回吐，虽然下降楔形的底线往下倾斜，似乎说明了市场的承接力不强，但新的回落浪较上一个回落浪波幅更小，说明沽售力量正减弱中，加上成交量在这阶段中的减少可证明市场卖压的减弱。

下降楔形表示一个技术性的意义之渐次减弱的情况。下降楔形的出现告诉我们升市尚未见顶，这仅是升后的正常调整现象。一般来说，形态大多是向上突破，当其上限阻力突破时，就是一个买入信号。

在分别了解了上升楔形和下降楔形的基本知识后，我们来分析一下两者市场含义上的异同点。从表面上看来，上升三角形只有一边上倾，所代表的是多头趋势，而上升楔型二边上倾，多头趋势应该更浓，但实际上并非如此，因为上升三角形的顶线代表股价在一定价格才卖出，当供给被吸收后（上升界线代表吸收），上档压力解除，股价便会往上跳。在上升楔型中，股价一旦上扬，便反转回跌，因此，上升楔型表示一个技术性的意义之渐次减弱的情况。上升楔形是一个整理形态，常在跌市中回升阶段出现，上升楔型显示尚未跌见底，只是一次跌后技术性反弹而已。上升楔型的下跌幅度，至少将新上升的价格跌掉，而且要跌得更多，因为尚未见底。

下降楔型市场含义和上升楔形刚刚相反。股价经过一段时间上升后，出现了获利回吐，下降楔形似乎说明市场的承接力量不强，但新的回落浪较上一个回落浪波幅为小。

下降楔形也是个整理形态，通常在中长期升市的回落调整阶段中出现。在利用楔形进行研判的时候同样有几个注意事项：

（1）楔形（无论上升楔形还是下降楔形）上下两条线必须明显地收敛于一点，如果形态太过宽松，形成的可能性就该怀疑。一般来说楔形需要两个星期以上时间完成。

（2）虽然跌市中出现的上和或楔形大部分都是往下跌破占多，但相反地若是往上升破，而且成交亦有明显的增加，形态可能出现变异，发展成一和样上升通道，这时候我们应该改变原来偏淡的看法，市道（或股价）可能会沿着新的上和或通道，开始一次新的升势了。同样倘若下降楔形不升反跌，跌破下限支持，形态可能改变为一和样下降通道，这时候后市的看法就应该随着市势的变化而作出修正了。

（3）上升楔形上下两条线收敛于一点，股价在形态内移动只可以作有限底的上和或，最终会告跌破。而股价理想的跌破点是由第一个低点开始，直到上升楔形尖端，之间距离的 2/3 处。有时候，股价可能会一直移动到楔形的尖端，出了尖端后还稍作上升，然后才大幅下跌。

（4）下降楔形和上升楔形有一点明显不同之处，上升楔形在跌破下限支持后经常会出现急跌；但下降楔形往上突破阻力后，可能会向横发展，形成徘徊状态，成交仍然十分低沉，然后才慢慢开始上升，成交亦随之而增加。这种情形出现时，我们可待股价打破徘徊闷局后才考虑跟进。

矩形形态

矩形是调整型，是指股价在两条并行线之间波动，然后再顺着以前的趋势波动，图 8–10 即是常见的下降矩形形态。在该范围内升降，只有当收盘价在矩形上（下）颈线之外时，矩形形态才会完成。长且窄的矩形常出现在底部；短而宽的矩形如出现在顶部，要当心它演变成如三重顶转折形态。

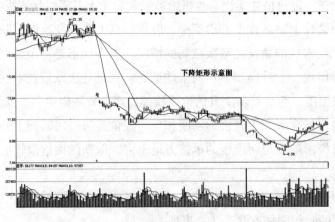

图 8–10

1. 矩形形态的相关指标

（1）成交量：与对称三角形形态的成交量不断萎缩不同，矩形的成交量没有标准的形态。有时候会持续萎缩，有时候会因为上升和下降的不同呈现漩涡起伏的形态。当成交量持续萎缩时，应该在突破时寻找成交量放大的确认信号。当成交量成漩涡起伏形态时，应该看是上涨时还是下跌时得到的成交量大，这对于未来的突破方向有暗示作用。

（2）持续时间：矩形的持续时间可以为数周到数月。如果形态的持续时间少于3个星期，那么它通常被认为是个旗形，同样也是一个持续形态。理想情况下，矩形的持续时间为3个月以上。矩形形态持续的时间越长，那么突破时表现得就越显著。一个3个月的矩形形态可以预期它能完成目标价格，一个6个月的矩形形态则可以预期它能超越目标价格。

（3）突破方向：虽然矩形是个持续形态，但是也只有在突破发生后才能确认突破方向。与对称三角形一样，矩形在突破之前只能看作中性的。矩形内部的成交量表现有时候能给出一些暗示，但是也只有在突破发生后才能确认。

（4）突破的确认：一个有效的突破，应该是收盘价收在阻力线之上或者支撑线之下。有些交易者使用突破超过3%、突破后3天内站在突破线之外或者放大的成交量作为确认。

（5）回抽：突破后有时候会发生回抽，为进场提供第二次机会。

（6）目标价：目标价为矩形的高度。

2. 实际操作和研判过程中的注意要点

矩形是一个横向整理区间，当价格到达上面的压力线时，空方占据优势，当价格到达下面的支撑线时，多方占据优势。最终总有一方衰竭，于是突破宣告一方的胜利。请记住矩形在突破前是中性的，只有突破后才能宣告谁是获胜的一方。

在实际操作过程中，需要注意以下几个要点：

（1）在形成的过程中，如出现交易量大时，形态可能失败。

（2）上破上颈线需有大交易量配合，下破下颈线不需有大交易量出现。

（3）涨降幅度约等于矩形的宽度。

（4）突破矩形后汇率出现反向的话，也是在突破后的3天～3周内出现。

（5）比较窄的矩形威力要大些。

（6）股价上升时交易量大，下降时交易量小，是持续上升形态；反之，是持续下降的形态。

在利用这种形态进行研判时，需要注意以下几个要点：

（1）矩形整理在形成的过程中，除非有突发性的消息扰乱，其成交量应该是不断减少的，如果在该形态的形成期间，有不规则的高成交量出现，形态就可能失效。当股价突破矩形上限水平时，必须有成交量激增的配合；但若跌破下限水平时，就不需大成交量的配合，即上破要大量而下破可少量。

（2）矩形呈现突破后，股价经常出现回抽，确认突破的有效性。这种情况通常会在突破后的3天至3星期内出现。反抽将止于顶线水平之上，往下跌破后的假性回升，将会受阻于底线水平之下。

（3）一个高低波幅较大的矩形，较一个狭窄而长的矩形形态，未来更具突破力。即一但向上突破，将是迅猛涨升，而一但下破，也将是快速下跌。

（4）与其他形态不同的是，矩形整理形态是短线投资者最喜欢的一种形态。当矩形形态初步形成后，投资者可利用矩形形态下有支撑线，上有压力线的特点，在矩形下界线买入，在矩形上界线附近抛出，来回做短线操作。但是，在做这种短线操作时要注意两点：一是矩形的上下界线相距要较远；二是一旦矩形形成有效突破则需要审慎决策，即在上升趋势中，矩形带量向上突破盘局时则要坚决捂股待涨，而在下降趋势中，矩形向下突破时，则要尽快止损离场。在震荡幅度较小的"矩形整理形态"中，观望也是上策。

（5）矩形形态在大多数场合中是以整理形态出现的，但有些情况下，矩形也可以作为反转形态出现，这需要投资者区别对待。当矩形是整理形态时，矩形有效突破后股价会按照原有的趋势运行；当矩形是反转形态时，矩形有效突破后，股价会按照相反的趋势运行。

（6）一般情况下，判断矩形是整理形态突破形态的依据之一是股价已有的涨跌幅。当股价从底部上涨到30% ~ 50%或从高位下跌30% ~ 50%左右时，可以视为整理形态；而当股价从底部上涨和向位下跌的幅度超过80%以后出现的矩形形态，大多数是矩形反转形态。

（7）矩形的有效突破主要是以股价的收盘价为准。在上升趋势中，当股价的收盘价突破了矩形上边的压力线，有一定的涨幅（一般为超出矩形整理形态最高点的3%左右），同时伴随成交量放大的情况，视为矩形有效向上突破。

（8）在上升趋势中，当股价的收盘价向上突破矩形形态上边的压力线，形成矩形整理形态的有效向上突破后，通常意味着市场一条重要的压力线被突破，大量新的买盘将进场，股价将开始一轮新的上涨行情，这时投资者应持股待涨或逢低吸纳；在下降趋势中，当股价向下跌破矩形形态下边的支撑线，形成矩形整理形态的有效向下突破后，通常意味着市场上一条重要的支撑线被突破，大量的卖盘将涌出，股价将开始一轮新的下跌行情，这时投资者应持币观望或尽快卖出股票。

（9）矩形整理形态还应参照均线理论一起研判，这样可以减少研判的失误。

①在上升趋势中，矩形整理的位置与长期均线的位置有很大的关联。如果上升矩形整理形态是出现股价突破了长期均线（如200均线等）的上方附近时，则矩形形态向上突破的力度比较强，涨幅了相当可观；如果上升矩形整理形态是出现股价长期均线上方较远的地方时，则矩形形态向上突破后的力度和高度将有限；如果上升矩形整理形态是出现股价长期均线下方附近时，股价的有效突破，不仅要突破矩形的上方压力线，而且还要向上突破长期均线，这样才是真正的向上突破；如果上升矩形整理形态是出现在离长期均线较远的下方时，股价突破后的高度和空间也比较有限，而且股价在到达长期均线附近时将面临较强的压力。

②在下降趋势中，矩形整理的位置与长期均线的位置也有很大的关联。如果下降矩形整理形态是出现在长期均线上方附近时，矩形向下有效突破的标志是以是否跌破长期均线为准，即股价即使跌破矩形下边支撑线但没有跌破长期均线，矩形的向下突破还不能确认，但如果股价即跌破矩形的支撑线又跌破长期均线，则矩形向下突破为有效突破，而且股价向下突破后的力度和空间将非常大；如果下降矩形整理形态是出现在长期均线上方较远的地方时，矩形形态的突破是以股价股价跌破矩形支撑线为主，但股价突破后的力度和空间不大，当股价跌到长期均线附近时，将获得较强的支撑；如果下降矩形整理形态是出现在长期均线下方时，矩形形态的突破也是股价跌破矩形支撑线为主，股价下跌的空间和力度比较大。

（10）由于它更倾向于持续运动而非反转，所以矩形形成前股价的运行方向至关重要，而影响其规模的因素，主要是震荡幅度、持续时间和成交量分布及与股价的关系。虽然形态成型便确定了获利水平，但早期运动一般不会提供任何有价值的信号，甚至会发出许多反向信号，如"金叉"成为卖出的理想时机，或"死叉"后是买入的良机，这种现象同样经常发生在其他整理形态中，因此仓位比例当控制在半仓以下。

（11）充当反转形态的条件：正常情况下，该形态反转前主要表现为股价已远超过了此前形态的量度幅度，高低点之间的差价较大，因短线交易增多导致横向波动时间延长，或量价背离较为严重等，而充当顶部反转时，震荡幅度往往会更大一些，如15%以上，延伸时间则缩短许多。

附录：形态汇总

1. 头肩顶

形态名称	头肩顶
形态特色	1. 多发生多头行情的末升段或是反弹行情的高点 2. 头肩顶成形与否，可从成交量来研判，最明显的特征是右肩量最小 3. 左右两肩的高度不一定等高，颈线不一定水平 4. 左右肩的数目不一定只有一个，也不一定会呈现对称个数，这种头肩顶可称为复合式头肩顶，如例图即是复合式头肩顶
行情研判	1. 跌破颈线的 3% 时，形态即可确立，可采取卖出策略 2. 预估指数的最小跌幅，为头部至颈线的垂直距离
图例	

2. 三重顶

形态名称	三重顶
形态特色	1. 又称为三尊头，比 M 头多一个头，三个头部与颈线的距离大致相当 2. 多出现于空头走势的反弹行情之中 3. 第三个头的成交量会明显地较前二者小 4. 一般多出现在周线等较长期的线图之中，而且在三重顶成形向下跌破之后，将来指数整理的时间也会较一般长 5. 三重顶的三个头部之中，有时也会形成圆形顶的形态
行情研判	1. 跌破颈线的 3% 时，形态即可确立，可采取卖出策略 2. 预估指数的最小跌幅，约为头部至颈线的垂直距离

图例	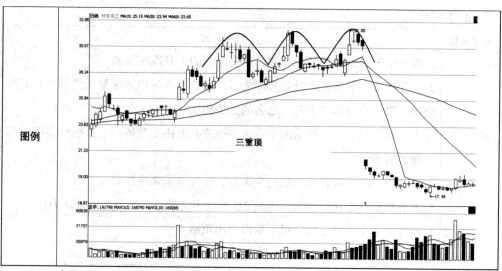

三重顶

3.M 头

形态名称	M 头
形态特色	1. 由二个大致等高的头部所形成，又名双重顶 2.M 头出现的时机较多，一般的整理阶段或是多头行情的末升段 3.M 头的左头成交量一般都会比右头的量大 4.M 头之中亦有可能出现圆形顶
行情研判	1. 跌破颈线的 3% 时，形态即可确立，可采取卖出策略 2. 例图中跌破颈线后的小反弹即为逃命波，可以加码放空 3. 预估指数的最小跌幅，约为头部至颈线的垂直距离
图例	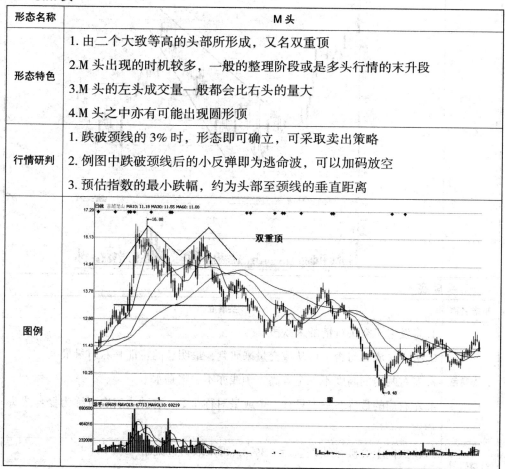

双重顶

4. 上升楔形

形态名称	上升楔形
形态特色	1. 多发生于空头行情的反弹波，多头行情的末升段亦可能 2. 上升楔形往下突破上升趋势线之后，盘势极容易出现爆量长黑以及向下跳空的走势，恰与其"上升"之名的走势相反 3. 上升楔形成型后，指数向下突破的机率有七成；维持在上升楔形高档横盘整理的机率较小 4. 上升楔形两线延长所形成的交叉点，往往是未来指数的压力点 5. 上升楔形形态在底部与顶端的 2/3 处向下突破时，该形态的破坏力愈强
行情研判	1. 指数向下突破确立后，可采取取卖出策略 2. 预估未来指数最少会跌回楔形的底部
图例	

5. 头肩底

形态名称	头肩底
形态特色	1. 多发生于空头行情的末跌段 2. 头肩底成形与否，可从成交量来研判，最明显的特征是右肩量最大 3. 左右两肩的高度不一定等高，颈线亦不一定是水平 4. 左右肩的数目不一定只有一个或呈对称个数，这种头肩底可称为复合式头肩底
行情研判	1. 指数向上突破颈线确立后（3%），可采取买进策略 2. 预估指数最小涨幅为底部至颈线的垂直距离

图例	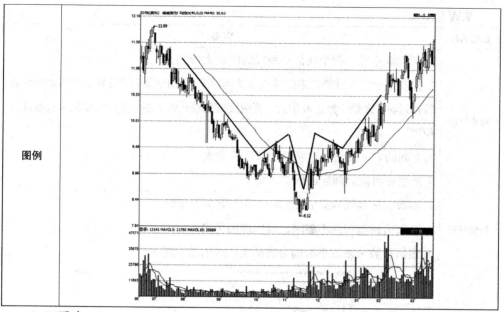

6. 三重底

形态名称	三重底
形态特色	1. 多发生在波段行情的底部或是多头与空头行情的修正走势之中 2. 三个底部与颈线的距离大致相当 3. 三重底的右肩成交量应该明显地较其他两者大 4. 三重底的任何一个底亦有可能以圆底的形态呈现
行情研判	1. 指数突破颈线确立后（3%），可采取买进策略 2. 预估指数最小涨幅为底部至颈线的距离
图例	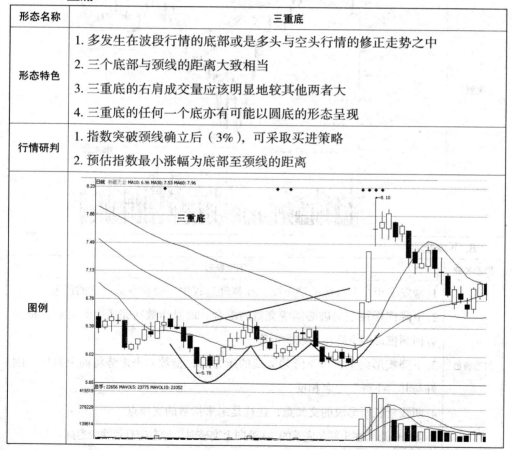

7.W 底

形态名称	W 底
形态特色	1. 又称双重底，两个底部与颈线的距离大致相当 2. 多发生于空头行情的末跌段或多头与空头行情的修正波位置；若两底的位置较接近时，多处于修正波位置，若两底位置较远时，多处于空头结束多头起涨的位置 3.W 底的右底成交量应明显地较左底为大 4.W 底亦可能以圆底的形态出现
行情研判	1. 指数突破颈线确立后（5%），可采取买进策略 2. 突破后回测颈线不破时，可以加码买进 3. 预估指数未来最小涨幅为底部至颈线的垂直距离
图例	

8. 下降楔形

形态名称	下降楔形
形态特色	1. 常发生于多头行情的修正波。在整理过程中，会有空头占优的假象 2. 下降楔形往上突破必须成交量的配合，而且指数在完成突破之后，常会有回测楔形的下降压力线的走势 3. 下降楔形向上突破下降趋势线的压力后，指数未来走势将向上发展，刚好与其"下降"之名相反 4. 两线延长所形成的交叉点，往往是未来指数的支撑点 5. 下降楔形若在头部与底端的2/3处向上突破时，形态的有效性会愈高

行情研判	1. 指数向上突破确立后（3%），可采买进策略
	2. 指数回测时不破下降趋势线，可以加码买进
	3. 预估指数未来最小涨幅为楔形之高点位置
图例	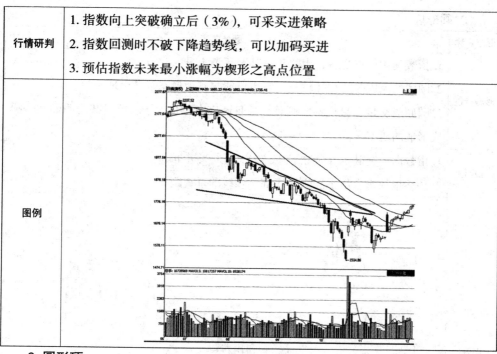

9. 圆形顶

形态名称	圆形顶
形态特色	1. 指数到达高点之后，走势趋缓甚至逐渐下滑
	2. 圆顶的完成时间往往较长，它也可能与其他形态复合出现
	3. 圆顶成交量多呈现不规则状，一旦圆顶左侧量大于右侧量甚为明显时，圆顶形成的机率更高
	4. 圆形顶中发生假突破情形时，指数往往很快又回到原来的轨道
行情研判	1. 跌破颈线确立后（3%），可采取卖出策略
	2. 预估最小跌幅为圆顶至颈线的垂直距离
图例	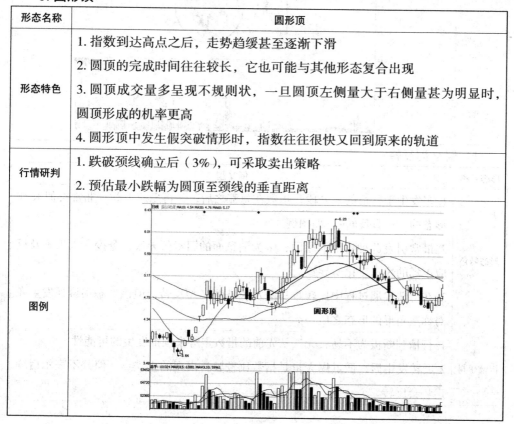

10. 圆形底

形态名称	圆形底
形态特色	1. 指数到达低点之后，走势趋缓甚至逐渐上升 2. 圆底的完成时间往往较长，它也可能与其他形态复合出现 3. 圆底成交量多呈现不规则状，一旦圆底右侧量大于右侧量甚为明显时，圆底形成的机率更高
行情研判	1. 指数向上突破颈线确立后（3%），可采买进策略 2. 预估指数未来最小涨幅为底部至颈线的垂直距离
图例	

11. 倒 V 型反转

形态名称	倒 V 型
形态特色	1. 多发生于行情的末升段，指数在急涨之后，又再急速下跌，非常类似 K 线形态的"一日反转"，如图例 2. 最常引发此种行情的原因，多为消息面的因素所导致，令投资人来不及反应市场的快速变化所导致 3. 在行情发展过程中比较难马上发现是倒 V 型反转，但该形态很容易发生在对称三角形的形态之后
行情研判	1. 行情判断极为不易，无法从先前的指数走势来预推发生的可能性 2. 反转发生后，低点爆大量是指数比较容易出现的止跌点，但并不表示后续走势会反转

图例	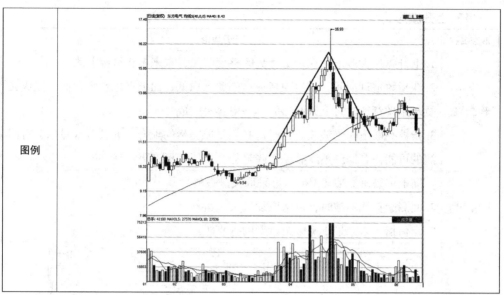

12. V 型反转

形态名称	V 型
形态特色	1. 发生的原因，亦多起因于消息面的影响 2. 在利多消息发布之后，进入市场追逐者续增，因此，在成交量容易出现凹洞量 3. 在行情发展过程中较难马上发现是 V 型反转，但该形态很容易发生在对称三角形的形态之后
行情研判	1. 行情判断极为不易，无法从先前的指数走势来预推发生的可能性 2. 反转发生后，并不表示后续走势会持续
图例	

13. 上升旗形

形态名称	上升旗形
形态特色	1. 上升旗形大多出现在多头走势的整理阶段，未来走势将会上涨 2. 在指数整理期间，当出现指数高档愈来愈低，而低点也愈来愈低，但成交量却呈现背离时，上升旗形的形态更容易完成 3. 指数突破下降趋势线压力时，必须要成交量的配合。突破后有时也会有回测的可能，若回测不跌破原下降趋势线反压时形态更可确立
行情研判	1. 向上突破确立后（3%），可采取买进策略 2. 回测趋势线不破时，可采取加码买进策略 3. 预估指数未来最小涨幅为旗形的垂直距离
图例	

14. 下降旗形

形态名称	下降旗形
形态特色	1. 多发生在空头走势中的整理阶段 2. 虽然整理期间的指数高低点不断上升，但成交量却无法随之放大时，而形成量价背离时，最容易形成下降旗型
行情研判	1. 指数跌破上升趋势线支撑时卖出 2. 跌破支撑后的逃命波可以加码放空 3. 预估指数最小跌幅为旗形的垂直距离

图例	

15. 上升三角形

形态名称	上升三角形
形态特色	1. 大多发生在多头行情中的整理阶段,未来仍是多头行情 2. 整理期间指数难以突破某一个关卡价位而拉回修正,但整理形态的低点已愈垫愈高 3. 空方在低点不断升高时压力大增,当指数突破压力价时,若在成交量的配合之下,空方回补压力大增
行情研判	1. 指数向上突破压力确立后(3%),可采取买进策略 2. 指数突破后若拉回测试不跌破关卡价时,可采加码买进策略 3. 指数未来最小涨幅为三角形第一个低点至水平压力线的垂直距离
图例	

16. 下降三角形

形态名称	下降三角形
形态特色	1. 由数个次级波动的高低点所形成的直角三角形，大多发生在空头行情的弱势整理阶段中 2. 最理想的形态是指数在三角形的 2/3 处向下跌破
行情研判	1. 向下跌破确认后（3%）为空头行情 2. 最小跌幅为第一个向上反弹的高点与底线的垂直距离
图例	

17. 对称三角形

形态名称	对称三角形
形态特色	1. 在多头行情或空头行情的整理阶段皆可能发生 2. 指数随着时间的前进，波动区间愈来愈小，而且多空双方势均力敌 3. 若指数向上突破之时，需要成交量的配合 4. 对称三角形之后的走势，有时极容易形成 V 型或倒 V 型反转
行情研判	1. 以突破方向决定采取买进或卖出策略 2. 预估指数未来最小涨跌幅度为三角形第一个高点与第一个低点的垂直距离

18. 矩形

形态名称	矩形
形态特色	1. 在多头行情或空头行情的任何整理阶段皆可能发生 2. 指数于某一高点与低点之中来回震荡，多空双方在整理过程中并没有任何一方取得较明显的优势，最后须由突破方向决定 3. 在指数上下摆动的过程中，矩形的假突破情形较其他形态容易发生，而且此时很容易引起短线当冲客介入 4. 指数若向上突破时，需要成交量的配合
行情研判	1. 多空方向视突破方向而定 2. 指数突破整理区间确立后（3%），可采取对应的交易策略。例如，向上突破时采买进，向下突破采卖出 3. 预估指数未来最小涨跌幅度应为矩形的垂直距离
图例	下降矩形示意图

第九章
缺口

缺口的重要性

　　缺口是指股价在快速大幅变动中有一段价格没有任何交易，显示在股价趋势图上是一个真空区域，这个区域称之"缺口"，它通常又称为跳空。当股价出现缺口，经过几天，甚至更长时间的变动，然后反转过来，回到原来缺口的价位时，称为缺口的封闭。又称补空。

　　缺口在 K 线图上表现为相邻两条线高低价位之间的空白。如图 9-1 所示即是常见的缺口。

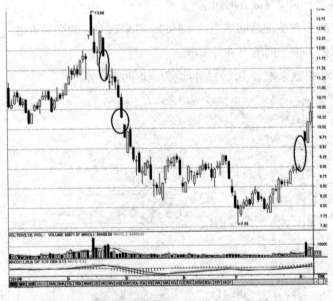

图 9-1

股价中的缺口意义非常重大。众所周知，在战场上，交战的双方对峙一段时间，若不进行和解，总有一方取得优势。败退的一方或且战且退，或兵败如山倒，弃甲而逃。胜利的一方乘胜追击，渡过河流或海洋继续作战，此时面临严重的补给与退路问题，后面是"缺口"，敌方若反击，情势非常不利，若战败则必掉入河流，甚至被大海吞噬，不然就须投降。基于此项不利环境因素，必须奋力作战，向前挺进，距"缺口"一段距离，建立据点，稳住阵脚。

同样股票市场的多空长期争战更是如此，从K线图形可以看出，如果一个形状很完全的形态，不论是整理形态还是反转形态，或在波动较小的价格区域内以低成交量变动的股票。有时某日会受突如其来的利多或利空消息，持股者惜售或卖方急于脱手，供需失调，开盘后没有买进或卖出，使某些价位在开盘时抢买或卖情形下而没有成交，在图形上显示不连贯的缺口，技术分析里，缺口就是没有交易的范围。

从日K线图看，缺口是当一种股票某天最低成交价格比前一天的的最高价格还要高，或是某天的最高成交价格比前一天的最低成交价格还要低。而周K线图缺口必须是一周中的最低成交价格比前一周最高价还高，或是最高价较前一周的最低还低，月K线亦是如此，只是月线缺口因时间较长，而发生月尾与月初股价"断线"的机会极微。

虽然开盘价较前一日之开盘价高，或是较前一日收盘价低，但彼此影线相连，虽然是跳空现象，这并不是缺口。

每日交易过程里，亦会发生某价位没有成交的情形，K线图形中却没有显现出来，我们只能解释是一种暂时的供需不平衡，虽然它们时常比许多隔天的缺口更具有"多空已分胜负"的意义，在技术分析上它只供短线操作者参考，而被专家所忽略。

许多技术操作者都认为，任何缺口必须封闭，措辞稍为缓和的则认为，假使一个缺口在三天内不封闭，则将在三星期内封闭，另有些人则认为，三天内若不封闭缺口，则此缺口绝对有意义，短期内将不会"补空"。事实上，这些争执并不重要，主要是注意与了解封闭后股价走势的动向，一般而言，缺口若不被下一个次级移动封闭，极可能是一年或几年才会被封闭。

缺口被封闭后的走势是投资人所关心的。短期内缺口即被封闭，表示多空双方争战，原先取得优势的一方后劲乏力，未能继续向前推进，而由进攻改为防守，处境自然不利。长期存在的缺口若被封闭，表示股价趋势已反转，原先主动的一方已成为被动，原先被动的一方则转而控制大局。

探讨有意义的缺口前，先介绍在图形里时常会发生却没有实际趋势意义的缺口，它并不是由交易行为产生，而是由法令规定将股票实际交易价格硬性地从某一交易日起降低，降低的程度则由该股票所含的股息与股权多寡来决定，譬如除息与除权就是如此。除息报价是以除息前一日收盘价减掉今年配发之现金股利，因此，任何股票现金股利配发愈多，所形成的缺口愈大，1973 ~ 1979 年的台聚股票便是标准例子，而除权报价是以除权前一日收盘价除以所含的权值，所谓权值则包括股票股利，资本公积配股与现金认股三部分，因此缺口更大，每年业绩良好，价位高与股票股利占多数的股票以及现金增效颇重的股票权值都非常大，因此，除权后之报价极可能与前一日收盘价格相差 20%，甚至于更多，这些缺口若被封闭，则称为填息或填权。

有些技术操作者为弥补除权后形成的无意义缺口，就以开盘后除权报价为准，将权值自行加于图表上，使图形继续连贯下去，如此一来，股票如果填权，在图形上则有双重的标示，一为现行股份，一为现行股份加上权值。

通常导致突破缺口的 K 线是强而有力的长阴线或长阳线，显示一方的力量得以伸展，另一方则败退，同时缺口亦显示突破的有效性，突破缺口愈大，表示来变动愈强烈。成交量的配合则扮演重要的角色，如果发生缺口前成交量大，突破后成交量未扩大或随价位波动而相形减少，表示突破后并没有大换手，行情变动一段后由于获利者回吐承接力量不强时，便回头填补缺口。突破缺口发生后，成交量不但没有减少，反而扩大，则此缺口意义深远，近期内将不会回补。与突破形态一样，下跌突破缺口并不一定出现大成交量，但仍有效。

缺口分为很多类型，下面我们将分门别类地进行介绍。缺口现象在 K 线图形里并不罕见，究竟如何辨别种类？读者可以在阅读了后面的内容之后再来细细品味。

回补缺口

在个股股价运行历程中，经常会出现跳空高开或跳空低开的情况，这就形成技巧上的缺口。在大多数情况下，缺口是会被及时回补的，但有的在相当长一段时间内不会回补。缺口分三种，一般一轮行情中，第一次出现的缺口叫突破性缺口，第二个缺口叫中继性缺口，第三个缺口叫竭尽性缺口，除突破性缺口外，另两个缺口都会较快回补。

中国股市历来有逢缺必补的习惯，缺口往往是在外界突发因素刺激下，由于多空双方的冲动情绪造成的，事后经过市场时间对刺激因素的逐步消化，以及买卖双方理智的逐渐恢复，理论上缺口都会出现回补现象，一般而言，缺口若不被下一个次级行情封闭，则有可能由下一个中级行情回补，时间若更长，将由下一个原始趋势所封闭。

交易者最关心的问题莫过于怎样运用回补缺口的技术特点来发现牛股。

由于个股经常出现跳空缺口，如受到突发性利多或者利空的影响直接涨停或者跌停，有的甚至永远不补，个体性特征突出，因此，这里主要介绍有关大盘股指缺口的意义和操作策略。

就一般市场而言，大盘股指无论是高开还是低开，缺口回补都会在短期内完成，间隔时间不会太长。这也就是所谓的普通缺口，这种缺口对指导市场操作有积极意义。例如，在市场处于长期下跌过程，市场趋势没有完全扭转的时候，如果出现政策性的利多，股指往往会大幅高开。此时可能出现两种情况：一种是当天就回补缺口，一种是今后一段时间内进行回补。这一缺口的意义是提醒投资者短期内不要盲目追涨，市场有充足的逢低买入机会。反之，当市场处于高位，受到利空打击后，股指大幅低开。此时不要恐惧，因为后市也会补上缺口，投资者有在较高位置出逃的机会。

但在一轮完整的上涨或者下跌行情中，都可能会出现三种缺口。我们以上涨行情为例：在行情上涨初期，经历了多空双方反复的争夺之后，最后多方获得胜利，此时，空方往往会空翻多，市场几乎没有反对力量，股指就会出现突破性的上涨，形成了突破性跳空缺口。这种缺口往往在很长时间内不会回补，例如 1999 年 6 月 19 向上的缺口，还有股改大行情中于 2006 年 5 月 8 形成的缺口至今都没有回补；此后，行情不断演绎走高，市场消化了获利压力之后，多空双方会再度达成一致，也就是会在前期已经上涨的基础上再度发力跳空高开，形成缺口。此缺口被称为逃逸跳空缺口，但后市的涨幅将与前期大致相当；随后，行情处于极度疯狂之中，市场几乎失去理性，所有投资者都是单边思维，一致做多，此时形成的缺口则被称之为竭尽跳空缺口，它往往意味着市场处于最后的疯狂时期，之后市场行情就会出现扭转。

一般而言，向下形成的缺口一定会回补，但向上行情中突破跳空缺口很有可能永远不会回补。对于投资者来说，当市场经历了较长时间的下跌，又经历了多空双方反复争夺之后，市场最终选择向上，并且还是跳空向上走高的时候，也就是形成了突破跳空缺口的时候，投资者可以坚决大胆地做多。在逃逸缺口形成的位置也可以追涨，并且可以根据前期的涨幅预测后市的上涨幅度，以提示自己在一定的位置进行合理减仓。

普通缺口

在股价变化不大的成交密集区域内出现的缺口，称为普通缺口，一般缺口不大，这种缺口通常发生在耗时较长的整理形态或者反转形态中，出现后很快就会在几天内填上，所以研判的意义不大。图 9-2 所示即是常见的多种缺口，其中就有本节提到的普通缺口。

普通缺口的确认可以帮助投资者判断出当前所处的盘势。普通缺口出现的主要原因是市场参与者毫无兴趣，市场清淡，相对较小的交易指令便足以导致价格跳空。

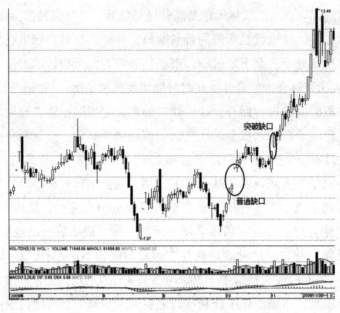

图9-2

在市场中遇见普通缺口时，也需要很多操作技巧。普通缺口是指没有特殊形态或特殊功能的缺口，它可以出现在任何走势形态之中。但在更多的情况下出现在整理形态之中。它具有一个比较明显的特征，即缺口很快就会被回补，因此给投资者的短线操作带来了一个简便的机会，那就是当向上方向的普通缺口出现之后，在缺口上方的相对高点应抛出股票，然后待普通缺口封闭之后再买回股票；而当向下方向的普通缺口出现之后，在缺口下方的相对低点应买入股票，然后待普通缺口封闭之后再卖出股票。

注意：95%的情况下普通缺口都会回补，所以不要看着跳空上涨了头脑一热就追进去。

运用这种操作方法的前提是必须判明缺口是否为普通缺口，而且股票价格的涨跌必须有一定的幅度，才能采取这种高抛低吸的策略。但是普通缺口如果把握好的情况下利润是相当可观的，甚至它就是底，在后来的走势中发挥着重要作用，因为一般情况下后面还有其他缺口的出现，所以在普通缺口战法中本书提供了一下经验，仅供我们的交易者参考：

（1）股票经过了一段时间或者长期的下跌以后出现的第一个上升缺口。向上跳空的缺口就是吹响战斗的冲锋号角，了解了缺口理论对于行情的趋势变化多了一分成功的认识，这才是明智的选择。

（2）普通缺口形成以后的一般情况下大多数股票必定会回补缺口。时间是 3 ~ 5 天甚至更长，当然不补缺口的股票更加具备投资价值。

（3）成交量的萎缩是买进股票的关键。至于缺口回补了的股票，在普通缺口战法中不能买，这样的股票可能还会继续下跌。成交量的萎缩情况一般是换手率在 2% 以下，越低越好！买进的时间可以是在形成缩量后的带下影线的阴线或者阳线，下影越长越佳（一定是在缺口之上），下午收盘前买进的成功率将大大增加。

突破缺口

突破缺口是指股价在高位或低位，某天突然上涨或下跌形成气势的缺口，能非常准确地判断行情的走向。图 9–3 所示即是常见的向下突破性缺口，为了便于读者的清晰了解，我们将其他几种不同类型的缺口一并列出。突破缺口标志着一个新走势的里程，如果狂升持续出现的话，价位仍然以缺口形势继续向上。这种缺口称之为持续缺口。造成持续性缺口的原因多数是突发性利好消息仍然发挥着作用，支持股价走高。

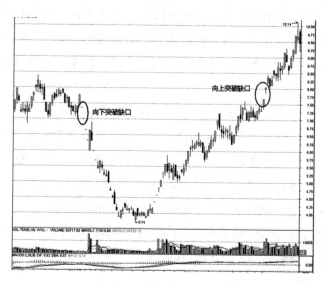

图 9–3

在成交密集的反转或整理形态完成之后，股价突破阻力或跌破支撑时出现大幅度上涨或下跌所形成的缺口，称为突破缺口。突破缺口的出现一般视为股价正式突破的标志。在股价向上突破时，必带有大成交量的配合。缺口越大，股价未来的变动越剧烈。

突破缺口通常是在高额交易中形成的。突破跳空更经常地是不被填回。价格或许回到跳空的上边缘（在向上突破的情况下），或者甚至部分地填回到跳空中，但通常其中中总有一部分保留如初，不能被完全回补。一般来说，在这种跳空出现后，交易量越大，那么缺口回补的可能性就越小。

值得注意的是，如果突破跳空缺口被完全回补，价格重新回到了跳空的下方的话，那么这其实倒可能是个信号，说明原先的突破并不成立。向上跳空在之后的市场调整中通常起着支撑作用，而向原先的方向突破并不成立。而向下跳空在之后的市场反弹中将成为阻挡区域。

在运用突破缺口的时候，也有很多技巧。突破缺口的特点是股票价格向某一方向急速运动，远离原有形态所形成的缺口。突破缺口蕴含着极强的动能，因而常常表现为激烈的价格运动。突破缺口的分析意义极大，它一般预示行情走势将要发生重大的变化，而且这种变化趋势将沿着突破方向发展。比如向上的突破缺口，若突破时成交量明显增大，且缺口未被封闭，则这种突破形成的缺口是真突破缺口。通常，突破缺口形态确认以后，无论价位的升跌情况如何，投资者都可大胆买入。

持续缺口出现的次数比一般常见缺口要少，通常是在股价突破形态上升后至下一个整理或反转形态的中途出现，因此持续缺口可大约地预测股价未来可能移动的距离，所以又称为测量缺口，计算的方法为：从整理形态起算，股价最低点至持续缺口的垂直距离为标准，再以持续缺口为起点，向上做垂直距离，计算出此段股价波动终点的大概价位。

突破缺口表明一种股价移动的开始，持续缺口是快速移动或近于中点信号，与之相对应的还有衰竭缺口，到底如何运作缺口对投资者来说是非常重要的一环。一般来说，股价留下缺口伴随着较大成交量，这便是多头行情的象征，应该继续持有股票或在回档时买进，持续缺口会在突破缺口之后出现，这两种缺口多数都不会在短期内回补。在一个长期的或者重要的升势中，可能出现两个至三个中途缺口，极端时会出现四个，目前为止，除了 ST 板块（中国股市特有现象），在一波持续行情中，沪深股市中还未发现超过四个中途缺口的个股。

持续或逃逸缺口

当股价沿缺口方向继续拉升，某一交易日成交量减少，称为持续缺口。持续缺口具有测量作用，投资者可根据测算结果参与持续缺口之后的升幅。图 9-4 所示即是持续缺口的一种。持续性缺口又称为测量缺口，即股价到达缺口后，可能继续变动的幅度一般等于股价从开始跳空到这一缺口的幅度。此类跳空反映出市场正以中等的交易量顺利地发展。在上升趋势中，测量缺口的出现表明市场坚挺；而在下降趋势中，则显示市场疲软。正如突破跳空的情况一样，在上升趋势中，持续跳空在此后的市场调整中将构成支撑区，它们通常也不会被填回，而一旦价格重新回到中继跳空之下，那就是对上升趋势的不利信号。如果持续缺口前期下方没有没有缺口或者有一个缺口的情况下，都以到最近的低点（明显拐点）的差，加上缺口下沿值，就是未来的高点。如果持续缺口下方有两个以上的多个缺口（包括两个）的情况下，以缺口的下沿到最近的缺口上沿的差，就是未来涨升距离。

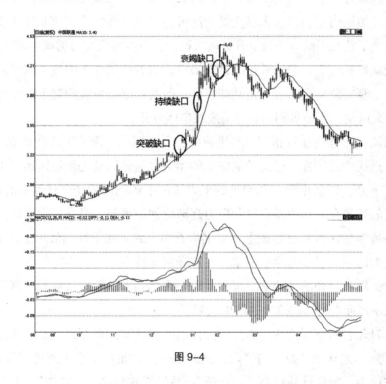

图 9-4

值得注意的是缺口可以持续、持续再持续，也可以突破、突破再突破。持续性缺口指涨升或下跌过程中出现的缺口，持续性缺口常在股价剧烈波动的开始与结束之间一段时间内形成。

在实际运作中，突破缺口后可以作为买进信号，因为这标志转势的确立，持续缺口也可以作为买进信号，因为理论升幅还有一半。如果突破缺口3天之后还未回补，其基本可以确认不是普通缺口，而是突破缺口，此时如再出现持续缺口，后面的升势就确实无疑，此时介入可获得一段短线的利润。

衰竭缺口

当股价出现了突破缺口，又再出现持续缺口，最后的冲刺，又再出现缺口上升的就叫作衰竭性缺口。当然，下跌过程中，也同样会出现突破性缺口，持续性缺口和衰竭性缺口。上升过程中一般有完整的突破缺口、持续缺口、衰竭缺口。下跌过程由于大多具有阴跌特点，速度并不快，缺口也就不多见，完整出现突破缺口、持续缺口的就更为罕见。我们发现，下跌中仅出现一个衰竭缺口的概率相对来说要大一些。

衰竭性缺口就像持续缺口一样是伴随着快而猛的价格上升或下跌，若要分辨此两种缺口，最好的依据就是缺口发生的当天或隔一天的成交量情况，如果成交量非常大，预计短期内不会再扩大成交量，这可能是衰竭性缺口，而非持续性缺口，值得注意的是下跌衰竭缺口不像上升衰竭缺口，它不需要成交量增加来印证。

突破缺口标志着运动的开始；逃逸缺口标志着运动处于中点（或附近）的迅速持续阶段；衰竭缺口则出现在运动结束处。前两种缺口可凭相对于前面价格形态的位置而轻易区别，但后者则不易与逃逸缺口区分开。

衰竭缺口与逃逸缺口相似，与迅速的、大规模的上涨或下跌联系着．我们已将逃逸缺口描述为发生在一轮运动的中途的类型，这轮运动先是加速运行至高速，接着又慢了下来，最后由于不断增长的阻力压倒了动能而停止。然而有时候，"冲天火箭"式的趋势在运行中没有这种阻力逐渐增加的现象，没有显示出动力丧失的倾向，而是持续加速直到突然撞上一面供给石墙〔或（在下跌趋势中）需求墙〕而在成交量极大的一天猛然地停了下来。在这样的运动中，一个很宽的缺口可能会出现在最末端，即在运动的倒数第二天和最后一天之间。这种缺口被称作衰竭缺口。因为趋势似乎由此在最后的全力一跳中衰竭了。

春秋时著名的曹刿论战，历代传为佳话。就其掌握两军锐气消长规律讲，富有辩证法气息，尤其是"盈"与"竭"之间的转换，足以启发人思考。就股市来说，我们不妨认为，突破性缺口是"一次鼓"，持续性缺口是"二次鼓"，上升过程中出现衰竭性缺口意味着升势即将结束，下跌过程中出现衰竭性缺口意味着即将止跌企稳。一般来说，热门股票的上升或下跌行情出现衰竭性缺口前，绝大部分均已先出现其他类型的缺口，然而并不是所有股票在行情结束前都会产生衰竭性缺口，判断竭尽缺口的标准是：缺口发生交易日或次日成交量若比过去交易日显得特别庞大，而预期将来一段时间内不可能出现比此更大成交量，极可能就是衰竭性缺口。如果缺口出现后的隔一天行情有当日反转情形而收盘价停在缺口边缘，就更加肯定是竭尽缺口。同理，下跌结束前出现向下跳空 K 线，成交量萎缩，此缺口亦是衰竭性缺口，投资者需要做的是找到空头市场中的衰竭性缺口，这是即将转势的信号。

在实际的股市操作中，尽管在图表前面的图形中经常有别的线索，但判断形成于一轮迅速的，直线型的运动中的缺口是持续型还是衰竭型的最好检验出现在缺口的次日（更精确的说法是，形成缺口的那一天），如果成交量在紧随缺口的交易期间中达到异常的高度，尤其是如果先前的价格趋势没有与当天的交易活动同步运动，那么该缺口很可能属于衰竭型，如果缺口的次日收盘价又回到了缺口边缘，从而发展成为反转日，那么上面这一判断得到了印证。

从缺口形成之前的图表中可能得到的证据列举如下，如果趋势已将其从中启动的价格形态或整理区域的测量目标全部实现了，那么该缺口更有可能是衰竭缺口而非持续缺口。同理，如果起始形态合理的测量目标仍远未实现，那么该缺口极可能为持续型，衰竭缺口极少为逃逸运动中的第一个缺口，通常，它前面至少有一个持续缺口，所以一般可以假定（如果没有其他更为重要的信号表明情况与之相反）迅速上涨或下跌中的第一个缺口为持续缺口，但后继的缺口则须越来越慎重地考虑，尤其是当它比前一个缺口要宽时。

我们说过衰竭缺口是宽缺口，在这一研究中，宽度必然是相对的，不可能有精确的规则来定义何为宽，何为窄，不要因此而过度烦恼。只要有点图表经验，你很快就可以识别对你观察的某只股票来说，宽缺口的标准是什么。

逃逸缺口通常在相当长时间内不被回补，往往要等到市场展开一轮反方向的主要或充分的中等运动之后。但衰竭缺口很快被回补，最经常是在 2 ~ 5 天内，这一事实可以作为区分衰竭缺口和持续缺口的最后线索，如果在这一阶段仍需要区分的话。在逃逸缺口的情形中，缺口未被回补，但趋势一直向前运动并常常走出惊人的距离。在衰竭缺口的情形中，缺口的回补实际上进一步表明趋势已经结束。

从本质上来看，衰竭缺口本身不应该被理解成反转信号，甚至根本就不必然会有反转。它要求"停止"，但这一停止后面通常跟着某种区域形态发展——这种区域形态相应地也可能导致缺口前面运动的反转或持续。然而，几乎在任何情况下，在一新趋势确立之前紧接着衰竭缺口的形成会出现小回调或延迟——确保你能立即结束头寸。

前面每节介绍了不同种类的缺口类型及其特点，为了加深读者对缺口的整体理解和把握，我们进行了简单的总结。

（1）一般缺口都会填补，但突破缺口、持续性缺口未必会填补；只有消耗性缺口和普通缺口才可能在短期内补回。

（2）突破缺口是否会填补可以从成交量的变化中观察出来。如果此突破缺口出现之前有大量成交，而缺口出现后成交量更大幅增加，并在继续移动远离形态时仍保持，那么缺口短期填补的可能性便会很低。

（3）消耗性缺口形成的当天成交量最高（但也有可能翌日成交量最高），接着成交减少，显示市场购买力（或抛售力）已经消耗殆尽，于是股价很快便告回落（或回升）。

（4）涨跌停板情况下的缺口应少数几个。

（5）综合指数缺口的规模、宽度还是出现的频率显然应该比个股小。

普通缺口与突破缺口都可能出现在密集股价区域中，但前者位于形态内，后者则脱离形态。而持续缺口是在行情发展的中途出现。突破缺口标志着一轮行情升跌的开始，向上突破后其成交量必须继续放大，向下突破则不一定要求放量，而缺口越大，后市趋势的力道越强。持续缺口标志行情趋势加速和接近行情的中点，竭尽缺口是行情尾声和终点的标志。

竭尽缺口像持续缺口一样伴随快而猛的上升或下跌出现。在上升趋势中这两种缺口的区别在于，若发生缺口的当天成交量放大，且短期无法再放出大量的话，则为竭尽缺口；否则量能继续放大的话，则为持续缺口。从突破缺口到竭尽缺口实际上反映的是多空双方的斗争，由产生到强盛到消亡的过程，因此它们是按次序出现的。对于个股而言，热门股的分析意义和效果比较肯定，但在冷门或全控盘庄股中，缺口分析虽不可忽视，但较难作为判断的依据。

在突破缺口、持续缺口出现之后，有时竭尽缺口并不一定会出现，这表明股价上攻或下跌的动力早已不足，无法发动最后一击。

（6）个股研判时，要注意刚刚脱离底部形态，出现向上跳空缺口并突破底部形态的强势股。受一般利好消息影响形成的缺口会在短期内回补，虽然没有中线投资价值，但短线也值得参与，一般也有较好的收益；而受重大利好消息的刺激所形成的跳空高开缺口，一般在 3 ~ 6 个月之内难以回补。

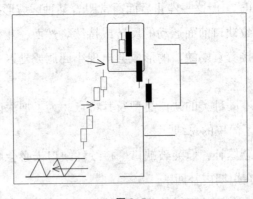

图 9-5

（7）强势板块中的领头羊在上攻时所形成的持续跳空缺口，值得短线客的积极介入。

（8）同一浪型级别的缺口，同一形态结构的缺口的关联性越大，分析意义越大；距离时间越短的缺口分析意义越大。

（9）相关图形如图9-5。

岛型反转

顾名思义，从图形上看，股价明显地分成了两块，中间被左右两个缺口隔开，使得图表中的"岛形"部分K线像飘离海岸岛屿一般（有时候这个岛屿也可能由一根K线组成）。岛形反转是股票形态学中的一个重要反转形态，就是说这种形态出现之后，股票走势往往会转向相反方向。投资者看到这种形态应及时作出买入（顶部）或卖出（底部）决定。岛形反转分为顶部岛形反转和底部岛形反转。这是股势强烈反转的信号。图9-6所示即是典型的岛型反转信号，股价由下跌变成上升。

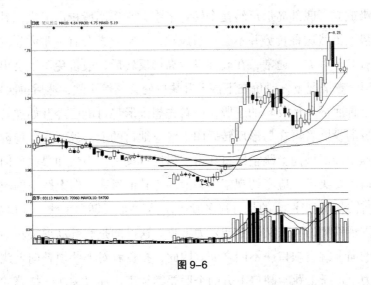

图9-6

岛型反转的形态特征主要有以下几点：

（1）顶部岛形的左侧为上升消耗性缺口，右侧为下跌突破性缺口，是以缺口填补缺口，这两个缺口出现在很短的时间内，说明市场情绪化特征明显；

（2）高位岛形的顶部一般是一个相对平坦的区域，与两侧陡峭的图形形成鲜明对比，有时顶只是一个伴随天量的交易日构成，这是市场极端情绪化的产物，其顶部开始成交量呈递减状，并且左侧量为形态中天量；

（3）底部岛形反转常伴随着很大的成交量，如果成交量很小，这个底部岛形反转就很难成立。

为了深刻的理解岛型反转，我们有必要了解它的最初的形成机理。

股价不断地上升，使原来想在低位买入的投资者没法在预定的价位吃进，持续的升势令这批投资者难以忍受踏空的痛苦，终于忍不住不计价位地抢入，于是形成一个上升的缺口，可是股价却没有因为这样继续快速向上，在高水平明显出现放量滞涨横盘，说明此时暗中有着巨大的抛压，经过一段短时间的争持后，主力和先知先觉的机构大量出逃，股价终于没法在高位支持，一旦下跌引发市场信心的崩溃出现缺口性下跌，下跌缺口之上套牢了大量的筹码，股价也开始了漫长的下跌；股价在不断地持续下跌之后，最后所形成的底部岛形的市场含义和升势时形成的顶部原理一样。岛形形态常常出现在长期或中期性趋势的顶部或底部，表示趋势的逆转。

岛型反转形态分为顶部反转和顶部反转，现在我们介绍一下他们之间的区别和联系。

底部岛形反转时常会伴随着很大的成交量。如果成交量很小，这个底部岛形反转图形就很难成立。底部岛形反转是个转势形态，它表明股价已见底回升，将从跌势转化为升势。虽然这种转势并不会一帆风顺，多空双方会有一番激烈的争斗，但总的形势将有利于多方。通常，在底部发生岛形反转后，股价免不了会出现激烈的上下震荡，但多数情况下，股价在下探上升缺口处会戛然止跌，然后再次发力向上。投资者面对这种底部岛形反转的个股，应首先想到形势可能已经开始逆转，不可再看空了。激进的投资者可在岛形反转后向上跳空缺口的上方处买进，稳健的投资者可在股价急速上冲回探向上跳空缺口获得支撑后再买进。当然如果股价回探封闭了向上跳空缺口不要买进，应密切观望。一般的（其他形式）向上跳空的缺口被封闭后，后市就会转弱。值得注意的是有很多股票，底部岛形反转向上跳空缺口被封闭后，股价并没有重现跌势，不久又会重新发力上攻。这可能是底部岛形反转的向上跳空缺口与一般的向上跳空缺口一不同之处。因此，投资者对那些填补向上跳空缺口之后，再度发力上攻跃上跳空缺口上方的个股要继续密切加以关注。持筹的仍可持股做多，空仓的可适时跟进。当然这里要注意的是，对填补向上跳空缺口后，股价还继续下沉的个股就不可再看多了，此时投资资者应及时止损离场观望。

顶部岛形反转指的是股价在前期上涨时留下一个向上跳空缺口之后，继续上行，但走势已明显转弱并逐渐转化成向下。当下行到前期的向上跳空缺口位置，突然以一个向下跳空缺口，展开加速下跌态势。形成顶部岛形反转。顶部岛形反转为极强的见顶信号。顶部岛形反转一旦确立，说明近期股价向淡已成定局，此时持筹的投资者只能认输出局，如果继续持股必将受受更大的损失。而空仓的投资者近期最好也不要再过问该股，即使中途有什么反弹，也尽量不要参与，可关注其他一些有潜力的股票，另觅良机。

在股价中遇到岛型反转时，建议我们的交易者采取下列的操作策略。

首先必须明确的是，岛形形态最佳的买卖点为跌破上升下降趋势线和第二个缺口发生之时，因为在这之前无法确定发展的方向。岛形反转是一个孤立的交易密集区，与先前的趋势走势隔着一个竭尽缺口，并且与之后的价格趋势相隔着一个突破缺口。在一波价格走势后，价格在过度预期中跳空，形成竭尽缺口，在整理一日至数日后，价格反向跳空，使整理期间的形态宛如一个孤岛。因此有如下技巧：

（1）在岛型前出现的缺口为消耗性缺口，其后在反方向移动中出现的缺口为突破性缺口。

（2）这两个缺口在很短时间内先后出现，最短的时间可能只有一个交易日，亦可能长达数天至数个星期左右。

（3）形成岛型的两个缺口大多在同阶段价格范围之内。

（4）岛型以消耗性缺口开始，突破性缺口结束，这情形是以缺口填补缺口，因此缺口已是被完全填补了。

（5）岛形反转的两个缺口之间的总换手率（可以是短时间内的大量换手或长时间内的微量换手）越大，其反转的信号越强。

（6）如果是短时间内的巨量换手，则成为岛形与"V形反转"的复合形态，其信号非常强大。

第十章
切线

轨道线

1. 轨道线的含义

轨道线产生于 K 线图中画出的趋势线的基础之上。得到趋势线后，通过第一个峰和谷可以作出这条趋势线的平行线，这条平行线就是轨道线（如图 10–1）。轨道线又被投资人形象地称作通道线或管道线。

投资专家为了提高股市预测的准确性，将趋势线的概念扩展。总体来说，当股价沿道趋势上涨到某一价位时，会遇到阻力，回档至某一水准价位又获得支撑，轨道线就在接高点的延长线及接低点的延长线之间来回，当轨线确立后，就非常容易找出股价的高低价位所在，投资者可依此判断来操作股票。股民的多年经验总结道：买上升轨道的股票，不买下降轨道的股票，如果股票一直在上升轨道，就应该把握住机会，坚持持有。若是上升轨道发生了剧烈变化，说明趋势整体发生了变化，要调整策略。

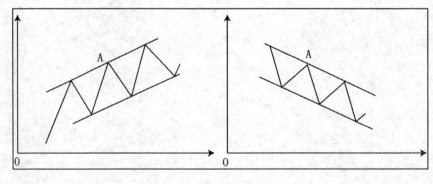

图 10–1

2. 轨道线与趋势线的关系与应用

轨道线的变动与趋势线联系很大，K 线图对轨道线的突破，代表着趋势线的加速。轨道线相当于趋势线函数的变量系数，轨道线的突破即趋势线的斜率增加，趋势线的方向将会更加陡峭。同趋势线一样，轨道线也有是否能够准确预测股市的问题。例如，股价在某个位置如果因为得到支撑或受到压力而在此掉头，并一直走到趋势线上，那么这条轨道线就可以被认可。相对而言，轨道线的另一个作用即是提出趋势转向的警报。如果在一次波动中没有触及到轨道线，离得很远就开始趋向相反方向，这往往是趋势将要改变的信号。它说明，市场原有的动态轨迹已受到某种影响，开始朝反方向运作。

总结轨道线和趋势线的关系：先有趋势线，在趋势线的基础上人为作出辅助的轨道线。趋势线可以独立存在，独立帮助投资者作出判断，而轨道线要依附于趋势线才有意义。

在对趋势线和轨道线的应用问题上有几个关键点需要阐述。第一，经过对 K 线图的分析，一条趋势线已被认可有效，怎样使用这条趋势线来进行对股价的预测工作就摆上了台面。一般来说，趋势线有两种作用：

（1）约束作用：使股价今后的变化总保持在这条趋势线的上方（上升趋势线）或下方（下降趋势线）。股价下挫时起到支撑作用，保持投资者信心；股价上涨时对其有向下的压力，以协调股市的稳定。

（2）K 线突破趋势线，就说明股价下一步的走势将要反转方向。转势信号的强烈程度与趋势线的有效程度成正比。

轨道线的轨道的作用是限制股价上下调节的范围，不过高也不过低。一个轨道一旦得到确认，那么价格将在这个轨道里变动。

（1）股价向上突破中轨是短线买入信号，股价向下突破中轨是短线卖出信号。

（2）股价向上突破上轨是短线极佳的买入时机。如果此后股价快速上升，那么当股价跌破上轨时是短线极佳的卖出时机；如果此后股价只是缓慢上行，那么就跌破中轨就是卖出信号。

（3）股价向下突破下轨是短线极强烈的卖出信号。如果此后股价快速下跌，那么当股价向上突破下轨时是短线极佳的买入时机；如果此后股价只是缓慢下行，那么就选择向上突破中轨作为买入信号。

（4）若轨道线急剧收敛，应密切注意中轨的变动方向，这会是股价突变的预兆。

（5）轨道线的买卖信号以短线为主。股市投机者应密切关注。如果中轨的趋势明显，可按照趋势来操作或考虑中线持有，如果中轨的趋势不明显，应该采取快进快出的操作。但是要记住一个关键，没有任何一条规律是万能的，投资者对股市要有自己的把握和判断。

速度线

1. 来源及定义

速度线的概念是艾森古尔德创建的，其本质属于趋势线的三分法的应用。同扇形原理考虑的问题一样，速度线也是用以判断趋势是否将要反转的。不过，速度线给出的是固定的直线，而扇形原理中的直线是随着股价的变动而变动的。另外，速度线又具有一些百分比线的思想：它将每个上升或下降的幅度分成三等分进行处理。所以有时，投资者们又把速度线称为三分法。它与百分比回撤概念的最大差别在于速度线测绘的是趋势的速度，也就是股价变化的速率。与别的切线不同，速度线有可能随时变动，一旦有了新高或新低，则速度线将随之发生变动，原来的速度线可以说完全没有作用，速度线是一个变化很大的指标。

2. 分析及应用

首先讲速度线的画法（见图10-2）：在作速度线时，先要找到当前股价的最高点。找到一个上升或下降过程的最高点和最低点（这一点同百分比线相同），然后，将高点和低点的垂直距离三等分。连接高点（在下降趋势中）与0.33分界点和0.67分界点，或低点（在上升趋势中）与0.33和0.67分界点，得到两条直线。这两条直线就是速度线。速度线最为重要的功能是判断一个趋势是被暂时突破还是长久突破。其基本的思想为：在上升趋势的调整之中，如果向下折返的程度突破了位于上方0.67的速度线，则股价将试探下方的0.33速度线。如果速度线被突破，则股价将一泻而下，预示这一轮上升的结束，也就是转势。在下降趋势的调整中，如果向上反弹的程度突破了位于下方的0.67速度线，则股价将试探上方的0.33速度线。如果0.33速度线被突破，则股价将一路上行，标志这一轮下降的结束，股价进入上升趋势。每当上升趋势出现新的最高点或下降趋势出现新的最低点之后，投资者都不得不重新作出一套上述直线。因为速度线是自趋势起点出发通过的那两个三分点作出的，起点改变，速度线也随之改变。

通常说来，当上升趋势处于调整之中，那它向下折返的余地通常是到上方的速度线的2/3为止。如果继续下跌，那便是1/3速度线，直至原趋势的起点价位。反之，速度线一旦被突破，角色就会反串。如果在股价上升趋势中，2/3线被突破，价格则跌回1/3线，再从后者继续反弹。这时的上线已经变成阻挡线了。

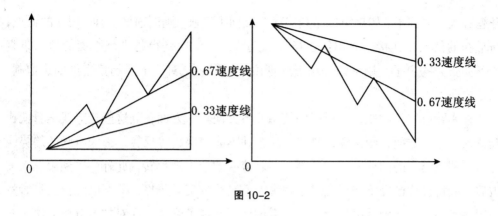

图 10-2

以上的内容大多适用于牛市。通过投资者的广泛的实际应用，发现熊市速度线对于上市后反复走低的个股也十分有效。对于一些走势较弱的个股来讲，只要下跌的趋势没有发生明显的转变，从历史性的高点所作的速度线，测试反弹幅度可以收到理想效果，能够帮助高位套牢的投资者选择适当的价位逢高减磅，以便更低的价位回补。从这类个股的整体走势看，调整行情一般很少出现长时间单边下跌，总是经过一段时期的盘跌，然后会有反弹行情产生，这时反弹幅度就可以用速度线来判断。而一旦反弹受阻，行情继续向下调整，只要行情没有创出新低，那么原由的速度线仍会对走势产生制约。不过值得注意的是，假如行情跌穿前期低点，那么后市的反弹幅度可能用历史性高点和新低点，重新作速度线来判断会更有效。

扇形线

1. 扇形线概述

扇形线与趋势线有很紧密的联系，初看起来像趋势线的调整。但是扇形线丰富了趋势线的内容，明确给出了趋势反转的信号，不是局部短暂的反弹，是中长期趋势逆转的信号。"扇形线"的意义包括：中期（或长期）性趋势逆转的信号；在股市的升市与跌市中同样有可能出现。

扇形线同样也来自扇形原理。扇形原理可以简单地叙述为：如果所画的三条趋势线一经突破，则趋势将反转，依据的是三次突破的原则。趋势要反转必须突破层层阻止突破的阻力。要反弹向上，必须突破很多条压在头上的压力线；要逆势向下，必须突破多条横在下面的支撑线。稍微的突破或短暂的突破都不能被认为是反转的开始，必须消除所有的阻止反转的力量，才能最终确认逆转的来临。在上升趋势中，先以两个低点画出上升趋势线后，如果价格向下回档，跌破了刚画的上升趋势线，则以新出现的低点与原来的第一个低点相连接，画出第二条上升趋势线。再往下，如果第二条趋势线又被向下突破，则同前面一样，用新的低点，与最初的低点相连接，画出第三条上升趋势线。依次变得越来越平缓的这三条直线形如张开的扇子，扇形线和扇形原理由此而得名。对于下降趋势也可如法炮制，只是方向正好相反。

在实际应用的时候，扇形线的使用并不方便。一方面，画这些趋势线本身就比较繁琐。另一方面，画出 3 条趋势线后，并不能确保趋势反转，因为所画的趋势线是否合理还是个的问题。通常要画三条趋势线才会出现反转。此外，等到第三次突破后，股价往往已经下降或上升了很多，不是最好交易价格，甚至已经使投资者亏损很多。去要多次确认的特性给投资者的使用造成了麻烦。在对技术分析方法了解不够深入的情况下，专家建议谨慎使用或不使用扇形线。

在技术分析的各种方法中，有很多关于如何判断反转的方法，扇形原理只是从一个特殊的角度来考虑股价的反转问题。实际应用时，应结合多种方法来判断反转是否来临，单纯用一种方法是不行的，坚定这一观点是很关键的，投资者切忌偏信某一种指标或理论，应该各种技术综合运用，全盘分析。

2. 形态特征及应用

当行情经过一段时间的上升，价格大多数会形成在其区域之间涨落相持的形态。如果我们将开始上升的低点或者中期性低点和高位徘徊的各个低点分别以直线连接起来，便可以画出多于一条的上升趋势线，这些趋势线像一把扇子一般，作出很规则的移动，每一条趋势线之间形成的角度大致相等，便把这些趋势线称之为"扇形线"。下跌时情形也是一样，若把中期性高点与低位徘徊时的各个短期性高点分别以直线连接起来，也可以画出一组像扇子般散开的下降趋势线，也同样是"扇形线"（见图 10-3）。

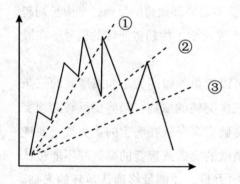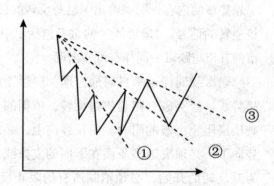

图 10-3

大部分的"转向形态"都是在其范围之内反复争持一段相当长的时间，若辅以不同的技术分析线，就可以更加清楚估计到价格未来的变化，有助于进一步辨别形态的真伪和未来趋势的走向。当突破一条维持多时、颇为陡峭的趋势线时，出现一次急速的短期性变动，但价格尚不足以扭转原来的趋势，很快地又维持原来的方向运动（即下跌时虽突破了下降趋势线，但回升不久后又再继续回落。上升时情况则是相反)，形成新的趋势线。当这新的趋势线突破，再经过急速的短期性变动后，又一次回复原来的趋势，形成第三条趋势线。直到第三条趋势线也告突破，原来的趋势才真正逆转过来。实际上第三条线就是基本趋势线；第二条线是加速趋势线；第一条是高速趋势线。跌破基本趋势线上涨趋势结束，开始形成下跌态势。大多数股票先形成基本趋势线，然后形成加速趋势线，最后形成高速趋势线，也就是强势上涨的最后一波。

3. 扇形线应用的注意事项

（1）当第二条扇形线形成时，便可预期第三条扇形线也将出现，这三条线之间的角度会十分匀称。因此当第二条扇形线突破时，不宜采取任何买卖行动，宜等待第三条扇形线的突破才作买卖决策。其实这种分析方法从形态上看也是一种三角形形态，由三个调整波和两个反弹波组成。

（2）三条扇形线之间的角度十分接近，因此当第二条形成时，已可估计到第三条扇形线出现的位置，从而预测阻力（或支持）价位。

4. 目前流行的扇形分析方法

速度阻力线。股市趋势的变化，除了按角度转变外，也可以以价位幅度的1/3及2/3的速度转变。因此，投资者可以预先画出三条趋势线，以预测市场的支撑位及压力位，称为速度阻力线。速度阻力线的制作方法是：由一个趋势的最高点向下作一条竖直线至趋势开始的位置，然后将竖直线三等分；后从趋势的起点连接竖直线上的1/3点和2/3点形成速度阻力线，后两者具有预测市场支持及阻力位的作用。

费氏扇形线。费氏扇形线其实与速度阻力线的原理相似，所不同者乃是后者应用黄金比率0.382、0.5及0.618倍作为分割趋势的比率。其图线制作方法是：将一个趋势的最高点与最低点以直线相连，并以0.382、0.5及0.618倍将整个趋势的价位幅度分割，然后以直线将上述三个价位水平与趋势的起点相连，从而画出三条不同角度的趋势线。此称为费氏扇形线。这些分割线向前延伸，便可能成为市场反弹或下跌时的重要支持或阻力。

江恩角度线。江恩认为，金融市场上的时间及价位是互相关联，甚至可以互相转化的。他的主要分析方法是江恩线。这些趋势线的绘制方法是以时间与价位的比例为主。例如：1×1 线的意义是一天上升/下跌 1 点、10 点或 100 点；又或者 1×2 线是一天上升/下跌 2 点、20 点或 200 点。依照时间与价位的比例，市场趋势转变时的支持及阻力位便可以清楚计算得到。

黄金分割线

1. 黄金分割线概述

黄金分割（0.618）是一种数学上的比例关系，它的特点是具有严格的比例性及艺术性，蕴藏着丰富的美学价值和神奇的魔力。黄金分割率来源于数学家法布兰斯的一本书，书完成于久远的 13 世纪，是关于一些奇异数字的组合的研究。这些奇异数字的组合是 1、1、2、3、5、8、13、21、34、55、89、144、233……任何一个数字都是前面两数字的总和。2=1+1，3=2+1，5=3+2，8=5+3……如此类推。接下来就有有心人发现，金字塔的长度为 5813 寸（5－8－13），而高底和底面百分比率是 0.618，那即是上述神秘数字的任何两个连续的比率，如 55/89=0.618，89/144=0.618，144/233=0.618。这十分有趣：0.618 的倒数是 1.618。譬如 144/89=1.618、233/144=1.618，而 0.618×1.618= 就等于 1。所以 0.618，1.618 就被叫作黄金分割率。

数百年来，一些学者专家陆续发现，包括建筑结构、力学工程、音乐艺术，甚至于很多大自然的事物，都与"5：8"比例近似的 0.382 和 0.618 这两个神秘数字有关。他们经过对世界和生活的观察研究指出："黄金分割率"不但具有美学观点更具有达到机能的目的。比如，建筑物、画框、扑克牌和书籍，长和宽的比例都十分接近于"黄金分割率"。又例如：细菌繁殖的速率、海浪的波动、飓风云层及外层空间星云的旋转，都与"黄金分割率"的比率有关。

从神秘的远古金字塔，到如今在实际生活，黄金分割率都被广泛应用，不仅仅是由于其在造型艺术中具有美学价值，采用这一比值能够引起人们的美感。在其他方面，黄金分割率更发挥着神奇的作用。在投资者关心的在股市中黄金分割可以测算股价高点，可以测算上涨过程中的上涨幅度，也可以用于测算大盘的涨幅。数学界对它的各种神奇的作用和魔力，还没有明确的解释。原理虽然尚不明确，但人类实践的步伐已经迈得飞快。股市迅猛发展在股票的技术分析中，已经有一个重要的分析流派——波浪理论中用到了黄金分割理论的内容。波浪理论对指导投资买卖有很大作用。其实，源于古老的"黄金分割率"的黄金分割线是股市中最常见、最受欢迎的切线分析工具之一本文希望这一理论能帮助股民朋友们走出股市困境，在 K 线图中迎风破浪，取得成功。

那么黄金分割线在股市中该如何具体应用呢？投资者们第一步要做的是记住若干个特殊的数字：0.191、0.382、0.618、0.809、1.191、1.382、1.618、1.809、2.618、4.236其中最为重要的是0.382、0.618、1.382、1.618，股价极容易在由这四个数产生的黄金分割线处产生支撑和压力。0.382和0.618能反映股市变化的重要转折点。观察股价涨势，当其涨到38.2%和61.8%时，反跌很可能出现。反之，当股价跌势趋近或38.2%和61.8%时，反弹的可能性很大。此时可按黄金分割率算出上升的空间价位。一般来说，预计股价上升能力与反转价位点的数字是0.191、0.382、0.618、0.809和1。当股价涨幅超过1倍时，反跌点数字为1.91、1.382、1.618、1.809和2，依此类推。例如：股市行情下跌结束后，股价最低价为5.8，那么，股价上升时，投资人可预算出股价上升后反跌的可能价位：即：5.8×（1+19.1%）=6.91元；5.8×（1+38.2%）=8.02元；5.8×（1+61.8%）=9.38元；5.8×（1+80.9%）=10.49元；5.8×（1+100%）=11.6元；反之，当上升行情结束，下跌行情开始时，上述数字仍然可以预计反弹的不同价位。第二步是找到一个点。这个点是上升行情结束，调头向下的最高点，或者是下降行情结束，调头向上的最低点。黄金分割提供几个价位。它们是由这次上涨的顶点价位分别乘上上面所列的几个特殊数字中的几个。假设，这次上涨的顶点是10元，则6.18和3.82的可能性最大。

当然，这里的最高点和最低点都是在一定范围内的，有所限制的。只要我们能够确认一趋势即将发生转变，则这个趋势的转折点就可以作为进行黄金分割的点。这个点一经选定，我们就可以画出黄金分割线了。投资者按照黄金率算好价位之后，再依照股价变动、筹码转换及趋势位置的实际情形做斟酌，具体问题具体分析，决定是买还是卖。

不过，黄金分割线没有考虑到时间变化对股价的影响，所揭示出来的支撑位与压力位较为固定，投资者不知道什么时候会到达支撑位与压力位。因此，如果指数或股价在顶部或底部横盘运行的时间过长，则其参考作用则要打一定的折扣，与江恩角度线与江恩弧形相比略有逊色，但这丝毫不影响黄金分割线为实用切线工具的地位。譬如：2004年股市在1783点见顶之后，一路下跌，在持续5个月的跌市中，股指跌去500点，直到9月中旬，管理层发表重要讲话，股市才出现强劲的反弹行情。从走势分析，股指的反弹明显受到整个下跌幅度的黄金分割位压制，行情也在此位置停止了上涨，再次转入弱市，反映出黄金分割线对股价神奇的影响力。

那么在软件上如何画出黄金分割线呢？目前，绝大多数股票分析软件上都有画线辅助功能，黄金分割线的作图比较简单，画法如下：1.找到分析软件的画线功能将其点击；2. 在画线工具栏中点击黄金分割选项；3. 如果股价正处见底回升的阶段，以此低点为基点，用鼠标左键点击此低点，并按住鼠标左键不放，拖动鼠标使边线对齐相应的高点，即回溯这一下跌波段的峰顶，松开鼠标左键系统即生成向上反弹上档压力位的黄金分割线。反之亦然。

2. 黄金分割率不同测量点的意义以及把握

（1）标志性起点

在时间上与价格上都具有唯一性和排他性的特征，是使用黄金分割功能研判较大周期股价支撑与压力的重要性测量起点。如图 10-4：2245 点以及 998 点成为制作黄金分割线的标志性点位。随后，指数在图中 A 处、B 处受到相关黄金分割线的支撑和影响）。

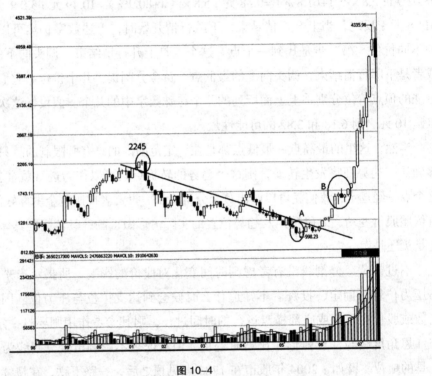

图 10-4

（2）波段性起点

是股价周期性循环波动中明显的底与顶，但绝对不是唯一的。选择此起点可以分析股价次级运动中的支撑与压力。如图 10-5 显示，图中 A、B 点，C、D 点，E、F 点共构成三组制作黄金分割线的波段性起点。

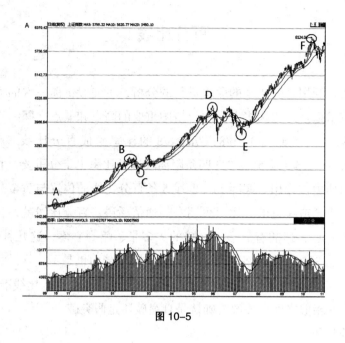

图 10-5

（3）明显性起点

此起点主要是股价周期性循环中较明显的高低点，是对标志性起点与历史性起点的补充。因其级别较小，主要用以把握小波段的支撑与阻力。如图 10-6 所示，A、B，C、D，E、F，G、H 四组点位成为黄金分割明显的起点。

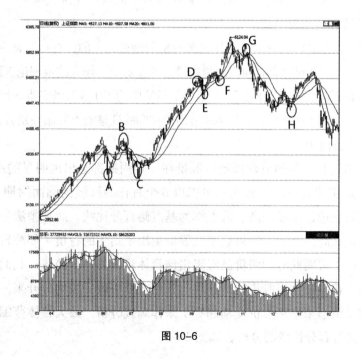

图 10-6

百分比线

1. 概述

百分比线是利用百分比率的原理进行的分析，可使股价前一次的涨跌过程更加直观。这一技术指标的用法将上一次行情中重要的高点和低点之间的涨跌幅按 1/8、2/8、1/3、3/8、4/8、5/8、2/3、6/8、7/8、8/8 的比率生成百分比线。在各比率中，4/8 最为重要，1/3、3/8 及 5/8、2/3 四条距离较近的比率也十分重要，它们往往起到重要的支撑与压力位作用。实际上，上述 5 条百分比线的位置与黄金分割线的位置基本上是相互重合或接近的。用股民朋友的通俗话讲，百分比线就好比是大家的心理位一样：赔一点、赔的有点多了、赔的太多了、赔到心疼，这几种程度的区分。比如赔 10%、赔 30%、赔 50%、赔 80%，股民的承受力也是不一样的。这就与百分比回撤一样，回撤的幅度不够，支撑的力度可能就不会很强。百分比线准确率比较高，与黄金分割有些相似之处。关键要确认是真突破还是假突破。

2. 分析及应用

（1）神奇的筷子线

在百分比线的 9 个比例中有两组百分比比较接近：33% 和 37.5%、62.5% 和 67%。这些数字被形象地称为"筷子"，意思是当股价触碰这个价位时，会被"筷子"夹住而无法动弹，进入股价相持阶段。它们是信号效果比较显著的两个价位。也是我们用百分比线进行股价趋势和结构分析中最重要的两组比例。

（2）波浪理论正反对应

百分比线指标是以股价垂直结构比例分析的理论为主的，它是江恩理论的时间比例分析的补充，而且同时能够和波浪理论进行正反对应。作为波浪理论 3 波上升浪、2 波调整浪互相交错，循环往复的运行。而一般行情中的第 1、3 浪的高点应该落在"筷子"附近，据此可以预测股价可能上升到的最高价位和验证整波上升循环是否已经结束。

（3）画线的范围

因为市场具有震荡的波动周期，股价在一定周期都会出现明显的高点和低点。在股市正常运作情况下，一般我们可以以 6 个月作为画线的画面周期。以图 10–7 的模式来进行。选择明显的高、低点作为基点画百分比线。此种画法一般的前提是调整的幅度是在此范围中。如果后来的股价走出了衍生的行情（如冲破了顶部或者是跌破了底部）说明此时的股价已经走出该箱体步入另一个箱体。我们可以运用钱龙的箱体线（箱体理论将股价行情连续起伏用方框一段一段的分开来，然后再依照箱内股价波动情形来推测股价变动趋势）来作画线分析。放大箱体范围或者以步入的箱体，来进行百分比线的分析，如图 10–7。

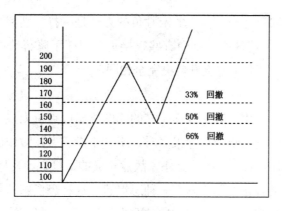

图 10-7

百分比线考虑问题的出发点是人们的心理因素和一些整数的分界点。以这次上涨开始的最低点和开始向下回撤的最高点两者之间的差，分别乘上几个特别的百分比数，就可以得到未来支撑位可能出现的位置。设低点是 10 元，高点是 22 元。这些百分比数一共 10 个，它们是：0.125、0.25、0.375、0.5、0.625、0.75、0.33、0.67、0.875。（如图 10-8）

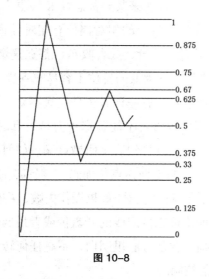

图 10-8

按上面所述方法我们将得到以上 10 个价位。

这里的百分比线中，红色的两条线最为重要。当股价持续向上，涨到一定程度，肯定会遇到压力，遇到压力后，就要向下间撤，回撤的位置很重要。黄金分割提供了几个价位，百分比线也提供了几个价位。在很大程度上，回撤是人们的一种心理倾向。因为按照传统惯性，回落到下线才算真正回落完毕，许多投资者都因惯性不敢相信在上线处就回落完毕。传统的定胜负的方法是三打二胜利。就是常说的二分法。上面所列的 10 个特殊的数字中有些很接近。对于下降行情中的向上反弹，百分比线同样也适用。其方法与上升情况完全相同。

3. 实战价值

百分比线在实际应用上有些繁琐，它的线图给出的点位太多，太过精确，在如今技术分析云集，快速判断的指标很多时，不利于投资者及时作出反应。我们通过很多案例中可以看到，有些支撑位是庄家故意打穿的，投资者要从中吃亏。

在实战中，投资者在下单前总有一种恐惧感，这种恐惧感就是想赢又怕输，迟迟不敢下单，总想买到最低位，其实这种要求大可不必，投资追求的是节奏性的把握，只要踏准一个节奏就行。但无奈的是总是遭遇买的价位相对过高的遗憾。有没有一种方法能帮我们买到股价启动的相对低点呢？这个武器就是百分比线，但是这里强调一点，若股价趋势开始发生扭转，出现标志性 K 线（这里所讲的标志性 K 线，实体部分大于 5 个点，用百分比线在这个 K 线的最高价、最低价画个区间，会得到 25%、33%、50%、75%、100% 的分割区间，可以按这个比例的价位提前挂单，这里可以最大限度地把握阶段性转势的相对低点）的时候确定使用百分比线，成功率相对比较高，否则会吃亏的，这样看来甚至标志性 K 线更为重要。最好的挂单位置是 50% 回撤的股价，并且在这个价位的相对档位有相对敏感的价位，在同一档位，近期很多 K 线的最高价，或者最低价，或者收盘价都在这个档位，价位相差很少，那么这个价位的挂单效果更好。挂太低的价位不容易吃到货。第二点，采用 50% 挂单如果下跌了投资者该如何应对？有一种做法是按兵不动，不予理睬，等再次冲到这个价位时在进行加码。因为投资者不能确定主力是否真的上攻，如果贸然补仓，可能会带来亏损。可是如果主力没打到这个回撤点又该如何做？这只能说明主力上攻意愿强烈，激进的投资者，在 25% 回撤点位加码，一般都会吃货的。除非跳空高开。最后一点，继续第二点的话题，就是止损，如果操作失败，买进后主力没上攻的意愿，那我们只能止损，止损位就是标志性阳线的开盘价或者最低价，投资者最好采用最低价止损。投资者选择止损，要从心底里明白，不是任何转势信号都会出现上升走势的，市场不是我们股民能控制的。

线性回归线

线性回归是统计学原理在技术分析上的运用，简单地说，它表现的是离价格区间最近的一条直线。如果后面的行情是"新的"，它对于线性回归带的支撑与阻力应较敏感。如果后面的行情与前段没什么区别，它对于线性回归带的支撑与阻力就不敏感。它是用来从过去价值中预测未来价值的统计工具。就股票价格而言，它通常用来决定何时价格过分上涨或下跌，也就是极端行情。线性回归趋势线使用最小平方法作出的一条尽量贴近价格线的直线，使价格线与预测的趋势线差异小。

线性回归线方式：$y=a+bx$

其中：$a=(\sum y-b\sum x)/n$，$b=n\sum(xy)-(\sum x)(\sum y)/n\sum x\cdot 2-(\sum x)\cdot 2$，x 是目前时间段，y 是时间段总数。

原理：如果不得不去猜测某一股票明天的价格，较合逻辑的猜测就应该是"尽量贴近今天价格"。如果股票有上涨的趋势，一个好的猜测就是尽量贴近今天的价格加上一个上调值。线性回归分析正是用统计数字来验证了这些逻辑假设。

线性回归线是用最小平方匹配法求出的两点间的趋势线。这条趋势线表示的是中间价。如果把此线认作是平衡价的话，任何偏移此线的情况都暗示着超买或超卖。

在中间线的上方和下方都建立了线性回归渠道线。渠道线和线性回归线的间距是收盘价与线性回归线之间的最大距离。回归线包含了价格移动。渠道下线是支撑位，渠道上线是阻挡位。价格可能会延伸到渠道外一段很短的时间，但如果价格持续在渠道外很长一段时间的话，表明趋势很快就会逆转了。线性回归线是平衡位置，线性回归渠道线表示价格可能会偏离线性回归线的范围。类似于我们常用的一些轨道类的指标，如 BOLL 线。

第十一章
支撑与阻挡

有时，市场上的股价在达到某一水平后，不再呈现继续上涨或下跌的趋势，如果此时我们已经可以确认趋势，而且我们打算采取行动，接下来需要考虑的就是入市时机的选择问题。例如我们已经认识到大牛市的来临，那么自然打算入市，这时就有个选择入市时机的问题。经验丰富的投资者可以看出，此时正是选择出市或入市的大好时机。如何先人一步辨认出黑马？又如何在追涨时避免被套？这是摆在我们面前的一大难题。我们总是希望在涨势的中途回落的最低点买入，支撑线和压力线将给我们一定的帮助。

在之后的章节里关于趋势的讨论中，我们认为价格运动是由一系列波峰和波谷构成的，它们依次上升或下降的方向决定了市场的趋势。现在我们对这些峰和谷进行命名，并引入支撑和阻挡两个概念。支撑和阻挡的分析是趋势判定的中心，所有趋势判定的基本方法——趋势线分析、扇形原理、黄金分割、形态分析、缺口分析、移动平均线等都将涉及到支撑与阻挡的原理。

通过这一章的介绍我们可以了解支撑与阻挡的概念、支撑线与阻挡线的确定方法、支撑与阻挡形成的原因、支撑与阻挡的重要程度的确定、支撑与阻挡的相互转化等等。

支撑线

支撑线，又称抵抗线，是指当股价跌到某个价位附近停止下跌，或出现回升时，阻止或暂时阻止股价继续下跌的价格所在的位置。

支撑线产生于成交密集区（如图11-1），它产生的实质是，前期股价震动，区间内成交量累计，当交易价位跌入这一区间时，因买方持币趁低吸纳，而卖方惜售，股价调头回升，行情获撑反弹。

正是由于前阶段反复出现这一价位区间，累积了较大的成交量，当行情由上而下向支撑线靠拢时，做空者手中的获利筹码已清，他们手中已无打压抛空筹码，与此同时，做多者持币趁低吸纳，形成需求；举棋不定者套牢已深，筹码锁定不轻易斩仓。从以上的分析我们可以看到，在这一价位区间股票的供应小于需求，自然在此形成了强有力的支撑基础。另外，由于行情多次在此回头，广大投资者的心理支撑价位区间得以被确立，只要这个时候没有特大利空消息出台，行情将获支撑反弹。

技术分析中，投资分析师将有较大累积成交量的价位区间定义为"成交密集区"，也就是说，在此密集区中股票的换手率很高。密集区进货者欲获利则需待股价升至这一成本区间以上，只要没有对后市失去信心，这些进货者即持有筹码者是不会在这一价位区间抛出筹码的。正因为持有筹码者惜售，故行情难以跌破这一价位。另一方面，空方也因成交密集，持币量上升，手中筹码已乏，即市场上筹码供应萎缩，虽然仍会有部分对后势失去信心者抛出筹码，但此时这种抛出筹码的行为已经成不了气候。即使支撑线被暂时击破，只要没有成交量与之相配合，也无各种利空消息出现，价位将重回支撑线以上，广大投资者的心理支撑再次得到增强。

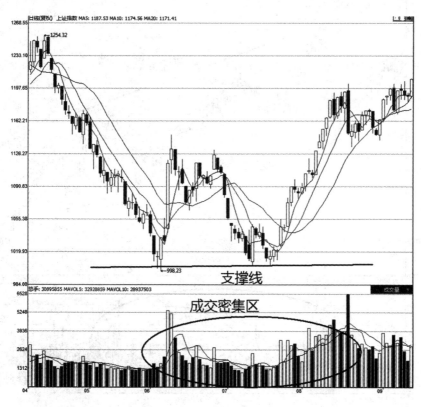

图 11-1

阻挡线

阻挡线又称压力线，是指当股价上涨到某价位附近停止上涨或出现回落时，阻止或暂时阻止股价继续上升的价格所在的位置。

与支撑线产生于成交密集区一样，阻力线同样出现于成交密集区（图 11-2）。当交易价位降至该密集区间以下时，说明已有大量套牢者。因此当行情由下向上回升，迫近阻力线时，看跌者急于解套平仓或获利回吐，大量抛盘，股票的供应量放大。而对前景看好者可分为两类：一类是短线看好，因顾忌到价位已高，期望待价位下跌再建仓，因此跟进犹豫；另一类是中长线看好，逢低便大量吸入。前者是不坚定的需求方，随时会受空方打压而丧失信心，由多翻空加盟供应方；后者是坚定的需求方，虽有可能顶破阻力线，但如果势单力薄，从图中显示无大成交量配合，交易价位将重回阻力线以下。此时，股票的需求量相对较小，反复多次，阻力线便自然形成，并且延续时间越长，阻力越难以突破。

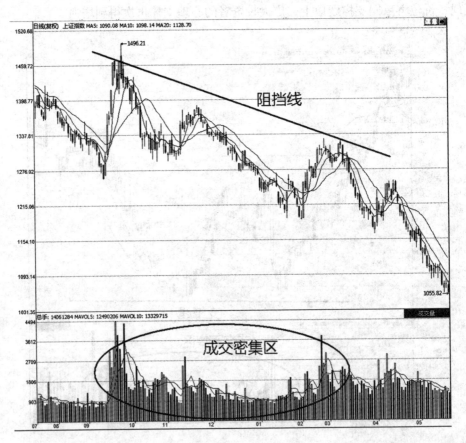

图 11-2

我们了解了支撑线和压力线的概念和产生原理，下面我们可以从另一个更为直观生动的角度理解一下这两条线。我们都知道，球跌到地上会反弹，撞到房顶会下跌。支撑和压力就像地板与房顶，价格在此之间来回波动。可以毫不夸张地说，理解支撑和压力是理解价格趋势和图形形态的根本，评估支撑和压力的强度能帮助投资者判断趋势将会持续还是反转。

从上文中两条线产生的原理我们可以总结出：支撑是指此时买盘强势到足以中断一轮下跌趋势；压力是指此时卖盘强势到足以中断一轮上涨趋势。

小的支撑位或压力位会让趋势停顿，而主要支撑位或压力位会让趋势反转。交易者在支撑位买入，在压力位卖出，使支撑位和压力位成为一个自我实现的预言。

接下来，我们再从人性的特点这个角度解读一下支撑线和压力线的产生。

支撑和压力之所以存在是因为人们是有记忆的。我们的记忆促使我们在特定价位买进卖出。大量交易者的买卖会催生支撑和压力。

支撑和压力之所以存在，也还因为大量交易者感到痛苦和后悔。那些持有亏损仓位的交易者感到十分痛苦。亏损的人决定一旦市场再给他们一次机会就坚决卖出。而那些错过买入机会的交易者又会感到后悔，也在等着市场再给他们一次机会。当振荡区间波动较小，亏钱的人损失还不太大时，痛苦和后悔的感受也相对温和。价格突破振荡区间会给交易者带来强烈的痛苦和后悔感受。

当市场横盘整理一段时间后，交易者就会习惯于在区间的低点买进，高点卖出。在上升趋势中，放空的空头很痛苦，而多头也后悔买得太少。如果市场再给他们一次机会，多空双方都会买入。痛苦的空方和后悔的多方都准备再次买进，所以就会在上升趋势的回调中出现支撑。

压力位是多方痛苦、空方后悔，双方都准备卖出的一个区域。当价格向下突破某一振荡区间时，买进的多方很痛苦，感觉被套，等着下一次反弹时平推出局。空方因为仓位太少而后悔，也等着下一次反弹时加大放空仓位。多方的痛苦与空方的后悔形成了压力，即下跌市场中的反弹阻力。支撑和压力的强度取决于广大交易者感受的强烈程度。

支撑线和压力线会阻止或暂时阻止价格沿原来的方向继续运动。我们明白价格的变动是有趋势的，要维持这种趋势，就必须冲破阻止其继续向前的障碍。即要维持上升行情，创出新的高点，价格就必须突破阻挡线的阻力和干扰；要维持下跌行情，就必须突破支撑线的阻力和干扰，创出新的低点。因此，支撑线和压力线有被突破的可能，它们不可能长久地阻止价格保持原来的变动方向，只不过是使之暂时停顿而已。在上升趋势中，阻挡意味着上升势头受到遏制，但阻挡线迟早会被向上穿越；而在下降趋势中，支撑线也不足以长久地抵抗市场的下滑，只是使下降趋势暂时受挫。

但是，支撑线和阻挡线也有彻底阻止价格沿原方向变动的可能。当一个趋势终结，不能创出新的低价或新的高价时，支撑线和阻挡线就显得异常重要。当然，趋势终结是相对的概念，从长期来看，没有不可能被突破的高点，突破只是时间问题。另外，每一条支撑线和阻挡线的确认都是人为的，具有很大的主观性。

有些人错误地认为只有在下跌行情中才有支撑线，只有在上升行情中才有压力线。其实，在下跌行情中也有压力线，在上升行情中也有支撑线。但是由于人们关注的是下跌行情中的底部以及上涨行情中的顶点，所以根据行情的不同会有不同的侧重。

均线系统法

运用均线系统判断股价的支撑点和压力点，其基础是均线指标，实际上，均线是移动平均线指标的简称，由于该指标是反映价格运行趋势的重要指标，其运行趋势一旦形成，将在一段时间内继续保持下去，趋势运行所形成的高点或低点具有阻挡或支撑作用，因此均线指标所在的点位往往是十分重要的支撑或阻力位，这就提供了买进或卖出的有利时机，均线系统的价值也正在于此。

均线系统在投资者判断支撑与阻力的过程中运用非常频繁，通常，我们把均线以5、10、20、30、60、120、250、144天数为周期分类。其中，在确定支撑与阻力时，以分析5、10、20、30、60日均线为主，在K线图中常以MA5、MA10、MA20、MA30、MA60标注。在电脑还未普及的时候，投资者都是自己计算并绘制均线，现在，所有的技术分析软件中都可以在某一时间周期的K线图中找到相对应的均线。

之所以说均线系统对于技术分析相当重要，是因为它对股价趋势有一定的比照作用。一般情况下，我们以日线MA5、MA10分析短期走势，以MA30、MA60分析中期走势，以M125和M250分析中长期走势。而以5～30分钟K线做短线操作，以周、月、年K线中的均线走向分析长期走向。

在用均线确定支撑和阻挡时，以下几点应引起我们的注意：

（1）股价向上运行时，一般依托5日线上行，假如股价明显远离了5日线，一般情况下就说明股价要进行一定的调整，当然，特别强势股除外。下跌时假如远离了5日线，就会回抽5日线，弱势股回抽5日线是卖出的机会，强势股回调到5日线是买入机会。

（2）20日线是回调的重要支撑，在市场中，它被一些投资者称为"生命线"，线上会加速涨，线下会加速跌。

（3）144 日线通常被人们称为"牛熊分界线"，它是证券投资中的专业术语，指的是大盘在牛市与熊市间的交汇处。举例来说，2001 年 6 月份前大盘是处于 5·19 行情以来的牛市状态，到 6 月后就进入了持续 4 年的熊市，则 2001 年 6 月就是牛熊分界线。在技术分析中，一般把价格在 144 日线之上运行的趋势称为牛市行情，价格在 144 日线之下运行的趋势称之为熊市行情，144 线因此被称为牛熊分界线。

当交易软件中描述个股当天的走势的时候，除了股价线外，通常还伴随有一条黄线，这就是盘中的压力位。

走弱的个股，当股价反弹上升到这条线时，通常会遭到空方的无情打击；强势股洗盘的时候，庄家有时也会有意击破这道线，让根据技术分析作出决策的投资者离场。所以股价对于这条线有时是真突破，有时是假突破，普通投资者很难分辨，这些需要投资者平时看盘的时候积累经验，在关键时刻才能作出正确的判断。

支撑与阻挡重要程度的确定

除了确定具体的价格以外，我们还需要确定支撑和阻挡的重要程度。支撑或阻挡区域的重要程度可以由以下几个方面来决定：市场在该区域所经历的时间、区域内的交易量以及该区域产生的时间距当前的远近、该区域之前价格的涨跌程度、心理因素等等。

（1）第一个需要考虑的因素是价格在支撑或阻挡区域停留的时间。价格在某个支撑或阻挡区逗留的时间越长，该区域就越重要。比方说，如果价格在上升之前，在一个"支撑区域"徘徊了三个月，那么这个支撑或阻挡水平就比价格仅逗留了三天的一个支撑或阻挡水平重要。

（2）第二个需要考虑的因素是支撑和阻挡区域内的成交量。交易量是衡量支撑和阻挡区域重要程度的另一依据。如果支撑或阻挡区域在形成的过程中伴随着高额的交易量，就意味着此处有大量的换手，大量的市场参与者在此处拥有"既得利益"，相应地，此处的支撑或阻挡水平就比交易平淡之处的水平来得重要。

举个市场中具体的例子，价格的上升运动将在哪一价位遇到阻挡取决于那儿积压的股票数目。先前在那个价位购买股票的股东，现在愿意以无亏损的价格售出的该股票量，只有四五百股股票转手的价格区域不可能为后续的上涨设置很大的阻力，但有几千万股股票被买卖的一个抛售高潮就不一样了，在后续行情中，价格要冲破该价格区域，就必须消化掉该区域的潜在供给。

（3）第三个需要考虑的因素是支撑或阻挡区域产生时间距当前交易时间的远近

程度。交易发生的时间距当前的远近程度也是判断相应的支撑或阻挡区域重要程度的一个依据。因为投资者是针对市场变化而采取行动的，所以，交易活动发生的时间越近，对当前市场发生影响的潜力越大。一两个月前发生的交易活动当然比一两年前发生的交易活动更有影响力，但后者绝不会失掉其所有的势能。事实上，如果一个阻挡区曾遭到进攻——如果价格反弹上去，撞击阻挡后再回撤——阻挡的一部分能量明显被消耗掉了，因而下一个上涨运动中，在阻挡水平处可吸收的股票会变少，遇到的阻力会变小。

（4）第四点需要考虑的是支撑或阻挡区域产生之前价格的涨跌程度。大体上，距离越长，阻力越大。在上升趋势中，形成阻挡前的涨幅越大，波峰的阻挡力度越强；而在下降趋势中，跌幅越大，波谷形成的阻挡越强。

假设某股票抛售价从 30 元跌至 20，在 20 价位处"剧烈波动"好几天，回升至 22 然后又跌落到 19 元，在 20 价位处买进的投资者此时不会太着急。如果从 19 开始一轮回升，在 20 价位处将仅仅是一些失望性抛盘，如果回升开始前价格降至 19 元，将会出现一些卖方，但这时的出售仍不会有惊人的数量。但如果从 16 元才开始反弹，则阻挡变得明显。也就是说，只有价格远远跌破股东购买价格时，股东才会相信自己的投资错误，进而，他才会找机会卖掉股票以防止更大的损失。

要确定下跌多远才足以建立支撑或上涨多远才足以建立阻挡是非常困难的，没有一个精确的规则或计算公式。价格本身的高低可能会有一定的影响，比如从 30 元跌到 20 元与从 3 元跌到 2 元对投资者的心理影响是不一样的。低价股的价值损失看上去较小，并且好像更容易上涨。

（5）第五点需要考虑的因素是投资者的心理。支撑和阻挡之所以发生作用，是因为它们如实描画了市场参与者的所作所为，使我们得以清晰地把握市场参与者对各类市场事件的反应。图表分析其实是对人类心理学，即交易者对不断发展的市场情况所作反应的研究。价格图表为何能帮助我们辨别支撑和阻挡水平，并能够用来预测市场运动，从心理学上都可以找到切实的依据。

举例来说，市场倾向于在习惯数上停止上升或下跌。交易者总喜欢以一些重要的习惯数，比如 10、20、25、50、75、100（以及 100 的整数倍），作为价格目标，并相应地采取措施。因而这些习惯数常常成为"心理上的"支撑或阻挡水平。根据这个常识，交易者可以在市场接近某个重要习惯数时买进或卖出，实现利润。

这一惯例还有个应用，即交易时不要将交易指令正好设置在这些明显的习惯数值上。比如你希望在上升趋势中趁市场短暂下跌时买进，那么你的限价指令最好能稍高于某个重要习惯数。因为其他人都企图在习惯数上买进，市场或许就跌不到那里。在下降趋势中利用市场向上反弹的机会卖出，就应该把卖出指令的水平安排在稍低于习惯数的位置上。

上述五个方面是确认一个支撑或阻挡重要程度的主要识别手段。有时，由于价格的变动，原来已经确认的支撑或压力可能并不真正具有支撑或压力的作用，比如不完全符合上面所述的五条。这时，就有一个对支撑线和阻挡线进行调整的问题，这就是支撑线和压力线的修正。对支撑线和压力线的修正过程其实是对现有的支撑线和压力线重要性的确认过程。每个支撑区域和压力区域在人们心目中的地位是不同的。

支撑与压力的强度的确定

每一个支撑或压力区域的强度取决于三方面因素：区域长度、区域高度和区域内的成交量。可以将这些因素视为振荡区的长度、宽度和深度。

支撑或压力区域的长度是区域持续的时间或它被触及的次数，长度越长，则其强度就越大。支撑和压力就像美酒，年代越久味越浓。两周的振荡区间只能提供微弱的支撑或压力，两月的振荡区间使人们有时间逐渐习惯于此，因此可以成为中度的支撑或压力位，而两年的区间就会成为人们广为接受的价值标准，继而成为重要的支撑或压力位。

随着支撑位和压力位变老，它们的强度也逐渐变弱。亏钱的人不断被市场清洗出局，取代他们的新人对以前的价位感情上不会有同样的认同。只有近期亏钱的人才会完全记起曾经发生过的事情。这些人可能还留在市场里，备受痛苦和后悔的煎熬，总想平推出局。而那些几年前决策失误的人可能已经离开市场，他们的记忆就不再重要。

每当价格触及支撑位和压力位时，就会强化其强度。当交易者看到价格曾经在特定价位反转时，他们就会在下一次价格触及这一价位时赌它会反转。

支撑和压力区域高度越高，强度就越大。振荡区高就像是在房子周围修了一道高高的围墙。如果振荡区高度相当于当前市价的1%，则其支撑或压力的强度就比较弱；如果振荡区高度相当于当前市价的3%，就是中度支撑或压力；如果振荡区高度相当于当前市场的7%或更高，就能磨光一轮主要趋势。

支撑和压力区域的成交量越大，其强度就越大。振荡区的高成交量表明交易者参与积极，这是一个感情上强烈认同的信号；低成交量表明交易者在此价位参与交易的兴趣不大，是一个弱支撑或弱压力的信号。

整数价位的重要性

除了综合考虑成交量和股价最高最低值形成的支撑和阻挡外，有的时候，某些整数价格水平也会对股价形成强大的支持或阻挡，而且这种效应与前面提到的"投资者心理"关联较小。以下是值得投资者牢记的整数：20、30、50、75 等等。

作为一名股市中淘金的投资者，买股票时赚钱就是最终的目的，因此自然会对于这类整数价格格外敏感。如果一只低价股票从 10 附近稳步上涨，它有极大的可能会在 20 处受到盈利性的出售，尤其是当 20 是几年来的最高价格的时候，盈利性出售会达到一个高峰。

以贵州轮胎（000589）2009 年 5 月至 2010 年 4 月的股价变动为例（图 11-3），从图中我们可以明显地感觉到整数价位在股价变动中发挥的强大阻挡作用。

另外，值得注意的是，在历史悠久而且交易活跃的股票中，比如上市时间很长的蓝筹股，整数价位的重要性不如它在新股股价中的作用明显。

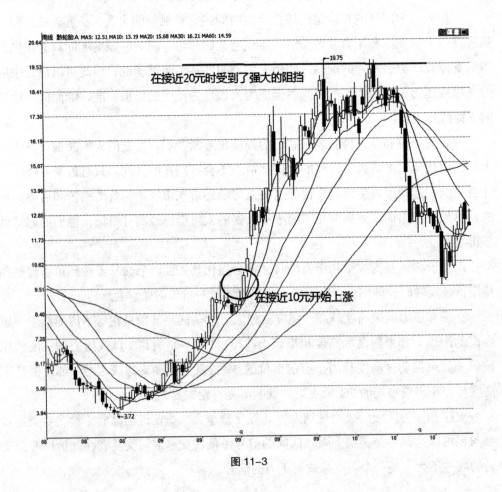

图 11-3

支撑与阻挡的相互转换

支撑线和压力线相互将的转化主要受到市场中投资者心理波动情况的影响。从之前的分析我们可以看出，支撑线和阻挡线之所以能起支撑和阻挡作用，很大程度上是由于心理因素方面的原因，因此分析投资者在股价涨跌时的心理变化，可以帮助我们了解支撑和阻挡被突破时，二者相互间的转化关系。运用经济学中简化模型的思想，我们可以将市场视为由多头、空头和旁观者三种人共同组成的博弈局面。其中，旁观者又可分为持股者和持币者。

当股价突破支撑线向下移动时，在该支撑区买入的多头和没有买入的或卖出的空头都预料到了股价继续下跌的趋势，于是产生了抛出股票逃离目前市场的想法。因此一旦股价有些回升，尚未到达原来的支撑位，就会有一批股票被抛出，将股价压低，此时之前的支撑线开始扮演压力线的角色。

因为支撑线与阻力线均形成于成交密集区，所以同一成交密集区既是行情由下向上攀升的阻力区，又是行情由上向下滑落的支撑区。当成交密集区被突破，在行情上升过程中，一般伴随有高换手率，阻力线变换为支撑线；若有特大利多消息刺激，成交密集区被轻易突破，即骤然跳空，那么获利回吐压力增大，继续上行将面临考验，多头态势往往前功尽弃。在行情下降过程中，换手率一般不明显增大，一旦有效突破，则支撑线变换为阻力线。

实例：从图 11-4 可以看出达意隆（002209）在 2010 年下半年中，出现了股价冲破阻挡线，接着在高位波动的情形，在股价高位波动中，之前的阻挡线明显起到了支撑线的角色，同时成交量的变化与我们之前的分析相符。

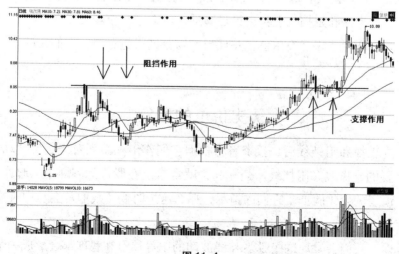

图 11-4

从以上的分析我们可以看出，支撑线和压力线的地位不是一成不变的。当一条支撑线被跌破，那么这条支撑线将转化成压力线；同理，当一条压力线被突破，这条压力线将转化为支撑线。二者互相转化的条件是它们被有效的足够强大的股价变动突破。

一般说来，穿过支撑线或压力线越远，说明市场背离支撑线和阻力线给出的指示越远，即说明突破的结论越正确，此时投资者应当认识到新的阻挡线和支撑线已经形成，因此有必要在做决策前对它们进行更新。如何准确判断市场是否偏离的足够远了呢？有几个数字值得我们注意：3%、5%、10%和一些整数的价位。3%、5%和10%是针对跌破支撑线或压力线的幅度而言。3%，偏重于短线的支撑和压力区域，10%偏重于长线的支撑和压力区域，5%介于这两者之间。整数价值主要是针对人的心理状态而言，它更注重心理，而不是注重技术，这同之前对于整数价格重要性的分析原理相同，举例来看，下跌4.99元与下跌5.00元在绝对价格上相差并不多，但4.99元给人的印象是还没有跌破5元，而5元会让人们产生已经跌破5元，从而作出不同的投资决策，对市场产生不同的影响。

表11-1给出了不同时期跌破幅度的临界值，它们往往是我们改变看法的开始。

表11-1

适用时期	跌破支撑（压力）线幅度临界值
短线	3%
中长线	5%
长线	10%

事实上，每个投资者都可以有自己独立的有效穿越标准，但是不论标准是什么，仅仅当市场从支撑和阻挡线上穿越得足够远，以至于让市场参与者确信自己判断正确的情况下，两者才能互换角色，并且当市场穿越得越远时，人们便越信服自己的认识。

历史价位的重复

在建立支撑和阻挡线后，投资者将根据它们作出一系列对于股价变动的预估。如果有重要的支撑线和阻挡线从建立起，就常常能在股价的判断中"起作用"，换句话说，市场的变化验证了它们的指示，那么这个时候，我们常会从中观察到一些有用的信息。

一方面，我们会发现这些股票K线波动的中等顶部和底部都会形成一个个的牛市熊市局面，这些周期多数情况下会持续多年，而且股价都在完全相同的价格区间之内波动。通常我们可以注意到，越是年代久远，同时交易很活跃的股票，这种优势越是明显。

另一方面，这类支撑线和阻挡线在经历一段较长时间的波动后会逐渐产生一些变化，例如支撑阻挡区域加宽，或者支撑线或阻挡线变"模糊"。同时，随着时间的推移，有新的支撑线和阻挡线生成。很多投资者可以从自身的经历中感受到，熊市中投资者的恐慌情绪能产生许多重要的新的支撑层。由于无论这一时间点之前的基础支撑层如何，人们心理巨大波动对于操作都有着重大的影响力，支撑线对熊市的恐慌性下跌力度都难以阻挡。恐慌造成股价以灾难性下跌的方式跌破所有潜在的支撑，直至买方力量衰竭在总体市场的抛售高峰之中。

由于这种抛售高峰是由投资者变幻莫测的心理和风云不定的宏观经济局势所决定的，因此高峰与前面支撑有关的价位没有必然的联系。通常来看，当恐慌底部存在大量交易活动时，我们就应该对这个价位格外留意，因为这个价位在将来会成为极为重要的"历史价位"，也就是说，当股票落到这个底部的价位时，将在未来获得投资者强烈的投资兴趣。而且由于投资者受到历史价位的影响，当股价下跌至此的时候，普遍会作出"这已经是最低价"的判断，相应的，随后会有大量的趁低吸入筹码的行动，因此这个价位通常会为随后的下跌提供明显的支撑。

在前面，我们在分析阻挡线成因的时候，讨论了阻挡效应与交易量的关系，结合以上关于投资者恐慌情绪的讨论，我们很容易明白，在一个持续时间很长、衰竭并且典型的熊市波动中，随着最终低点的临近，交易量减小到一个极低的水平时，倒数第二个中等底部便会产生较小的供给，从而当新上涨趋势抵达这一价位时，仅仅会产生小的股价回调。

另外，一个事实值得我们注意，主要下跌运动在最后阶段中，买入者大多都是准备在股价低点吸入筹码的投资者，他们预期价格将会降得更低，因而不太容易动摇，而去卖掉手中已经持有股票。新的牛市之所以能开始第一部分的缓慢增长，与其说是由于之前过高的阻挡作用，不如说是缺乏不耐心的买入公众。

实例：从图11-5中可以看到，在2010年6月至2011年6月这一年时间中，许继电器（000400）的股价在经历了一个大幅的下跌后，形成了一个长时间的阻挡，之后的上涨行情都没能突破之前大幅下跌时形成的阻挡线。

同理：从图11-6中可以看到，在2010年11月初至2011年6月这段时间中，湖北宜化（000422）的股价在经历了一个大幅的下跌后，也形成了股价进一步上升的阻力。

市场在仓促的熊市惊恐之后呈现出的反弹趋势，将会在上涨一个阶段以后，在上一个由下跌运动留下的阻挡之前衰竭。同时，这种上涨趋势通常在前一个牛市中建立的较低的阻挡层停止，原因是达到此价位时将遭到大量的抛售。因此在估计类似情况下可能的上涨趋势时，翻看之前的历史数据，并将它们和目前的形势相结合分析，是十分必要的。

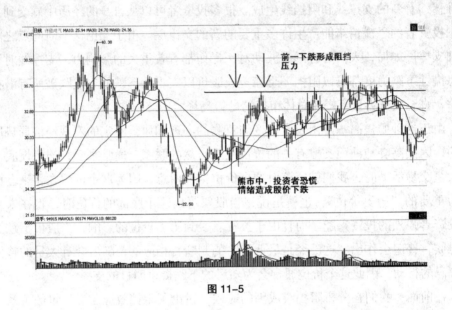

图 11-5

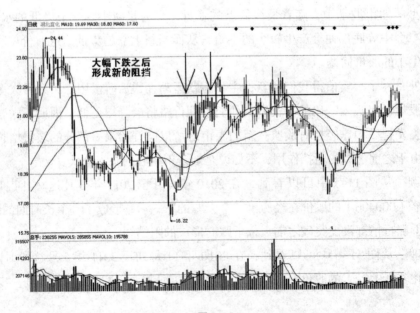

图 11-6

指数中的支撑和阻挡

几乎所有的技术性现象都有两个特点：一是前提建立在合理假设的情况下，二是适用于平均股价指数和单个股票。

平均股价指数，又叫 OA 指数，是指当前某天沪、深市场所有股票的平均价格。计算方法为用某天沪、深市场的流通总市值，除以沪、深市场 A 股的总流通盘。由平均股价指数的定义可以看出，股价指数代表市场中主要单个股票的总和，而与此同时，市场中有少部分股票经常出现截然不同的形态，因此，指数的支撑和阻挡层不能像单个股票那样清晰而有针对性的解释。尤其是在指数的细小顶部和底部作为阻挡价位时，更为不可靠。轮廓清晰而且重要的中等反转，由于它们在整个市场，甚至在所有股票中，几乎一直代表着反转，在随后的指数趋势中常常产生强烈的阻挡或支撑。

当指数跌破一条支持线，与此同时，一只或多只股票价格稳定在相应的支撑线处或者支撑线上方，这种情况下，可以假定，那些特殊的股票在参加下一轮反弹时会更加强劲。作出这种假定有一个重要的前提——别的条件都相同。例如，抵抗下跌的那种股票正由于没有下跌，股价较高，对于新购买者的吸引力比那些跌幅较大的股票还小，从而，狂跌的股票的价格更加吸引人。

在对股票未来前景作出判断的时候，我们习惯于事先根据某条或者其他的标准先入为主地作了判断，然后再观察市场实际表现，用之与我们的判断作出对比，股价指数就是其中很重要的一个标准。因此我们常用市场表现"比股价指数好"或者"比股价指数差"来评价股市。

实战中的典型判断方法

任何一种技术分析方法，包括基于支撑与阻挡的分析，都不能通过单一的指标作出判断。如果只看股价，不考虑成交量的变化，或者忽略了区间持续的时间长度，都会影响到判断的准确性。具体实战中，只有紧跟市场变动的步伐，总和考虑多方因素，才能作出相对客观准确的判断。

在利用支撑线进行技术分析时，以下几点应当引起投资者的关注。

（1）在上升趋势中，股价回档过程中：

若阴线较先前所出现之阳线为弱，尤其接近支撑价位时，成交量萎缩，而后阳线迅速吃掉阴线，股价再上升，说明此时的支撑有效；但此时若 K 线频频出现阴线，空头势力增加，即使在支撑线附近略作反弹，接手乏力，说明这个支撑是无效的，股价终将跌破支撑线。

（2）在支撑线附近形成盘档，经过一段时间整理后：

若出现长阳线，则说明支撑线有效，是买入的好时机；

但此时若出现一根长阴线，则说明随后投资者将为减少损失争相出逃，股价将继续下跌一段，可先不急于吸入，观望为宜。

（3）股价由上向下跌破支撑线时，说明行情将由上升趋势转换为下降趋势。此时可能会出现两种情形：

在上升大趋势中，出现中级下降趋势，如若行情跌破中级下降趋势的支撑线，则说明上升大趋势已结束，此时应该把握获利机会，尽快抛出筹码；

在中级上升趋势中，出现次级下降趋势，如若行情跌破次级下降趋势的支撑线，则说明中级上升趋势已结束，股价将依原下降大趋势继续下行。

（4）股价由上向下接触支撑线时：

如果未能跌破支撑而调头回升，同时有大成交量配合，则当再出现下降调整时，即可进货，以获取反弹利润；

如果此时跌破支撑线，一旦有大成交量配合，即说明另一段跌势形成，稍有回档即应出货，避免更大损失；

如果此时股价虽未曾跌破支撑，但此时无成交量配合，则预示无反弹可能，应尽早出货离场。

与用支撑线判断相对应，在利用阻力线进行股市分析时也应注意以下几种可能情形：

（1）下跌趋势出现反弹时：

若阳线较先前阴线为弱，尤其在接近阻力价位时，成交量并没有出现增大，而后阴线迅速吃掉阳线，股价再度下跌，这说明此处是一个强烈的阻力点；

若反弹力度很强，同时阳线频频出现，表明多头实力坚强，即使股价在阻力线附近略作回档，但换手积极，则股价必可突破阻力线，结束下跌走势，遇到如此情形时，投资者可以选择趁低买入，待到冲破阻力时收获利润。

（2）当股价在阻力线附近经过一段时间的盘档后：

若出现一根长阴线，则说明这条阻力线有效，上涨趋势不会继续若此时出现一根长阳线向上突破，同时伴随着成交量增加，低档接手有人，必将激励买方势力，股价将再次攀升。

股价由下向上突破阻力线，若成交量配合放大，说明阻力线被有效突破，行情将由下降趋势转换为上升趋势。此时可能有两种情况：

在下降的大趋势中，出现中级上升趋势之后，若行情突破中级上升趋势的阻力线，则说明下降大趋势已结束，紧接着会迎来股价的上升；

在中级下降趋势中，出现次级上升趋势后，如若行情突破次级上升趋势的阻力线，则说明中级下降趋势已结束，将依原上升大趋势继续上行。

（3）股价由下向上冲刺阻力线时：

若未能突破而调头回落，则可能出现一段新的下跌行情，这个时候无论是盈是亏，都应及时清出筹码退场；若此时股价冲破了阻力线，同时伴随着成交量大增，则应及时做多；

若股价虽破阻力线，但成交量未显示出增多的迹象，则应观望，这很有可能是上冲乏力、受阻回落的假突破，贸然跟进会带来很大的风险此时可待其回落，若回落也不见量放出，则可考虑做多；若不回落，只要能确认突破阻力有效，再做多仍能获利，这是因为阻力线被有效击破，一般会伴随一段上涨行情。

另外，我们需要牢记，不论何时，当趋势接近支撑位或压力位时，都要收窄保护性止损位。保护性止损位是指当你做多时在这一价位之下卖出，或是放空时在这一价位之上平仓，止损位能使你在市场走势反向时免受更多的损失。通过观察趋势触及支撑或压力位时的表现就可以判断趋势的强弱。如果趋势足够强势并突破了这一区域，出现加速，你的止损位就不会被触及。如果趋势触及支撑位或压力位就出现反转，则表明趋势强度较弱。这时，收窄止损位将使你获得较好的利润。

长期走势图上的支撑位和压力位比短期走势图上的支撑位和压力位更重要。周线比日线重要。优秀的交易者同时要看好几种时间周期的走势图，并尽量参照长周期的走势情况。如果周线趋势正在突破一个清晰的区域，那么日线趋势触及压力位的重要性就会减弱。当周线趋势触及支撑或压力位时，应该更为积极地采取行动。

支撑位和压力位对于设置止损单和保住盈利的卖单很有用。振荡区的底部应是支撑线的底部。如果你买进并把止损位设在该位置之下，就会留出较大的上行空间。更为谨慎的交易者会在向上突破之后买入。把止损位设在振荡区的中位。如果趋势真的向上突破，那就不应该回抽确认，就像火箭一旦发射就不可能再回挫一样。下跌趋势中则反之。

支撑与阻挡常用技术指标

在进行支撑与阻挡作用的分析中，我们常常会用到多种技术分析指标，例如布尔指标、麦克指标、薛氏通道等等。下面我们将对它们一一进行介绍。

布尔（BOLL）指标是一种非常简单实用的技术分析指标，它是由美国股市分析家约翰·布林根据统计学中的标准差原理设计出来的。一般而言，股价的运动总是围绕某一价值中枢（如均线、成本线等）在一定的范围内变动，布林线指标正是在上述条件的基础上，引进了"股价信道"的概念，其认为股价信道的宽窄随着股价波动幅度的大小而变化，而且股价信道又具有变异性，它会随着股价的变化而自动调整。正是由于它具有灵活性、直观性和趋势性的特点，BOLL 指标渐渐成为投资者广为应用的市场上的热门指标。

在众多技术分析指标中，BOLL 指标属于比较特殊的一类指标。绝大多数技术分析指标都是通过数量的方法构造出来的，它们本身不依赖趋势分析和形态分析，而 BOLL 指标却与股价的形态和趋势有着密不可分的联系。BOLL 指标中的"股价信道"概念正是股价趋势理论的直观表现形式。BOLL 是利用"股价信道"来显示股价的各种价位，当股价波动很小，处于盘整时，股价信道就会变窄，这可能预示着股价的波动处于暂时的平静期；当股价波动超出狭窄的股价信道的上轨时，预示着股价的异常激烈的向上波动即将开始；当股价波动超出狭窄的股价信道的下轨时，同样也预示着股价的异常激烈的向下波动将开始。

投资者常常会遇到两种最常见的交易陷阱，一是买低陷阱，投资者在所谓的低位买进之后，股价不仅没有止跌反而不断下跌；二是卖高陷阱，股票在所谓的高点卖出后，股价却一路上涨。布林线特别运用了爱因斯坦的相对论，认为各类市场间都是互动的，市场内和市场间的各种变化都是相对性的，是不存在绝对性的，股价的高低是相对的，股价在上轨线以上或在下轨线以下只反映该股股价相对较高或较低，投资者作出投资判断前还须综合参考其他技术指标，包括价量配合、心理类指标、类比类指标、市场间的关联数据等。

总之，BOLL 指标中的股价信道对预测未来行情的走势起着重要的参考作用，它也是布林线指标所特有的分析手段。

布林线（BOLL）由支撑线（LOWER）、阻力线（UPER）、中线（MID）组成。它们的含义如下：

MID：收盘价的 N 日移动平均

UPER：中线加偏移值

LOWER：中线减偏移值

参数 N 设定统计天数，一般为 26，P 设定 BOLL 带宽度，一般为 2。

布林线的用法为当股价向上穿越支撑线，为买入信号；当股价向下穿越阻力线，为卖出信号。

麦克支撑压力（MIKE）指标是一种随股价波动幅度大小而变动的压力支撑指标，

设有初级、中级、强力三种不同级别的支撑和压力，用图标方式直接显示压力、支撑的位置。

目前中国股市采用集合竞价的方式产生开盘价，并规定收盘价的计算按该证券最后一笔交易前一分钟的所有交易的成交量的加权平均数确定，其目的是防止机构庄家利用通讯先进、跑道快速等方面的优势人为调控股价，但仍不能完全杜绝该种情况的发生。

为了避免被机构庄家故意造市而误导，MIKE 指标设定一个初始价格，以其作为计算基准，求得初级、中级、强力六条带状支撑与压力数值，属路径指标或支撑压力指标。

运用这一指标进行判断的原则为：当股价脱离盘整向上攀升时，应考虑其压力参考价位对股价上升形成的压力；当股价脱离盘整向下跌落时，应考虑其支撑参考价位对股价下跌形成的支撑。

多空布林线（BBIBOLL）指标将市价与保氏通道上下限的关系，转变成一个超买／超卖的波动指标，它以保氏通道上下限的幅度为分母，而收市价至通道下限的幅度为分子，以得出市况与通道波幅的关系。

当与保氏通道结合使用时，它的判别效果更佳。判断原则为：0.5 为多空分界线，上穿为买入信号，下穿为卖出信号。

薛氏通道（XS）是判断股价运行区间及相应的压力、支撑的趋势性指标。

它的判断原则为：当股价运行到短周期通道的下轨时是短线买入机会，当股价运行到短线周期的上轨时是短线卖出时机。当股价运行到长周期通道的下轨时是中长线买入时机，而当股价运行到长周期的上轨时是中长线卖出时机。当短周期运行到长周期的下轨时，从下向上突破长周期的下轨时是买入时机，而当短周期运行到长周期的上轨时，从上向下突破长周期的上轨时为卖出时机。

第十二章
趋势与趋势线

趋势的方向和类型

如何预测股票价格的未来趋势，是股市中的投资者最关心的内容。在前几章中，我们重点分析了股票价格指数和平均数为我们作出决策所提供的信息，但是我们需要明白的是，它们仅仅为我们提供了一种衡量股票价格变动历史的工具，对于想要充分了解市场的投资者来说，这两者提供的信息是远远不够的，我们需要依靠别的技术分析方法预测股价的走势，从而准确判断出买卖股票的适当时机，从与市场的博弈中获得胜利。多少年来，一代又一代的投资者不断地对股价走势进行研究，从经验和教训当中总结了种种方法。现在，大多数投资者采用的方法主要分为两种，一种是技术分析法，另一种是基本分析法。

两种方法各有各的特点和侧重。其中，基本分析法着重于从宏观经济、行业和公司三个方面入手，对一般经济情况以及各个公司的经营管理状况、行业动态等因素进行分析，以此来研究股票的价值，衡量股价的高低。而相较之下，所谓的技术分析，则着重于透过图表或技术指标的记录，研究市场过去及现在的行为反应，以推测未来价格的变动趋势。

与基本分析不同的是，技术分析依据的技术指标的主要内容是由股价、成交量或涨跌指数等数据计算而得的。从这里我们可以看出，技术分析只关心证券市场本身的变化，而不考虑会对其产生某种影响的经济方面、政治方面的等各种外部的因素对于股价波动可能产生的影响。

由基本分析的定义我们可以看出，它的目的是判断股票现行股价的价位是否合理，并描绘出它未来可能的长远发展空间，而与之相对，技术分析主要用来预测短期内股价涨跌的趋势。基本分析的作用主要是帮助投资者准确的挑选有投资价值的股票，而技术分析则能帮助投资者把握具体的购买的时机。

从时间上看，在预测长期趋势时，基础分析法较为适用，而技术分析法则注重于短期分析，特别的，其在预测旧趋势结束和新趋势开始方面优于基本分析法。大多数有经验的股票投资者都是把两种分析方法结合起来加以运用，他们用基本分析法估计较长期趋势，而通过技术分析法判断短期走势和确定买卖的时机。

股价技术分析和基本分析有一个共同的前提，那就是都认为股价的波动主要受到供求关系的影响。基本分析主要是通过对影响供需关系种种因素进行分析来预测股价走势，而技术分析则是根据股价本身的变化来预测股价走势。习惯于运用技术分析方法的投资者持有的一个基本观点是，所有股票的实际供需量及其引导供需量变化的种种因素，包括股票市场上投资者的心理因素，例如人们对未来的希望、担心、恐惧等等，都集中反映在股票的价格和交易量上。

美国著名经济学家凯恩斯于1936年提出的"空中楼阁理论"构成了技术分析的理论基础，该理论完全抛弃了对于股票内在价值的分析，而是强调投资者的心理作用，即心理构造出来的空中楼阁。投资者之所以要以一定的价格购买某种股票，是因为他相信有人将以更高的价格向他购买这种股票，从而他可以从两种价格的差价中赚取利润。而股价的高低对于投资者的投资决策并不重要，重要的是存在更大的"笨蛋"愿以更高的价格向你购买。精明的投资者不用去计算股票的内在价值，他所需要做的只是抢在最大"笨蛋"之前成交，即在股价达到最高点之前买进股票，而在股价达到最高点之后将其卖出，用这种方式，就能轻松套利。

如何确定股价是否达到最高点或最低点呢？我们需要求助于股价变动的"势"。经验丰富的投资者总结出：股价的上涨或下跌，若确定形成了一段涨势或跌势，则今后一段时期内股价的波动必然朝此方向进行。若市场呈现上升行情，即使有时出现下跌，却不影响总体的涨势，市场将不断出现新高价遮住断续下跌的现象，使投资人对股市看好；相反的，在下跌行情里，暂时的回升不能阻断跌势，新低价接连出现，使投资人对股市呈现出不乐观的态度。

那么什么是股价的涨势和跌势呢？简单地说，所谓的"势"就是股价波动。

我们通过观察各种股票图形可以看出，在涨跌过程里，涨势中各次级波动形成的低点一次比一次高，更有趣的是，将历史上股价的低点相连，大多可连成一条直线。而在下跌趋势里，各次级波动的低点一次比一次低，连串起来，亦会形成一条直线。

为什么会发生这种现象？单从投资人购买股票的心理因素方面进行解释，可以看出股价上升时，市场中一片看好，大家都在等回档时买进，期望值提高，在回落至前一低点之前，浓厚的买气阻止了股价下跌，从而股价呈现出回升，这种看涨心理是造成上升趋势的最主要原因；股价下跌时，市场中投资者大都看跌，大家都在等反弹卖出，目标值逐渐向下降，在回升至前一高点之先，已经有大量的筹码等着被清出，促使股价一降再降，形成下跌趋势。总的来说，上升趋势里，投资人都等回档时低价买进，下跌趋势里，投资人都等反弹卖出，投资者基于这种心理作出的投资决策使得相应的趋势得以延续。

股票价位波动通常与发行公司业绩有直接关系。举例来说，如果某一公司受到宏观经济不景气情况的影响，营业状况不佳，利润降低，盈利大幅减少，甚至出现亏损，则股价将会自然下跌。在这家公司营业状况未获改善前，投资人都怕资金被套牢于股市之中，因此不愿追逐高价，而且每当出现微小的差价利润，便争先脱手。因此，在公司业绩未改善前，这种心理变化促成了股价一波比一波低的趋势。相反地，如果公司营业状况蒸蒸日上，每月营业额增加，利润率提高，说明股利将可大幅提高，同时可以预见今后的远景更佳，若此时还有其他利多消息配合出现，则投资人在高价卖出后愿意在低价补回，这种敢于承接，甚至抢先买进的行动将会使股价节节攀高，形成不可避免的上升趋势。

如何绘制趋势线

由上文中的分析我们了解了趋势形成的根本原因是投资者基于心理因素作出的投资决策使得趋势得以延续。通过进一步观察图形，我们可以注意到，上升趋势里各次级波动的低点大多在一直线上，而下跌趋势各次级波动的高点亦如此，于是我们可以自然联想到，如果将低点与高点连成一直线，便可以得到一个区段，从中可以明显看出一段期间内股价变动方向，为我们作出投资决策提供了明确的参考对象。

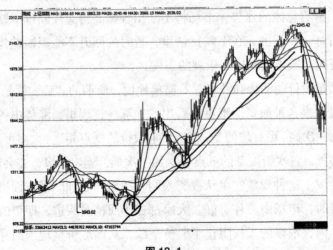

图 12-1

图 12-2

上升趋势里，股价跌至此上斜直线附近，便说明股价已至低点，是买进时机；下跌趋势里，股价回升至下斜直线附近，说明股价已达高点，这里是卖出时机，这样作出的两条直线分别称为上升趋势线（图 12-1）与下跌趋势线（图 12-2）。

　　大涨幅中出现小回落，说明此时呈现盘升的局面，可划出一条上升趋势线；而当股价一路下泻，涨少跌多，可画出一条下跌趋势线。

　　当长期的趋势走到尽头，股价无法再朝同方向变动，就说明此时将发生反转，此时的趋势将朝相反方向反转，接下来成为另一长期变动趋势，如此的变动在市场中周而复始，循环演进。换句话说，趋势不会是一成不变的，上升趋势可能会调头而为下跌趋势，或者下跌趋势将反弹转变成上升趋势，此时，也有可能只改变方向而不反转。举例来说，当趋势从上升进入盘档形态，经过一段横的发展，改变上升方向，随后便成为平缓移动（图 12-3），下跌与此同理（图 12-4）。

图 12-3

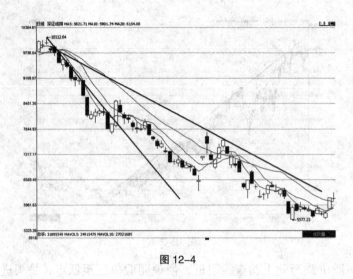

图 12-4

图 12-5 中描绘了股票市场的一次趋势转变，市场从多头市场转成空头市场后，股价大幅下跌，且下跌的角度比多头市场要陡，而且在空头市场结束前，出现了加速下跌的形态。

从图中，我们可以看出，2011 年初时，沪指指数从 2670 点左右开始上扬，4 月中旬涨至 3067 高点，4 个月上涨近 400 点，随后迅速下跌，2011 年 6 月沪指跌至 2610 点，换句话说，下跌 460 点左右，跌势比涨势凶猛。

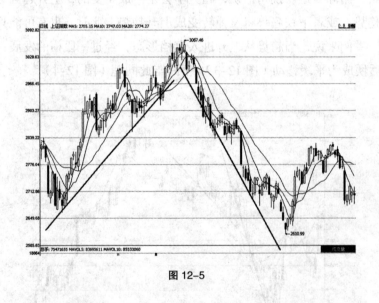

图 12-5

作为初学画线的投资者，在观察股价图时，会惊讶地发现几乎所有次级趋势和大部分的中级趋势都呈现出直线形态，有的投资者会认为这是一种巧合。但是经过更加深入的观察后，投资者会惊喜地发现，不但较小的变动，就连持续几年的基本趋势线在图上也像是用直尺画出的一样。假如我们用一把直尺放在许多股价趋势图上，会很快发现在上升趋势是直接连接次级下跌中的最低点而成。换句话说，股票市场的上升波动是由一连串的波纹组成，这些波纹的底部形成一条上倾的直线。与此相同，下跌波动亦是由一连串波纹组成这些波纹的顶部形成一条下倾直线。

下面我们将前文中介绍的绘制两种趋势线的方法具体实施于股价图中。

图 12-6

图 12-6 是黔轮胎 A（000589）的周 K 线图，从图中可以看到，该股 2009 年末开始，股价持续下跌，中间偶尔会出现回档，将下降波纹底部相连成直线，向右下方延伸，形成基本下降趋势线。

下面介绍趋势线的具体画法。

我们都知道，依照数学定理，两点可以决定一直线，而股价线路图是由经年累月的成交记录形成的，因此，我们在画趋势线时，应当选择两个决定性的点，也就是最具意义的两高点或两低点进行作图。一般情况下，我们在选择决定上升趋势时需要的两个反转低点时，我们会关注一个过程：价格下跌至某一低点，随后开始回升，随后又下跌，并且没有跌破前一低点，再度迅速上升。这个过程中的两个反转低点就是我们应当选择的点，连接此两点的直线就是上升趋势线。同理，决定下跌趋势亦需要两个反转顶点，也就是上升至某一顶点，开始下跌，随后回升，未能突破前一低点，再度迅速下跌，连接此两顶点的直线，便可以得到下跌趋势线。

具体的操作步骤为：

（1）首先，我们可以看出，原始上升趋势包括几段中级行情，从图中可以明显地看出每段中级行情的低点均较前段行情之低点为高，因此，连接两个最先形成的中级行情底点，或者连接最具意义的两个中级行情底点之连线，我们将得到上升行情原始趋势线。

（2）与此相同，中段行情亦包括几段小行情，我们可以将最先发生的两段小行情之低点连线便形成中级趋势线。

（3）最后，我们亦可将平日上涨时出现下跌，然后再上升形成的两点连接成线，得到次级趋势线。

下跌行情与上涨行情中的画法大致相同，我们可以将最先形成或最具意义的两高点连线而形成原始趋势线、中级趋势线与次级趋势线。

原始趋势最初的底点，是由下跌行情转为上升行情出现之第一个底点，且需要保证此价位没有在短期内出现。原始趋势之最高点是由上升行情转为下跌行情所出现之第一个头部形成的最高点，并且需要在短期内（至少10个月）没有出现比此价位更高的股价。

另外，在分析中，我们还需要考虑趋势线的持续周期长短。值得注意的是，有些趋势线"寿命"并不长，因此除了具有决定性的原始上升或下跌趋势线，实际操作中我们还可以画出许多条趋势线。

当股价图上首次出现上涨趋势的形状，便可用铅笔将两条阳线连成直线，并向右上方延长。如果在几天内行情下跌至延长线下方，表示股价上升趋势未形成，后市并不乐观，将呈现出盘档甚至继续下跌的形态。而如果当趋势线画好后，股价变动短期未跌破此延长线，甚至始终与此延长线保持一段距离，这条上升趋势线便可以作为上升指标。一旦股价跌破此线，即表示一段上升行情已经结束，投资人应该及时将股票抛出，获得利润，并继续观察股价变动。

与此相同，当图形上首次出现类似下跌趋势的形状，便可用铅笔从两条阴线上方连一斜直线，并向右下方延长，若在几天内回升至延长线上方，则说明股价下跌趋势尚未展开，对于后市可以不必过分悲观，后市的趋势依旧将是盘档甚或继续上升。趋势线确立后，股价变动短期如果没有向延长线上方突破，甚至从未靠近延长线，则说明这条趋势线便是下跌指标。而如果股价突破此线，则意味着该段下跌行情接近尾声，投资人可趁低吸入，及时买进股票。

除了股价图中可以绘制趋势线之外，K线图形亦可画趋势线，只是画法中可以有实体、上影线与下影线之分。究竟哪一条连线是最有效的上升或下跌趋势线在投资者中始终存在争议，并没有一个确切答案。此处提供几种正确的 K 线趋势线画法，以免读者取点错误，失去画趋势线原本用意。

上升行情中 K 线趋势线：

连接两条决定性阳线之开盘价位，并向右上方延长，角度较平缓，适用于中级与原始上升趋势，是正统画法，图形如参见图 12-7。

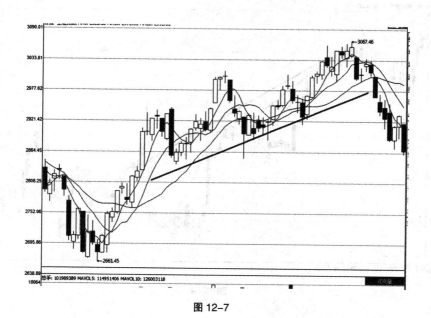

图 12-7

相应的，连接两条决定性阳线之最低价，向右上方延长，由于上倾斜度不大，不容易被突破，有效性降低，因此适用于原始行情（图 12-8）。

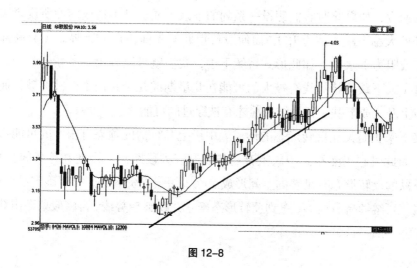

图 12-8

从上图中我们可以明显看出,华联股份2006年初的这段上升走势,也属于一波比一波高的上升行情,但2月底回档,跌破上升趋势线,此段反弹行情短暂结束。

与此相对的,连接两条决定性阴线之最高价,向右下方延长,下斜角度大,容易被突破,有效性降低,适用于次级行情(图12-9)。

图 12-9

在观察上图时我们还需要注意,1979年5月出现的下跌行情中,下跌轨道非常陡,没有持续很长时间即被突破,这种趋势线没有多大意义。

次级趋势因为角度太陡,长期持续下去的可能性极小,明显地,它会修正上升与下跌速度,如果此时我们假设一系列的下跌(或上升)造成前面所说紧跟在趋势线突破的大幅下跌(或上升),而使股价重回至先前矩形的顶界线(或底部线)的支撑(或阻力)水准。如此形式持续下去,我们就可以画出一条新趋势线,这条中级上升(或下跌)趋势线有极大的可能在几星期或几个月内不会被突破,而一直要到中级上升(或下跌)行情结束前才有被穿过的可能。

接下来我们关注反转形态的形成。中级上升行情的顶点有很大的可能形成头肩形态,而此时它仍然距离中级上升趋势线有一大段距离。因此在趋势线被穿过前,代表下跌的反转形态有足够的空间形成。除了短线投资者外,只要确定趋势线有效,投资者就可继续持有股票,直到反转形态确立并跌破趋势线,再将股票抛出获利(图12-10)。

图 12-10

与此类似，头肩形态也有可能在中级下跌行情的底点形成，此时距离中级下跌趋势线有一段距离，股价若要反转上升，必会出现上升反转形态，中长线投资者可以密切关注反转形态出现、股价突破趋势线的点，在此时买进股票（图 12-11）。

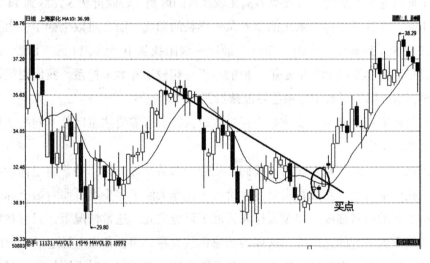

图 12-11

最后，需要每一位投资者明确的是，趋势线最终被突破是一定的，何时被突破只是时间问题。而如何确定具有重要的技术性意义的突破并没有肯定而快捷的答案，需要投资者综合其他参考资料（如移动平均线与成交量）综合研判，才能确定此突破的价值。然而，加速上升现象会在走势很强的中级上升趋势的最后阶段产生，并且它将远离趋势而形成很大的空间，以便在股价与趋势线再度相碰而穿过之前形成许多不同形态。因此趋势线真正被穿过的时刻，很可能和由头部到颈线的过程完成的时刻，或者和头肩形态突破颈线的时刻几乎相同。

此外，还可以举出许多其他例子，让趋势线在股价从右肩开始下跌时首先被突破，而不必等到颈线的突破，投资者便可采取行动。这种情况下，趋势线比起反转形态的完成能给予较早的信号，从而能指导投资人在较高价格及时采取行动。

普通坐标与对数坐标趋势线的意义

根据坐标刻度的不同，我们可以得到多种坐标，在技术分析中常用的两种坐标分别是普通坐标和对数坐标。

普通坐标是指刻度之间的间隔距离与价格成正比的坐标，即在普通坐标系中，所有当日涨跌相等的 K 线长度是一样的。直观的看，就是所有自开盘至收盘上涨 1 元钱的 K 线具有同样的长度。与普通算数坐标不同，在对数坐标系中，坐标刻度之间的间隔距离与价格的对数成正比，即当日涨跌幅度相等的 K 线才具有同样的长度。举例来说，所有自开盘至收盘上涨 10% 的 K 线在对数坐标中长度是一样的。

下面以连续上涨的一只股票为例比较二者的区别：若股价从 5 元涨到 11 元，每天涨 1 元，在普通坐标中画出的是 6 条一样长的阳线，而在对数坐标中，由于第一根阳线从 5 元到 6 元，涨幅为 20%，最后一根阳线从 10 元到 11 元，涨幅为 10%，所以其最后一根阳线的长度是第一根的一半。相较于算数坐标系，我们更推荐使用对数坐标系，因为对数坐标系能够反映股票的实际盈亏。

在具体实用普通坐标及对数坐标画线时，投资者需要注意区分不同的线形需要选择合适的坐标。

当我们所画的线是直线时，我们必须使用对数坐标。原因是普通坐标表示的是价格变化的绝对值，直观看来就是股价今天比昨天涨了多少点，而对数坐标表示的是价格变化的相对强度，即今天比昨天涨了百分之几。通常情况下，只有在对数坐标上才能看到平行的通道线，这样的图形比较直观，而在普通坐标上的通道线并不是直线，事实上，它将呈现出两条指数函数曲线。与画直线时不同的是，我们画水平黄金分割线时，一定要采用普通算数坐标，如果用对数坐标的话，作出的是对数坐标的黄金分割，而不是价格的黄金分割，这与黄金分割的实际意义不相适应，投资者将无法依照它作出准确的投资决策。

在实战当中，经验丰富的投资者常常将趋势线和对数坐标结合起来，将其作为技术分析的重要工具，这种方法往往有着非常好的效果。但是，在我国投资者运用趋势线进行的分析中，不少人都忽略了一项重要因素：当所分析的 K 线图时间区间跨度较长，并且价格变化比较大时，选取对数坐标往往能得到较好的效果，与之相反的情况下则可用普通坐标。

这样做的主要原因在于，对数坐标以比例，而普通坐标非简单的算术值为基数反映价格变化。而且，在对趋势线是否被穿越的观察上，使用对数坐标的 K 图比普通坐标的 K 图要敏感得多。尤其在较长周期和价格变动比较大的情况下，这种敏感度的差异十分明显。

此外，两种坐标轴还从一个侧面反映出价格波动对于人们心理的影响。我们都知道，技术分析的基础之一，就是研究价格波动对人们心理的影响。股价在低位的时候，用绝对值计算股价，相当于运用普通坐标轴，会产生比较大的误差。举例来说，一支 5 元的股票，跌到 4 元，可能很多投资者并不紧张，因为只跌了一元，相信很快可以涨回去。而事实上，如果我们将它绘制在指数坐标系中，我们将看到这只股票其实是跌了 20%。这种投资者的心理还可以用来解释超跌低价股在反弹之时所具有的爆发力。4 元的股票，涨 4 毛钱就涨停了，高位套牢者一般不愿为了这 4 毛钱卖出股票。

当我们试图在线性图线上作回转线并为主要趋势建立通道时，我们将会碰到另外一个难题：在主要牛市中，由于价格在上涨时明显倾向于在不断扩大的区间（中等和细小型）中波动，因而他们的通道不断加宽。回转线不仅不与基本趋势线平行，而且还渐渐远离它。偶尔，有的股票会生成一条明显的主要通道形态，但绝大多数股票不会。

在多数情况下，我们可以利用对数坐标修正牛市趋势中不断加宽的通道效应，但当我们碰到主要熊市中相对的趋势时，不管我们使用哪一种坐标，都不能修正不断加宽的通道效应。

趋势线及其应用法则

由前文的分析我们可以知道，趋势分析法是股票技术分析理论中一种极其重要的方法，而趋势分析法中最重要的工具就是线形分析。几乎所有的股市投资者都知道在 K 线图上利用画线的方法对股价的未来走势进行分析，下面我们将详细介绍对趋势分析方法。

我们现在已经知道，股票的价格波动遵循趋势而移动，这种趋势可能是上升、下跌，或者横向发展。根据它们朝某一方向移动的时间长短，趋势线还可以简单地分为：短期趋势、中期趋势以及长期趋势。几次同方向移动的短期趋势可以形成中级趋势，几次同方向移动的中级趋势还可以组成长期趋势。当长期趋势走到尽头，股价无法再朝同方向发展时，就会发生逆转，朝相反的方向转变而再形成另外的一种长期趋势。市场就是这样周而复始，循环推进的。

换句话说，也就是趋势迟早会改变，虽然可能会由上升趋势掉头而成为下跌趋势，或者由下跌趋势转变成为上升趋势。也有可能只改变趋势的方向（角度）而不产生反转，比如，从上涨或者下跌趋势进入横盘形态，再经过一段时间的横盘选择方向的过程，随后又紧接着一段上升或者下跌的趋势。

举例来看，在上证指数股指近二十几年以来的运行轨迹中，我们可以把历史上最重要的三个点位连起来作一个跨年度的连线：1994 年 7 月底的 325 点，1996 年元月的 512 点以及 2002 年 1 月 6 日的 1311 点。我们可以从连线中看到该支撑线已经成为中国股市有史以来的长期生命线。这条支撑线，就是中国股市的长期趋势线，而这条长期趋势线就是中国股市经过二十几年以来，由许许多多同方向移动的短期趋势所形成的中级趋势，再由许多次同方向移动的中级趋势所组成的，仅仅从纯技术分析的角度来看，如果大盘一旦跌破这条长期支撑线，更多的长线买家止损盘将会出现，并且该生命线一旦被有效地向下突破，即 1285 点被有效地向下击穿的话，中国股市的后果将是不堪设想的。

下面介绍四点趋势线的应用法则，供投资者参考：

1. 趋势线的应用法则之一

当市场中呈现上升行情时，股价回落到上升趋势线附近将获得支撑，则说明接下来股价可能反转向上；而在下跌行情中，股价反弹到下跌趋势线附近将受到阻力，股价可能再次回落。换句话说，即在上升趋势线的触点附近将形成支撑位，而在下跌趋势线的触点附近将形成阻力位。

如图 12-12 所示，沪市代码为 600893 的 ＊ST 吉发在 2002 年 10 月 9 日触底，形成了 V 型反转，直到 2002 年 10 月 18 日才确认了长期的下降趋势线突破有效，该股当日放量换手 4.93%，涨幅高达 4.96%，随后股价便扶摇直上，展开了一轮上涨行情。在此期间虽然也有回调出现，但四次的低点都明显受到了上升趋势线的有效支撑，直到 2003 年 2 月 19 日在累计涨幅高达 60% 以后，见顶 8.67 元后回落。2003 年 3 月 7 日向下突破了上升趋势线，从此，一轮上涨行情结束了。虽然在 2003 年 3 月 20 日出现了反弹，但在 2003 年 4 月 10 日上碰下降趋势线和修正的下降趋势线的压制而突破未果。2003 年 7 月 12 日和 2003 年 7 月 16 日虽然两次冲过修正的下降趋势线试图突破，但在原始的下降趋势线压制下再度无功而返。从而宣告了此次突破是假突破，随后便开始了一轮惨烈的下跌。

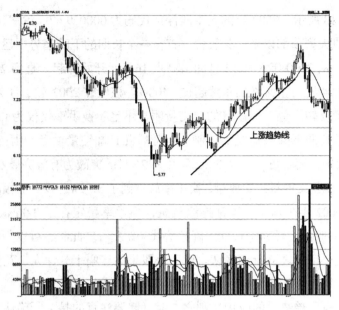

图 12-12

从上面的趋势线分析图中，我们可以总结出这样的经验：在实战中应用趋势线的应用法则之一时要特别注意当股价与趋势线形成触点时，投资人应该采用谨慎操作的策略，以回避难以把握的股价的未来走向。

2. 趋势线的应用法则之二

当下跌趋势线维持了一段较长的时间，同时股价的跌幅较大时，股价突破趋势线意味着下跌趋势开始反转。该法则有三个主要特征，分别是下跌趋势线维持的时间较长；股价的跌幅较大；一般情况下股价向上突破下跌趋势线时呈现出放量的状态。

图 12-13

如图 12-13 所示，2002 年的大牛股深市代码为 000029 的深深房，自从 2000 年 6 月 15 日形成大型顶部以来，其股价一直在一个长期的下降趋势中运行，时间长达 18 个月之久。从 2000 年 6 月 15 日的最高点 16.5 元开始算起，直到 2002 年 1 月 23 日的最低点 4.04 元为止，跌幅竟然超过 -400%。该股在 2002 年 1 月 23 日止跌企稳后，形成 V 型反转之势，但该日的成交量明显不足，换手率仅仅为 0.63%，这根 K 线虽然突破了长期下降趋势线的压制，但随后几日却缩量横盘。因此，这个时候，作为稳健的投资人还不可以确认 2002 年 2 月 26 日的突破为有效突破。直到 2002 年的 3 月 1 日，该股又重新开始放量，换手率放大到了 3.09%，该日涨幅高达 6.07%！而且次日的 2002 年 3 月 4 日还是连续放量，换手率稳定在了 3.06%，该日涨幅为 3.31%，此时的股价已经高于长期下降趋势线 4% 左右。此时，可以判断该股的突破属于有效突破，反转之势行到确认。此后该股果然涨幅十分惊人，竟然在短期内达到了 100% 还多，成为 2002 年的熊市中少有的翻番大牛股。

在实战中应用趋势线的应用法则之二时，需要注意的是：所确认的反转突破点与下跌趋势线的幅度不能过大，一般不能超过 5%。否则，这个突破的高度和可靠性将大打折扣。

3. 趋势线的应用法则之三

股价突破趋势线时，原来的趋势线将成为支撑或者阻力，股价在这些位点上经常会反弹或者回落。该法则也有以下三点主要特征需要我们注意：

（1）只适用于上升或者下跌趋势，即它对于横向趋势没有指导意义；

（2）只有当原来的趋势线被确认有效突破时，该法则才适用；

（3）与原来的趋势线作用性质将成为反向对应，即支撑变阻力，阻力变支撑。

我们还是以深市代码为 000029 的深深房为例来说明应用法则之三，由图 12-14 可以看出，该股于 2002 年 1 月 23 日 V 型反转以来，一路势如破竹，股价一直狂拉到 2002 年 3 月 18 日见高点 10.6 元才开始出现疲态，并于 2002 年 4 月 19 日开始下跌，后又于 2002 年 6 月 5 日在 7.03 元止跌回升，6 月 25 日见顶部 12.2 元后开始了幅度较大的调整。我们可以连接 2002 年 3 月 1 日放量突破的确认点和 2002 年 6 月 5 日的止跌点做一条支撑线。该支撑线在 2002 年 9 月 18 日股价下跌到 8.34 元时获得支撑后上升。因此，可以认为该支撑趋势线是有效的，该股在 2002 年 11 月 21 日放量向下击穿了该支撑线，且此状态维持时间较长，说明向下突破是有效的。该股在经历了横盘数月后，在 2003 年的 4 月 23 日试图上冲该支撑线时终于受阻回落，此时，原来的支撑线变成了压力线，从此该股展开了一轮猛烈的下跌行情。这是一个典型的"原来的趋势线作用性质反向对应"，即"支撑变阻力，阻力变支撑"的案例。

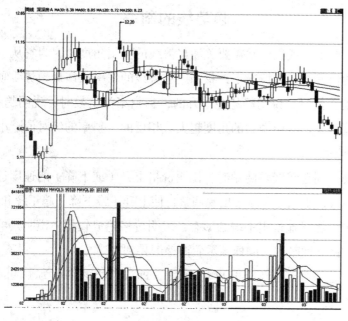

图 12-14

4. 趋势线的应用法则之四

当市场中呈现出上升行情时，在初期趋势线的斜率往往较大，而在随后股价回落跌破原趋势线时，通常会在接下来再沿着较缓和的趋势线上升，原趋势线将形成阻力，当股价跌破第二条修正趋势线时，行情将反转。运用趋势线的第四条法则时，也应当遵循以下三个主要特征：

（1）股价的运动方向总是与新的趋势线的运行方向相同；

（2）原有的趋势线将起到阻力线的作用；

（3）当第二条修正趋势线被有效击穿时，行情将出现反转。

我们仍然用法则三中给出的深市代码为000029的深深房为例，来说明应用法则四。该股于2002年1月3日形成V型反转上攻态势以后，由于连续的大幅上涨，因此形成了极其陡峭的上升趋势线，它几乎呈现出近乎70度角的上升斜率，这十分罕见。经过回调整理后，于2002年6月5日在第一条修正的趋势线上获得支撑而再续升势，形成了第一条修正的趋势线。随后它在2002年9月19日在8.35元企稳止跌，形成了第二条修正的趋势线，然后该股在该趋势线的支撑下重新上扬。然而，在2002年11月21日，该股有效下破第二条修正的趋势线，开始了新的下跌。

从这个案例中，我们应该注意：股价如果有效跌破第二条修正的趋势线就是最后的止损机会，投资者要好好把握。

趋势线的斜率

在趋势分析中，我们时常需要关注趋势线的倾斜角度，因为它从一个角度反映了趋势变化的快慢。一般情况下，我们用趋势线的斜率来衡量趋势线倾斜角度的大小，当斜率是正数时，说明趋势是上升的，当斜率为负数时，说明趋势是下降的。斜率的绝对值越大，说明倾斜的角度越大，相反的，斜率的绝对值越小，则说明倾斜的角度越小。

当我们观察到趋势线较陡峭时，说明价格上升（或下降）的速度过快，表明这种趋势不能持久，不久之后就会出现调整，使上升（或下降）趋于缓和。

当市场中趋势线显现出平缓的形态，表明价格趋势较弱，说明其可靠程度相对较低，趋势的持续性较弱，同样预示着调整即将到来。

一般的，趋势的最佳上升角度为 45 度，即当趋势的斜率为 1 的时候，其可靠程度相对较高。

穿透的有效性

趋势线的突破对买入、卖出时机等的选择具有重要的分析意义，即使对于市场中的造市者来说，趋势线的变化往往也会从一定程度上决定着他们作出的市场运作。因此，搞清趋势线何时被突破，是有效的突破还是非有效的突破，对于投资者而言是至关重要的。事实上，股价在趋势线上下徘徊的情况常有发生，判断的失误意味着市场操作的失误，以下提供一些判断的方法和市场原则，但具体的情况仍要结合当时的市场情况进行具体的分析。在研究趋势线的过程中，从各个方面验证其穿透的可靠性是一个重要的方面，这是因为趋势线的决定完全取决于画线者对大势观察从线路图上得到参考指标。具体的验证方法如下：

（1）趋势线所经过的次级上升底部愈多，说明这条线的意义越重大。也就是说，若股价回到趋势线上，便将会在随后的时间段中再度上升，而且次数多，趋势线的有效性更加可信。

（2）与第一条相同，趋势线延伸愈长，说明这条趋势线越有意义，但需要注意的是，与此同时两个靠近的次级底部连线不能太平或太陡，否则这条线将失去意义。最好的形态是股价能离开趋势线附近而停留高价位一段时间，然后股价产生中级下跌，向趋势线靠近。但是距趋势线所根据的两个次级底部相当远，在此期间若大幅度上升，则它的可靠性愈大。

（3）估量中级趋势线的一个重要标准是趋势线和它两个底部连线形成的角度。

一条角度非常陡的趋势线容易被一个横向的整理形态突破，如果这种情况出现，对技术分析者来说，这条趋势线测量价值就大打折扣；适当角度（大约30度）的趋势线技术性意义最强。因此观察到任何突破发生时，都应提高警觉，采取合适对策。

在股市中，一旦作出错误的决策，常常会给投资者带来大量的损失。为了避免入市的错误，技术分析专家总结了几条判断真假突破的原则：

（1）发现突破后，多观察一天

如果突破后连续两天股价继续向突破后的方向发展，则说明这样的突破就是有效的突破，投资者由此判断入市时机是比较稳妥的。当然，可能两天后才入市，股价已经有较大的变化，例如，本打算买入的股价已经上涨，本打算高价抛出的股票已经降价等等。但是，即便出现这样的情况，由于方向明确，大势已定，投资者这样的做法仍然比之贸然入市要好得多。

（2）对于突破后两天的高低价需要格外留意

若某天的收市价自下而上突破下降趋向线向上发展，第二天的交易价能跨越他的最高价，则说明突破阻力线后有大量的买盘跟进。相反，股价在突破上升趋向线向下运动时，如果第二天的交易是在它的最低价下面进行，那么说明突破线后，沽盘压力很大，值得跟进沽售。

（3）进行判断时需要参考成交量

市场气氛通常可以用成交量来进行衡量。例如，在市价大幅度上升的同时，成交量也大幅度增加，说明市场对股价的移动方向有信心。相反，即使市价上升，但交易量不增反减，说明跟进的人不多，市场对移动的方向有怀疑。这在判断趋向线的突破中也是一样的道理，当股价突破线或阻力线后，成交量如果随之上升或保持平时的水平，这说明破线之后跟进的人多，市场对股价运动方向有信心，投资者可以跟进，获取巨利。然而，如果破线之后，成交量不升反降，那就应当小心，防止突破之后又回复原位。事实上，有些突破可能是由于一些大户入市、大盘迫价所导致的假信号，例如大投资公司入市、中央银行干预等。但是市场投资者并没有很多人跟随，整个趋势并不会因为这些假的突破而有所改变，如果相信这样的突破，可能会上当。

（4）侧向运动

在研究趋势线突破时，有一种情况值得投资者注意：一种趋势的打破，未必是一个相反方向的新趋势的立即开始，有时候由于上升或下降得太急，市场需要稍作调整，作上落侧向运动。如果上落的幅度很窄，就形成所谓"牛皮状态"。侧向运动会持续一些时间，有时几天，有时几周才结束。技术分析家称为消化阶段或巩固阶段。侧向运动会形成一些复杂的图形。侧向运动结束后的方向是一个比较复杂的问题。

如果想准确把握股价运动的方向，那么认识侧向运动的本质有着极为重要的意义。有时候，人们对于股价来回窄幅运动，会产生出迷失方向的感觉。其实，侧向运动既然是消化阶段，就意味着上升过程有较大阻力；下跌过程中，买家和卖家互不相让，有人买上去，就有人抛下来。在一个突破阻力线上升的行程中，侧向运动是一个打底的过程，其侧向度越大，甩掉"牛皮状态"上升的力量也越大，而且，上升中的牛皮状态是一个密集区。同理，在上升行程结束后，市价向下滑落，也会出现侧向运动。侧向运动所形成的密集区，往往是今后股价反弹上升的阻力区，也就是说，没有足够的力量使市场突破密集区，因此无法改变下跌的方向。

（4）判断突破时主要关注收盘价

技术分析家经研究发现，收市价突破趋向线是有效的突破，因而是提醒投资者入市的信号。以下降趋向线为例，如果市价曾经冲破下降趋势线，但收市价仍然低于它，这证明市场的确曾经想试高，但是买盘不继，沽盘涌至，至使股价终于在收市时回落。这样的突破，并不是有效的突破，下降趋势线仍然有效，市场的淡势依然没有改变。

同理，上升趋向线的突破，应看收市价是否跌破趋向线。在图表记录中常有这样的情况发生：趋向线突破之后，股价又回到原来的位置上，这种情况说明没有产生有效的突破，相反，这往往是市场上的陷阱。

经过一段时间后，趋势线终究会被突破，这时我们应从三方面来确定突破的有效性。

①突破的程度。股价决定性穿越趋势线时，当日收盘价须高于或低于趋势线价位，有时也可以在两三天内完成。

②成交量变化。成交量在真正上升开始，突破某种形态时必需大增，但是下跌的突破时成交量则难以搞定。通常情况下，股价跌破趋势线的第一天，成交量并不显著增加，然而在下跌过程中必会出现大成交量，随后开始萎缩。

③如果股价跌破趋势线后，距离趋势线不远，成交量并没有迅速增加，成交量萎缩至相当程度，股价回升至趋势线下方，此时成交量如果扩大，股价再度下跌，就可确定上升趋势被破坏。

一般来说，股价跌破中级趋势线后，会有暂时回升的现象，这种现象被投资专家称为"逃命线"，这时股票持有者对于大势持悲观态度，纷纷抛售，造成上升阻力，新的下跌便发生。也有些时候股价突破趋势线，继续下跌，使等待反弹抛出股票的投资人犹疑不决，造成严重损失。

从趋势线的可靠性中，我们可以得到结论：将趋势线实际用于股票买卖必须要辅以经验的支撑，也只有源于实践中才有可能做到正确地判断。

趋势线的修正

技术分析中的趋势线并不是对于一只股票的股价分析一直有效的，在实际应用中投资者需要不断地进行修正，才能保证其有效性。进行趋势线修正需要首先明确两点问题：一是修正并不是完全更换和代替，原趋势线仍然有效；二是修正趋势线的意义在于趋势运动会发生加速或减缓，及时的修正可以追踪价格趋势的变化。

根据趋势线中价格变化的快慢，我们可以将其分为陡峭趋势线和缓慢趋势线两类，两类趋势线的修正方式不尽相同。

在修正陡峭趋势线时，我们可以发现由于价格上升（或下降）得过快，趋势并不能持久，所以当陡峭趋势线被突破后，应当以回落的低点（或反弹高点）为基础修正。（如图 12-15）

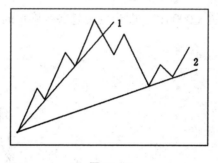

图 12-15

图12-16中大盘2009年10月至2010年4月走势即为陡峭趋势线修正的一个实例。

图 12-16

缓慢趋势线中的趋势加速后，将远离原趋势线，由图 12-17 中形态可知，此时应该以回落的低点（或反弹的高点）为基础修正。

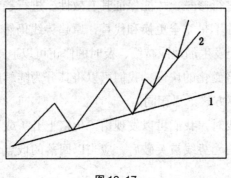

图 12-17

图 12-18 中西安旅游（000610）即为缓慢趋势线修正的一个实例。

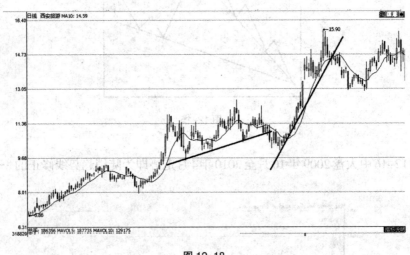

图 12-18

回归通道

在一般的股票软件中，回归通道线通常没有被设置和保留。因此，使用回归通道线进行技术分析的投资者并不多，因而精通的人也就更少了。但不可否认的是，它的确是一个极具特色，而且具有较强的实战价值的线形分析工具。在这里我们可以作较为详细的介绍，以便使更多的投资人了解和掌握这个非常有效的线形分析工具。

根据之前的分析，我们知道股价的上涨和下跌总是以一种震荡的方式来运行的。在形成上涨或者下跌趋势的同时，相应的上涨或者下跌通道也就随之形成了。股票的运行通道里包含着较为丰富的技术内涵，它对趋势的分析和行情反转点的研判都具有很重要的意义。

回归通道（如图 12-19）由五个部分所构成：中间的一条线被称为"回归线"，也是通道的主轴线。回归线是一种有别于传统线型的趋势线，它是通过对股价做线形回归统计而形成的，因此它最接近于股价趋势的真实内涵。

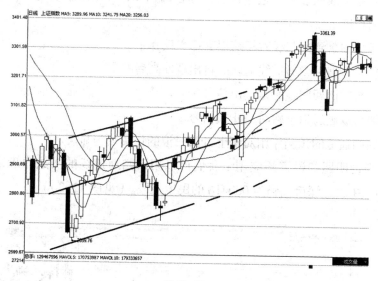

图 12-19

回归线上方的平行线被称为"通道上轨线"，下方的平行线被称之为"通道下轨线"；通道的实线部分表示了回归确认的长度，被称为"回归确认带"，它也代表了进行回归分析的起点和终点之间的距离。

通道的虚线部分被称为"回归预测带"，它表示了回归通道所预测的股票未来走势区间，股票的未来走势将在回归预测带中形成技术判断。

回归通道的实战原理大致可以归纳为以下几点：

（1）通道的上轨线是通道的压力线，对股价起着阻力的作用，股价在这个地方经常会遇到阻力而回落；

（2）通道的下轨线是通道的支撑线，对股价起着支撑的作用，股价在这个地方经常会遇到支撑而反弹；

（3）回归确认带是整个回归通道线的灵魂，这一点需要引起各位学习和运用回归通道的技术分析人士的高度注意，因为对其长度的确定是准确运用回归通道线的关键所在，同时它具有较高的技巧性。

回归通道的技术原理有：

（1）回归线的确定依赖于趋势线原理；

（2）用主要趋势形成的时间跨度来确定回归确认带的长度。这一点可谓至关重要，因为它决定了回归通道的正确与否；

（3）回归确认带的长度一旦确认不可以随便轻易地改变；

（4）当趋势线明显改变进应该及时修正回归线，并用重新确定的回归线重新确定回归带的长度；

（5）股价回落到回归线时将获得支撑而反弹；

（6）股价突破回归通道线上轨时将出现冲高后的回落；

（7）股价跌破回归线时是卖出信号；

（8）股价跌破通道下轨时是止损信号；

（9）回归通道的预测作用对于上升第二浪的作用较为显著。

举例来说明回归通道的应用：我们可以用回归通道线的实战原理来分析一下2002年的大牛股，深市代码为000416的民生控股。（见图12-20）

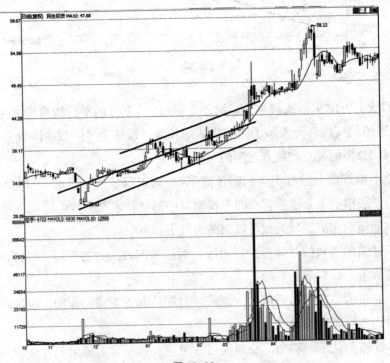

图 12-20

这只股票在 2001 年 11 月主力建仓完毕，以于 2001 年 11 月 26 日触底 6.22 元后开始反弹，直到 2001 年 12 月 25 日该股的升势已经确立。我们可以将上涨趋势开始确立的 2001 年 12 月 25 日作为回归通道的起点，来确定回归通道。把接触到回归通道的下轨而反弹的 2002 年 2 月 1 日作为终点来确定回归确认带的长度。需要我们牢记的是，以上这两个步骤是必不可少的。否则，使用回归通道线来进行技术分析也就无从谈起。

该股经过一番上涨后于 2002 年 2 月 1 日碰触到回归通道的下轨而反弹。2002 年 2 月 7 日再度接触到回归线中轨而回落。2002 年 2 月 20 日再次接触到回归通道的上轨而下跌。但 2002 年 4 月 15 日在受到回归线中轨的支撑横盘多日后上涨。2002 年 4 月 27 日在上轨附近再次遇阻回落。经过一番短暂的调整，于 2002 年 6 月 27 日再次在回归线中轨处受到支撑，从而展开一轮激烈壮观的飙升行情。2002 年 7 月 11 日，股价因冲出回归通道上轨幅度较大而回落。2002 年 10 月 8 日该股首次跌破回归通道下轨，然后在回归通道下轨附近盘桓多日，几次试图回到回归通道中而未能如愿。

趋势线突破后的反扑

如果一条中等上涨趋势线已经建立，同时它已被之前提到的测试证明为技术性有效，而且已经被决定性突破，则此时我们可以推知上升趋势已经告一段落。预期后果可能为一轮完全中等回调或者一段时期的巩固，这通常被称为一种可识别的区域形态。

其他类别的技术含义可以从图表的相关分析中看出，图表分析中一般会提示两种最有可能的后果。当中等趋势交易商在试图找出此时此地进一步盈利点时，无论在何种情况下，都需要两次观察。

"反扑"是一个更加直接的趋势线穿透的可能后果，但是它并不是十分重要。对于它的分析需要更深入的讨论。翻转和巩固形态突破后的反扑运动已经在之前章节中的价格形态研究中描述过。现在我们很容易理解，为什么价格突破矩形低边之后的反弹将会停止。比如当被底边处的阻挡或支撑被弹回时，反弹随后将会停止。

前文中重点分析过的支撑－阻挡理论，能帮助我们理解许多回复运动，这些回复运动发生在价格突破出其他类型的反转或者持续区域之后。相较于它，趋势线穿透之后的反扑比较不易理解；但是它们比区域形态情况下发生的更加频繁，而且更为准确地停在原始趋势处。为什么当价格跌破一条上升趋势线，或许已经跌破了好几个点之后，会随后反弹，并且上升至原始趋势线之上或者附近，在那个位置停留一段时间，然后在新一轮下降中下跌呢？这是因为趋势线一直上倾，反扑时反弹顶部可能会比初始穿透水平高 2 或 3 个点。但无论如何让，我们的技术分析中一定会伴随着有停止、犹豫和放弃，因为没有人知道，在那个特殊的价格之上，由直线斜率和到达时间这两个变量决定的特殊点处，为什么供给会压倒需求，又为什么阻挡会如此清晰明显。

当然，让投资者很难想象的是，反弹运动会沿着坡度的趋势线而上行。因为这可能意味着整个中等上涨趋势达到了新的高位；另外，说这种情形不仅仅只发生几次，而是频繁大量的发生。当绝大多数典型的上升趋势线，即那些以正常或者相当平缓的角度上倾的线，被突破之后，一轮反扑时的反弹运动将会把价格带回至已作出的趋势线处，将价格带回的过程常在几天内完成，或者以细小波动的速度进行。

值得投资者注意的是，当价格冲出上升通道的顶部边时，反扑现象不会发生。更准确说来，当价格穿透回转线时，回转线不会变成反扑现象的支撑线。上升趋势通道中异常强劲的上涨运动，可能会将价格带至高出以回转线为界的通道顶部位置，但下一轮回落可能会直接跌破该顶部线，并且在此线处不作任何停留。

在开头提到的趋势线价格行为中，反扑是其中一个谜。如果投资者深入研究任何一张相当长时期的趋势和趋势线的技术指标，将会发现许多更神秘的现象，由于至今仍然无法将这些现象运用到实际交易和投资当中，所以在此不再讨论。这些神秘的现象虽然不易预测，但在追溯回顾时极其有趣。

中等下降趋势

通过前文中所有关于趋势和趋势线的讨论，我们主要对于上升趋势有了比较深入的了解；在我们头脑中，已经有一个清晰的中等上涨运动沿着主要趋势（亦即主要牛市）方向进行的图像。那些"正常"发展的特殊趋势，可以比较方便的用趋势线来定义。下面将讨论主要熊市中的中等下跌运动。在讨论它们与主要上涨运动的不同点之前，我们必须回忆起一个基本的分析下跌运动的知识点：下跌运动的基本趋势线是沿着内部反弹的顶部而作出的，通道的底部由回转线确定，趋势通道将在趋势线左下方终止。

下跌角度通常更陡是熊市恐慌运动的特征，熊市中的中等下跌趋势比牛市上升要不规则得多。在第三种关于主要趋势的讨论中我们已经发现，熊市恐慌为熊市第二阶段的典型现象。

而且，随着趋势运动的进行，价格呈现出弯曲下降或加速下降的形态，也就是价格倾向于离开两个反弹顶部组成的趋势线。线性坐标中可以清晰表现出这种趋势，如果绘图在半对数坐标中，则会表现得更加明显。

这种向下弯曲的趋势的实际后果，就延迟初始趋势线的穿透而言并不是很重要，因为价格会上下波动一段时间，随后在某个猛烈下跌的底部处形成一个基底。这样，在图表上，价格显示出横向运动，直到抵达并完全向上穿越趋势线，趋势才会明显出现。因而，尽管趋势线有时随机漫行，且与实际价格趋势无明显关系，我们也有理由给出它们并对它们进行观察。

从上面的分析中，我们可自然得出回转线在许多熊市下跌中实用价值不大的结论，在熊市下跌的实例中，回转线更经常地是被迅速跌破，找到好的通道难度很大。

但是主要熊市最后的中等下跌，即导致最终的长期底部的最后一轮主要运动，通常较为清晰、规范，而且倾斜角度不太陡，换句话讲，将形成一个近乎规范的趋势，这种趋势有相当大的实际重要性，它即为牛市中等上升运动中我们所期望的，只不过现在趋势为下滑而非上行。如我们所说的那样，这种有趣的习性有实际的重要意义，因为在了解这种习性之后，我们对熊市的结束有一个额外的而且相当有用的线索。

在一轮主要熊市趋势前行了一段时间和距离之后，而且已经经历了至少一个惊恐抛售时，主要熊市趋势开始进入另一个不太活跃但更有序的下跌，这种下跌沿着一条较好的趋势线而进行，你要密切观察。如果这种中等趋势保持它的稳健而且不太陡的下跌路线——如果趋势线几次被细小反弹碰上——如果它产生一条相当规范的通道，而且价格没有跌破平行的回转线，那么对趋势线最终的上冲将标志着一个主要反转，标志着一轮新牛市的开始。

调整趋势——扇形原理

在中等趋势线研究中，我们最后将要讨论的主题是调整趋势。在牛市之中，调整趋势为打破主要上涨运动的中等下跌，而熊市中则为与主要下跌交替出现的中等反弹。

与市场方向对立的中等回撤有各种各样的形式。当回撤冲破持续形态，如三角形、矩形等等形态时，净价格回调效果不大，但在主要趋势继续进行前，时间消耗在来来回回的反复中。当然，这种情形下，我们没有依据作中等趋势线，实际操作中也不需要趋势线。

此外，我们还可以发现另一个极端情形：调整性波动经常发展成多少近似于中等坡度的直线型回转，它经常回到最近的良好中等支持或者阻挡价位，可回撤前一较为主要的波动的 1/3 ～ 2/3 幅度。通常，这些回撤产生好的趋势线，并且对于趋势线的最终穿透为投资者提供了较好的将要反转的技术性信号。必须补充的一点是：这种类型的中等修正趋势比较罕见。

中等调整采取的第三种形态与上文中提到的持续形态一样普遍，并且在图表上比第二种出现的更频繁。牛市中，调整趋势以进行数天或者两周的剧烈回调为开端，产生一条陡峭的细小趋势线，迅速的细小反弹将可能向上冲破该细小趋势线，但是随后价格会在一轮沉缓但是不太陡峭的趋势中再度下滑。

在初始高点与冲破的第一趋势的上冲顶部之间，投资者可以按照作第一趋势线的方法作出第二条细小趋势线。第二条又会被另一部分反弹所冲破，并且第三个沉缓的抛售随之即来。在初始高点与第二次上冲顶部之间可作第三条趋势线。此时，整个运动已形成一个大致不规则的"碟形散发"形状。从初始反转点，或者被称为调整下跌出发点处，发出的三条直线，每一条线的夹角都比其前一条要扁平，这样三条线就是我们所说的"扇形线"。另外，投资者应当记住这样一条规律：当第三条扇形线被向上冲破时，中等调整运动的地点已经可见。

但是，上面的规律并不是绝对的，它有一些例外。极少情况下，当价格真正开始重新上涨之前，这种调整类型会为整个调整运动形成一个新的低点。但这只是很极端的特例，在绝大多数情况下，三扇规律是成立的。该原理可以提供给投资者在某点持头寸的机会，而且在该点处投资者可逻辑性地运用一条很接近的停止命令，因而，当规律不适用时可以将损失限定在一个较小的范围内。

从分析中我们还可以注意到，价格每一次上冲后，都将始终如一地返回到前一扇形线上，这个现象是很值得注意的，因为一旦低点被跌过，新的主要波动通常将要慢慢开始实现碟形图像。

三扇规律还可用于预测熊市中中等反弹的反转，并且在应用中表现出很好地适应度，因为绝大多数的反转为圆形。但是必须明确的是，扇形规律通常只适用于调整运动，即用于决定牛市中等回落的结束以及决定熊市中等反弹的终止。

第十三章

移动均线

市场中股票的价格受到多重因素的共同作用，宏观经济情况、投资者的信心以及投资者手中的资金量等等因素都影响着股票价格的涨跌，因此，股票价格的运动趋势是非常不稳定的，有时几乎是随机的。投资者如何应对这种无法掌控的变化呢？处理这种现象的一种方法就是运用移动平均线。移动平均线可以展示出缓和之后价格的波动性，使价格的运动趋势变得更加平滑，同时使价格的各种扭曲减至最小。

在技术分析中投资者往往会运用多种形式的移动平均，其中最常用的有 3 种：简单移动平均、加权移动平均和指数移动平均。这些类型的移动平均在结构上和应用上各有差异。因此，每一种类型都需要分别进行分析。

移动均线用法简介

1. 移动平均线指标

移动平均线指标 MA（Moving Averge），是指某阶段时期内的平均股价逐日连接而形成的轨迹线。在证券市场中，对价格趋势进行平滑处理的最有效的方法，就是计算市场价格的移动平均线（MA）。所谓"移动"的概念，指的是每天产生的新价格会被纳入后一日的平均计算法里，形成更新的价格平均值。具体说来，移动平均线是用统计中"移动平均"的原理处理的方式，将若干天的股价加以平均，然后连接成一条线，用以观察股价运动趋势的一种方法。

移动平均线以道·琼斯的"平均成本概念"为理论基础，它有诸多优点，比如，它可以将将一段时期内的股票价格平均值连成曲线，用来显示股价的历史波动情况，进而反映股价指数未来发展趋势。移动平均线指标是一种趋势追踪工具，用来识别趋势已经终结或者反转，新的趋势是否正在形成。它是当今证券市场上广泛运用的技术指标，甚至一些业内人士把它作为股票价格的一部分来对待。由于它的构造方法简单，效果容易检验，且信号明确客观，所以它构成了绝大部分自动顺应趋势系统的运作基础。

移动平均线是股价的生命线，是对交易成本的最直观反映。它实质上是一种追踪趋势的工具，其目的在于显示旧趋势已终结或反转、新趋势正在萌生的行情走势，因此它也可以称之为弯曲的趋势线；它的另一个作用则是使价格运动变得平滑，使价格的各种扭曲现象减少到最少。

移动平均线一般有简单移动平均线、加权移动平均线（在简单移动平均线的计算基础上，将最近日期的数据增加权重，即越靠后的数据乘以的系数越大，以突出反映最近日期价格对当前股价的影响力）和指数加权移动平均线（一种简单的加权移动平均线）这三种。这里所介绍的移动平均线仅仅是简单移动平均线，在计算的时候，每日数据的权重都是相同的，取的是算术平均值。

2. 移动平均线的种类及意义

一般将移动平均线分为短期、中期、长期三种。

（1）短期均线主要包括 5 日、10 日均线。

股票每周正常的交易是 5 日（周五和周六休市），5 日均线对应着 1 周交易的平均价格，由于上证所通常每周 5 个交易日，因而 5 日线亦称周线。而在实际生活和工作中，人们的计划往往也是以周为时间单位的，所以，不少交易者将 5 日均线作为短期移动平均线的研判周期线。只要股价不跌破 5 日均线，就说明该股处于极强势状态。5 日移动平均线的构造是将 5 天数字之和除以 5，求出一个平均数，标于图表上，然后类推计算后面的，再将平均数逐日连起来得到 5 日平均线。5 日平均线的缺点是起伏较大，线图在行情震荡时极不规则，难以找到规律。

因此，用 10 日平均线来弥补此缺点。根据以上原理，10 日平均线以 10 日为样本，能较为正确地反映短期内股价平均成本的变动情形与趋势，可作为短线进出的依据，目前是投资者使用最广泛的移动平均线。10 日均线又称半月线，它是股票连续两周交易的平均价格，是考察股价在半个月内走势变化的重要参考线。与 5 日均线相比，10 日均线少了随股价频繁起伏的缺点，又能及时和准确地反映短期平均股价的变动情况，因此常被交易者用作短线进出的依据，即如果股价不跌破 10 日均线，则该股还属于强势。

（2）中期移动平均线主要有 20 日、30 日、45 日、60 日、90 日均线。

30 日移动平均线，以 30 日为样，计算较前者简便。季线采样为 72、73 日或 75 日，它的优点是，与短期均线相比，其波动幅度平滑且有轨迹可寻，与较长期移动平均线相比更加敏感。

20 日均线又称月线，标志着股价在过去一个月中的平均交易价格达到了怎样的水平，在这一个月中，市场交易者是处于获利状态还是被套状态。月线显示了股价一个月的平均变动成本，尤其在股市尚未十分明朗前，能预先显示股价未来变动方向，因此对于中期投资的参考性较高。20 日均线是考察股价短期走势向中期走势演变的中继线，很多交易者将 20 日均线和 10 日均线组合使用，以研判股价的短期运动趋势。

30 日均线的使用率非常高。30 日均线一直是业内中短期买卖股票的重要倍据，即所说的 30 日均线是短线主力的护盘线。也就是说股价向上突破 30 日均线时，是市场短线主力进场的表现，只要股价一直运行在 30 日均线之上，就说明短线主力仍在其中，短期上升行情没有结束。当股票经过一段较长时间的上涨后，一旦 30 日均线被股价向下突破，则可能预示着短线主力已经出局，但这不意味着该股从此走弱，还要看有无其他中长线主力在此运作，因此 30 日均线也需要和其他类型均线结合使用。

45 日均线基本上等于两月线（一个月交易日约有 22 天），它在中期均线的组合中使用得比较多，混合使用的概率小，但 45 日均线对于研判股价的中期行情，常常起到预测的作用。

60 日均线也被称为季度线，是 3 个月的市场平均交易价格线。由于这条线是比较标准的中期均线，在判断股价中期走势时起到非常重要的作用。与 45 日均线一样在多数情况下，它用于中期均线的组合中，混合使用的概率较小。

90 日均线是中期均线和长期均线的分界线。与短期和长期均线相比，90 日均线的特点是走势平滑、有规律，比各类短期均线滤噪性强、平稳性高，又比各类长期均线敏感度高、转折点清晰。因为这些优点，90 日均线常被交易者用作判断股价中期运行趋势的重要据。同时，90 日均线也常常被主力相中，当作其中期的护盘线，也就意味着当股价向上突破 90 日均线时，中线主力开始进场，只要股价一直运行在 90 日均线之上，就说明中线主力仍在其中，中期上升行情没有结束；而当股价经过一段较长时间的上涨后，一旦 90 日均线被股价向下突破，则可能预示着中线主力已经出局，但这不意味着该股从此走弱，还要看有无其他长线主力在此运作，此道理与 30 日均线类似。

（3）长期移动平均线主要包括 120 日、200 日均线。

120 日均线又称半年线，是用来察看股价长期运行趋势的状况的。通常在在长期均线组合中使用率比较高，而且也常被用来混合使用。一般而言，在下降趋势中，它为年线起到最后的护身符的作用；而在上升趋势中，它又是年线的前一个挡箭牌。

当半年线被股价突破时，表明来自市场的冲击力比较大，表明股价的长期上升趋势或长期下降的状态有长期维持下去的趋势。

200 日均线的地位相当于我国股市中的年线，通常是西方技术分析中股价长期趋势的看门线。200 日均线最早由美国股市分析专家葛兰维提出，他同时也提出了著名的葛兰维移动平均线八大法则，该法则在证券市场上具有普遍的判研意义。因此，西方交易者多数将 200 日均线作为其长期投资的决策依据。不过在我国，200 日均线并不普遍使用，它的重要性被 250 日均线所替代。

250 日均线被称为年线是根据一年有 54 周，一周有 5 个交易日，理论上计算，一年大概有 270 个交易日，除去节假日，大致有 250 个交易日，其移动平均的时间周期间隔参数为 250 天，属于超长期移动平均技术线。实际操作中，250 日均线经常被用在判别股票走势的牛熊转换，因此 250 均线还有另外一个称呼：牛熊走势的分界线。从 250 日均线原理中选股和把握买入时机看，主要适用于那些上市超过一年的个股，特别是前期已经过长期、深幅调整的个股，对上市时间较短的新股、次新股还有一些呈波段震荡走势的个股参考价值不大。需要注意的是，250 日均线的使用一定要与月线、周线的分析相结合，并注意其长期的变动方向才能使其判断的有效性增强。同时，250 日均线的使用要加入波浪理论中的"波浪的分解与组合理论"效果会更好。

投资者根据上述移动平均线种类和特点应该注意到，越是短期的移动平均线，就越与价格曲线本身相接近，整个图线曲折，上下起伏不定。越是长期的移动平均线，就越显得平滑。选用较短期的移动平均线，有时滞后的平滑效果无法体现，导致失误；选取较长期的移动平均线，在投资的安全性上讲可能好一些，但往往也会由此而失去更好的时机。因此对于不同需求的投资者应该选用不同的移动平均线，并与 K 线配合使用建议短期投资者选用 3 日或 5 日移动平均线，希望长期投资的投资者选用中长期移动平均线。

3. 移动平均线的特点

（1）保持追踪特性

移动均线可用以表示股价变化的方向，股价顺着这个趋势运动，不轻易改变。移动平均线的曲线将保持与价格图表中的趋势线方向一致，能消除中途价格在这个过程中出现的起伏。

（2）稳定性

根据移动平均线的计算，价格一天的变化将被分摊到几天中，因此移动平均线的数值一般不会大起大落。但是，投资者可能因此丧失机会。

（3）滞后性

这是移动平均线最大的弱点。移动平均线只是一种市场趋势追踪的工具，用来识别趋势已经终结或反转，新的趋势正在形成或延续的契机。它只能在市场变动之后作出反应而不能领先市场，也就是说当从移动平均线中发现某种趋势时，这个趋势已经走了一段时间了。因此移动平均线反应的永远是事实，但同时具有滞后性，所以，对于短线操作来说要将其他技术指标与移动平均线指标一起参考。

（4）助涨助跌性

无论当价格从上还是从下突破了移动平均线时，价格都有继续向突破方面再走一程的趋势。即在多头市场或空头市场中，移动平均线朝一个方向移动，通常将持续几个星期或几个月之后才会发生反转。这种作用，在股价走出盘整区域后表现尤为明显。当股价脱离盘整上升时，它就会发挥很强的助涨作用，即使股价偶尔回档，也会受到平均线的支撑止跌向上。反之，当股价脱离盘整区域而下跌时，它就会产生很强的助跌作用，股价即使反弹，也会受平均线的压制而再创新低。

（5）在股价走势中起到支撑压力线的作用

移动平均线的被突破即是支撑线和压力线的被突破。

4.移动平均线的应用

（1）黄金交叉与死亡交叉

"均线的交叉"是指不同周期的均线在运行过程中出现的相互穿越的情况，通常是较短期的均线穿越较长期的均线。

黄金交叉：短期移动平均线向上突破长期移动平均线，意味着股价上涨，特别是在上涨趋势中，如图 13-1：

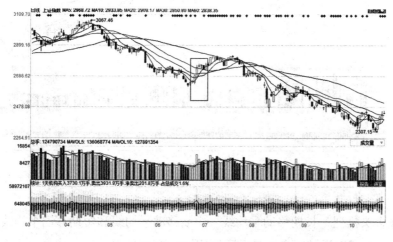

图 13-1

死亡交叉：短期移动平均线向下突破长期移动平均线，意味着股价下跌，特别是在下跌趋势中，如图 13-2：

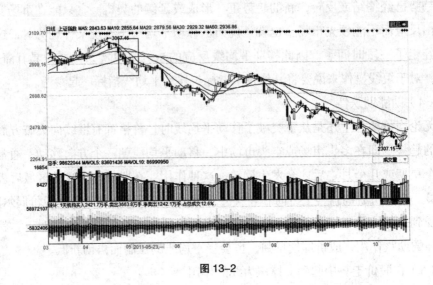

图 13-2

（2）长期移动平均线、中期移动平均线和短期移动平均线平行的组合形态

均线空头排列：长期移动平均线、中期移动平均线和短期移动平均线从上到下依次排列形成下沉的形态，是看跌的信号，如图 13-3：

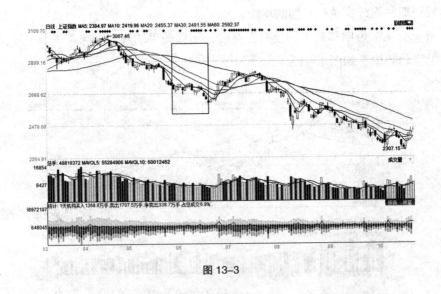

图 13-3

均线多头排列：长期移动平均线、中期移动平均线和短期移动平均线从下到上依次排列，形成上浮的形态，是看涨的信号，如图 13-4：

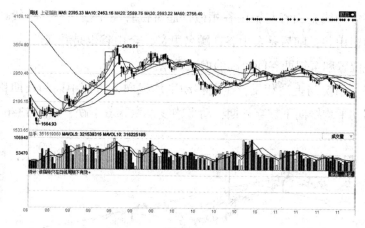

图 13-4

以上两种情况下，均线的向下向上运行角度、平行时间和相互之间的距离有着重要的意义。平行的均线向上或向下运行的角度越陡，则对股价所起到的助长或助跌作用越大，同时，也会减弱对股价的支撑与压制力度，股价容易向上或者向下突破，反之，越平缓则推助力越小。均线的向上或向下的平行时间越长，则股价发转的概率越大，发生反转后的涨跌幅也越大，反之亦然。均线向上平行或向下平行，意味着不同时间的买入价格在同步递增或递减，对未来股价的下跌或者上涨起到很有力的支撑和压制作用，此时均线间相互的间隔越大，则均线的支撑力和压制力范围就越广，会对股价构成层层支撑或层层障碍，防止股价在短时间内突破长期均线。

（3）均线银山谷、金山谷、死亡谷

银山谷：短期移动平均线向上贯穿中期和长期移动平均线，同时中期移动平均线向上贯穿长期移动平均线，形成山峰山谷状，意味着看涨，如图 13-5：

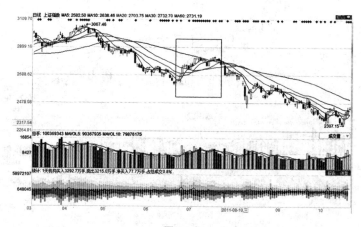

图 13-5

金山谷：均线金山谷与银山谷相似，通常位置高于银山谷，一般跌势结束后，首个出现的银山谷，随后是金山谷，顾名思义，金山谷也是看涨信号，价格上涨力度随金山谷位置和金银两谷间距离的增大而增大。

死亡谷：情况与上述相反，短期移动平均线向下贯穿中期和长期移动平均线，同时中期移动平均线向下贯穿长期移动平均线，意味着下跌，如图 13-6：

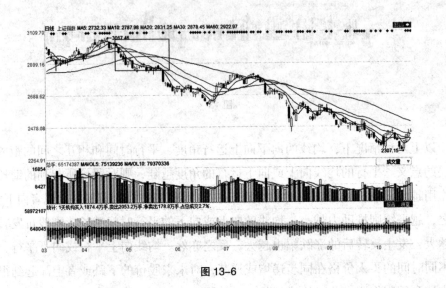

图 13-6

（4）一线贯穿

一阳穿多线：在下降趋势末期，一根阳线穿过多条移动平均线，是看涨信号，如图 13-7：

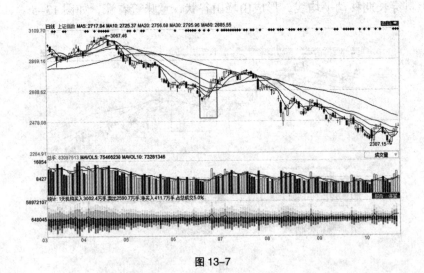

图 13-7

一阴穿多线：反之，在上升趋势末期，一根阴线穿过多条移动平均线，是看跌信号，如图13-8：

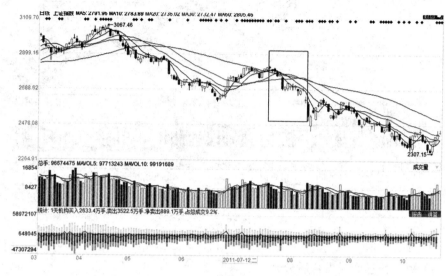

图 13-8

（5）移动均线波浪状爬行

短期均线和中期均线呈波浪状上升，而长期均线在二者下方，意味着上涨；反之短中期均线波浪状下降，长期均线在二者之上，意味着下跌。如图13-9、13-10：

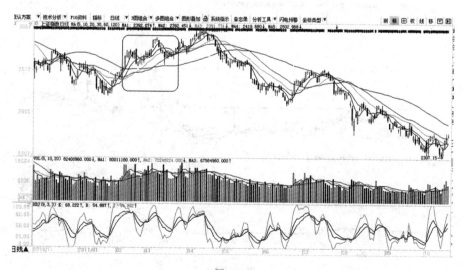

图 13-9

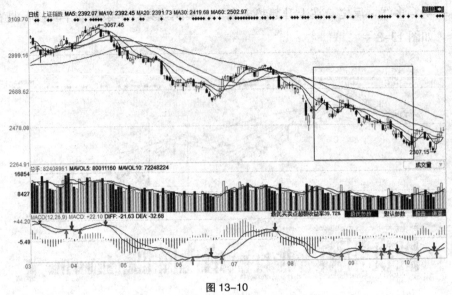

图 13-10

（6）短中长三均线重合后分开

均线的重合意味着长期的买入平均价格和短期的买入平均价格非常的接近，若前期股价处于上升阶段，那么现在的股价已经将带了过去的平均水平；如果前期股价处于下降阶段，则现在股价已经上升到过去的平均水平，而这些是股价趋势即将转变的信号，非常值得投资者关注。

若三者分开后向上升，则是看涨信号，反之，则是看跌信号，如图 13-11、13-12：

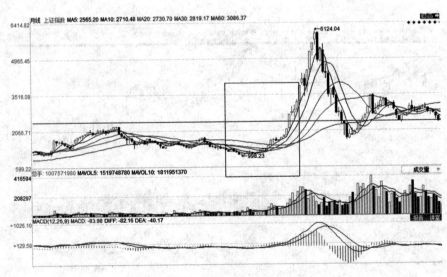

图 13-11

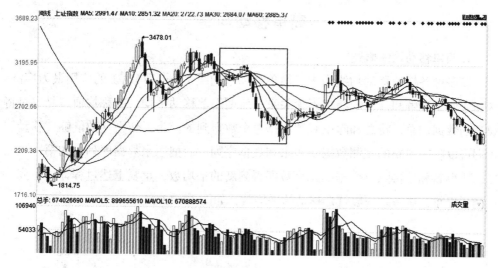

图 13-12

以上是根据多条均线的位置来进行研判，而葛南维八大法则提供了单根均线的运用法则，投资者可以作简单了解：

（1）移动平均线从下降逐渐走平且略向上方抬头，而股价从移动平均线下方向上方突破，为买进信号。

（2）股价位于移动平均线之上运行，回档时未跌破移动平均线后又再度上升时为买进时机。

（3）股价位于移动平均线之上运行，回档时跌破移动平均线，但短期移动平均线继续呈上升趋势，此时为买进时机。

（4）股价位于移动平均线以下运行，突然暴跌，距离移动平均线太远，极有可能向移动平均线靠近（物极必反，下跌反弹），此时为买进时机。

（5）股价位于移动平均线之上运行，连续数日大涨，离移动平均线愈来愈远，说明近期内购买股票者获利丰厚，随时都会产生获利回吐的卖压，应暂时卖出持股。

（6）移动平均线从上升逐渐走平，而股价从移动平均线上方向下跌破移动平均线时说明卖压渐重，应卖出所持股票。

（7）股价位于移动平均线下方运行，反弹时未突破移动平均线，且移动平均线跌势减缓，趋于水平后又出现下跌趋势，此时为卖出时机。

（8）股价反弹后在移动平均线上方徘徊，而移动平均线却继续下跌，宜卖出所持股票。

简单移动均线

1.简单移动均线概述

在多种各样的移动均线当中，简单移动平均线（Simple MA）的应用最为广泛，这和它便于理解和计算的特点不无关系。所谓简单移动平均，或称均值，是通过将观测的数据加总，将总和除以观测数据总个数得到的。为了使平均数能够"移动"，我们可以将一项新的观测数据加入求和数据序列，而把原来数据序列中的第一项去掉，所得新和数再除以数据的总个数即得到新的平均数，重复上述过程即可得到一系列平均数，这一系列数就是移动的平均数，如图 13-13：

图 13-13

例如，在下页表中展示了某股票的 10 周移动平均线的计算过程。该股票在 3 月 12 日收市时 10 周的总股价之和是 966，966 除以 10 得到平均数 96.6。3 月 19 日，把数据 90 加入，而将之前计算的第一日，即 1 月 8 日的数据删除，这样除以 10 的数是新和数 955。同理，对于 13 周移动平均线，就将需要 13 周的数据加总，然后除以 13。为了得到移动的平均数，就需要重复这种计算。

一般来说，上升的移动平均线预示着市场强势，而下降的移动平均线预示着市场弱势。价格指数线与 13 周移动平均线相比表明，移动平均线的变化方向在价格曲线的峰位或谷底之后，因而变化方向也要"落后"。这是因为移动平均线在第 13 周绘制，而观测到的 13 周的平均价格实际发生在 13 周时间跨度的中间部分，即第 7 周。

在用移动平均线判断价格走势的时候，需要注意一个技术准则，即价格趋势的各种变化是通过价格穿越其移动平均线来识别的，而不是通过移动平均线方向的反转来识别。这一点在之后的分析中格外重要。

月	日	指数	10 周之和	移动平均
1	8	101		
	15	100		
	22	103		
	29	99		
2	5	96		
	12	99		
	19	95		
	26	91		
3	5	93		
	12	89	966	96.6
	19	90	955	95.5
	26	95	950	95.0
4	2	103	950	95.0

如果要正确地反映价格变化趋势，最近的移动平均线应当绘制在期限的中点或描绘在第 7 周。如果在分析当中应用的是中心描点技术，就必须等待 6 周才能够知道移动平均线是否已经改变方向。这将会造成最后一个移动平均点和最后一个数据点之间存在一块空白区域。

在移动平均线的分析中，时滞是一个障碍，因为股票价格运动相对迅速，同时伴随着潜在的利润损失，这种时滞是完全不能接受的。技术分析人员已经发现，为了识别价格趋势的反转，把移动平均线描绘在最后一个时间跨度可以达到最好的效果。

当股价线自上而下穿越到移动平均线以下时，表明市场已经发生了从上涨趋势到下跌趋势的变化（图 13-14）。当价格向上穿越移动平均线时，则预示着看涨信号的来临。由于应用移动平均线可以给出明确的买卖信号，它们有助于投资者消除趋势线在绘制和解释上的一些主观问题。

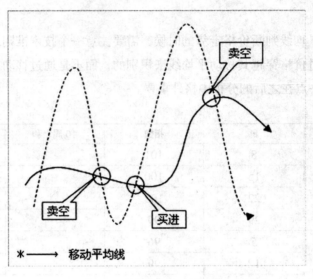

图 13—14

如果过去的经历已经证明投资者所考虑的特定的时间跨度是可靠的，那么通常根据移动平均线的穿越信号来制订投资计划是正确的。通过移动平均进行的技术分析，其精确性在很大程度上依赖于移动平均线的选择，还依赖于所讨论证券的波动性。移动平均线的长度也将对其精确性产生影响。一般来说，时间跨度越长，移动平均线越可靠。事实上，在日走势图上给定时间跨度的移动平均线，可能不如月走势图上根据月末数据绘制的移动平均线可靠。尽管如此，详细地讨论移动平均线的特征是十分有必要的。

作为一种重要的技术分析工具，简单移动平均线自身具备一些特征，这些特征在技术分析中都值得投资者注意。另外需要说明的一点是，尽管本节和以后各节的例子刻画的是简单移动平均线的特征，但所强调的原则和在实战中的运用规律可以应用于后面将要讨论的加权移动平均线和指数移动平均线。

（1）用来解释移动平均线的主要技术原则

①首先，移动平均线的本质是一种经过平滑处理后的价格趋势，因此作为价格趋势的一种表现方式，平均线本身就是一个起着支撑或压力作用的区域。在上涨行情中，当价格的折转下跌，在移动平均区域内得到支撑时，价格的反应往往是向上反弹。类似的，在股价下跌行情中，向上反弹往往遇到移动平均线的压力而向下折转。通常来说，一条移动平均线被触及的次数越多，也就是说，该移动平均线确实起到了支撑或压力区域的作用时，该移动平均线一旦被突破，其意义就越大，投资者能从中得到的信息就越可靠。

②其次，一般情况下，投资者谨慎选定的移动平均线能够较好的反映股价的基本变化趋势；这从另一个方面也说明了移动平均线的背离预示着趋势的变化可能已经发生。当我们观察到移动平均线显示出平坦的态势，或者已经改变了方向，它的背离就清楚地表明先前的趋势已经反转，并且这种判断常常是较为准确的。

③再次，如果在股价和移动平均线间发生背离的时候，移动平均线仍明显地按当前趋势运行，则这种情况应视为趋势将要发生反转的一个最初的警告，应引起投资者的重点关注。如果想要得到更加确定的结论，投资者须等到上升或下降的角度变得平坦，移动平均线自身改变方向，或者有其他技术资料显示趋势已发生反转，再作出判断。具有上升或下降锐角的移动平均线的穿越类似于具有锐角的趋势线的背离，可以根据具体情况，按照相同的思路进行判断。

④另外，一般来说，一个区段内，若一条移动平均线没有被穿越，则它所覆盖的时间跨度越长，穿越信号的意义就越应当引起投资者的注意，因为它们的指示意义往往更加重要。比如，18个月移动平均线的背离，相比于30天移动平均线的穿越具有更重要的指导意义，相应的判断也会相对更加准确。

⑤最后需要注意的一点是，移动平均线出现方向反转的现象，通常比移动平均线的穿越更可靠。在一些情况下，移动平均线的方向发生变化，同时这个变化所在的位置恰好是行情的转折点附近，那么就是一个非常有力而且可靠的信号。但是，在大多数情况下，移动平均线的反转现象多会发生在一个新趋势已经开始之后，因而仅对趋势确认有用。

总而言之，投资者应该将移动平均线视为一种移动趋势线，它的长度，即时间跨度、被触及或被接近的次数，以及上升和下降的角度决定了它的重要程度。

（2）在有趋势的市场中运用移动平均线的优点

①运用移动平均线可观察股价总的走势，不考虑股价的偶然变动，这样可自动选择出入市的时机。

②平均线能显示"出入货"的信号，将风险水平降低。无论平均线变化怎样，但反映买或卖信号的途径则一样。即是，若股价（一定要用收市价）向下穿破移动平均线，便是沽货信号；反之，若股价向上冲移动平均线，便是入货信号。

（3）在无趋势的市场中运用移动平均线的缺点

①通过分析均线系统可以得出一系列买卖信号，但均线系统本身反应较慢，不易把握股价趋势的高峰与低谷。所以应该结合日K线、KDJ指标、OBV曲线等其他分析方法，通过多种技术分析方法来决定买卖策略。

②在价格波幅不大的牛皮市期间，平均线折中于价格之中，出现上下交错型的

出入货信号，使分析者无法定论，在无趋势的期间，重复的亏损将是不可避免的，因此此时应选择其他的技术分析方法。

现时各种用于测市的技术指标很多，使用方法、应用范围、运用原则各不相同，而且一些指标在使用者看来精准度不高，难以发挥效用。从现在起我们讨论的主题就是如何通过对一些技术指标的参数进行设置，从而提高它们对使用者分析价格走势的精度，发挥更大的效用。

2. 简单移动均线的收敛性

通常情况下，在剧烈的价格走势发生之前，会出现一段逐渐变窄的交易区间。事实上，价格波动的减缓反映了买卖双方力量之间一种非常微妙的平衡。一旦这种平衡被某一方打破，价格就会释放能量，随即将会展开一波大幅走势。

根据前文中的分析我们可以看到，均线的状态是市场的一个重要信号，当多条均线同时出现收敛迹象时，表明市场的成本趋于一致，此时是市场的关键时刻，也正是投资者们需要重点关注的时期，因为这意味着大盘将重新选择方向。

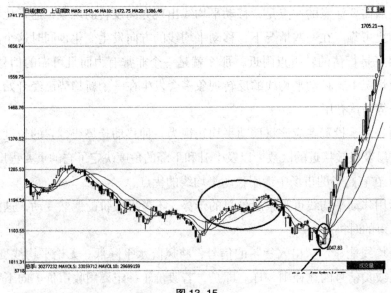

图 13-15

举实例来说，从图 13-15 可以看出，1999 年 5·19 行情前，5 周、10 周、30 周、60 周等多条重要的均线不约而同地由之前的发散状态趋于收敛状态。在技术分析中，这种现象表明：大盘将要出现重大的变盘选择。

市场中的大多数投资者都能及时发现均线在某一刻出现了收敛的情形，这并不是技术分析中最为重要的一环，最为重要的是，在变盘前，如何准确判断大盘变盘的方向。对于观察到了均线收敛状况的投资者来说，判断均线收敛后将要变盘的方向是非常重要的，这是决定投资是成还是败的关建，判断的准，就能领先别人一步，抢占市场先机获利。

判断变盘方向时，应该把握另外的两条原则：均线服从原理和均线扭转原理。

（1）所谓的均线服从原理是指：短期均线的变化要服从长期均线，变盘的方向将会主要按照长期均线变化所指示的方向进行，长期均线向上则说明将向上变盘，长期均线向下则说明将向下变盘。同时，日线要服从周线，短期线要服从长期线。

短期服从长期原理我们可以从市场中找到实例支撑：1999年5·19前的5周、10周、30周均线的方向都是向下的，但60周线走平，而120周线却仍然强劲上行，因此根据我们前文中的分析，此时变盘的方向要服从长期的120周线的方向而不是短期的5周、10周、30周均线，长期均线的上行是牛市存在的基础，当利好政策配合时，大盘在1043点产生了无比的爆发力。2002年8月末9月初时，5、10、30、60周线处于收敛，30周线是向上的，而60周线是下降的，因此，要服从60周线的方向，向下变盘。

与此相同，日线服从周线的原理我们同样可以找到相应的实例：2002年5月初，从大盘的日线来看，5日、10日、30日、60日、120日的均线线都发生了收敛，30日均线向下而60日均线强劲向上，120日均线走平。此时，若根据日线判断，则得出的变盘结论是向上，大盘应该向上突破。但当时的情况是5周、10周、30周均线都收敛，5周走平，10走向上，30周却向下，此时周线得出的变盘结论恰恰相反，应该是向下的。实际情形应证了我们的判断，当大盘跌破1600点反抽无力后，应出局止损，大盘向下变盘。

从以上的两个实例我们可以看出，均线服从原理在实际分析中是十分有用的，但值得我们注意的是，利用均线服从原理得出的结论并不是一定正确的，它只代表了一种最大的可能性，而且与此同时，我们还需要明确它存在一个重要缺陷——迟钝性，也就是说它不能用来判断最高点和最底点，只能用来判断总体趋势的大方向。另外，在实战中，市场经常会发生出人意料的逆转，此时均线服从原理将完全失效，此时，作为一个明智的投资者，应当果断采用均线扭转原理。

（2）所谓的均线扭转原理，是指一旦市场中出现了与均线服从原理相反的走势，则表明市场将要出现反转形态，即见底反转或见顶反转，此时需要着重观察均线的扭转力度。一般情况下，均线服从原理具有较大的惯性，通常都是有效的，想扭转它并不容易。在低位时多条均线收敛，投资者并不能由此判断这里是底部，还是下跌中继平台，因此此时不能盲目进场。当均线达到底部时，利用均线服从原理得出的结论都是向下的，这是因为长期均线的方向是向下的。但当市场向上逆转，并且同时伴随着在低位的连续巨大成交量时，就说明均线的扭转原理在发生作用。有一点我们需要牢记的是：底部向上的扭转必须要有巨大的成交量与之配合，成交量大小常常代表了扭转的力度大小。

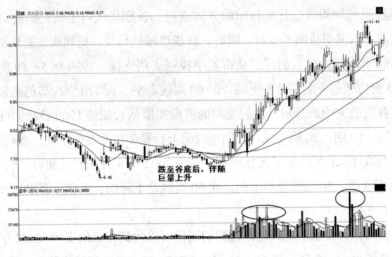

图 13-16

例如：如图 13-16 所示，2002 年年初的夏新电子（更名为象屿股份）（600057）在 6 元多的价位见底扭转时，伴随有连续巨量。它的股价是提前于大盘见底的，当大盘见底后，它的股价已经从 6 元多涨到了 9 元，而当时的很多低价股的价格很低，3 元、4 元的股价十分普遍。因此，虽然在技术上表明这只股票有大资金进场，后市应该向上，但是从当时超跌抢反弹的角度来看，它的短期利润远远低于价格更低的股票，因此投资者在这种条件下就不应该选择这只股票，而是应该选择 3 ~ 4 元价位的低价股。随后这只股票的涨幅远不如多数 3 ~ 4 元的低价股，验证了分析的正确性。另外还有一点值得投资者注意，当股价在高位见顶，随后跌破均线，并且回抽无力时，要记得及时止损，虽然此时均线还在上行，但已经发生了明显的均线扭转，所以此时不能怀着侥幸心理，以免造成未来更大的损失。

事实上，任何一种技术分析方法都不是唯一的，更不可能是绝对准确的，他们自身的缺陷无法避免，因此理性的投资者不能只迷信一种方法，而是应该把多种分析方法结合起来综合运用。例如，在均线分析中要结合形态分析和趋势线分析，如果再考虑到基本面分析，那么准确率无疑会大大提高，只有多重因素综合考虑，才能做到取长补短，优势互补，从而在股市中获利。

3. 移动均线的有效穿越

当市场中某只股票的价格曲线突破了它的移动平均线时，我们称发生了穿越现象。但是，细心的投资者通过认真的观察可以发现，任何一个移动平均线走势图中，经常存在着许多虚假或错误的穿越信号。投资者怎样才能判断哪些是有效的穿越信号，哪些又是虚假或错误的穿越信号呢？事实上，没有一种绝对可靠的办法可以帮助我们实现这种愿望，许多虚假穿越现象是不可避免的，我们应当视它们为无法更改的事实。但是，幸运的是，通过一些应用过滤技术，我们可以避免一些错误的穿越信号，从而把作出错误判断的可能性降低至最小。这里我们所应用的过滤技术的类型，很大程度上取决于所研究区段的时间跨度，同时，它也可能和一个人的自身经验密切相关。

例如，我们可以主要关注穿越移动平均线 3% 的信号，只根据它采取行动，而不考虑其他的穿越信号。对于 40 周移动平均线，3% 的背离可能会引起 15% ~ 20% 的平均价格变化，在这种情况下，3% 的穿越将是合理的过滤。另一方面，对于 10 日移动平均线，由于 3% 的穿越可能包含了 10 日移动平均线穿越所预示的整个价格走势，这种过滤对 10 日移动平均线将无任何意义。由此我们可以看出，虚假穿越现象是我们没有办法回避的一个问题，但是与此同时，在合适的过滤技术的帮助下，我们依然能够作出一些相对准确的判断。在这里我们需要牢记一条技术准则，如果价格已经对一条移动平均线形成了穿越，但同时背离一条趋势线或价格走势的形态已经形成，那么这些信号将相互强化，因而无需过滤技术，投资者可以直接进行分析判断。

图 13-17

图 13-17 描绘了上证指数及 40 周移动平均线。当价格向上穿过 3% 过滤带的上边界线时，预示着买入信号；当价格向下穿过 3% 下边界线时，预示着卖出信号。

在市场中，一些技术分析家认为，要获得移动平均线的穿越信号至少要等待一段时间，原因是单一期间虚假穿越很常见。就单日数据来说，使用该方法意味着只有等到变动发生后的第 2 天或第 3 天才能得到价格背离移动平均线的结论。因此，在判断一个穿越是否有效时，一种比较明智的办法是综合利用期间和百分比穿越的原则。

图 13-18

图 13-18 显示了上指在 2011 年 2 月份同时背离了趋势线和移动平均线。此后，我们可以看到移动平均线的一次突破和一个头肩顶的形成，两者几乎是在同一个时期完成的。对于深指及其 50 日移动平均线来说，图 13-19 表现出了类似的情形。

图 13-19

该图描述了某公司股票价格线及其 50 日移动平均线，两者都表现为阻力位，所以对它们共同的突破表示了价格冲高的两个证据，第三个证据是相应时刻成交量的放大。

通常来说，市场中的股价分为开盘价、收盘价、最高价和最低价，我们应该用哪一个价格计算移动平均线呢？通常情况下，经验投资者习惯根据收盘价绘制移动平均线。原因是收盘价比最高价、最低价或开盘价更可靠，它们反映了投资者愿意持有过夜的价格；如果所分析的是周线图，则反映了投资者愿意持有到下一周的价格。相比之下，盘中价格容易被投资者操纵，或被对未经证实的新闻事件的态度扭曲。因此，投资者最好等到收盘价突破移动平均线，再作出穿越已经发生的结论。如果分析的是一段时期内的价格对移动平均线的背离行为，则一般情况下最好的办法是根据每天的最低价或最高价计算移动平均线。

在用移动平均线进行技术分析的时候，时间跨度的选择问题也是分析过程中很重要的一方面。任何时间跨度，不论是几天、几周、几个月、甚至几年，都可以绘制相应的移动平均线。值得投资者注意的是，时间长度的选择是非常重要的，分析过程中选择的指标曲线的时间跨度一定要和所研究市场的周期和研究的具体方面结合起来考虑。

举例来说，假定一个完整的多头市场和空头市场的循环周期需要持续 4 年，那么此时如果选择时间跨度超过 48 个月的移动平均线进行分析就是非常不明智的，它将丝毫不能够反映该周期的任何情况，因为它掩盖了这一段时间内发生的所有波动，并且它的形态将呈现为一条穿越价格中间值的近似水平的直线，对于投资者作出决策毫无意义。另一方面，当我们进行短线操作分析的时候，5 日移动平均线无疑非常合适，因为它将能够捕捉股票循环周期中每一个微小的价格走势，但是，如果投资者如果要想通过它识别整个周期实际的峰位和底部，它就是无效的。在以上两个例子当中，即使将 48 个月移动平均线缩短成 24 个月移动平均线，将 5 日移动平均线扩展成 4 周移动平均线，投资者也无法捕捉到股价实际的周期性运动。因为此时应用 24 个月移动平均线的穿越信号就会使对股价趋势变化的确认过于迟缓，而 4 周移动平均线会过于敏感以至于会不断发出误导或虚假穿越信号。

投资者应当牢记的是，没有一条移动平均线适用于所有周期，只有当一条移动平均线确实可以捕捉股价实际周期性运动时，它才能够在迟缓和过度敏感之间给出最佳的选择，而找出这条合适的移动均线的过程，就是对投资者经验和直觉的考量。

现在，相信投资者已经认识到了移动均线时间跨度选择的重要性，接下来，将会为你介绍一些具体的时间跨度选取方法。移动平均线时间跨度的选择，很大一部分取决于要识别的市场趋势类型，即短期、中期或长期趋势。正是因为不同的市场趋势具有不同的特征，而且相同的市场趋势也会经历不同的周期现象，所以不存在所谓完美的移动平均线。近年来，虽然人们借助计算机的先进技术进行了大量的研究，希望能找到最优的移动平均时间跨度，但不幸的是，来自于各个方面的资料表明，这样一个适用于所有市场趋势的完美时间跨度是不存在的。

投资者应该明确的是，在一个特定的时间区段内，如果一条移动平均线能够在一个市场中充分发挥作用，那么它对于未来的情况不可能完全适用。当我们试图选择合适的时间跨度时，我们实际上是在试图寻找适用于某一特定时间范围——短期、中期或长期——的一条移动平均线，让它在大多数时间内能够发挥作用。一般来说，长期时间跨度比短期时间跨度更加稳定，因为它较少受市场操纵的影响，并且对意外消息造成的下意识的随机反映不像短期时间跨度那么敏感。这就是为什么能给出最佳的测试结果的往往是长的时间跨度。

下表是国内外投资者根据长期以来的理论分析和操作经验总结而成的时间跨度选择表，它对投资者在时间跨度的选择方面给出了一些建议。

短期	中期	长期
10 日	30 日	200 日 /40 周 /9 个月
15 日	10 周（50 日）	45 周
20 日	13 周（65 日）	
25 日	20 周	12 个月
30 日	26 周	18 个月
	200 日	24 个月

即使有了很多种图表和准则帮助我们作出分析和判断，但是有一点需要每一位投资者牢牢记住：在识别趋势反转时，移动平均线只是一种技术分析工具，它一定要与其他技术分析工具相结合一起使用，忽略其他的复杂市场因素，仅凭一个孤立的指标数据不能说明市场中的任何问题。

4.延后简单移动平均线

延后移动平均线，是一种很有潜力的分析方法，但在目前的市场中，它尚未得到广泛的采用。它的绘制和应用于简单移动平均线相似，只是在其显示的时间上作出了一些调整。以 25 日移动平均线为例，第 25 天的移动平均线的实际位置并不是绘制在第 25 天，而是延后绘制到第 28 天，或者第 30 天之后的日期之上。该方法的优点是使得穿越的时间推迟，这样可以有效的过滤偶尔产生的虚假穿越信号。

举例来说，美国投资者曾通过计算估计，在 1919 年到 1933 年这段时间之内，市场中包含了几乎各种股市行情的时期，利用 25 日简单移动平均线的穿越信号能够净获利 446 点道·琼斯指数，这个数字比 30 日简单移动平均线的 433 点略高，但远远高于 40 日移动平均线的 316 点和 15 日移动平均线的 216 点。但是，当把 25 日移动平均线绘制在第 28 日时，穿越信号使获利增加 231 点，达到 677 点。对于 30 日移动平均线，当把时间延后 3 天绘制的时候也能得到比较好的结果，获利增加 204 点，达到 637 点。虽然这些投资者是按正常方法绘制出的移动平均线，但研究表明若将移动平均线延后 3 日，则可以避免许多虚假穿越信号。

虽然延后 3 日的 25 日移动平均线未必是用来分析股价走势的最佳组合，但将延后绘制移动平均线的方法应用到技术分析中有其不可忽视的意义。将移动平均线延后多长时间往往难以确定，多数投资者只是依靠经验作出判断。其中，一种可能的方法是将移动平均线延后的时间取为时间跨度的平方根。比如，36 日移动平均线延后 6 天绘制，往往能得到较好的结果。

5. 多条简单移动平均线组合运动

在均线的实际应用中，经验丰富的投资者常常将不同周期的均线搭配使用，此时作出判断所达到的效果比单根均线的效果好得多。接下来就将详细介绍均线的两两组合使用情况，方便投资者对于理论进行综合的应用。

通常情况下，投资者将以下几组简单平均线两两组合在一起使用：5 日均线和 10 日均线组合使用，用以判断短期买卖点；30 日均线和 60 日均线组合使用，用以判断中期买卖点；120 日均线和 250 日均线组合使用，用以判断长期买卖点。

（1）5 日均线和 10 日均线的组合使用遵循以下的具体方法：

5 日均线上穿 10 日均线后，股价回落至 10 日线附近时，如果 10 日线向上拐，则将形成短线买点；

5 日线与 10 日线平行向上时，股价回落至 10 日线附近，此处即为买点，特别是第一次回落至 10 日线附近的点，尤其应该引起投资者的注意；

5 日线与 10 日线低位向上，并且同时具备下凸形态时，此处为股价短线起飞点；

5 日线与 10 日线在股价盘整末期，如果形成了一条收敛形态的线，要注意这条线一旦分开向上，则构成了较有爆发力的起飞点。

（2）30 日线与 60 日线、10 日线的组合使用遵循以下的具体方法：

30 日均线上穿 60 日均线后，如果 60 日均线也拐头向上，股价跌至 60 日均线处时，若股价再次向上，则此时是很好的中级买点；

30 日线与 60 日线平行向上时，股价回落至 60 日线附近再次向上时，构成了中线买点，特别是第一次回落至 60 日线附近时，效应更加明显；

30 日线与 10 日线低位向上，同时具备下凸形态时，为股价中线起飞点；60 日均线向上，30 日均线接近 60 日线，距离极近时，30 日线又再次向上，如果股价此时股价再向上，则为中线买点。

（3）120 日均线和平 250 日均线组合使用的具体方法如下：

120 日线上穿 250 日线后，如果两线平行向上，则该股为长线牛股，当股价每次跌至两条均线之一，之后再次向上时，都是极好的长线买点；

120 日线与 250 日线低位向上，同时具备下凸形态，或者距离极近收敛成一线时，为股价长线起飞点；

如果同时具备上述两个特征，则说明该股的上升趋势将会很明显，股价会反复向上，是持续多年的牛股。

加权移动平均线

从统计学的观点来看，如果投资者想要通过技术分析正确地反映价格的运动趋势，则应当把移动平均线绘制在价格时间跨度的中点，才能达到目的，但这会使信号在时间上出现滞后。解决这个问题的一种办法是，增加新近数据的权重，即绘制加权移动平均线（WeightedMA）。根据这种方法绘制的移动平均线与简单移动平均线相比，明显的一个优点是能够较快地扭转方向，因为简单移动平均给所有数据以相同的权重，不能反映不同数据所提供信息的差异性。而与其不同的是，加权移动平均线将过去某特定时间内的价格取其平均值，它所采用的比重以平均线的长度设定，使得近期的收市价对市况影响相对于远期的收市价重要。其计算方式是：基于加权移动平均线日数，将每一个之前日数比重提升。每一价格会乘以一个比重，最新的价格会有最大的比重，相应的，其之前的每一日的比重将会递减。

对价格数据加权有无数种方法可供投资者们选择，但常用的加权的方式主要分为四种：末日加权、阶梯式加权、线形加权和平方系数加权。以下将对四种加权方式一一作出介绍：

1. 末日加权移动平均线

计算公式：MA（N）=（C1+C2+⋯+Cn×2）/（n+1）

末日加权移动平均线将最近一天的价格赋予权重 2，而其他日期的价格赋予权数 1，相较之下，最近一天的股价对于均线的影响较之前几天的影响较大，达到了加权的目的，这种加权方式操作方便且原理简单，在实际操作中很常用。

2. 线性加权移动平均线

计算公式：MA=（C1×1+C2×2+……+Cn×n）/（1+2+...+n）

线性加权移动平均同样是实际操作中常用到的方法之一，它将第一期的数据乘以1，第二期的数据乘以2，第三期的数据乘以3等等，依次类推直到最后一期，然后将各期结果相加，再除以权重的和（如图13-20）。

图 13-20

在简单移动平均中，除数是期间的个数，但在这里，除数是各权重的和，即 1+2+3+4+5+6=21。对10周加权移动平均来说，其权重之和将是1+2+3+4+5+6+7+8+9+10=55。

3. 梯型加权移动平均线

计算公式（以5日为例）：

MA=［（C1+C2）×1+（C2+C3）×2+（C3+C4）×3+（C4+C5）×4］/（2×1+2×2+2×3+2×4）

这种加权方式充分考虑了相邻两日的股价的共同作用，原理类似于线性加权移动平均。

4. 平方系数加权移动平均线

计算公式（以5日为例）：

MA=［（C1×1×1）+（C2×2×2）+（C3×3×3）+（C4×4×4）+（C5×5×5）］/（1×1+2×2+3×3+4×4+5×5）

在这种计算加权移动平均线的方法中，加权系数变成了天数的平方，从某种程度上加大了临近日期股价对于均价的影响程度。

对加权移动平均的理解与简单移动平均并不相同，因为加权移动平均相较于简单移动平均比较敏感，通过加权移动平均线方向的变化，就能给出趋势反转的信号，而不能像简单移动平均一样，等到价格穿越趋势线才给出。

大部分比较有经验的技术分析者会利用简单移动平均线设定一个买卖系统。利用两条平均线中较短期的一条作为信号线。例如，当短期的平均线上穿较长期的平均线时，显示趋势即将上扬，于是改变相应的操作策略；相反，当短期的平均线下穿较长期的平均线，显示熊市在即，策略就应当作出相应的调整。

一般情况下，加权移动平均线同时也可以像简单移动平均线一样，发挥出支持或阻力的作用。具体操作应当为当市况向跌破时沽出，升破时买进。

正因加权移动平均线强调将愈近期的价格比重提升，故此当市况倒退时，加权移动平均线比起其他平均线更容易预测价格波动。

平滑异同移动平均线

平滑异同移动平均线（Moving Average Convergenceand Divergence），简称 MACD，是源于美国的技术分析工具，近年被投资者们经常使用。MACD 吸收了移动平均线的优点，运用移动平均线判断买卖时机，在趋势明显时收效很大，但如果碰上牛皮盘整的行情，所发出的信号不准确并且过于频繁。

MACD 是根据移动平均线原理所发展出来的，一方面它克服了移动平均线假信号频繁的缺陷，另一方面它能确保移动平均线最大的战果。如图 13-21 所示。

1. 计算方法

MACD 计算的基础，是长期与中期两条指数平滑移动平均线（EMA）的差离状况。计算的具体步骤如下：

（1）首先，我们分别计算出收市价短期指数平滑移动平均线与长期指数平滑移动平均线，分别记为 EMA（SHORT）与 EMA（LONG）。

（2）然后，求这两条指数平滑移动平均线的差，即：

DIFF=EMA（SHORT）－ EMA（LONG）

（3）随后，再计算 DIFF 的 M 日指数平滑移动平均，记为 DEA。

（4）最后，用 DIFF 减 DEA，得 MACD。

通常情况下，MACD 被绘制成围绕零轴线波动的柱形图。

在绘制的图形上，DIFF 与 DEA 形成了两条快慢移动平均线，这两条线的交叉点决定了买进卖出信号。从 MACD 的计算方法我们可以明显看出，MACD 是一个中长期趋势的投资技术工具。

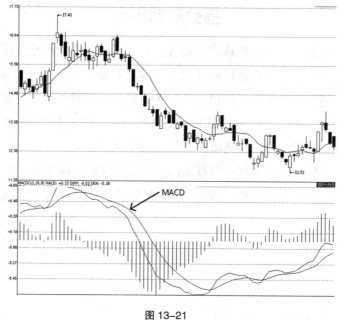

图 13-21

2. 应用法则

（1）DIFF 与 DEA 均为正值，即都在零轴线以上时，大势属多头市场，DIFF 向上突破 DEA，说明是买入点。

（2）DIFF 与 DEA 均为负值，即都在零轴线以下时，大势属空头市场，DIFF 向下跌破 DEA，此时是卖出点。

（3）当 DEA 线与 K 线趋势发生背离时为反转信号。

（4）DEA 在盘局时，失误率较高，但如果配合 RSI 及 KD，可以适当弥补缺憾。

（5）分析 MACD 柱形图，由正变负时往往指示该卖，反之往往为买入信号。

MACD 指标并不是万能的，它只能作为诸多技术分析指标中的一个参考。其指标的最基础理论基于乖离率的大小。柱状线只是反映出了 DIF 与 DEA 的差值变化，这个差值的变化只能说明短期的一个上涨或下跌的力度与一个基期较长的平均线的力度的对比，也就是说，当我们看到"金叉"的时候，并不能确定一定将要出现上涨的局势。

MACD 所反映的只是涨跌力度的对比，即使将其作为买入点的参考，也只能根据中枢的理论并配合 MACD 指标来判断背驰之后，才能考虑是否买入。

另外，MACD 只能用于两段相近走势间力度的对比，两段相近走势中间只能是由相反走势或是盘整的走势连接，如果它脱离了中枢理论，那么这个指标将失去它的参考价值。

指数移动平均

前面我们详细介绍了加权移动平均线，它有助于我们识别趋势反转。但是，在计算机广泛使用之前，计算这样的移动平均线耗时较长，严重影响其实用性。从某种程度上说，指数移动平均（EMA）是一种形式更加简单的加权移动平均。指数平均数指标，简称 EMA（Exponential Moving Average），也叫 EXPMA 指标，它也是一种趋向类指标，是以指数式递减加权的移动平均。

它的具体求解方法涉及到一些算式以及算式之间的递推关系。求 X 的 N 日指数平滑移动平均，在股票公式中一般表达为 EMA（X，N）。如果用公式表达它，则可以写为：

当日指数平均值 = 平滑系数 ×（当日指数值 – 昨日指数平均值）+ 昨日指数平均值；

平滑系数 =2/（周期单位 +1）；

由以上公式进行推导，可以得到：

EMA（C，N）=2×C/（N+1）+（N–1）/（N+1）× 昨天的指数收盘平均值；

其详细的算法是：

若 Y=EMA（X,N），则 Y=[2X+（N–1）Y']/（N+1），其中 Y' 表示上一周期的 Y 值。

EMA 引用函数在计算机上使用递归算法很容易实现，但在理解上一些投资者常常存在困难。下面我们将举例分析说明 EMA 函数。

假设 X 是一变量，每一天的 X 值都不同，从日期由远到近标记 X，分别记为 X1、X2、X3、……Xn。

如果 N=1，则 EMA（X，1）= [2X1+（1–1）Y'] /（1+1）=X1

如果 N=2，则 EMA（X，2）= [2X2+（2–1）Y'] /（2+1）=2/3X2+1/3X1

如果 N=3，则 EMA（X，3）= [2X3+（3–1）Y'] /（3+1）

如果 N=4，则 EMA（X，4）= [2X4+（4–1）Y'] /（4+1）

由此循环下去，则任何时候表达式中的系数之和恒为 1。如果 X 是常量，每天的 X 值都不变，则可以得到 EMA（X，N）=MA（X，N）。

从以上的举例分析中，我们可以看到时间周期越近的 X 值，它被赋予的权重就越大，说明 EMA 函数对近期的 X 值加强了权重比，相较于其他种类的移动平均线，能及时反映近期 X 值的波动情况。所以，EMA 比 MA 更具参考价值，因此一旦出现死叉或金叉应当立即作出反应。如果分析是对周线进行处理,则 EMA 将表现得更加稳定。

理解了 MA、EMA 的含义后，就不难理解其用途，简单地概括它们的用法：当要比较数值与均价的关系时，用 MA 这一指标就已经足够，而当要比较均价的趋势快慢时，用 EMA 则相对更稳定；有时，在均价值不重要时，也用 EMA 来平滑和美观曲线。

在具体操作中，如果移动平均的时间跨度不同，那么所用的指数也应当根据不同的情况及时作出调整。不同时间跨度所用的正确指数由下表给出，其中时间跨度的单位是周。但事实上，指数 0.1 可以用于以 20 为时间跨度的任何时间单位，比如小时、日、周、月、年或更长的间限。

不同时间跨度的指数因子

周数	指数
5	0.4
10	0.2
15	0.13
20	0.1
40	0.05
80	0.025

除了上表给出的时间跨度以外，其他时间跨度的指数的确定，可以通过这些时间跨度除 2 得到。举例来说，5 周移动平均线的敏感性应该是 10 周移动平均线的 2 倍，即 0.4=0.2×2。另一方面，20 周移动平均线的敏感性应当是 10 周移动平均线的一半，所以 20 周的指数，即 0.1 也应当是 10 周指数 0.2 的一半。

在分析趋势的过程中，如果某一条 EMA 表现出太敏感，一种比较好的解决办法就是适当增加时间跨度。另一个解决办法是将该 EMA 再做一次 EMA。该方法的具体实施过程是：利用一条 EMA，同时利用另一个指数重复以前的 EMA 计算过程。同理，投资者可以自行进行 3 次或 4 次指数移动平均的计算，但所得到的 EMA 将越来越平滑，敏感性就会越来越差。

在利用 EMA 进行分析的过程中需要牢记的是：所有形式的移动平均线都是时效性和敏感性的一种折中。

布林带

布林带（Bollinger Bands），又被称为保利加通道，是根据统计学中的标准差原理设计出来的一种非常实用的技术指标。标准的布林带由三条轨道线组成，其中上下两条线可以分别看成是价格的压力线和支撑线，在两条线之间的第三条线则可以视为一条价格平均线。一般情况下，价格线在由上下轨道组成的带状区间游走，而且随价格的变化自动调整轨道的位置。当波带变窄时，激烈的价格波动有可能随即产生；若高低点穿越带边线时，立刻又回到波带内，则预示随后即将会有回档产生。如图 13-22 所示。

布林带分析方法的具体算法是：首先计算出过去 20 日收市价的布林线标准差 SD（Standard Deviation），通常将其再乘以 2，得出 2 倍标准差，三条线的计算公式如下：

中间线 = 20 日均线

压力线 = 20 日均线 $+2 \times SD$（20 日收市价）

支撑线 = 20 日均线 $-2 \times SD$（20 日收市价）

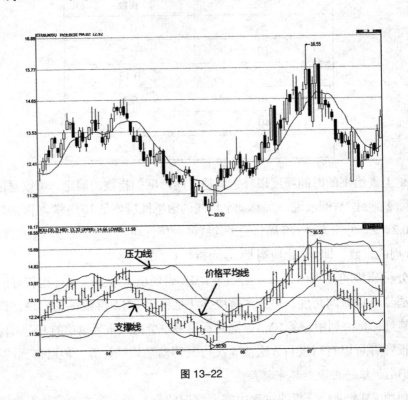

图 13-22

布林带的功能很丰富，它可以通过上下两条线指示支撑和压力位置，同时可以显示超买、超卖的位置，此外，还可以指示趋势，另外，上下两条线间形成的区域具备通道功能。

布林带的理论使用原则是：当股价穿越最外面的压力线（支撑线）时，表示卖点（买点）出现。当股价延着压力线（支撑线）上升（下降）运行，虽然股价并未穿越，但若回头突破第二条线即是卖点或买点。

由布林带分析方法可以通过如下指标对实战中的具体操作策略制定提供参考：

（1）股价由下向上穿越下轨线，即支撑线时，可视为买进信号。

（2）股价由下向上穿越中轨线，此时股价若加速上扬，则说明此时是加仓买进的好时机。

（3）股价在中轨与上轨之间波动运行时为多头市场，较为明智的做法是持股观望。

（4）股价长时间在中轨与上轨间运行后，若显示出由上向下跌破中轨线的形态，则为卖出的信号。

（5）股价在中轨与下轨之间向下波动运行，说明此时为空头市场，投资者的最佳选择是持币观望。

（6）布林带的中轨线经长期大幅下跌后转平，随后出现向上的拐点，与此同时，股价在2～3日内均稳定在中轨之上，此时，若股价回调，其回档低点往往是适量低吸的中短线切入点，投资者应敏锐把握时机，趁低吸入筹码。

（7）对于股价在布林带的中轨与上轨之间波动的强势股，投资者不妨以回抽中轨作为低吸买点，同时以中轨线作为其重要的止盈、止损线。

（8）有着强烈上升趋势的股票，其股价往往会短期冲出布林线上轨运行，一旦冲出上轨过多，而同时成交量无法持续放出时，应及时短线高抛了结，如果由上轨外回落跌破上轨，此处也是一个较好的卖点。

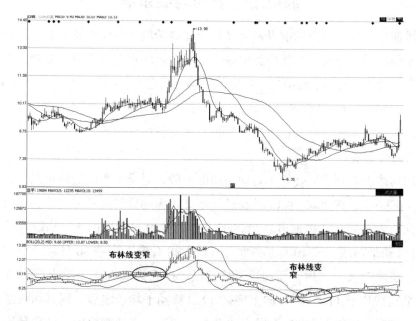

图 13-23

另外值得投资者注意的是，当布林带变窄时，价格走势随后会出现明显的变化。市场中还有有另外一种说法，即当交易价格处于一个窄的区域，同时失去一定波动性的时候，供需双方正处于一种微妙的平衡状态。在这种情形之下，布林带的变窄总是相对于最近的过去而说的，而正是在最近的过去一段区间中，布林带能够帮助投资者看清变窄的过程，这同时也给我们提供了股价何时会实现突破的信号，因为价格一旦开始突破，布林线就会分离，在那里可以绘制趋势线，标出突破点，辅助投资者作出决策。如果价格突破布林带，则说明价格走势有望持续，即如果价格向上穿越布林带，则说明价格上扬的动能很强，最终的结果很可能是股价被抬得很高。

在走势图 13-23 中我们可以看到，在经历了两次突破以后，价格立即向上脱离布林带。穿越布林带往往预示着会出现短期竭尽走势，并即将伴随着价格再一次的迅速回档。但是，投资者们应该注意这仅仅是一个暂时的休整过程，此后走势将会继续下去。现在我们注意到，在走势出现反转之前价格常常会多次穿越布林带。就此而言，摆在投资者面前的一大难题是如何确定最后一次穿越的时间，换言之，即如何识别一波走势的头部和底部。问题的答案依赖于下面的规则：在价格穿出布林带以后，如果价格呈现反转形态，则预示着趋势反转。

捕捉主升浪的均线系统

短线捕捉个股主升浪的前提是大盘处于涨势阶段，即使不处于上涨趋势中，至少也需平稳，最好不要在大跌趋势中炒作。每个板块都有自己的领头者，看见领头的股票有所动静，就马上看第二个以后的股票。所选个股必须是处在上升通道之中，而且 5 日、30 日、60 日移动平均线必须同时向上发散。周均线系统处于多头排列。同时密切关注成交量。成交量小时分步买，成交量在低位放大时全部买，成交量在高位放大时全部卖。

利用均线极有利于捕捉处于启动初期的个股，寻觅个股的最佳买点。比如：华泽钴镍（000693）在 2003 年 11 月经过长达 2 年多的反复盘跌之后，其均线系统均逐渐由向下发散转为止跌回升。当 2003 年 11 月 19 日该股的 5 日均线开始向上突破 10 日移动平均线，而 10 日均线也于 11 月 28 日向上突破 30 日移动平均线，呈现双重"黄金交叉"之后，即均线系统发出"抄底买入信号"。当该股的 5 日、10 日移动平均线均于 11 月 28 日向上突破 30 日移动平均线之后，则其均线系统便形成"多头排列"。均线系统是否形成"多头排列"是需要观察的，特别是当回调到 30 日移动平均线附近时，均会有较强支撑作用，而该股是跌破了 30 日移动平均线，一旦该股开始放量重新越过 30 日移动平均线，这说明介入时机到了，它预示该股股价即将进入主升浪，后市上扬空间广阔，投资者即可放心在 10 日移动平均线附近逢低介入。

对于一些前期已出现一定涨幅、随后在高位缩量整理的个股，一旦均线重新向上发散，表明新一轮攻势即将展开。例如中国联通（600050）2003 年以来便长期走牛，2003 年 4 月见高点以来在 3 元附近做平台整理，但从 2003 年 10 月 10 日起该股开始放量上攻，并一举向上突破整理区，5 日、10 日、30 日均线呈平行状快速向上发散，则预示该股短期将爆发新一轮的快牛行情，虽然该股随后会在高位反复震荡，但只要 10 日移动平均线不被有效跌穿，便可一路持有。因为 10 日均线对于坐庄的人来说很重要，这是他们的成本价，他们一般不会让股价跌破 10 日线，但也有特强的庄在洗盘时会跌破 10 日线，可 20 日线一般不会破，否则大势不好收拾。

对于短期涨幅过大的个股，一旦其 5 日移动平均线反转向下有效跌穿 10 日移动平均线，则表明该股已处于强弩之末，大势已去，投资者应迅速卖出清仓，获利了结。

古语说得好，天下大势，合久必分，分久必合，均线亦是如此。均线交叉时一般有一个技术回调，交叉向上回档时买进，交叉向下回档时卖出。5 日和 10 日均线都向上，且 5 日在 10 日均线上时买进，只要不破 10 日线就不卖，一般这是在做指标技术修复。假如股价快速上扬、均线发散后相距过大时，此时回落的风险加大，均线有重新接近的趋势。

利用均线捕捉即将拉升的股票

在股市实战中精选个股有很多技术分析软件和很多种方法，但都离不开技术的最根本因素：量、价、线。下面介绍给大家的方法就是利用量价线中的线，即均线系统来快速捕捉庄家进庄洗盘后，即将拉升的个股。

首先将均线系统设置为 5 日、20 日、60 日和 120 日，如果系统只有三根均线的话，也可以设为 20 日、60 日和 120 日。在设好均线系统后，具体运用方法为：当观察到庄家吸筹时成交量逐渐放大，股价随之上升，5 日均线上穿 20 日均线，5 日、20 日又上穿 60 日和 120 日均线，在整个均线系统形成多头排列，股价也有了一定涨幅后，庄家自然要洗盘。洗盘时庄家一般会将股价打压得很低，股价先后跌破 5 日均线、20 日均线和 60 日均线甚至 120 日均线，使短期均线呈空头排列，20 日均线持续走低，但由于庄家是洗盘性质，上升通道的中长期 60 日均线和 120 日均线不会受影响，仍然是处于向上或走平状态。这时 20 日均线经过前期的回落后与上升中的或走平的

120 日均线形成收敛状态，在 20 日均线与 120 日均线收敛的过程中，回落的股价开始企稳并逐步上穿收敛中的 20 日与 120 日均线。这时投资者就要注意了，一旦某天股价放量突破上方的 60 日均线，最好是以光头阳线突破上方的 60 日均线，那么当天收盘前就是最好的介入点。

此种方法是经过长期实践后，总结归纳所得，所以成功率非常高。之所以要两根均线收敛后，放量突破 60 日均线再介入，是因为经过庄家长时间的洗盘后市场成本趋于一致，再放量突破 60 日均线，则说明庄家洗盘结束后，各方面条件都已具备，真正的拉升将开始。

第十四章
大势型指标

绝对广量 ABI

1. 指标介绍

绝对广量指标（ABI，全名 Absolute Breadth Index）是用来侦测市场潜的活跃度的大势型动量指标。它是由费班克所创，并且发表在《股市逻辑》（*Stock Market Logic*）一书中，本指标不以价格趋势为目标，主要的设计目的，是侦测市场潜在的活跃度，用来寻找行情的转折点。如图 14-1 是绝对广量 ABI 示意图：

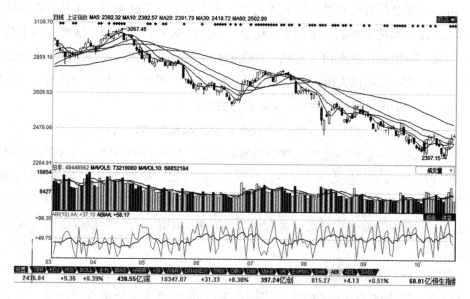

图 14-1 绝对广量 ABI

2. 指标计算

ABI 的计算是通过在纽约证券交易所中价格上升的股票数与价格下降的股票数之间差异的绝对值来得到的，即 ABI= ｜上涨股票家数 – 下跌股票家数｜。

下表是计算过程：

绝对广量				
A	B	C	D	E
日期	上升数目	下降数目	上升减去下降数目	D 栏的绝对值
04/25/97	789	1662	–873	873
04/28/97	1348	1085	263	263
04/29/97	2085	531	1554	1554
04/30/97	1599	941	658	658
05/01/97	1450	1021	429	429
05/02/97	2119	476	1643	1643

（1）D 列是上升股票数目与下跌股票数目之间的差（即 B 列减去 C 列）。

（2）E 列则是 D 列的绝对值，即 ABI 指标。

3. 指标应用

市场行情总是有涨有跌，因此无论是上涨家数大于下跌家数，还是下跌家数大于上涨家数，都是市场的正常现象。但是，当波动幅度很大，即上涨家数与下跌家数的差异大幅增加，甚至出现涨跌一面倒的行情时，表明市场非常活跃，也就意味着此时市场风险与回报大增，ABI 指标正是针对这种"极端"行情而设计的，可以说，在股票市场处于很平稳的时期时，ABI 指标的用处不大。

理想状态之下，整体市场的上涨家数等于下跌家数时，代表多空双方的力道取得平衡。但是，一般行情之中，涨跌家数必然会产生些许的差距。当这个差距很小时，股票市场不容易产生太大的涨跌幅。即当 ABI 指数太低时，表示市场处于低迷期，投资者获利情况普遍不佳。一般市场中，能够让 ABI 指标产生极端数据的行情不多，也就是上面所说的除非市场遭遇大利空或大利多，ABI 指标才可以提供这方面的参考数据。

相反，ABI 指数越高代表市场立即转折的概率越大，当其数值高于 95 以上时，行情经常会产生强力扭转的力道（图 14-2）。传统的技术分析方法认为：当 ABI 指标的数据上升至 320 ~ 350 时，行情经常会产生强力扭转的力道。但是，事实上这种情况是不会出现的，ABI 指数只会在 0 ~ 100 之间波动。在我国股市中，根据上证指数来看，股市经常会出现"二八现象"，也就是二成股票上涨，八成股票下跌。

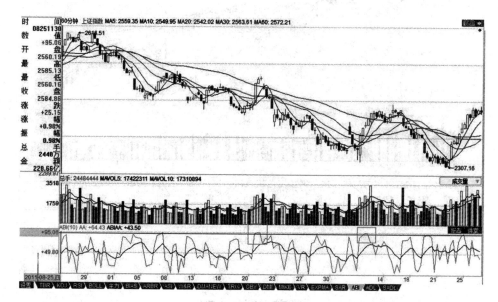

图 14-2

　　一般情况下，投资者希望在多数人追涨股价时卖出股票，在多数人追杀股价时买进股票。以波浪理论说明，当行情正在进行上升第 5 波的而在疯狂地上涨时，股市通常伴随着不断发布的利多。当股民看到股市买了就赚并且还通常伴随着不断发布的利多的情况，很容易引发整个市场全面扬升的局面，导致 ABI 指标向上蹿升至一个"极端"。然内，反市场的心理作用提醒投资者，在多数人沉迷于这种状态时，应该反向卖出持股才对。反之，当在下降第 5 波的大跌行情中，利空消息满天飞舞，市场中的投资者争先恐后的卖出股票时，此时，的 ABI 指标也会向上蹿升至一个"极端"，而明智的投资者应该趁市场情况混乱的时候，进行反市场买进股票的策略。

　　需要注意的是，ABI 是涨跌家数的绝对值，只表现极端状态与平稳状态，即 ABI 的极端状态只表示行情已处于危险期，但并不表示行情的性质，所以在判断究竟是超买还是超卖，要结合实际行情。

　　同时，ABI 指标对短期市场状况预测较好，而对长期趋势预测不佳，见图 14-3 右半部分。

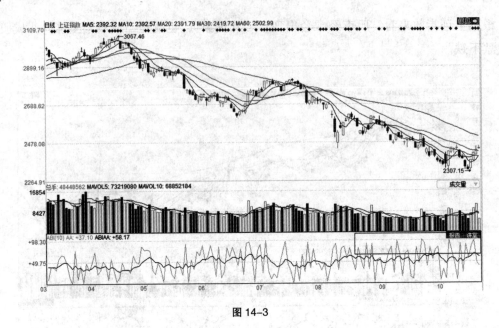

图 14-3

腾落指数 ADL

1. 指标介绍

腾落指标（ADL）又叫升降指数。ADL 指标通过股票每天上涨和下跌的家数作为计算和观察的对象，借此了解股市的人气的兴衰，探测大势内在的动量是强势还是弱势。它是将在该市场上上市交易的所有股票家数中，每日上涨的股票家数减去下跌股票家数所得到的余额的累计。升降指数与市场的价格指数相比，证明了升降指数是有效的测量市场的工具。目前，ADL 是测量市场宽度的最广泛的手段。

一般在市场中，通常情况下，股市大势指数的上涨与下跌与上涨下跌股票家数和市场的人气强弱成正比，即股市大势指数上升，上涨股票的家数必然较多；相反，股市大势指数下跌，下降股票的家数较多。但是，当股市大势指数接近高位或低位时，这样的关系可能被打破。原因是股市大势指数的计算一般都是以股市大势高低和股本总额的大小来选样加权计算的，这就使得市场上的高价股和股本流通盘大的股票，也就是所说的指标股或成分股，它们是的上升或下跌在指数运算中所占的比例甚重，对指数的涨跌影响较大。而市场上的主力为了能够有效的控制市场，吸引投资者买盘或抛售，经常利用手段，故意抬高或者打压股本大或者股市大势高的个股，让发挥对大势的重要影响作用，从而间接地影响大盘走势的涨跌而达到自身目的。

ADL 反映的是大势的动向和趋势，不对个股的涨跌提供信号，因此只有大盘指数才有 ADL 指标值,而对个股来说就没有该指标。ADL 指标计算方便、原理简单,对于观察大盘的实际人气具有独特的功能。但由于股市大势指数在一定情况下受指标股的影响,当这些指标股股票出现暴涨或暴跌等异常情况时,会对股市大势指数的走势带来影响,从而给投资者提供不真实的信息。下图 14-4 是 ADL 指标示意图:

图 14-4

ADL 在测量整个市场强度时十分有用。当股价上升的股票多于下跌的股票数时,升降线向上走,反之,升降线向下走。研究升降指数的走势,可以得出市场是处于上升还是下降,这种态势是否稳定,以及这种态势可以维持的时间。

与通常的价格指数相比,ADL 能更好地显示市场强度。同时,ADL 还可以用来寻找与指数间的差异。通常,当升降指数徘徊而指数仍在攀升,这种情况表示牛市将要结束,道·琼斯调整与 ADL 保持一致。用将军和部队的关系可以来类比讨论 ADL 和指数的关系,指数看成是将军(例如指数在攀高),ADL 是部队(ADL 在徘徊),这情形就如同将军在领导,而部队在拒绝领导。

以道·琼斯指数 1986 年～1988 年的走势为例,道·琼斯平均指数在 1986 年后半年到 1987 年都半年的 12 个月中连创新高,而 ADL 指标却没有跟着创出新高,形成背离,股市于 1987 年大崩盘。

2. 指标计算

ADL 是将上涨的股票数量减去下跌的股票数量,然后将结果加到累计总量上。即:

ADL= 每天上涨股票数 – 每天下跌股票数 + 前日 ADL 值

计算过程见下表：

ADL				
A	B	C	D	E
日期	上涨股票数	下跌股票数	第 B 列减去第 C 列	第 D 列的累加
04/25/97	789	1662	−873	−873
04/28/97	1348	1085	263	−610
04/29/97	2085	531	1554	944
04/30/97	1599	941	658	1602
05/01/97	1450	1021	429	2031
05/02/97	2119	476	1643	3674
05/05/97	1958	677	1281	4955
05/06/97	1258	1270	−12	4943
05/07/97	842	1660	−818	4125
05/08/97	1398	1097	301	4425

（1）第 D 列等于上涨的股票数量减去下跌的股票数量（即 B−C）

（2）第 E 列是第 D 列的累加值，得到 ADL。

需要注意的是：腾落指标和其他指标完全不同的是，腾落指标既没有周 ADL 指标、月 ADL 指标、年 ADL 指标，也没有分钟 ADI 指标等各种类型指标，它只有日 ADL 这一种指标。

3.ADL 的应用

和股价指标相似的是，腾落指标也反映的是大势的趋向，不提供个股涨跌信号。由于股价指数在一定情况下受到权重大的股票的影响，当这些个股发生暴涨或暴跌时，股价指数可能反映失真，从而给投资者提供不确切的信息。因此看图时应将二者联系起来共同分析，用腾落指标来弥补股价指标的缺点。

图 14-5

通常,腾落指标和股价指数变动方向相同,即股价指数上涨,腾落指标也随之上升,反之亦然,在二者趋同的情况下(如图 14-5),可以对升势或跌势予以确认。但如果二者反方向波动,不能互相印证,即股价指数异动而腾落指标横行,说明此时股市情况不稳定,不能着急入市。

根据腾落指标和股价指数之间的关系,可以进行研判:

(1)股价指数持续下跌,并继续创新低点,同时,腾落指标也随之下降,亦创新低值,表明短期内行情不会发生反转,股价可能将继续下跌,投资者应该考虑出货。(图 14-6)

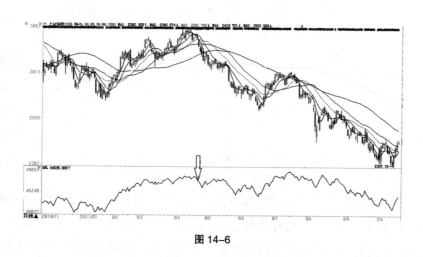

图 14-6

(2)股价指数持续上涨,并刷新高点,腾落指标也随之上升,亦创新高值,表明短期内行情有可能继续上扬,投资者可考虑介入或持股不动。(图 14-7)

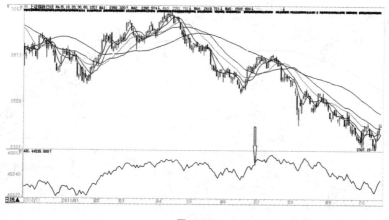

图 14-7

（3）股市处于多头市场时，腾落指标呈长期上升趋势，其间如突然出现急速下跌现象，接着又立即拐头向上，创下新高点；同时股价指数也呈相似走势时，则表明多方力量很强大，行情可能再创新高。此时投资者可以考虑买进。（图14-8）

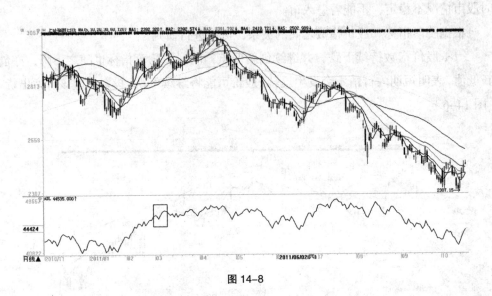

图 14-8

（4）股市处于空头市场时，腾落指标呈现长期下降趋势，其间如突然出现上升现象，接着又掉头下跌，突破原先低点；同时股价指数也表现出相似走势时，则表明空方力量很强大，行情又可能再次向下，再创新低，此时投资者应果断卖出。（图14-9）

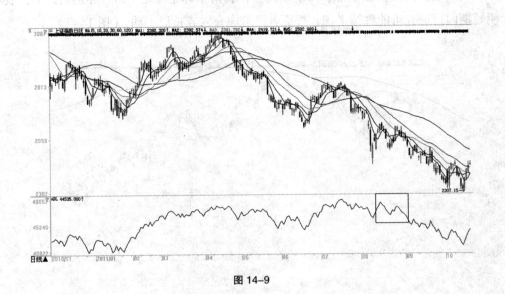

图 14-9

当腾落指标与股价指数走势相反时：

（1）股市处于多头市场时，如果股价指数已经进入高位，腾落指标并没有同步上升，反而开始走平或下降，这是大势的向上趋势可能即将结束的信号。（图14-10）

图 14-10

（2）股市处于窄头市场时，如果股价指数已经进入低位，而腾落指标并没有同步下跌，而是开始走平或掉头上升，这是大势的向下趋势可能进入尾声的信号。（图14-11）

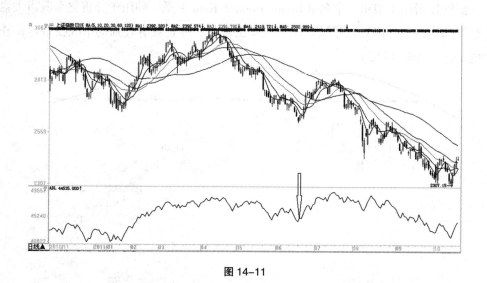

图 14-11

（3）股价指数从高点回落，整理后再度上涨，并接近前期高点或创新高后，而腾落指标却徘徊不前或无法冲过前期高点时，说明大势随时有向下反转的可能。

（4）股价指数从低点反弹，反弹后再度下跌，并接近前期低点或创新低后，而腾落指标却无法跌破前期低点并走平或向上掉头时，说明大势的跌势可能已有转机，随时可能向上反弹。

通常，在多头市场里，只有作为上升热点的热门板块大涨小回，而其余股票采取轮涨的方式上扬，并且上升的趋势是十分稳定时，上升走势才能维持。如果 K 线上升而 ADL 指标下降，则表明大盘的上升趋势已有所偏离，而涨势不均匀并不是件好事，因为这种背离连续出现，通常是大势逆转的预兆。反之，在空头市场中，虽然 K 线仍然收阴，但 ADL 指标掉头向上，表明多头主力企图以点的攻击增强面的扩张，大盘也将在大多数股票回升的带领下反转。

运用 ADL 指标时需要注意到该指标只是大势指标，在板块基本面差异很大的情况下，相关性和敏感性欠缺。对短线重个股、轻指数的操作没有作用。该指标的应用重在相对走势，并不看重取值的大小。同时，只在大盘出现较大的阶段高点或低点时指标才会偶然会发出信号，因此 ADL 的应用不是很多，即使在应用时，也必须同股价指数联合使用，不应单独使用。

涨跌比 ADR

1. 指标介绍

涨跌比指标（ADR，全名 Advance Decline Ratio）是一种用于分析整个股市大盘的超买超卖现象，能够较早地发出买入卖出信号，并且具有较强的中线投资可操作性的指标。（图 14-12）

图 14-12

"钟摆原理"是 ADR 的理论基础，股市的供需就像钟摆的两个极端位置，当供给方力量越大向需求方向摆动的拉力越强，反之亦然。在股市上则表现为当股市人气高涨，行情屡创新高的时候，股市很可能突然爆发新一轮的下跌行情，同理，当股市人气低迷，股指不断下跌创下新低的时候，很可能产生新一轮的上涨行情。为了能够预测出这种突然变化，计算一定时期内的上涨家数与下跌家数的比来评判多空力量的对比，从而预测未来走势，防止判断失误。

2. 指标计算

ADR= 价格上涨的股票数量 / 价格下跌的股票数量

计算过程如下表：

ADR			
A	B	C	D
日期	上涨股票数	下跌股票数	第 B 列除以第 C 列
04/25/97	789	1662	0.47
04/28/97	1348	1085	1.24
04/29/97	2085	531	3.93
04/30/97	1599	941	1.70
05/01/97	1450	1021	1.42
05/02/97	2119	476	4.45

根据我国股市的价格波动频繁且幅度大的特点，多采用 10 日涨跌比指标，因此计算公式调整为：ADR=n 日股票上涨家数之和 /n 日股票下跌家数之和。

在这里，n 是参数周期，目的是避免由于某一特定的时期内股市的特殊表现而误导研判。ADR 图形是在 1 附近来回波动的，波动幅度的大小以 ADR 取值为准。影响 ADR 取值的因素很多，主要是公式中分子、分母之间的取值和参数选择的大小。一般而言，参数选择得小，ADR 值上下变动的空间就比较大，指标线的起伏就比较剧烈;参数选择得大，ADR 值上下变动的空间就比较小,曲线的上下起伏就比较平稳。参数的设定没有统一的标准，可根据市场的变化和投资者的偏好来自由设定。目前，市场比较常用的参数为 10、14 等，另外还可以用 5、25、30、60 等。ADR 参数的选择在 ADR 技术指标研判中占有重要的地位，参数的不同选择对行情的研判可能都带来不同的研判结果，一般情况下 n 取 10。

3. 指标应用

ADR 指标的大小也能够表示股市中多空两方的力量强弱对比。由公式可知，指标值在 1 附近变化，当指标值等于 1 时，表明日内多空双方的总力量不相上下；当指标值小于 1 时，表明空方力量大于多方；当指标值大于 1 时，表明多方力量大于空方。

一般指标值在 0.5 ～ 1.5 之间，在多头市场上限可达 1.9 左右，空头市场则达到下限约为 0.4。当指标值在 0.5 ～ 1.5 之间徘徊时，市场表示股价处于正常的涨跌状况中，没有特殊的超买或超卖现象。但此时需要注意的是可能会出现短线买进信号和卖出信号，所以不能放松关注。

当指标值小于 0.5 时，表示股价长期下跌，有超卖过度的现象，股价可能出现反弹或回升，投资者就此机会吸纳，如图 14-13：

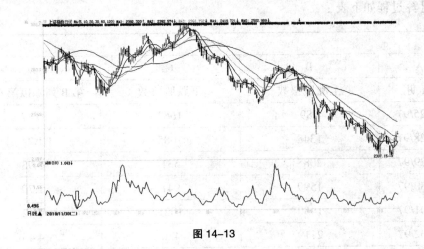

图 14-13

当涨跌比率 ADR>1.5 时，表示股价长期上涨，已经脱离正常状况，有超买过度的现象，股价可能要回跌，投资者借机放空。如图 14-14：

图 14-14

严重的超买或超卖现象出现在指标值大于 2 或小于 0.3 时，此时股市处于大多头市场或大空头市场的末期。指标值有机会出现 2.0 以上一般是股价进入大多头市场，或展开第二段上升行情之初期，这是绝对卖出时机，除此之外，次级上升行情超 1.5 即为卖点，同时，低于 0.5 是很好的买入点，虽然这样的现象很少。指标值如果不断下降，低于 0.75，则显示短线买入机会：在空头市场初期，如果降至 0.75 以下，则暗示中级反弹机会；在空头市场末期，10 日指标值低于 0.5 时，为买入时机。

ADR 指标对大势同样具有超前警示功能，特别是在行情出现短期反弹或回档时。ADR 图形往往能比股价指数超前出现征兆。ADR 指标与股价指数的配合使用主要从以下几个方面进行：

当 ADR 与股价指数同步变动时，若二者是同步上升，行情处于整体上涨态势，市场上人气比较活跃，投资者可积极进行个股的投资决策，特别是当股价下跌到低位后，展开反弹行情，此情况出现，表明多头力量较强，后市还会继续上涨。如图 14-15：

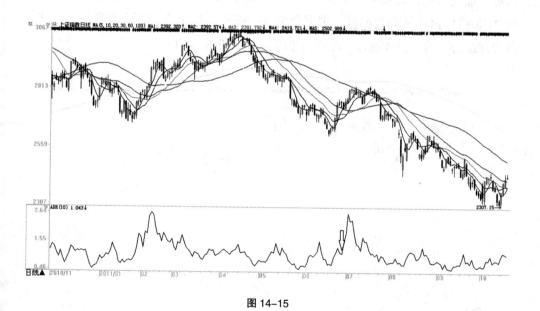

图 14-15

反之，若是 ADR 与股价指数同步向下跌落，股价上升的一定的高点后，出现回档行情，股价下跌，此时 ADR 也转头向下，这表明空头力量增强，股价将会出现较大级别的下跌，应该卖出。如图 14-16 所示：

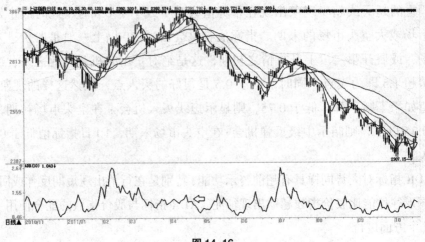

图 14-16

　　若股价指数与 ADR 指标之间出现背离现象，则可能预示着大势即将反转。具体而言，ADR 指标开始从高位向下回落，而股价指数却还在缓慢向上扬，表明股市大势可能出现顶背离现象，尤其是在大盘上扬了较长时间以后。股价指数缓慢上升而 ADR 指标值却从高位回落，说明股市在一线大盘股上涨，而大多数二、三线小盘股却纷纷下跌，总体而言上涨行情难以持久。如图 14-17：

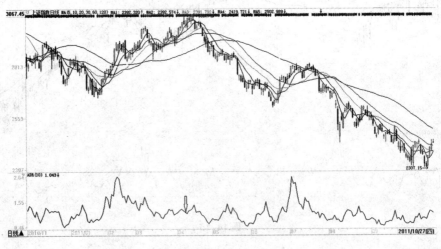

图 14-17

　　ADR 指标从低位开始向上扬升，而股价指数却在继续下跌，表明股市大势可能出现底背离现象，尤其是在大盘下跌了较长时间以后。股价指数继续下跌而 ADR 值从低位开始向上攀升，说明大盘股下跌是由股价指数的下跌引起的，而许多小盘股经过长时间的下跌开始显示出投资价值，已经有主力开始建仓，整个大势可能将很快止跌反弹。如图 14-18：

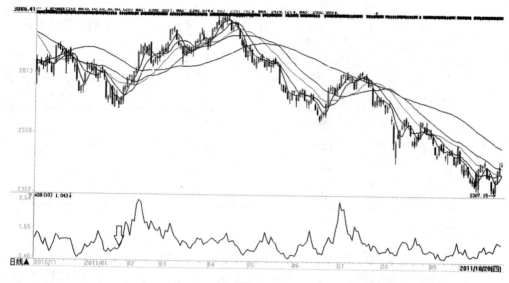

图 14-18

由此可以总结出，ADR 下限为 0，无上限。在常态市场中，ADR 在 0.5 ～ 15 之间，在大多头市场与大空头市场里，0.4 ～ 1.9 之间为常态分配。ADR 大于 2 时，表示股市处于大多头市场末期，属严重的超买应坚决卖出，当 ADR 小于 0.3 时，属于大空头末期，是严重的超卖末期，应该买入。

ADR 虽然能够以较高的准确定提供买卖的时机，但投资者同时还需要注意，ADR 是一种研判大势未来趋势的指标，不能反映个股的强弱，因此需要与其他技术分析方法一起运用。

升降股数 AD

1. 指标介绍

升降股数（AD）是大盘指标价格趋势类指标的基础，凡是在计算中涉及到升降家数的指标都称为大盘价格趋势类指标。AD 原是纽约股票交易所中股价上升的股票数与下降的股票数的差。

2. 指标计算

AD= 股价上升的股票家数－股票下降的股票家数

下表说明了计算过程：

AD			
A	B	C	D
日期	上涨股票数	下跌股票数	上涨股票数减去下跌股票数
04/25/97	1348	1085	263
04/28/97	2085	531	1554
04/29/97	1599	941	658
04/30/97	1450	1021	429
05/01/97	2119	476	1643
05/02/97789	1662	−873	789

3. 指标应用

上涨、下跌家数以及差额虽然是较为基础的指标，但有不容忽视的作用。

（1）当股指在运行的过程中，出现个股上涨家数大于下跌家数的情况时，则表示当时出现上涨的个股数量大于出现下跌个股的数量，这反映出当时盘中做多的意愿要大于做空的意愿。因此，这就预示着股指在接下来的走势中出现上涨的可能性要远远大于出现下跌的可能性，上涨个股的家数越多，就预示着后市股指出现上涨的可能性越大。

投资者在关注大盘走势的过程中，发现个股上涨的家数大于下跌的家数时，首先要分析此时股指是处于什么阶段中运行的。如果是在股指经过一轮下跌行情之后出现这种现象，并且是连续几天都出现上涨家数大于下跌家数的情形，那么则标志着股指将会扭转原有下跌的走势，而出现反转向上运行的行情。这就是在股指下跌的过程中 AD 指标用来预测后势的一种方法。如果股指是在处于明显的上升通道中运行时出现这种现象的话，那就表明做多能量依旧充足，后市股指出现继续上涨的可能性非常大。因此，在股指上涨的过程中，投资者可以通过这个技术指标预测股指后期的走势，但是需要注意的是，投资者不要仅仅依靠某一天的上涨家数与下跌家数就去给股指后期的走势下结论，应该多观察几天，综合起来分析判断。另外，如果股指在下跌的过程中，或者是在明显上升的过程中，出现上涨家数是下跌家数的两倍以上，并且这种现象连续出现了几天的情况下，那么这就标志着此时股指是处于强势中运行的，后市股指必将会继续上涨。

（2）当股指在运行的过程中，出现上涨家数小于下跌家数的情况时，则反映了当时盘中做空的意愿要大于做多的意愿。因此，这预示着股指在接下来的走势中出现下跌的可能性要远远大于出现上涨的可能性，下跌个股的家数越多，就预示着后市股指出现下跌的可能性越大。

按照（1）中思路，首先也要判断股指所在位置。如果这种现象出现在股指运行到市场高位时，那么此时投资者就要引起高度的谨慎了，这往往是股指反转下跌的前兆。一旦盘中连续几天出现了这种现象的话，基本上就可以确定股指即将会迎来一波下跌的行情。如果是在股指处于下跌的过程中出现这种现象的话，那么则预示着股指难以在短期内出现反转向上的走势。

AD 指标显示了上涨股票与下跌股票的数量之差。把指标值画成图形，该指标有助于确定每个交易口的市场强弱。在强势上升的交易日，该值通常会超过 +1000，在非常弱势的交易日，该值通常小于 −1000。

由公式可知，升降股数同 ADL 的区别仅仅是时间上的，升降股数是短期的 ADL，从而升降股数的均线比 ADL 更灵敏一些。根据上述例子可知，随着指数的扩容而变化，AD 前后值的比较功能不大，并且 AD 对个股无直接分析功能。

阿姆士指标 ARMS

1. 指标介绍

阿姆士指标（ARMS）是表明价格上涨或下跌的股票数量（上涨 / 下跌值指标）与价格上涨或下跌的股票的成交量（上涨 / 下跌量指标）之间的关系的指标。阿姆士指标是由小理查德·W. 阿姆士（Richard W.Arms，Jr）于 1967 年发明的，该指标也叫 TRIN、MKDS、STKS。

2. 指标计算

计算公式：

（价格上涨的股票数量 / 价格下跌的股票数量）÷（价格上涨股票的成交量 / 价格下跌股票的成交量）

下表说明了计算过程：

阿姆士指标							
A	B	C	D	E	F	G	H
日期	上涨股票数量	下跌股票数量	上涨股票成交量	下跌股票成交量	第 B 列除以第 C 列	第 D 列除以第 E 列	第 F 列除以第 G 列
04/25/97	789	1662	1097	2685	0.475	0.409	1.161
04/28/97	1348	1085	590	030	1.242	1.571	0.791
04/29/97	2085	531	2247	1430	3.927	8.745	0.449

04/30/97	1599	941	369	582	1.699	3.437	0.494
05/01/97	1450	1021	4617	527997	1.420	1.172	1.211
05/02/97	2119	476	427	1163	4.452	5.231	0.851
05/05/97	1958	677	4000	731	2.892	6.848	0.422
05/06/97	1258	1270	089	1856	0.991	1.004	0.986
05/07/97	842	1660	2176	353	0.507	0.485	1.045
05/08/97	1398	1097	503	749109	1.274	1.762	0.723
05/09/97	1526	932	3918	665110	1.637	2.291	0.715
05/12/97	1766	761	818	2762	2.321	3.981	0.583
05/13/97	1133	1322	4554	761	0.857	0.793	1.081
05/14/97	1472	992	564	3128	1.484	1.780	0.834
05/15/97	1282	1164	2774	770	1.101	1.769	0.623
05/16/97	973	1431	559	1743	0.680	0.423	1.608
05/19/97	1390	1056	1518	591	1.316	1.414	0.931
05/20/97	1411	1040	34	1218	1.357	2.107	0.644

（1）第 F 列等于上涨股票数量（第 B 列）除以下跌股票数量（第 C 列）

（2）第 G 列等于上涨股票的交易量（第 D 列）除以下跌股票的交易量（第 E 列）。

（3）第 H 列等于第 F 列除以第 G 列，即阿姆士是指标。

3. 指标应用

根据阿姆士指标的计算公式，如果价格上涨的股票的成交量小于价格下跌的股票的成交量，指标将会高于 1.0；如果价格下跌的股票的成交量小于价格上涨的股票的成交量，指标将会低于 1.0。通常，指标高于 1.0 时，市场被认为是熊市，反之，指标低于 1.0 时，被认为是牛市。但是该指标更适合用做超买超卖指标，当指标下跌到极度超买水平线时，表示卖出机会；当它上升到极度超卖水平线时，代表买入机会。而超卖线有较高的指标值，而超买线具有较低的指标值是阿姆士指标图的"颠倒"特点。

根据我国股市的特点，指标有如下用法：

（1）深证指数 4 天 ARMS 指标的超卖界限为 1.4, 21 天 ARMS 指标的超卖界限为 1.4。

（2）深证指数 4 天 ARMS 指标的超买界限为 0.35, 21 天 ARMS 指标的超买界限为 0.6。

（3）上证指数 4 天 ARMS 指标的超卖界限为 2.4, 21 天 ARMS 指标的超卖界限为 1.1。

（4）上证指数 4 天 ARMS 指标超买界限的参考价值低，暂时不推荐, 21 天 ARMS 指标的超买界限为 0.7。

根据长期测试，通常用移动平均线来平滑该指标。一般做短期分析用 4 日移动平均线,做中期分析用 21 日移动平均来计算,采用 55 日移动平均线来做长期分析用。而用来平滑该指标的移动平均线的期间长度和当时的市场条件决定"极度"超买或"极度"超卖水平的构成,一般以使用 21 天 ARMS 较广泛。同时要注意根据不同市场的情况加以修正。

在市场的正常发展过程中，一个头部或一个底部的形成，必然都须经过"转弯"的过程。也就是说，市场的发展，由较为缓和的角度变成高角度之后，当其即将扭转市场的方向时，必然会将高角度重新拉回缓角度。在角度缓减的过程中，上市公司的涨幅会逐渐变化，促使 ARMS 指标适时产生信号。但是，有时候市场的发展并非正常化时，比如:市场出现猛烈利空，行情不经过角度缓减的过程，直接向下锐挫。这时候则 ARMS 指标的信号，会出现落后的现象，从而指标的参考价值将会降低。

信任广度 BT

1. 指标介绍

信任广度指标（BT）是 10 天的价格上升股票的移动平均值与总股票数相除（包括股价上升、下降的股票）所得到的。该指标是由马丁·茨威格（Martin Zweig）所发明的。图 14–19 是信任广度指标图：

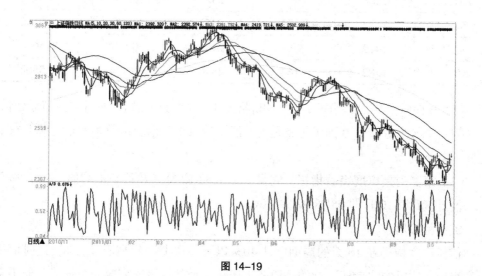

图 14–19

2. 指标计算

广度突破指标是下列比率的 10 日指数移动平均值：

上涨股票数 /（上涨股票数 + 下跌股票数）

下表说明了计算过程：

A	B	C	D	E	F
日期	上涨股票数量	下跌股票数量	上涨股票数量加上下跌股票数量	上涨股票数量除以第 D 列	第 E 列的 10 日指数移动平均值
04/25/97	789	1662	2451	0.322	0.3219
04/28/97	1348	1085	2433	0.554	0.3641
04/29/97	2085	531	2616	0.797	0.4428
04/30/97	1599	941	2540	0.630	0.4768
05/01/97	1450	1021	2471	0.587	0.4968
05/02/97	2119	476	2595	0.817	0.5549
05/05/97	1958	677	2635	0.743	0.5891
05/06/97	1258	1270	2528	0.498	0.5725
05/07/97	842	1660	2502	0.337	0.5296
05/08/97	1398	1097	2495	0.560	0.5352
05/09/97	1526	932	2458	0.621	0.5508
05/12/97	1766	761	2527	0.699	0.5777
05/13/97	1133	1322	2455	0.462	0.5566
05/14/97	1472	992	2464	0.597	0.5640
05/15/97	1282	1164	2446	0.524	0.5567

（1）第 D 列等于第 B 列加第 C 列,即价格上涨的股票数量加上价格下跌的股票数量。

（2）第 E 列等于第 B 列（也就是上涨股票数量）除以上涨股票数量与股票数量之和（第 D 列）。

（3）第 F 列是广度突破指标。它是第 E 列的 10 日指数移动平均值。10 日移动平均值要直到第 10 日即 05/08/97 才有效。

3. 指标应用

信任广度指标在 10 天的周期中从 40% 以下一次上冲到高于 61.5%，这时信任广度出现，这里的"信任"指的是股票市场从一个条件迅速变成一个强势，但仍未到超卖的情形。

美国股市从 1945 年到 2000 年间，总共出现过 14 个信任宽度，在每一个 11 月的平均时间中，平均盈利是 24.6%，而创始人认为几乎所有牛市都是以一个信任广度开始的。

累计成交量 CVI

1. 指标介绍

累积成交量指标（CVI）是市场动量指标，它是由上涨股票的成交量减去下跌股票的成交量，然后将其与前期滚动加总成交量相加计算而成的。它可以显示出货币是流入还是流出股票市场。

2. 指标计算

计算公式：昨日 CVI+（上涨股票的成交量－下跌股票的成交量）

下表说明了计算过程：

累计成交量指标				
A	B	C	D	E
日期	上涨成交量	下跌成交量	第 B 列减去第 C 列	第 D 列的累加
04/25/97	1097590	2685030	−1587440	−1587440
04/28/97	2247369	1430582	816787	−770653
04/29/97	4617427	527997	4089430	3318777
04/30/97	4000089	1163731	2836358	6155135
05/01/97	2176503	1856353	320150	6475285
05/02/97	3918818	749109	3169709	9644994
05/05/97	4554564	665110	3889454	13543448
05/06/97	2774559	2762761	11789	13546246
05/07/97	1518034	3128770	−1610736	11935511
05/08/97	3072180	1743591	1328589	13264100

（1）第 D 到等于上涨股票成交量（第 B 列）减去下跌股票成交量（第 C 列）。

（2）第 E 列等于第 D 列的累积加总（也就是今日第 D 列的值加上昨日第 E 列的值。）

3. 指标用法

（1）股价上升时，若 CVI 下降，是卖出信号；若 CVI 上升，是买入信号。

（2）若股价快速上升，CVI 也快速上升，则是卖出信号。

（3）若股价下跌而 CVI 上升是买入信号。

麦克连指标 MCL

1. 指标介绍

麦克连指标（MCL，全名 McClellan Oscillator）是一种市场广量指标，由平滑涨跌家数差值制作而成。该指标为 Sherman 和 Marian McClellan 两人所创。MCL 指标是除了 ADL 指标之外，投资者最常采用的广量指标。下图 14-20 是 MCL 指标：

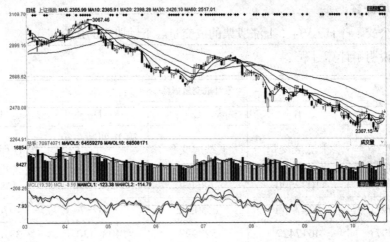

图 14-20

2. 指标计算

MCL 指标等于上涨股票数量减去下跌股票数量的 10%（大约是 19 天）与 5%（大约是 39 天）指数移动平均值之差。即：

（上涨股票数量 – 下跌股票数量）的 10% 指数移动平均数 –（上涨股票数量 – 下跌股票数量）的 5% 指数移动平均数

下表说明了 MCL 的计算过程：

MCL						
A	B	C	D	E	F	G
日期	上涨股票数量	下跌股票数量	第 B 列减去第 C 列	第 D 列的 10% 指数移动平均	第 D 列 5% 指数移动平均	MCL 指标
04/25/97	789	1662	–873	–873.00	–873.00	0.00

04/28/97	1348	1085	263	−759.40	−816.20	56.80
04/29/97	2085	531	1554	−528.06	−697.69	169.63
04/30/97	1599	941	658	−409.45	−629.91	220.45
05/01/97	1450	1021	429	−325.61	−576.96	251.35
05/02/97	2119	476	1643	−128.75	−466.96	337.21
05/05/97	1958	677	1281	12.23	−378.61	390.84
05/06/97	1258	1270	−12	9.80	−360.28	370.09
05/07/97	842	1660	−818	−72.98	−383.17	310.19
05/08/97	1398	1097	301	−35.58	−348.96	313.38
05/09/97	1526	932	594	27.38	−301.81	329.19
05/12/97	1766	761	1005	125.14	−236.47	361.61
05/13/97	1133	1322	−189	93.73	−234.10	327.83
05/14/97	1472	992	480	132.35	−198.39	330.75
05/15/97	1282	1164	118	130.92	−182.57	313.49
05/16/97	973	1431	−458	72.03	−196.35	268.37
05/19/97	1390	1056	334	98.22	−169.83	268.05
05/20/97	1411	1040	371	125.50	−142.79	268.29
05/21/97	1421	1107	314	144.35	−119.95	264.30
05/22/97	1270	1176	94	139.32	−109.25	248.57
05/23/97	1875	618	1257	251.08	−40.94	292.02
05/27/97	1221	1299	−78	218.18	−42.79	260.97
05/28/97	1309	1147	162	212.56	−32.55	245.11
05/29/97	1431	1043	388	230.10	−11.52	241.63
05/30/97	1584	901	683	275.39	23.20	252.19
06/02/97	1530	963	567	304.55	50.39	254.16

（1）第 D 列等于上涨股票数量（第 B 列）减去下跌股票数量（第 C 列）。

（2）第 E 列等于第 D 列的 10% 指数移动平均。注意这个"19 期"移动平均数要等到第 19 天最才有效。

（3）第 F 列等于第 D 列的 5% 指数移动平均数。注意这个 39 期指数移动平均数要等到第 39 天才有效（本简化图中没有显示出来）。

（4）第 G 列等于第 E 列减去第 F 列。就第 F 列而言，第 D 列的值要等到第 39 天才有效（本简化图中没有显示出来）。这就是 MCL 指标。

3. 指标应用

"广量指标"指的是采用上涨股票数量和下跌股票数量来确定股票市场运动中的参与数量的指标。一个健康的牛市通常伴随着大量价格适度上涨的股票，而一个微弱的牛市的特征是少数股票大涨，从而给人以整个股市高涨的错觉，这种类型的背离通常是牛市结束的信号。同理，在市场底部，市场指数持续下跌，但下跌的股票却很少，给人市场低迷的错觉。

MCL 指标是最流行的广度指标之一。当 MCL 上升至 +70 ~ +100 的超买区域后下跌时则为卖出信号；当 MCL 指标跌入 –70 ~ –100 的超卖区域后上升时生成了典型的买入信号；当 MCL 指标升至 +100 以上或跌至 –100 以下即超出这些区域时，则是极度超买或极度超卖的信号，这些极端值通常代表现行趋势即将继续下去。

例如，如果 MCL 指标跌至 –90 以下后上升，则生成买入信号。然而，如果它跌至 –100 以下，则意味着市场将可能在未来的两到三个星期走得更低，告诉投资者购买应当推迟，直到摆动指标形成一系列上升的底部或市场获得力量。

麦氏综合指标 MSI

1. 指数介绍

麦氏综合指标（MSI），由谢尔曼（Sherman）和麦克莱伦（Marian McClellan）两人所创。MSI 与 MCL 作用相当类似，都以确认趋势反转为目的，MCL 属于短、中期指标，而 MSI 属于长期指标，两者之间有互补的作用。

MSI 指标信号的可靠度，比 MCL 指标高出很多。MCL 属于超买超卖指标，指标抵达超买或超卖区时，是一种警告信号。由于市场经常出现超买而指数不跌，或者超卖而指数不涨的"极端行情"，使得超买超卖信号的作用，即 MCL 的相对参考价值降低。而 MSI 指标表面上是一种超买超卖指标，实际上它的最大作用是寻找大盘指数长期趋势的头部和底部。这种信号发生的频率因为周期参数拉长而较低，所以信号失败的机会也相对较少，因此每一次信号都具有极高的参考价值。

2. 指数计算

MSI 指标可以采用两种不同的方法来计算。

第一种方法，MSI 等于 MCL 指标减去上涨股票数量减下跌股票数量的 10% 和 5% 的指数移动平均数之和，即：

MCL 指标 – [（10 × 10% 趋势）+（20 × 5% 趋势）] +1000

5% 趋势 =（上涨股票数量 – 下跌股票数量）的 5% 指数移动平均值。

10% 趋势 =（上涨股票数量 – 下跌股票数量）的 10% 指数移动平均值。

第二种方法是计算 MCL 指标的累积加总值，即：

昨日的 MSI+MCL

下表说明了 MSI 指标的第一种算法的计算过程：

				MSI						
A	B	C	D	E	F	G	H	I	J	K
日期	上涨股票数量	下跌股票数量	第B列减去第C列	第D列的10%指数移动平均	第D列5%指数移动平均	MCL指标	第E列乘以10	第F列乘以20	第H列加上第I列	第G列减去第J列再加上1000
04/25/9	7789	1662	−873	−873.00	−873.00	0.00	−8730.00	−17460.00	−26190.00	27190.00
04/28/97	1348	1085	263	−759.40	−816.20	56.80	−7594.00	−16324.00	−23918.00	24974.80
04/29/97	2085	531	1554	−528.06	−697.69	169.63	−5280.60	−13953.80	−19237.40	20404.03
04/30/97	1599	941	658	−409.45	−629.91	220.45	−4094.54	−12598.11	−16692.65	17913.10
05/01/97	1450	1021	429	−325.61	−576.96	251.35	−3256.09	−11539.20	−14795.29	16046.64
05/02/97	2119	476	1643	−128.75	−466.96	337.21	−1287.48	−9319.24	−10606.72	11943.94
05/05/97	1958	677	1281	12.23	−378.61	390.84	122.27	−7572.28	−7450.01	8840.85
05/06/97	1258	1270	−12	9.80	−360.28	370.09	98.04	−7205.67	−7107.62	8477.71
05/07/97	842	1660	−818	−72.98	−383.17	310.19	−729.76	−7663.38	−8393.15	9703.34
05/08/97	1398	1097	301	−35.58	−348.96	313.38	−355.78	−6979.22	−7335.00	8648.38
05/09/97	1526	932	594	27.38	−301.81	329.19	273.79	−6036.25	−5762.46	7091.65
05/12/97	1766	761	1005	125.14	−236.47	361.61	1251.41	−4729.44	−3478.00	4839.64
05/13/97	1133	1322	−189	93.73	−234.10	327.83	937.27	−4681.97	−3744.70	5072.52
05/14/97	1472	992	480	132.35	−198.39	330.75	1323.55	−3967.87	−2644.33	3975.07
05/15/97	1282	1164	118	130.92	−182.57	313.49	1309.19	−3651.48	−2342.29	3655.78
05/16/97	973	1431	−458	72.03	−196.35	268.37	720.27	−3926.90	−3206.63	4475.00
05/19/97	1390	1056	334	98.22	−169.83	268.05	982.24	−3396.56	−2414.31	2682.30
05/20/97	1411	1040	371	125.50	−142.79	268.29	1255.02	−2855.73	−1600.71	2869.00
05/21/97	1421	1107	314	144.35	−119.95	264.30	1443.52	−2398.94	−955.43	2219.72
05/22/97	1270	1176	94	139.32	−109.25	248.57	1393.17	−2185.00	−791.83	2040.40
05/23/97	1875	618	1257	251.08	−40.94	292.02	2510.85	−818.75	1692.10	−400.08
05/27/97	1221	1299	−78	218.18	−42.79	260.97	2181.76	−855.81	1325.96	−64.99
05/28/97	1309	1147	162	212.56	−32.55	245.11	2125.59	−651.02	−1474.57	−229.46

05/29/97	1431	1043	388	230.10	−11.52	241.63	2304.03	−230.43	2070.56	−828.93
05/30/97	1584	901	683	275.39	23.20	252.19	2753.93	464.06	3217.98	−1965.79
06/02/97	1530	963	567	304.55	50.39	254.16	3045.53	1007.85	4053.39	−2799.23

（1）第 D、E、F 和 C 列的值与 MCL 指标计算表中的值相同。这些计算得出了 MCL 指标的第 G 列值。

（2）第 H 列等于第 E 列的值乘以 10。

（3）第 I 列等于第 F 列的值乘以 20。

（4）第 J 列等于第 E 列与第 F 列之和。

（5）第 K 列等于第 G 列的值减去第 J 列的值再加上 1000 得到 MSI 指标。

3. 指标应用

MSI 指标是 MCL 的长期版本，相比之下它更适合于主要趋势反转。

应用指标时应遵循下列规则：当和指标跌至 −1300 以下时，寻找主要底部；当市场背离出现在和指标值大于 +1600 时，寻找主要顶部；当和指标值从它的前期低点上升超过 3600（例如，指标从 −1600 上升到 +2000）点后向上穿过 +1900 时，表示一个强牛市的开始。

根据我国股市情况，在实际应用时，有以下方法：

（1）深证指数的 MSI 高于 +700，上证指数的 MSI 高于 +700 时，市场很可能发展成长期头部。

（2）深证指数的 MSI 低于 −1300，上证指数的 MSI 低于 −2000 时，市场很可能发展成长期底部的机会大。

（3）当 MSI 由极限低点，直接向上挺升至极限高点时，预示着大多头行情的展。

这里的"大多头"信号和 MCL 指标寻找的"极端行情"不同。虽然两者都是来判断行情潜在力度，但极端行情是因短期的投资情绪所引起，行情走势的发展，是以加速度和高角度的方式进行。大多头的意义，代表长时间的趋势发展，行情以快慢互相调配的波动前进，不一定会发生加速度和高角度的现象。

行情起涨初期，大多头行情的预兆是市场出现全面的强势劲升，并且力道超出一定的极限时这时，大盘多半已经涨升了一段幅度投资者很可能误以为短期涨幅已大，上档空间有限，而放弃进场机会。为了避免这种情况，投资者未来在行情从底部回升时，应该仔细的检查 MSI 指标的曲线，再决定投资策略。因为，短期操作所选用的指标，与长期操作所选用的指标不同在进场买卖之前，必须先判断未来的行情是否可以持续长久。如果 MSI 指标出现强劲打击的力道则应该选择长期趋势指标进行参考。

需要注意的是 MSI 指标预测"大多头"的层面只局限在以强劲力道形成的初升段。而不一定能够侦测出其他造成"大多头"的征兆。比如以下两种征兆：

① "弧形缓升"：市场要涨升之前，会呈现一段长时间风平浪静的盘局，直到其展开初升段时，涨幅依旧微弱，不显强势，积累之后股票可能已经上涨了一大段幅度，并且这种走势的后半期会越走越快，由一档、二档……四档，最后演变成加速度喷出行情。

② "厚底型"：行情的底部的扎实程度是未来涨升幅度的关键。真正扎实的底部形态有"头肩底""W 底""浅碟底"等形态，且有其严格的构成要件，这样的底部酝酿时间也相当长，因此投资者必须熟悉形态学的内容，并通过周线和月线观察。

指数平滑广量 STIX

1. 指数介绍

指数平滑广量指标（STIX）首次发表于 *The Polymeric Report* 杂志。此指标用来衡量大盘指数的超买超卖，是从涨跌比率（ADR）演变而来，主要是将 ADR 指标，经由指数平均的方式平滑求出。

STIX 指标在常态的市场中，超出超买超卖区的频率不多。由于交易次数减少的关系，投资者如果严格按照 STIX 指标的信号行动，不仅可以更加严谨地过滤虚假信号，更可以降低手续费的损失。同时，在交易市场实战中，STIX 指标应与其他大势型指标相互协调印证融为一个组合来使用。

2. 指数计算

STIX 的计算基于上涨／下跌比率的变动。

上涨／下跌比率 =［上涨股票数量／（上涨股票数量 + 下跌股票数量）］× 100

STIX 是上述上涨／下跌比率的 21 期（也就是 9%）指数移动平均。

下表说明了 STIX 的计算过程：

STIX					
A	B	C	D	E	F
日期	上涨股票数量	下跌股票数量	上涨股票数加上下跌股票数量	第 B 列除以第 D 列再乘以 100	9%指数平均
04/25/97	789	1662	2451	32.19	32.191
04/28/97	1348	1085	2433	55.40	34.280
04/29/97	2085	531	2616	79.70	38.368

04/30/97	1599	941	2540	62.95	40.581
05/01/97	1450	1021	2471	58.68	42.210
05/02/97	2119	476	2595	81.66	45.760

（1）D=B+C，即等于上涨股票数量加上下跌股票数量。

（2）E=（B/D）×100，即等于上涨股票数量（第 B 列）除以第 D 列，所得结果再乘以 100 就得到上涨 / 下跌比率。

（3）第 F 列是第 E 列的 9% 指数移动平均。"21 期"移动平均要直到第 21 天才有效，本简化表格未显示。

3. 指数应用

根据原报告，STIX 通常在 +42 和 +58 之间的区域内变动。如果 STIX 等于 45 这样的低值，则除了在牛市中，市场几乎总是买入；如果 STIX 升至 56，那么市场处于中度超买状态；如果 STIX 超过 58，除非在一个新牛市中，应该卖出。由于在一个正常的市场中，STIX 很少达到 56 这样的高位或者 45 这样的低位，因此如果仅按照以上原则使用会使投资者在大多数时间里处于不活跃状态，因此为活跃起见，交易者和投资者应该根据自己的目标适当地修订原则，使之宽松。

状态	区域
极度超买	大于 58
中度超买	大于 56
中度超卖	小于 45
极度超卖	小于 42

应用时要注意，上述方法是传统的技术分析方法认为的，事实证明，其实 STIX 指标会非常频繁地跌至 10 以下，也会经常达到 90 以上。粗略统计一下，大盘每年出现这种情况的概率大约数十次。

因此，应作如下调整：

（1）常态行情时，STIX 指标一般波动于 20 ~ 80 之间。强势行情波动于 10 ~ 90 之间。

（2）当 STIX 指标下跌至 10 以下时，大盘已进入超卖区，通常是适宜投资者建仓的时机。

（3）当 STIX 指标上升至 90 以上时，大盘已进入超买区，通常被视为获利了结的位置。

（4）由于 STIX 指标会非常频繁地跌至 10 以下，也会经常达到 90 以上，所以需要计算 MASTIX 来把握中期的买卖点。当 6 日 MASTIX 达到 80 以上时，说明股市即将见顶；如果 6 日 MASTIX 跌到 20 以下时，大盘即将见底。（如图 14-21）

图 14-21

除此之外，可以将 STIX 指标当成大盘专属的相对强弱指标（RSI）。因为，一般 RSI 是以价格或者指数为计算因子，而指数经常会有失真的现象发生，例如：所谓的"指数失真"，即当某些占权值大的大型股上涨，而占权值较小的小型股下跌时指数却仍然会呈现上涨的局面。在这时候，大部分小型股已经领先下跌时，通常是市场走到尽头的前兆，而以指数为计算基础的 RSI 却持续上涨，偏离客观情况。STIX 指标不以指数为计算因子，采用市场涨跌家数的变化为因子，当大部分股票处于上涨状态时，表示市场气氛异常热络，此时的大盘超买才有意义。否则，当大盘指数失真时，相对其超买现象也会失真。投资者可以将 STIX 指标与 RSI 指标共同运用，相互佐证。

新三价率 TBR

1. 指标介绍

新三价率（TBR）是用来研判大盘运行趋势的大盘指标。它的计算基础是市场上涨家数占上涨家数与下跌家数之和的比。该指标能够预测大盘上升到顶点或者下跌到谷底的情况。

如图 14-22 是指标图：

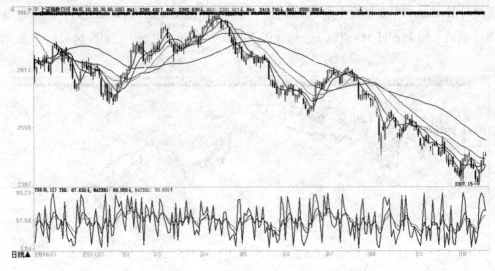

图 14-22

2. 指标计算

新三价率 = 上涨家数 ÷（上涨家数 + 下跌家数）× 100，即：

TBR=（UW ÷ DW）× 100

由于新三价率波动比较频繁，一般使用指标的 6 日和 12 日移动均线，如上图所示。

需要注意的是，TBR 指标所选取的不一定是以全部上市公司构成的样本，投资者可以根据自身情况任意取有代表性的股票和数量为样本。但是，在实际使用，为了更好把握大盘的运行趋势，建议投资者将所有的上市公司均纳入计算的范围。

3. 指标用法

TBR 可以用来预测大盘的上升或者下跌情况是否到达了极点，即大盘上升至顶点或下跌至底部之前，TBR 指标会提前反应。

若大盘处于下跌阶段，TBR 领先止跌转为横向走平时，大盘随后将止跌；指数处于上涨阶段，TBR 也呈同步上升时，可放心继续投资；指数仍处于上涨状态，TBR 却呈现领先下降的倾向时，暗示指数即将到达顶点；若新三价率处于高位而其 6 日均线向下穿过 12 日均线，则应该立即卖出；若新三价率处于低位而其 6 日均线向上穿过 12 日均线，则可以买入。需要注意的是新三价率指标对短期走势的研判比较有效，但对于中长期行情的分析还需要结合其他大势型技术指标进行综合研判。

第十五章
超买超卖型指标

超买超卖指标 OBOS

1.OBOS 指标概述

OBOS 指标又叫超买超卖指标，其英文全称是 "Over Bought Over Sold Index"，和 ADR、ADL 一样是专门研究股票指数走势的中长期技术分析工具。

OBOS 指标和 ADR 指标一样，是用一段时间内上涨和下跌股票家数的差距，来测量大盘买卖气势的强弱及未来演变趋势，以作为研判股市呈现超买或超卖区的参考指标。它的主要用途在于衡量大势涨跌气势，在某种程度上是一种加大 ADL 线振幅的分析方法，与 ADR 相比涵义更直观，计算更简便。

OBOS 指标的原理主要是对投资者心理面的变化作为假定，认为当股市大势持续上涨时，必然会使部分敏感的主力机构获利了结，从而诱发大势反转向下，而当大势持续下跌时，又会吸引部分先知先觉的机构进场吸纳，触发向上反弹行情。因此，当 OBOS 指标逐渐向上并进入超越正常水平时，即代表市场的买气逐渐升温并最终导致大盘超买现象。同样，当 OBOS 指标持续下跌时，则导致超卖现象。对整个股票市场而言，由于 OBOS 指标在某种程度上反映了部分市场主力的行为模式。因此在预测上，当大盘处于由牛市向熊市转变时，OBOS 指标理论上具有领先大盘指数的能力；而当大盘处于由熊市向牛市反转时，OBOS 指标理论上稍微落后于大盘指数的缺陷，但从另一种角度看，它可以真正确认大盘的牛转熊是否有效。

2.OBOS 计算公式

OBOS 同 ADR 一样，是用一段时间内上涨和下跌的股票的家数的差距来反映当前股市多空双方力量的对比和强弱。ADR 选的是两者相除，而 OBOS 选择的方法是两者相减。

由于选用的计算周期不同，超买超卖 OBOS 指标包括 N 日 OBOS 指标、N 周 OBOS 指标、N 月 OBOS 指标等很多种类型。虽然它们计算时取值有所不同，但基本计算方法是一样。

以日 OBOS 指标为例，其计算公式为：

OBOS（N 日）= ∑ NA– ∑ NB

式中，∑ NA 为 N 日内股票上涨家数之和，∑ NB 为 N 日内股票下跌家数之和，N 为选择的天数，是日 OBOS 指标的参数。

从上面计算公式中，我们可以看到 OBOS 指标的计算方法和 ADR 指标的计算方法很相似。不同的是 OBOS 指标的计算方法是选择上涨和下跌家数总数的相减，而 ADR 指标是选择两者相除。选择相除还是相减是从两方面描述多空方法的差距，本质上没有大的改变，只是计算方法和侧重不同而已。ADR 指标侧重于多空双方力量的比值变化，而 OBOS 指标是侧重于多空双方力量的差值变化。

和 ADR 指标一样，选择一定参数周期内的股票上涨和下跌家数的总和，其目的也是为了避免由于某一特定的时期内股市的特殊表现而误导判断。但与 ADR 不同的是，OBOS 指标的多空平衡位置是 0 而不是 1，也就是 ∑ NA= ∑ NB 的时候。一般而言，OBOS 指标参数选择的不同，其市场表现也迥然两异。参数选择的小，OBOS 值上下变动的空间就比较大，曲线的起伏就比较剧烈；参数选择得大，OBOS 值上下变动得空间就比较小，曲线的上下起伏就比较平稳。目前，市场上比较常用的参数是 10、20 等。

OBOS 值最简单的计算方法见下表：

日期	上涨的家数	下跌的家数	两者之差	累计值
1	47	41	+6	+6
2	49	19	+30	+36
3	23	46	−23	+13
4	12	65	−53	−40
5	33	29	+4	−36
6	29	32	−3	−39
7	44	40	+4	−35
8	27	50	−23	−58
9	30	46	−16	−74
10	27	48	−21	−95

上表是OBOS值最简单的计算方法。将OBOS值绘于坐标图上,以时间为横坐标,OBOS值为纵坐标,将每一个计算周期所得的OBOS值在坐标线上标出位置并连接起来就成为OBOS曲线。由于目前股市技术分析软件上的OBOS值是电脑自动生成的,因此,投资者不需自己计算,主要是通过了解其计算过程而达到对OBOS指标的熟悉。

3.OBOS 指标的取值范围

OBOS指标的多空平衡点是0。当市场处于盘整市场时,OBOS的取值应该在0的上下来回波动;当市场处于多头市场时,OBOS的取值应该是正数,并且距离0较远;当市场处于空头市场时,OBOS的取值应该是负数,并且距离0较远。

当OBOS=0时,说明在一段时期内,多空力量处于平衡,股价指数维持窄幅盘整局面;当OBOS>0时,说明市场中的多头力量大于空头力量,市场属于强势格局,股价指数处于上涨行情;当OBOS<0时,说明市场中的空头力量大于多头力量,市场属于弱势格局,股价指数处于下跌行情。

一般而言,OBOS值距离0的远近说明市场上多空双方中的某一方力量比较强大。当OBOS值为正值且距离0越远,说明市场上的多头力量就越强大,多方占据的优势就越明显;当OBOS值为负值且距离0越远时,说明市场上的空头力量就越强大,空方占据的优势就越明显。具体OBOS大于多少或小于多少就算是多方或空方占绝对优势了,这个问题是不好回答的,这一点是OBOS不如ADR的地方。因为股票的总的家数、参数的选择,都直接影响这个问题的答案。对于参数选择可以知道,参数选择得越大,一般是OBOS越平稳。但是上市股票的总家数则是个谁也不能确定的因素。

当然强过头了或弱过头了就会走向反面,所以,当OBOS过分地大或过分地小时,都是采取行动的信号。这里又出现了问题,就是具体的界限不好确定,也就是OBOS大于多少就要卖出,小于多少就要买入,具体的数字应该从实践中总结,而且会不断地变动。

当OBOS的走势与股价指数背离时,也是采取行动的信号,大势可能反转。这是背离的又一应用。

形态理论和切线理论中的结论也可用于OBOS曲线。最为著名的就是,如果OBOS仍在高位(低位)形成M头(W底)就是卖出(买入)的信号。连接高点或低点的切线也能帮助我们看清OBOS的趋势,进一步验证是否与股价指数的走势发生背离。

4.OBOS 曲线的形态和趋势

OBOS指标趋势线理论的研判:

（1）当 OBOS 曲线由下向上突破其长期压力线时，预示着大盘可能由弱势转强势，特别是股价综合指数也开始向上突破长期压力线后，即可确认大盘弱势已经结束，即将展开一轮中期上升行情。

（2）当 OBOS 曲线由上向下跌破其长期支撑线时，预示着大盘可能由强势转为弱势，特别是股价综合指数也开始向下突破其长期支撑线后，即可确认大盘强势已经结束，即将展开一轮中期下跌行情。

OBOS 指标形态理论的研判：

（1）当 OBOS 曲线在高位形成 M 头或三重顶等顶部反转形态时，可能预示着大盘由强势转为弱势，大盘即将大跌，如果股价综合指数也出现同样形态则更可确认，其跌幅可以用 M 头或三重顶形态理论来研判。

（2）当 OBOS 曲线在低位出现 W 底或三重底等低部反转形态时，可能预示着大盘由弱势转为强势，大盘即将反弹向上，如果股价综合指数也出现同样形态更可确认，其涨幅可以用 W 底或三重底等形态来判断。

（3）相对而言，OBOS 指标的高位 M 头或三重顶的判断的准确性要比其底部的 W 底或三重底要高。

5.OBOS 指标的实战技巧

和其他专门研究大盘走势的指标一样，OBOS 指标的构造比较简单，它的研判主要是集中在 OBOS 曲线与 0 值线之间的关系及运行方向上。下面我们就以分析家软件上的 80 日 OBOS 指标为例，来揭示 OBOS 指标的牛熊转换信号和牛熊确认信号。

（1）牛熊转换信号

①当大盘已经经历了半年以上的一轮熊市调整下跌行情后，如果 80 日 OBOS 曲线在 0 值线下方不远的区域盘整了一段时间，一旦 OBOS 曲线向上突破 0 值线，并且大盘指数曲线已经向上突破了中长期指数均线时，则意味着大盘已经由熊市下跌转为牛市上升的行情，大盘中长期上升趋势已经开始，这是 OBOS 指标发出的熊市转牛市信号。此时，投资者可以大胆地买卖个股。

②当大盘已经经历了一年以上的牛市上涨行情后，如果 OBOS 曲线已经开始在 0 值线上方向下调头，一旦 OBOS 曲线向下突破 0 值线，并且大盘指数曲线已经向下突破了中长期指数均线时，则意味着大盘开始由牛市行情结束，一轮漫长的熊市行情已经开始，这是 OBOS 指标发出的牛市转熊市信号。此时，投资者应及时卖出所持有的所有个股。

（2）牛熊持续信号

①当 OBOS 曲线向上突破 0 值线，并已经确认了牛熊转换的牛市反转趋势后，

只要 OBOS 曲线始终运行在 0 值线以上，同时大盘指数曲线也依托中长期指数均线向上运行时，则意味着大盘还是处于一轮大的牛市行情之中，这是 OBOS 指标发出的牛市持续信号。此时，投资者主要是在个股的选择买卖和持有上进行研究。

②当 OBOS 曲线向下突破 0 值线，并已经确认了牛熊转换的熊市反转趋势后，只要 OBOS 曲线始终运行在 0 值线以下、同时大盘指数曲线也被中长期指数均线压制下行时，则意味着大盘还是处于一轮大的熊市行情之中，这是 OBOS 指标发出的熊市依旧信号。此时，投资者最好还是置身股市之外，最多偶尔做个股的短线反弹行情并快进快出，切莫盲目买卖个股或持股。

动向指标 DMI

1.DMI 概述

DMI 指标又叫动向指标或趋向指标，其全称叫 Directional Movement Index，也是由美国技术分析大师威尔斯·威尔德（Welles Wilder）首先提出，提示投资人不要在盘整世道中入场交易，一旦市场变得有利润时，DMI 立刻引导投资者进场，并且在适当的时机退场，实为近年来受到相当重视的指标之一。DMI 动向指数又叫移动方向指数或趋向指数，是属于趋势判断的技术性指标，其基本原理是通过分析股票价格在上升及下跌过程中供需关系的均衡点，即供需关系受价格变动之影响而发生由均衡到失衡的循环过程，从而提供对趋势判断的依据。如图 15-1。

DMI 指标是通过分析股票价格在涨跌过程中买卖双方力量均衡点的变化情况，即多空双方的力量的变化受价格波动的影响而发生由均衡到失衡的循环过程，从而提供对趋势判断依据的一种技术指标。DMI 指标的基本原理是在于寻找股票价格涨跌过程中，股价借以创新高价或新低价的功能，研判多空力量，进而寻求买卖双方的均衡点及股价在双方互动下波动的循环过程。在大多数指标中，绝大部分都是以每一日的收盘价的走势及涨跌幅的累计数来计算出不同的分析数据，其不足之处在于忽略了每一日的高低之间的波动幅度。比如某个股票的两日收盘价可能是一样的，但其中一天上下波动的幅度不大，而另一天股价的震幅却在 10% 以上，那么这两日的行情走势的分析意义决然不同，这点在其他大多数指标中很难表现出来。而 DMI 指标则是把每日的高低波动的幅度因素计算在内，从而更加准确地反应行情的走势及更好地预测行情未来的发展变化。

图 15-1

2.DMI 计算方法

DMI 指标的计算方法和过程比较复杂，它涉及到 DM、TR、DX 等几个计算指标和 +DI（即 PDI，下同）、–DI（即 MDI，下同）、ADX 和 ADXR 等 4 个研判指标的运算。

（1）计算的基本程序

以计算日 DMI 指标为例，其运算的基本程序主要为：

按一定的规则比较每日股价波动产生的最高价、最低价和收盘价，计算出每日股价的波动的真实波幅 TR、+DM、–DM，在运算基准日基础上按一定的天数将其累加，以求 n 日的 TR、+DM 和 –DM 值。

将 n 日内的上升动向值和下降动向值分别除以 n 日内的真实波幅值，从而求出 n 日内的上升指标 +DI 和下降指标 –DI。

通过 n 日内的上升指标 +DI 和下降指标 –DI 之间的差和之比，计算出每日的动向值 DX。

按一定的天数将 DX 累加后平均，求得 n 日内的平均动向值 ADX。

再通过当日的 ADX 与前面某一日的 ADX 相比较，计算出 ADX 的评估数值 ADXR。

（2）计算的具体过程

计算当日动向值。动向指数的当日动向值分为上升动向、下降动向和无动向三种情况，每日的当日动向值只能是三种情况的一种。

①上升动向

+DM 代表正趋向变动值即上升动向值，其数值等于当日的最高价减去前一日的最高价。上升动向值必须大于当日最低价减去前一日最低价的绝对值，否则 +DM=0。

②下降动向

–DM 代表负趋向变动值即下降动向值，其数值等于当日的最低价减去前一日的最低价。下降动向值必须大于当日的最高价减去前一日最高价的绝对值，否则 –DM=0。

③无动向

无动向代表当日动向值为"零"的情况，即当日的 +DM 和 –DM 同时等于零。有两种股价波动情况下可能出现无动向。一是当日的最高价低于前一日的最高价，并且当日的最低价高于前一日的最低价，二是当上升动向值正好等于下降动向值。

（3）计算真实波幅（TR）

TR 代表真实波幅，是当日价格较前一日价格的最大变动值。取以下三项差额的数值中的最大值（取绝对值）为当日的真实波幅：

①当日的最高价减去当日的最低价的价差。

②当日的最高价减去前一日的收盘价的价差。

③当日的最低价减去前一日的收盘价的价差。

TR 是 A、B、C 中的数值最大者。

（4）计算方向线 DI

方向线 DI 是衡量股价上涨或下跌的指标，分为"上升指标"和"下降指标"。在有的股市分析软件上，+DI 代表上升方向线，–DI 代表下降方向线。其计算方法如下：

+DI=（DM÷TR）×100–DI=–（DM÷TR）×100

要使方向线具有参考价值，则必须运用平滑移动平均的原理对其进行累积运算。以 12 日作为计算周期为例，先将 12 日内的 +DM、–DM 及 TR 平均化，所得数值分别为 +DM12、–DM12 和 TR12，具体如下：

+DI（12）=（+DM12÷TR12）×100

–DI（12）=–（DM12÷TR12）×100

随后计算第 13 天的 +DI12–、DI12 或 TR12 时，只要利用平滑移动平均公式运算即可。例如：

当日的 TR12=11/12÷前一日 TR12+当日 TR，上升或下跌方向线的数值永远介于 0 与 100 之间。

（5）计算动向平均数 ADX

依据 DI 值可以计算出 DX 指标值。其计算方法是将 +DI 和 –DI 间的差的绝对值除以总和的百分比得到动向指数 DX。由于 DX 的波动幅度比较大，一般以一定的周期的平滑计算，得到平均动向指标 ADX。具体过程如下：

DX=（DIDIF ÷ DISUM）× 100

其中，DIDIF 为上升指标和下降指标的价差的绝对值；DISUM 为上升指标和下降指标的总和。

ADX 就是 DX 的一定周期 n 的移动平均值。

（6）计算评估数值 ADXR

在 DMI 指标中还可以添加 ADXR 指标，以便更有利于行情的研判。

ADXR 的计算公式为：ADXR=（当日的 ADX+ 前一日的 ADX）÷ 2

和其他指标的计算一样，由于选用的计算周期的不同，DMI 指标也包括日 DMI 指标、周 DMI 指标、月 DMI 指标、年 DMI 指标以及分钟 DMI 指标等各种类型。经常被用于股市研判的是日 DMI 指标和周 DMI 指标。虽然它们计算时的取值有所不同，但基本的计算方法一样。另外，随着股市软件分析技术的发展，投资者只需掌握 DMI 形成的基本原理和计算方法，无须去计算指标的数值，更为重要的是利用 DMI 指标去分析、研判股票行情。

3.DMI 研判标准

DMI 指标是威尔德认为比较实用的一套技术分析工具。虽然其计算过程比较烦琐，但技术分析软件的运用可以使投资者省去复杂的计算过程，专心于掌握指标所揭示的真正含义、领悟其研判行情的独到功能。

和其他技术指标不同的是，DMI 指标的研判功能主要是判别市场的趋势。在应用时，DMI 指标的研判主要是集中在两个方面，一个方面是分析上升指标 +DI、下降指标 –DI 和平均动向指标 ADX 之间的关系，另一个方面是对行情的趋势及转势特征的判断。其中，+DI 和 –DI 两条曲线的走势关系是判断能否买卖的信号，ADX 则是判断未来行情发展趋势的信号。

（1）上升指标 +DI 和下降指标 –DI 的研判功能

①当股价走势向上发展，而同时 +DI 从下方向上突破 –DI 时，表明市场上有新买家进场，为买入信号，如果 ADX 伴随上升，则预示股价的涨势可能更强劲。

②当股价走势向下发展时，而同时 –DI 从上向下突破 +DI 时，表明市场上做空力量在加强，为卖出信号，如果 ADX 伴随下降，则预示跌势将加剧。

③当股价维持某种上升或下降行情时，+DI 和 –DI 的交叉突破信号比较准确，

但当股价维持盘整时，应将 +DI 和 –DI 交叉发出的买卖信号视为无效。

（2）平均动向指标 ADX 的研判功能

ADX 为动向值 DX 的平均数，而 DX 是根据 +DI 和 –DI 两数值的差和对比计算出来的百分比，因此，利用 ADX 指标将更有效地判断市场行情的发展趋势。

①判断行情趋势

当行情走势向上发展时，ADX 值会不断递增。因此，当 ADX 值高于前一日时，可以判断当前市场行情仍在维持原有的上升趋势，即股价将继续上涨，如果 +DI 和 –DI 同时增加，则表明当前上升趋势将十分强劲。

当行情走势向下发展时，ADX 值会不断递减。因此，当 ADX 值低于前一日时，可以判断当前市场行情仍维持原有的下降趋势，即股价将继续下跌，如果 +DI 和 –DI 同时减少，则表示当前的跌势将延续。

②判断行情是否盘整

当市场行情在一定区域内小幅横盘盘整时，ADX 值会出现递减情况。当 ADX 值降至 20 以下，且呈横向窄幅移动时，可以判断行情为牛皮盘整，上升或下跌趋势不明朗，投资者应以观望为主，不可依据 +DI 和 –DI 的交叉信号来买卖股票。

③判断行情是否转势

当 ADX 值在高点由升转跌时，预示行情即将反转。在涨势中的 ADX 在高点由升转跌，预示涨势即将告一段落；在跌势中的 ADX 值从高位回落，预示跌势可停止。

4.DMI 分析方法

DMI 指标的一般分析方法主要是针对 +DI、–DI、ADX 等三值之间的关系展开的，而在大多数股市技术分析软件上，DMI 指标的特殊研判功能则主要是围绕 +DI 线（白色线）、–DI 线（黄色线）、ADX 线（红色线）和 ADXR 线（绿色线）等四线之间的关系及 DMI 指标分析参数的修改和均线先行原则等这三方面的内容而进行的。其中，+DI 线在有的软件上是用 PDI 线表示，意为上升方向线；–DI 线是用 MDI 表示，意为下降方向线。

四线交叉原则：

（1）当 +DI 线同时在 ADX 线和 ADXR 线及 –DI 线以下（特别是在 50 线以下的位置时），说明市场处于弱市之中，股市向下运行的趋势还没有改变，股价可能还要下跌，投资者应持币观望或逢高卖出股票为主，不可轻易买入股票。这点是 DMI 指标研判的重点。

（2）当 +DI 线和 –DI 线同处 50 以下时，如果 +DI 线快速向上突破 –DI 线，预示新的主力已进场，股价短期内将大涨。如果伴随大的成交量放出，更能确认行情将向上，投资者应迅速短线买入股票。

（3）当 +DI 线从上向下突破 −DI 线（或 −DI 线从下向上突破 +DI 线）时，此时不论 +DI 和 −DI 处在什么位置都预示新的空头进场，股价将下跌，投资者应短线卖出股票或以持币观望为主。

（4）当 +DI 线、−DI 线、ADX 线和 ADXR 线等四线同时在 50 线以下绞合在一起窄幅横向运动，说明市场处于波澜不兴，股价处于横向整理之中，此时投资者应以持币观望为主。当 +DI 线、ADX 线和 ADXR 线等三线同时在 50 线以下的位置，而此时三条线都快速向上发散，说明市场人气旺盛，股价处在上涨走势之中，投资者可逢低买入或持股待涨。（这点中因为 −DI 线是下降方向线，其对上涨走势反应不灵，故不予以考虑）。

对于牛股来说，ADX 在 50 以上向下转折，仅仅回落到 40 ~ 60 之间，随即再度掉头向上攀升，而且股价在此期间走出横盘整理的态势。随着 ADX 再度回升，股价向上再次大涨，这是股价拉升时的征兆。这种情况经常出现在一些大涨的牛股中，此时 DMI 指标只是提供一个向上大趋势即将来临的参考。在实际操作中，则必须结合均线系统和均量线及其他指标一起研判。

5.DMI 实战技巧

DMI 指标的实战技巧主要集中在 DMI 指标的 PDI、MDI、ADX 和 ADXR 这四条曲线的交叉情况以及 PDI 曲线所处的位置和运行方向等两个方面。（注：分析家软件上的 PDI 曲线和 MDI 曲线就是钱龙等软件上的 +DI 曲线和 −DI 曲线。）下面以分析家软件上的日参数为（42，72）的 DMI 指标为例，来揭示 DMI 指标的买卖和观望功能。（注：钱龙软件 42 日指标参数与分析家软件上这个参数相对应，其使用方法大体相同。）

（1）买卖功能

当 DMI 指标中的 PDI、MDI、ADX 和 ADXR 这四条曲线在 20 附近一段狭小的区域内作窄幅盘整，如果 PDI 曲线先后向上突破 MDI、ADX、ADXR 曲线，同时股价也带量向上突破中长期均线时，则意味着市场上多头主力比较强大，股价短期内将进入强势拉升阶段，这是 DMI 指标发出的买入信号。

当 DMI 指标中的 PDI、MDI、ADX 和 ADXR 这四条曲线在 20 ~ 40 这段区域内作宽幅整理，如果 PDI 曲线先后向下跌破 ADX 和 ADXR 曲线时，投资者应密切注意行情会不会反转向下，一旦 PDI 曲线又向下跌破 MDI 曲线，同时股价也向下突破中长期均线，则意味着市场上空头主力比较强大，股价短期内还将下跌，这是 DMI 指标发出的卖出信号。

（2）持股持币功能

当 DMI 指标中的 PDI 曲线分别向上突破 MDI、ADX、ADXR 后，一直在这三条曲线上运行，同时股价也依托中长期均线向上扬升，则意味着市场上多头力量依然占据优势，股价还将上涨，这是 DMI 指标比较明显的持股信号，只要 PDI 曲线没有向下跌破这三条曲线中的任何一条，投资者就可以坚决持股待涨。

当 DMI 指标中的 PDI 曲线分别向上突破 MDI、ADX、ADXR 后，如果经过一段时间的高位盘整，PDI 曲线向下跌破 ADX 曲线但在 ADXR 处获得支撑，并重新调头上行，同时也在中期均线附近获得支撑，则表明市场强势依旧，股价还将上扬，这也是 DMI 指标的持股信号，投资者还可短线持股待涨。

当 DMI 指标中的 PDI 曲线向下跌破 MDI、ADX、ADXR 后，如果 PDI 曲线一直运行在这三条线下方，并且在 20 以下区域作水平或向下运动，同时股价也被中长期均线压制下行时，则意味着市场上空头力量占绝对优势，股价将继续下跌，这是 DMI 指标比较明显的持币信号，只要 PDI 曲线没有向上突破这三条曲线中的任何一条，投资者就应坚决持币观望。

（3）实际运用时的注意事项

①尽量避免使用 DMI 指标从事短线交易，在使用时可将指标周期不妨设置参数 7 天或 14 天。从事短线炒作的投资者如果偏好参照 DMI 指标，也不要随意缩短指标周期，必要时可采用分时 K 线走势图。

②将 +DI 和 –DI 的交叉信号视为辅助指标，只用来判断股价涨落的趋势，配合 ADX 数值来研判行情趋势。在把握买卖点时可以多参考 MACD、KDJ 等中短线指标。

（4）短线实战技巧

①当 DMI 指标中 ADX 的数值低于 +DI 的数值时，特别是低于 20 以下时，所有的指标显示的买入卖出信号都是无效信号。此外 ADXR 的数值介于 20 ~ 25 之间时，也应停用任何一种指标。因此，当使用各类指标前，先用 DMI 趋向指标对股价的运行趋势进行判断是非常必要的一个环节。如此定义技术指标失效区的真正涵义是，股价此时进入了趋势不明的微利盘整中。由于后市的突破方向不明，因此采用的策略是：没有持股的不宜介入；持股获利的可先退出观望；持股套牢的，要定好止损位，一旦股价向下突破，立即做空出局，待股价企稳时再回补。

②DMI 趋向指标的典型特性是预示一个趋势行情的转折。DMI 指标中的 ADX 在 50 以上发生向下转折，一般表示股价的持续运行趋势发生转折。此时，如 +DI>–DI 则股价为见顶回落；如 +DI>–DI 则表示股价有止跌企稳的迹象（注意：并不一定会有大的反弹）。通常 ADX 由高处回落会下降至 20 左右，但特殊情况下，ADX

仅下降至 40 ~ 60 之间，随即再度回头上升，这种情况称为"半空翻转"，它经常是大行情来临的前兆。这种情况经常出现在一些疯涨的大黑马股，拉升前的洗盘阶段。此时仅凭 DMI 指标判断是困难的，必须结合均线系统和均量线加以研判。如在 +DI>−DI 且 ADX 在 50 以上转折时卖出持股，发生"半空翻转"后，可在 ADX>ADXR 时反身追入，以免错过后续的大行情。

DMI 指标通常不被用来直接指导买卖，而仅是作为一种趋势判断的工具。如果一定要用它来指导买卖，可于 +DI 上穿 −DI 时买入，−DI 上穿 +DI 时卖出。如果错过该买卖点，则 ADX>ADXR 的点提供了最后的机会。

5.DMI 应用原则

（1）DMI 本身含有 +DI、−DI、DX、ADX 指标，这几项指标要配合看。此外，还要配合其他外部指标共同研判。

（2）DI 上升、下降的幅度均在 0 ~ 100 之间。多方实力强，+DI 值放大并趋近 100，股指可能会继续提高。反之，若空方实力强，−DI 值放大并趋近 −100，股指会继续下落。如果 +DI 变小并趋近 0，反映了多方势头减弱。如果 −DI 变小并趋于 0，反映空方势头减弱。股指分别会止升、止跌。投资者可根据 +DI、−DI 的变化趋向，摸清多空的实力，择机而动。

（3）从对强弱分析，如果 +DI 大于 −DI，在图形上则表现为 +DI 线从下向上穿破 −DI 线，这反映了股市中多方力量加强，股市有可能高走一段，因此，投资者速买再速卖，不可买进惜售，待股价冲顶回落后会造成损失。如果 −DI 大于 +DI，在图形上则表现为 −DI 线从下向上穿透 +DI 线，反映股市中空头正在进场，股市有可能低走。因此，投资者应速卖股票，看准认底部后再买进股票。如果 +DI 和 −DI 线交叉且幅度不宽时。表明股市进入盘整行情。投资者要观察一段，待机行事。

（4）对 DX，投资者应注意：DX 活动区间在 0 ~ 100 内，如果 DX 趋向 100，表明多空某一方的力量趋于零。如果 DX 值大，表明多空双方实力相差悬殊；如 DX 值小，表明多空双方实力接近。如果 DX 趋向零，表明多空双方的实力近似相等。

一般讲，DX 值在 20 ~ 60 间，表明多空双方实力大体相等，轮换主体位置的可能性大。投资者此时应把握自己的位置，看准时机，空头转多头，或相反。DX 值穿破 60，表明多空双方力量拉开，多头或空头各方渐渐主动，或超卖，或超买。DX 值穿破 20，表明多空双方力量均衡，多空双方都主动回撤，买卖不活。此两种情况，投资者既不可过于急躁，又不可过于谨慎，要择机而动，大胆心细。

（5）如果 DX、DI 值同时上升，表明多头实力加强，市场有上升的劲头。投资者应速买而后速卖。如果 DX、DI 值同时下降，表明空方主力进场，市场下跌不可避免。

投资者速卖后，待新底形成再买进。如果 DX 线位于 +DI 线上方并回落，表明行情虽在上升，但结束上升行情的时间已到，投资者不可再盲目追涨。如果 DX 线位于 –DI 线上方并回落，表明行情虽在下跌，但下跌的底部已形成，熊市将结束，投资者可适当买进股票。

乖离率 BIAS

1.概述

乖离率 BIAS，简称 Y 值，是移动平均原理派生的一项技术指标，其功能主要是通过测算股价（或指数）在波动过程中与某一移动平均线出现偏离的程度，其作法是将 Y 值连成线，形成以零值为中轴波动的乖离率曲线，描述股价（或指数）与股价移动平均线相距的远近程度，其测试原理是：如果股价偏离移动平均线太远，不管股份在移动平均线之上或之下，都有可能趋向平均线的这一条原理上。而乖离率则表示股价偏离趋向指标的百分比值。从而得出股价在脚烈波动时因偏离移动平均趋势而造成可能的回档或反弹，以及股价在正常技动范围内移动而形成继续原有趋势的可信度。当股价距离移动平均线太远时，不论股价在移动平均线的上方或下方，均有可能随时返回移动平均线上，从而是一个买进或卖出的时机。但这并不能计算出股价距离移动平均线多远时构成最佳买卖时机，因此乖离率的主要功能正起到补充的作用。

2.BIAS 指标的计算公式

N 日乖离率 =（当日收盘价 –N 日内移动平均价）/N 日内移动平均价 ×100%

其中，N 日为设定参数，可根据选用的移动平均线日数设立，分别用以研判短、中、长期走向。N 的参数一般设置为 6 日、12 日、24 日。

为了指标在大周期（例如 38、57、137、254、526 等）运用中更加直观，更加准确把握中期波动，可以将公式进化：

BIAS=［EMA（收盘价，N）–MA（收盘价，M）］/MA（收盘价，M）×100

其中，N 取超短周期，例如 4、7、9、12 等；M 为大周期，例如，38、57、137、254、526 等；

3.BIAS 指标的运用原则

乖离率分正乖离和负乖离。当股价在移动平均线价上时，其乖离率为正，反之则为负，当股价与移动平均价一致时，乖离率为零。随着股价走势的强弱和升跌，乖离率周而复始地穿梭于 0 点的上方和下方，其值的高低对未来走势有一定的测市功能。一般来说，正的乖离率越大，表明短期间多头获利回吐可能性也越大，为卖出信号；负乖离越大，表明空头回补的可能性也越大，为买入信号。但目前对于乖离率达到何种程度方为正确之买入点或卖出点并无定论，并且当股价暴涨或暴跌时往往使乖离率数值达到较高水平，使用者可凭观图经验力对行情强弱的判断得出综合结论。一般来说，当 BIAS 过高或由高位向下时为卖出信号，当 BIAS 过低或由低位向上时为买入信号。即在大势上升市场，如遇负乖离率，可以行为顺跌价买进，因为进场风险小；在大势下跌的走势中如遇正乖离，可以待回升高价时，出脱持股。

由于股价相对于不同日数的移动平均线有不同的乖离率，除去暴涨或暴跌会使乖离率瞬间达到高百分比外，短、中、长线的乖离率一般均有规律可循。

下面是国外不同日数移动平均线达到买卖讯事号要求的参考数据：

6 日平均值乖离：–3% 是买进时机，+3.5 是卖出时机；

12 日平均值乖离：–4.5% 是买进时机，+5% 是卖出时机；

24 日平均值乖离：–7% 是买进时机，+8% 是卖出时机；

72 日平均值乖离：–11% 是买进时机，+11% 是卖出时机；

4.BIAS 指标的运用方法

乖离率的数值的大小可以直接用来研究股价的超买超卖现象，判断买卖股票的时机。由于选用乖离率周期参数的不同，其对行情的研判标准也会随之变化，但大致的方法基本相似。以 5 日和 10 日乖离率为例，具体方法如下：

（1）一般而言，在弱势市场上，股价的 5 日乖离率达到 –5 以上，表示股价超卖现象出现，可以考虑开始买入股票；而当股价的 5 日乖离率达到 5 以上，表示股价超买现象出现，可以考虑卖出股票。

（2）在强势市场上，股价的 5 日乖离率达到 –10 以上，表示股价超卖现象出现，为短线买入机会；当股价的 5 日乖离率达到 10 以上，表示股价超买现象出现，为短线卖出股票的机会。

（3）结合我国沪深股市的实际，在一些暴涨暴跌的时机，对于综合指数而言，当 10 日乖离率大于 10 以上时，预示股价指数已经出现超买现象，可开始逢高卖出股票，当 10 日乖离率小于 –5 时，预示股价指数已经出现超卖现象，可开始逢低吸纳股票。而对个股而言，当 10 日乖离率大于 15 以上为短线卖出时机，当 10 日乖离率小于 –10 时，为短线买入时机。

5.BIAS 指标的实战运用

（1）卖出信号

例一：长城电器（600112）。2001 年 10 月 24 日，该股 6 日乖离率由前一交易日的 0.31% 迅速上升到 7.70%，次日股价出现调整，收盘价较前一交易日跌幅达 3.73%（参见图 15–2）。

图 15-2 长城电器（600112）

例二：东方电子（000682）。2000 年 11 月中旬曾有出色表现，11 月 9 日股价向上突破，6 日乖离率为 2.48%，次日放量拉长阳，6 日乖离率迅速升高至 9.18%，13 日股价继续上扬，但乖离率指标同步上升，显示可持仓待涨，此后股价虽然再创新高，但乖离率指标逐渐走低，提示择机派发，20 日该股冲高回落，此后步入调整（参见图 15-3）。

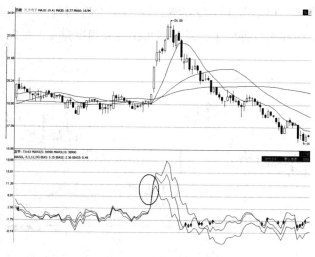

图 15-3 东方电子（000682）

（2）买入信号

例三：华新水泥（600801）。2001 年 11 月 1 日该股大涨 9.77%，6 日乖离率由前一交易日的 1.42% 上升为 9.36%，强势振荡 6 个交易日后于 11 月 7 日破位下行，当日跌幅达 5.07%，6 日乖离率由前一交易日的 1.87% 下降至 –3.8%，短线买点出现，次日涨幅达 8.52%，此后出现较为可观的升幅（参见图 15-4）。

图 15-4 华新水泥（600801）

例四：由岷江水电（600131）。自 2000 年 10 月 17 日起连续 3 个交易日 6 日乖离率保持下降趋势，19 日达到 –12.09%，22 日股价再创新低，但乖离率指标回升至 –11.9%，提示短线有反弹要求，随后股价出现大幅反弹（参见图 15-5）。

图 15-5 岷江水电（600131）

人气与买卖意愿 AR、BR

人气指标（AR）和意愿指标（BR）都是以分析历史股价为手段的技术指标，其中人气指标较重视开盘价格，从而反映市场买卖的人气；意愿指标则重视收盘价格，反映的是市场买卖意愿的程度，两项指标分别从不同角度股价波动进行分析，达到追踪股价未来动向的共同目的。

1. 人气指标（AR）

人气指标（AR）又称买卖气势指标，是反映市场当前情况下多空双方争斗结果的指标之一。市场人气旺则多方占优，买入活跃，股价上涨，反之，人气低落，交易稀少，人心思逃，则股价下跌。AR 选择的市场均衡价位是每个交易日的开盘价，分别比较当天最高价、最低价，来反映市场买卖人气。以最高价到开盘价的距离描述多方向上的力量，以开盘价到最低价的距离描述空方向下的力量。

人气指标的计算公式：

$$AR= \frac{\Sigma Ni=1（Hi–Oi）}{\Sigma Ni=1（Oi–Li）}$$

其中：H= 当日最高价；L= 当日最低价；O= 当日开市价

N 为公式中的设定参数，一般设定为 26 日。

人气指标的基本应用法则：

（1）AR 值以 100 为中轴，即买卖气强弱相等。当 AR 值在 +20（即 80 ~ 120 区间）波动时，属盘整行情，股价走势比较平稳，不会出现剧烈波动，投资者可相机行事。

（2）AR 值走高时表示行情活跃，人气旺盛，过高则表示股价进入高价，应选择时机退出，AR 值的高度没有具体标准，一般来说，当 AR 值上升到 150 以上时，可视为卖出信号，股价可能出现回落。

（3）AR 值走低时表示人气衰退，需要充实，过低则暗示股价可能跌入低谷，可考虑伺机介入，一般 AR 值跌至 60 以下时，股价有可能随时反弹上升，若低于 50，则属于严重超卖，反弹力度加大。

（4）从 AR 曲线可以看出一段时期的买卖气势，并具有先于股价到达峰值或跌入谷底的功能，观图时主要凭借经验，以及与其他技术指标配合使用。

2. 意愿指标（BR）

意愿指标（BR）同人气指标（AR）一样也是反映当前情况下多空双方相互较量的结果，其基本的构造思想同人气指标（AR）是相同的。但意愿指标（BR）设定的均衡价位是前一个交易日的收盘价位分别与当日最高价、最低价相比较，通过一定时期收盘价在股价中的地位，来反映市场买卖意愿的程度。

意愿指标的计算公式：

$$BR=\sum Ni=1（Hi-CYi）$$

$$\sum Ni=1（CYi-Li）$$

其中：H= 当日最高价；L= 当日最低价；CY= 昨日收市价，N 为公式中的设定参数，一般设定为 26 日。

意愿指标的基本应用法则：

（1）BR 值的波动较 AR 值敏感，当 BR 值在 70 ~ 150 之间波动时，属盘整行情，应保持观望。

（2）BR 值高于 400 以上时，股价随时可能回档下跌，应选择时机卖出；BR 值低于 50 以下时，股价随时可能反弹土升，应选择时机买入。需要指出的是，取负值的 BR 是以 0 来代替的。

在很多股票行情分析软件中，虽然 AR 可以单独使用，但一般都是与 BR 结合在一起使用，相互补充，更有利于分析股价的趋势。AR 与 BR 合并后，应用及研判的法则如下：

① AR 和 BR 同时急速上升，意味股价峰位已近，持股时应注意及时获利了结。

② BR 比 AR 低，且指标处于低于 100 以下时，可考虑逢低买进。

③ BR 从高峰回跌，跌幅达 1.2 时，若 AR 无警戒信号出现，应逢低买进。

④ BR 急速上升，AR 盘整小回时，应逢高卖出，及时了结。

在 AR、BR 指标基础上，还可引入 CR 指标，作为研判和预测走势的参考指标。

3.AR 与 BR 相结合的应用

（1）AR 和 BR 同时急速上升，意味股价峰位已近，持股时应注意及时获利了结。

较为典型的是东方电子（000682）在 2000 年 11 月 8 日 ~ 11 月 20 日拉升所营造的头部，AR 和 BR 指标给了非常清晰有效的卖出信号。11 月 8 日 ~ 11 月 20 日 AR 和 BR 同时急升两波，在 11 月 20 日，分别达到 293.02 和 314.33。股价最高攀升至 24.08 元。此后，该股一路走熊，在 2001 年 11 月 20 日最低下探至 4.87 元。（参看图 15-6）

（2）BR 比 AR 低，且指标处于低于 100 以下时，可考虑逢低买进。

较为典型的还是以东方电子为例，该股在 1999 年 4 月 15 日 BR 下穿 AR，BR 的值仅为 95.47，提示了建仓机会。该日东方电子的收盘价是 19.99 元。此后，该股的股价在 19.9 元至 22.58 元间整理了→个月。在著名的 5·19 行情中，该股一口气上涨至最高 60 元。在这个例子中，有着非常充分的建仓时间。（参看图 15-7）

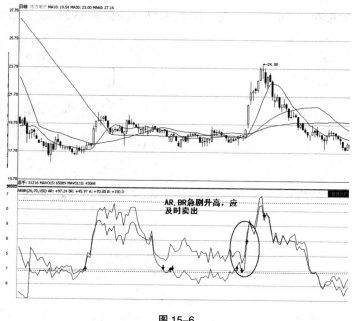

图 15-6

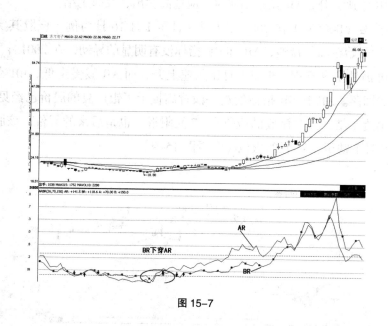

图 15-7

（3）BR 从高峰回跌，跌幅达 1.2 时，若 AR 无警戒信号出现，应逢低买进。

以上海梅林（600073）在 2000 年 1 月 11 日至 1 月 19 日为例。该股在连续 6 个涨停板后，BR 的值攀升至 1700，股价整理时，BR 在 1 月 19 日迅速回落至 403.90，而此时 AR 也是明显止跌，BR 和 AR 给出了明显的买入信号。该日上海梅林的收盘价

为 14.40 元。紧接着，该股再升一波，在 2 月 17 日冲高至 33.26 元。（参看图 15-8）

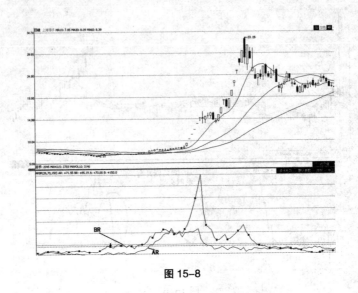

图 15-8

（4）BR 急速上升，AR 盘整小回时，应逢高卖出，及时了结。

＊ST 广夏（000557）在 2001 年 1 月 8 日至 1 月 16 日为例。该股其实在 2000 年 12 月中旬开始在高位盘整，AR 和 BR 指标没有明显的异动，在 2001 年 1 月 8 日开始，股价仍是横盘整理，但 BR 明显急速上升，而 AR 缓慢走低，BR 在 1 月 16 日后也开始回落。AR 和 BR 指标的这一段背离提示了银广夏的股价已经见了大顶，应当及时出货了结，当时该股的股价在 37 元附近，也是后来的天价，该股在 2001 年 11 月 20 日下跌至 3.83 元的低位（参看图 15-9）。

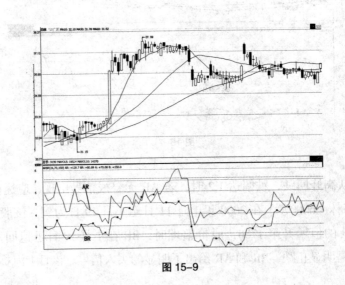

图 15-9

和其他常用的技术指标一样，当 AR 或 BR 与股价在高位（或低位）形成背离时，也是股价见顶（或见底）的信号。

以上证综指在 2001 年 3 月 30 日至 2001 年 5 月 22 日为例。在 2001 年 4 月 18 日和 5 月 22 日两次创新高的过程中，AR 和 BR 同时呈现三顶背离，给出了大盘将要见顶的信号。此后，上证综指在略为营造头部后，6 月底开始实行单边下跌。这波毫无反弹的下跌，大盘一口气下跌超过了 30%，基本上是前所未有（参看图 15–10）。

图 15–10

AR 和 BR 指标在特别超强势或弱势的行情中，失真的信号较多，应加予特别注意。

4. 中间意愿指标（CR）

CR 是以昨日之中间价为计算基础，理论上，比中间价高的价位其能量为"强"，比中间价低的价位其能量为"弱"，CR 以 N 日内昨日中间价比较当日最高，最低价，计算出一段时期内的"弱分之强"指标，从而分析在股价波动中的神秘内容，对解决股价涨跌时间问题亦有一定帮助。

CR 的计算公式为：

CR=N 日内（H–PM）之和 /N 日内（PM–L）之和

其中：PM= 昨日中间价，中间价 =（最高 + 最低价 + 收市价）/3，H= 最高价，L= 最低价。

CR 在应用上，其急升，急落和其他变化，同 AP，BR 可作相同解释，CR 的性格价于 AR 和 BR 之间，一般比较接近 BR，当 CR 低于 100 时，一般情况下买进后的风险不大。

随机指标 KDJ

1.KDJ 指标概述

随机指标 KDJ 是由乔治·莱恩（George Lane）博士首创的一个实用技术分析工具，最早用于期货行业。它综合了动量观念、强弱指标及移动平均线的优点，用来度量股价脱离价格正常范围的变异程度。由于期货风险性波动较股市大，需要较短期、敏感的分析工具，由此产生了随机指标，并取得了巨大的成功。KDJ 指标考虑的不仅是收盘价，而且有近期的最高价和最低价，这避免了仅考虑收盘价而忽视真正波动幅度的弱点。也正因为如此，随机指标对于股票中、短线的技术分析也颇为适用，经常用于判断股票的超买和超卖现象。

随机指标（KDJ）是以 KD 指标演变而来的，而 KD 指标是在威廉指标的基础上发展起来的。不过威廉指标只判断股票的超买超卖的现象，在 KDJ 指标中则融合了移动平均线速度上的观念，形成比较准确的买卖信号依据。在实践中，K 线与 D 线配合 J 线组成 KDJ 指标来使用。由于 KDJ 线本质上是一个随机波动的观念，故其对于掌握中短期行情走势比较准确。

随机指标所反映的价格变动趋势，是通过对当天收盘价格在过去一段时间里，全部价格范围内所处的相对位置进行指数平均，从而对以后的价格变动进行预测。其理论依据是：当价格上涨的时候，收盘价格倾向于接近当日价格区间的上端；相反地，当价格下跌的时候，收盘价格倾向于接近当日价格区间的下端。

图 15-11

随机指标(KDJ)是以最高价、最低价及收盘价为基本数据进行计算,得出的 K 值、D 值和 J 值分别在指标的坐标上形成的一个点,连接无数个这样的点位,就形成一个完整的、能反映价格波动趋势的 KDJ 指标（如图 15–11 ）。

如图所示, KDJ 主要是利用价格波动的真实波幅来反映价格走势的强弱和超买超卖现象,在价格尚未上升或下降之前发出买卖信号的一种技术工具。它在设计过程中主要是研究最高价、最低价和收盘价之间的关系,同时也融合了动量观念、强弱指标和移动平均线的一些优点,因此,能够比较迅速、快捷、直观地研判行情。

2.KDJ 指标的计算方法

RSV 是英文 Raw Stochastic Value 的缩写,中文意思是未成熟随机值。RSV 指标主要用来分析市场是处于"超买"还是"超卖"状态 : RSV 高于 80% 时候市场即为超买状况,行情即将见顶,应当考虑出仓 ; RSV 低于 20% 时候,市场为超卖状况,行情即将见底,此时可以考虑加仓。

N 日 RSV=（ N 日收盘价 –N 日内最低价 ）÷（ N 日内最高价 –N 日内最低价 ）× 100

当日 K 值 =2/3 × 前 1 日 K 值 +1/3 × 当日 RSV ;

当日 D 值 =2/3 × 前 1 日 D 值 +1/3 × 当日 K 值 ;

当日 J 值 =3 × 当日 K 值 –2 × 当日 D 值。

若无前一日 K 值与 D 值,则可分别用 50 来代替。

以 9 日为周期的 KD 线为例。首先须计算出最近 9 日的 RSV 值,即未成熟随机值,计算公式为 :

9 日 RSV=（ 9 日的收盘价 –9 日内的最低价 ）÷（ 9 日内的最高价 –9 日内的最低价 ）× 100（ 计算出来的数值为当日的 RSV ）

K 值 =2/3 × 前一日 K 值 +1/3 × 当日 RSV

D 值 =2/3 × 前一日 D 值 +1/3 × 当日的 K 植

若无前一日 K 值与 D 值,则可以分别用 50 代替。

J 值 =3 × 当日 K 值 –2 × 当日 D 值

3.KDJ 指标的应用原理

当白色的 K 值在 50 以下的低水平,形成一底比一底高的现象,并且 K 值由下向上连续两次交叉黄色的 D 值时,股价会产生较大的涨幅。

当白色的 K 值在 50 以上的高水平,形成一顶比一顶低的现象,并且 K 值由上向下连续两次交叉黄色的 D 值时,股价会产生较大的跌幅。

白色的 K 线由下向上交叉黄色的 D 线失败转而向下探底后, K 线再次向上交叉

D 线，两线所夹的空间叫作向上反转风洞。当出现向上反转风洞时股价将上涨。反之叫作向下反转风洞。出现向下反转风洞时股价将下跌。

K 值大于 80，短期内股价容易向下出现回档；K 值小于 20，短期内股价容易向上出现反弹；但在极强、极弱行情中 K、D 指标会在超买、超卖区内徘徊，此时应参考 VR、ROC 指标以确定走势的强弱。

在常态行情中，D 值大于 80 后股价经常向下回跌；D 值小于 20 后股价易于回升。在极端行情中，D 值大于 90，股价易产生瞬间回档；D 值小于 15，股价易产生瞬间反弹（见下图）。这种瞬间回档或反弹不代表行情已经反转。

J 值信号不常出现，可是一旦出现，可靠性相当高。当 J 值大于 100 时，股价会形成头部而出现回落；J 值小于 0 时，股价会形成底部而产生反弹。

4.KDJ 指标显示的买入时机

下面，我们将讲解如何进一步把握随机指标的特性，并将决策依据具体化，从而进一步确切地把握买入的时机。

（1）指标的取值

通过前面的讲述，我们知道，当随机指标处于超买区，是卖出信号。而当随机指标处于超卖区时，是买入的信号。为了增加操作的正确性，提高胜率，有必要对指标的取值作更严格的界定。

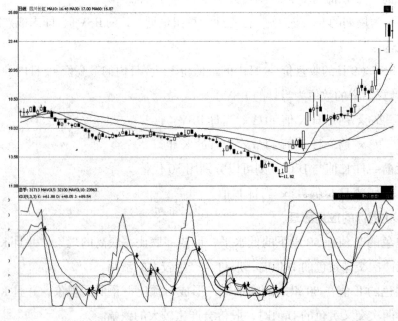

图 15-12

和 D 值相比，K 值的灵敏度较高，不能单凭其进入超卖区发出的买入信号构成决策依据。因此我们可以通过 K 取值的极端状况来把握买入时机，而且这时的正确性往往更强。在正常情况下，当 K 达到超卖的极端读数，即 K 逼近 0 的时候，一般代表明显的弱势，K 会反弹到 20 ~ 25 的区域，然后再度拉回。这种回抽的过程一般需要 2 ~ 4 个时间段（天、周或月），而回抽确认后，将极可能有一轮快速的小反弹，是较好的短线买入时机。尤其在时间参数段较长时，反弹发生的几率非常之高，且反弹幅度会更大。

例如：四川长虹（600839），如图 15-12，其月线 KD 指标在 1999 年 4 月取值分别低至 6.35、9.46，且盘中表现为更低，预示着后面的强劲反弹；而该股在今年 2 月 23 日反弹之前，周、月 KD 指标取值也非常低，预示着后面的技术性反弹。

（2）指标发生金叉

K 线上穿 D 线是金叉，为买入信号。但是真正成为买入时机还需其他条件的配合：

①金叉的位置，发生在超卖区时，是较强的买入信号。

例如：国元证券（000728），如图 15-13，2000 年 5 月 18 日 K、D 于超卖区（K：17.98、D：13.78，而且是从 5 月 15 日的 8.79、12.41 低位开始产生交叉趋势）发生金叉，为买入时机。

图 15-13

②当 D 处于其底部位置，而 K 向上发生 3 次的金叉（前两次为预备金叉），第三次金叉将是强烈的买入信号。也就是说，低位交叉的次数越多，发出的买入信号

越可靠。同样以国元证券（000728）为例，如图15-14，该股在1999年12月15日，2月29日K与D均处于超卖区金叉，后一次为更佳买入时机，而2000年1月26日发生的金叉，以及28日的回抽确认后的金叉，虽然K、D取值已脱离超卖区，但作为第三、第四次金叉，其提示的买入时机就更为及时、高效。

（3）"右侧相交"原则

当K在D已经抬头向上时才与D相交，比D还在下降时与之相交可靠得多。从上例也可印证这一点（后三次交叉均为右侧相交）。

满足了上述三个条件，将使买入更为安全可靠。当然，要求同时满足三个条件，也可能错失一些机会，这就需要投资者依据不同的市场环境、不同的投资品种，并基于自己对待风险与收益的态度来作出取舍，某些状况下，两个甚至单一的条件就能形成较好的买入决策建议。

（4）背离率

当D位于超卖区并形成两个依次上升的谷，而价格持续下跌的时候，构成了两极的底背离。在此情况下，如果是在D线已经转向之后，快的K线穿过慢的D线，亦即两线的交叉发生在谷的右侧，就算构成了真正的买入时机。例如，在底部，如果D线已经完成底部的动作并已经转头向上之后，K才向上穿越D，这时的买入时机将更为成熟。

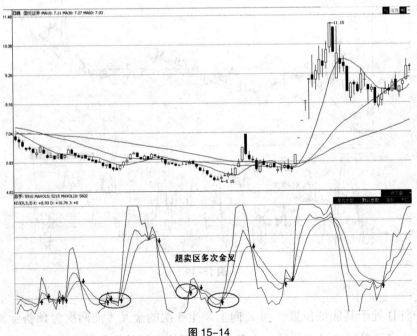

图 15-14

5.KDJ 指标显示卖出信号

卖出时机的把握，往往比买入时机的把握来得更难，这是因为：价格在底部的时候，维持的时间往往较长，价格被动的幅度也较小，有更多的时间去掌握更多的买入时机；而价格居于顶部的时候，往往时间短暂，且价格被动的幅度更大，为了获得更大的收益，投资者往往会期盼能在最高价位或其窄幅区域，即最高位卖出，而最高位的价格形态是稍纵即逝的，加之价格顶部的形成，不可预测的因素也更多。因此，对卖出时机的把握，不宜不切实际地把目标定在最高位，这样往往会招致更多的利润损失。而应该把卖出时机定位于一定的高位区间，这样一来，就能更从容地把握卖机，并有足够的时间来切实把握卖出信号，并由此作判断。当卖出信号明确时，虽然不能确定卖出价格是否最佳点，但大多可以确认为高位区间，也可以说是更为切实可行的卖出时机。

对卖出信号的发现与利用，相当程度上是与买入时机的把握对比并换个相反的角度来考察的。出于风险控制的考虑，既然卖出信号主要是对现有上升趋势的反转预警作用，那么，有时一个方面就已足够，而不像把握买入时机时那样，需要指标同时具备几个条件才能构成决策的有效依据。

（1）指标的取值

我们知道，当随机指标处于超买区时，是卖出的信号。为了增加操作的正确性，提高胜率，有必要对指标的取值作更严格的界定。

D 相对 K 而言，反应较慢，因而更为稳重可靠，因此以 D 的取值来作出判断将较为准确。而如果我们再对 D 的取值作更严格的界定，则将大大增加卖出信号的正确性。一般而言，最佳的卖出信号发生在 D 值为 85 ~ 95 的时候，取值越大，则准确性越高。

而 K 由于其灵敏度较高，单凭其进入超买区发出的卖出信号并不能真正构成决策依据。事实上，当价格形态处于强烈的上升运动或趋势之中时，往往 K 取值较高，但并不构成卖出信号，尤其是一些相对低位开始启动的个股，其上涨趋势刚刚形成不久，K 取值就极可能步入超买区，这时候不但不构成卖出信号，反而说明该股处于强势之中，甚至在某种程度上反而可能构成买入信号。

我们可以通过 K 取值的极端状况来发现卖出信号，而且这时的正确率往往较高。在正常情况下，当 K 达到超买的极端读数，即 K 逼近 100 甚至高位钝化的时候，一般代表可能转势，尤其是在高位的时间拖得较长的时候，卖出信号就会更强烈，准确性程度也更高。

（2）指标发生死叉

K下穿D是死叉，为卖出信号。但是真正成为较有指导意义的卖出信号，还应视其具体情况而定：

①死叉的位置。发生在超买区时，是较强的卖出信号。例如：莱钢股份（600102），如图15-15，其KD指标2000年11月3日在超买区（K：82.93，D：85.28）发生死叉，为较强的卖出信号。

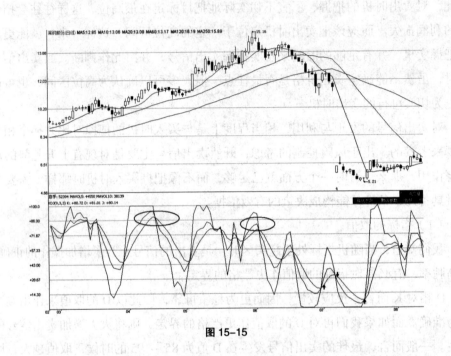

图 15-15

②死叉发生的次数越多，卖出信号将越可靠。再以莱钢股份（600102）为例，如图15-15，其在2000年9月20日至11月2日发生的死叉次数，多达数次，较大规模的就有三次，很大程度上加强了卖出信号的准确性。

上述两个条件，如果能同时得到满足，将相对单一的条件更能提升卖出信号的可靠性，为卖出决策提供更为可靠的依据。

当随机指标位于超买区并形成两个依次下降的峰，而价格却持续上涨的时候，构成了涨跌顶背离。随机指标高位顶背离往往具有非常重要的意义，因为这时候的预警信号往往准确性较高。例如：沪综指2001年5月21日、6月6日、6月13日价格形态依次形成三个上升的峰，但其KD指标的取值却依次下降（分别为93.98、85.46；90.22、80.59；75.49、74.52），形成明显的顶背离，发出清晰的卖出信号。而背离发生在KD指标取值较高的区域，尤其是前面两次，发生在严重超买区域，从某种意义上加强了卖出信号的可靠性。

KD 指标的曲线形态，往往也能构成较强的卖出信号。当指标在高位形成头肩顶、双顶或多重顶的时候，就是较强的卖出信号。再以莱钢股份（600102）为例，如图 15-15，其在 2000 年 9 月 20 日至 1 月 2 日 KD 指标高位形成三重顶，再结合前后一段时间来看，则是较大形态的头肩顶，从指标的曲线形态来考察，也构成较强的卖出信号。

威廉指标 W%R

1.W%R 指标概述

威廉指标 W%R，全称为"威廉氏超买超卖指标"，也有简称为 WMS 和 %R 等。是由拉瑞·威廉（LarryWilliams）于 1973 年所出版的《我如何赚取百万美元》一书首先发表的。

威廉指标（W%R）是属于分析市场短期买卖趋势的技术指标，它主要是通过分析一段时间内股价最高价、最低价和收盘价之间的关系，来判断股市的超买超卖现象，预测股价中短期的走势。通过利用振荡点来反映市场的超买超卖行为，分析多空双方力量的对比，从而提出有效的信号来研判市场中短期行为的走势。其意义是表示某天的收盘价在过去一定天数里的全部价格范围中的相对位置。最早是被应用于期货市场，后来在股票市场得到普遍应用。

有两个常用威廉指标，W&R 威廉指标（William's%R）和 LWR 威廉指标，它们与 KD 指标的分析思想相同。KD 是相对价位指标，其数学表达式是"当前价位与分析区域中的最低价之差除以分析区域中的波动幅度"。而威廉指标的数学表达式是"分析区域中的最高价与当前价位之差除以分析区域中的波动幅度"。两个指标的不同点在数学公式的分子上。

2.W%R 指标的计算公式

威廉指标（W%R）=（$C_n - L_n$）/（$H_n - L_n$）×100%

C_n 为第 n 日的收盘价

H_n 为第 n 日的最高价

L_n 为第 n 日的最低价

n 是投资者自己确定的时间周期参数

一般而言，在确定 n 之前，首先要确定买卖循环周期的日数，而 n 则取此循环周期日数的一半。在欧美，技术分析专家认为一个买卖的循环周期为 28 天，除去周六和周日，实际的交易日为 20 天，而一个较长的买卖循环周期起 56 天，实际交易日为40天。n一般为4或14。计算方程以计算周期为14日为例，其计算过程如下：

W%R（14日）＝（H14－C）÷（H14－L14）×100

其中，C为第14天的收盘价，H14为14日内的最高价，L14为14日内的最低价。

威廉指标（W%R）的取值是介于0～100之间。越接近0值，表明目前的价位越接近过去14日内的最低价；越接近100值，表明目前的价位越接近过去14日内的最高价，从这点出发，对于威廉指标的研判可能比较更容易理解。

值得注意的是，许多传统的技术分析书籍中和一些技术分析软件中（如钱龙），威廉指标（W%R）的百分比刻度与相对强弱指标（RSI）或随机指数（KDJ）的百分比刻度方向相反，也就是说，相对强弱指标（RSI）或随机指数（KDJ）的百分比刻度是由0往上递增至100，而威廉指标（W%R）的百分比刻度是由100往上递减至0的。

3.W%R 指标的测市功能

威廉指标（W%R）的测市主要是从两方面考虑：一是W%R的取值的绝对数值，二是威廉指标（W%R）曲线的形态。计算公式表明，W%R的取值介于0～100之间，以50为中轴将其分为上下两个区域。在上半区，威廉指标（W%R）小于50，表示行情处于强势，把0～20作为超买区。在下半区，威廉指标（W%R）大于50，表示行情处于弱势，把80～100作为超卖区。

威廉指标（W%R）的曲线形态主要是观察在高位或低位是否有明显的顶背离或底背离的现象出现。所谓的背离是指当股票的价格创新高或新低时，指标已无力再创新高或新低，或者说指标的远行趋势和股票价格的趋势相背离。

4.W%R 指标的使用方法

（1）从绝对取值方面考虑，使用方法如下：

①当威廉指标（W%R）的值大于80时，即是表明行情处于超卖状态，价格有见底的可能，一般把80线称为买入线，应当考虑买进。

②当威廉指标（W%R）的值小于20时，即是表明行情处于超买状态，价格有见顶的可能，一般把20线称为卖出线，应当考虑卖出。

（2）从曲线形状考虑，使用方法如下：

①在W%R进入高位后，一般要回头，如果这时股价还继续上升，这就产生背离，是卖出的信号。

②在W%R进入低位后，一般要反弹，如果这时股价还继续下降，这就产生背离，是买进的信号。

③W%R连续几次撞顶（底），局部形成双重或多重顶（底），则是卖出（买进）的信号。

在这里要指出的是：威廉指标（W%R）属于短期趋势指标，实际上的超买超卖的意义不大。事实上，在威廉指标（W%R）开始超买（或超卖）时，股价才开始进入拉升阶段（或开始单边下跌），这是在实际运用威廉指标（W%R）要特别注意的。

5.W%R 指标的特殊分析方法

（1）顶背离和底背离

W%R 指标的背离是指 W%R 指标的曲线的走势正好和股价 K 线图上的走势相反。和其他技术分析指标一样，W%R 指标的背离也分为顶背离和底背离两种。

①顶背离

当股价 K 线图上的股票走势一峰比一峰高，股价在一直向上涨，而 W%R 指标图上的 W%R 曲线的走势是在高位一峰比一峰低，这叫顶背离现象。顶背离现象一般是股价将高位反转的信号，表明股价短期内即将下跌，是比较强烈的卖出信号。

②底背离

当股价 K 线图上的股票走势一峰比一峰低，股价在向下跌，而 W%R 指标图上的 W%R 曲线的走势是在低位一底比一底高，这叫低背离现象。底背离现象一般是股价将低位反转的信号，表明股价短期内即将上涨，是比较强烈的买入信号。

（2）指标背离一般出现在强势行情中比较可靠

即股价在高位时，通常只需出现一次顶背离的形态即可确认行情的顶部反转，而股价在低位时，一般要反复出现多次底背离后才可确认行情的底部反转。

W%R 主要可以辅助 RSI，确认强转弱或弱转强是否可靠，RSI 向上穿越 50 阴阳分界时，要看 W%R 是否也同样向上穿越 50，如果同步则可靠，如果不同则应另行考虑。相反的，向下穿越 50 时，也是同样的道理。注意比较两者是否同步时，其设定的参数必须是相对的比例，大致上 W%R 5 日、10 日、20 日对应 RSI 6 日、12 日、24 日，但是读者可能可以依照自己的测试结果，自行调整其最佳对应比例。

W%R 表示超买或超卖时，应立即寻求 MACD 信号支援。当 W%R 表示超买时，应作为一种预警效果，再看 MACD 是否产生 DIF 向下交叉 MACD 的卖出信号，一律以 MACD 的信号为下手卖出的时机。相反的，W%R 进入超卖区时，也适用同样的道理。

相对强弱指标 RSI

1. 相对强弱指标概述

相对强弱指标（RSI）是一种通过特定时期内股价的变动情况来反映计算市场买卖力量对比的指标，它的作用是判断股票价格内部本质强弱、推测价格未来的变动方向的技术指标，RSI 是由威尔斯·威尔德于 1978 年 6 月所创制的，目前它已经成为一种广受欢迎的计量工具。

在计算 RSI 时，我们使用连续一段时间内的收盘价格，因为收盘价格相对开盘价格、最高价格等更能代表一天的市场价格趋向情况。其计算公式如下：

相对强弱指标（RSI）=（N 日内上涨总幅度平均值 /N 日内上涨总幅度和下跌总幅度平均值）×100

一般短期 RSI 设 N=6，长期 RSI 设 N=12。RSI 值永远在 0 ~ 100 之内变动。

如图 15-16 是 RSI 指标图：

图 15-16

2. 相对强弱指标原理

首先，股票市场的供求平衡原理是 RSI 的基础。从 RSI 的含义可知，它是通过比较一段时期内单个股票价格的涨跌的幅度或整个市场的指数的涨跌的大小来分析判断市场上多空双方买卖力量的强弱程度，从而判断未来市场走势的一种技术指标，而股票市场的供求与股票价格有密切关系。同时，RSI 是一定时期内市场的涨幅与涨幅加上跌幅的比值。它是买卖力量在数量上和图形上的体现，它所反映出来的行情变动情况与轨迹可以用来预测未来股价的走势，而与移动平均线相配合使用则可以提高行情预测的准确性。

构造原理上，RSI 指标与 MACD、TRIX 等相同的是对单个股票或整个市场指数的基本变化趋势作出分析，而不同的是，RSI 指标不是直接对股票的收盘价或股票市场指数进行平滑处理，而是先求出单个股票若干时刻的收盘价或整个指数若干时刻收盘指数的强弱。

3. 相对强弱指标的计算方法

计算相对强弱指标有两种方法，计算的公式虽然有些不同，但结果一致。

第一种：RSI（N）=A/（A+B）×100

其中，假设A为N日内收盘价的正数之和，B为N日内收盘价的负数之和乘以（-1）这样，A和B均为正，将A、B代入RSI计算公式。

第二种：RSI=N日内收盘价涨数和的均值÷N日内收盘价跌数和的均值

RSI=100-100/（1+RS）

以14日RSI指标为例，从当日起算，倒推包括当日在内的15个收盘价，以每一日的收盘价减去上一日的收盘价，得到14个数值，这些数值有正有负。

RSI指标的计算公式具体如下：

RSI（14）=A÷（A+B）×100

式中：A为14日中股价向上波动的大小（14个数字中正数之和），B为14日中股价向下波动的大小[14个数字中负数之和乘以（-1）]，A+B为股价总的波动大小。

根据以上计算，RSI实际上反映了某一阶段价格上涨所产生的波动占总的波动的百分比率，百分比越大，强势越明显，反之亦然。RSI的取值介于0～100之间。在计算出某一日的RSI值以后，可采用平滑运算法计算以后的RSI值，将这些RSI值在坐标图上连成曲线得到RSI线。

RSI值一般是以5日、10日、14日为一周期计算，同时也有以6日、12日、24日为计算周期，比如：沪深股市中RSI所选用的基准周期为6日和12日。一般而言，若采用的周期的日数短，RSI指标反应可能比较敏感；日数较长，可能反应迟钝。根据所选用的计算周期的不同，可将RSI指标分为日RSI指标、周RSI指标、月RSI指标年RSI指标以及分钟RSI指标等各种类型，其中经常被用于股市预测的是日RSI指标和周RSI指标。目前股市软件能够提供RSI指标值，RSI指标的最重要用途是去分析、研判股票行情。

4. 相对强弱指标的计算结果及其含义

RST值	市场特征	投资操作
80 ～ 100	极强	卖出
50 ～ 80	强	买入
20 ～ 50	弱	观望
0 ～ 20	极弱	买入

由以上的计算可知，RSI 的变动范围在 0 ~ 100 之间，如上表所示：

需要注意的是，这里的"极强""强""弱""极弱"只是一个相对的分析概念和相对的区域也有投资者以 30、70 或 15、85 为界限划分。另外，由于所取的 RSI 的参数的不同以及股票的不同，RSI 的取值大小的研判也会不同。

一般而言，RSI 的数值在 80 以上和 20 以下为超买超卖区的分界线：

（1）超买区（RSI>80），表示整个市场力度过强，多方力量远大于空方力量，双方力量对比悬殊，多方大胜，市场处于超买状态，后续行情有可能出现回调或转势，此时，投资者可卖出股票。

（2）超卖区（RSI<20）表示市场上卖盘多于买盘，空方力量强于多方力量，空方大举进攻后，市场下跌的幅度过大，已处于超卖状态，股价可能出现反弹或转势，投资者可适量建仓、买入股票。

（3）当 RSI 值处于 50 左右时，说明市场处于整理状态，投资者可观望。

（4）以 80、20 为界限划分超买超卖，仅是一般方法，投资者应该根据市场的具体情况而定。

5. 相对强弱指标的应用

（1）根据 RSI 值所在范围推断股票行情

RSI>50 表示为强势市场，反之表示为弱势市场。

RSI 多在 70 与 30 之间波动。当 6 日指标上升到达 80 时，表示股市已有超买现象，如果一旦继续上升，超过 90 以上时，则表示已到严重超买的警戒区，股价已形成头部，极可能在短期内反转回转。当六日强弱指标下降至 20 时，表示股市有超卖现象，如果一旦继续下降至 10 以下时则表示已到严重超卖区域，股价极可能有止跌回升的机会。

（2）每种类型股票的超卖超买值是不同的

在牛市，通常蓝筹股的 RSI 若是 80，便属超买，若是 30 便属超卖；二三线股，RSI 若是 85 至 90，便属超买，若是 20 至 25，便属超卖。但以上数值不足以来判断蓝筹股和二三线股是否属于超买超卖，因为某些股票有自己的超买超卖水平，比如：股价反复的股票，通常超买的数值较高（90 至 95），而视作超卖的数值亦较低（10 至 15）；较稳定的股票，超买的数值则较低（65 至 70），超卖的数值较高（35 至 40）。所以，应该首先根据某股票在过去 12 个月的强弱指标记录，找出该股票的超买超卖水平，然后再判断是否买卖。

（3）影响超买及超卖范围确定的其他因素

一是市场的特性，起伏不大的稳定的市场一般可以规定 70 以上超买，30 以下为超卖。变化比较剧烈的市场可以规定 80 以上超买，20 以下为超卖。二是计算 RSI 时所取的时间参数。例如，对于 9 日 RSI，可以规定 80 以上为超买，20 以下为超卖。对于 24 日 RSI，可以规定 70 以上为超买，30 以下为超卖。同时，当行情变化得过于迅速，RSI 会很快地超出正常范围，这时 RSI 的超买或超卖常常就失去了其作为出入市警告信号的作用。例如，在牛市初期，RSI 往往会很快进入并停留在 80 以上的区域一段时间，这是强势的表现而并表示上升行情要结束，只有在牛市末期或熊市当中，超买才是比较可靠的入市信号，即 RSI 进入超买区但并不立即回到正常区域的"陷阱"。因此，一般不宜在 RSI 一旦进入非正常区域就采取买卖行动。在很多情况下，很好的买卖信号是 RSI 进入超买超卖区，然后又穿过超买或超卖的界线回到正常区域但需要得到价格方面的确认，才能采取实际的行动趋势线的突破，移动平均线的突破或某种价格形态的完成均可能成为这种确认的标志。

（4）"背离"即当 RSI 上升而股价反而下跌，或是 RSI 下降而股价反而上涨，通常被认为是市场即将发生重大反转的信号。"背离"只说明市场处于弱势，不构成实际卖出信号，因为有时候行情会暂时失去动量然后又重新获得动量，而这时价格并不发生大规模的转向，所以行情后来并未发生反转的情况下投资者过早卖出的损失比行情确实发生反转的情况下损失的利润多。

（5）RSI 会比股价或指数先显示未来行情，比如股价或指数为上升而 RSI 先上升，反之亦然，尤其是在股价高峰与谷底时。

6.RSI 指标的缺陷

（1）超买、超卖出现后导致的指标钝化现象容易发出错误的操作信号。在"牛市"和"熊市"的中间阶段，RSI 值升至 90 以上或降到 10 以下的情况时有发生，此时指标钝化后会出现模糊的误导信息，若依照该指标操作可能会出现失误，错过盈利机会或较早进入市场而被套牢。

（2）RSI 指标的时间参数不同，其给出的结果就会不同。理论上讲，较短周期的 RSI 指标虽然比较敏感，但快速震荡的次数较多，可靠性较差；较长周期的 RSI 指标尽管信号可靠，但指标的敏感性较低，同时 RSI 是通过收盘价计算，如果一天内行情波动大，同样也不能准确反映行情变化，因而经常出现错过买卖良机的现象。

（3）RSI 指标与股价的"背离"走势不一致。比如：市场行情已经出现反转，但是该指标的"背离"信号却可能滞后出现，或者由于各种因素，"背离"现象出现数次后行情才真正开始反转，同时在研判指标"背离"现象时，真正反转所对应的"背离"出现次数并无定论。

（4）当 RSI 值在 50 附近波动时该指标往往失去参考价值。根据 RSI 的应用原则，当 RSI 从 50 以下向上突破 50 分界线时代表股价已转强；RSI 从 50 以上向下跌破 50 分界线则代表股价已转弱，但股价由强转弱后却不跌，由弱转强后却不涨的现象相当普遍。这是因为在常态下，RSI 会在大盘或个股方向不明朗而盘整时，率先整理完毕并出现走强或走弱的现象，一般来说，RSI 在 40 ~ 60 之间研判作用不大。在价格变动幅度较大且涨跌变动较频繁时，将 RSI 时间参数设定较小，在价格变动幅度较小且涨跌变动不频繁时，将 RSI 参数设定较大可以帮助避免以上缺陷。

相对强弱指标 RSI 是与随机指标 KDJ 齐名的常用技术指标，是由威尔斯·威尔德（Welles Wilder）首创的，RSI 类似于 KDJ，RSI 主要用以判断股票的超买和超卖现象。

相对强弱指标 RSI 的基本原理与其他波动指标（如 KDJ）的基本原理类似，它通过价格上涨与下跌的速度来预先警示某些特定价格形态或趋势（如头肩形顶或底、三角形、趋势线、移动平均线、背离等）的潜在强度及反转可能。相对强弱指标反映的是一段时间内收盘价格正向变动在所有正向、负向变动总和内所处的相对位置，是表示价格变动相对强弱的指标，通过特定时期内股价的变动情况来推测价格未来的变动方向，并根据股价涨跌幅度显示市场的强弱。同时 RSI 解决了波动指数的数值偏离问题与不断调整上下边界的问题。

虽然相对强弱指数能显示市场超卖和超买，预期价格将见顶回软或见底回升等，但 RSI 只能作为一个警告信号，并不意味着市势必然朝这个方向发展，尤其在市场剧烈震荡时，超卖还有超卖，超买还有超买，这时须参考其他指标综合分析，不能单独依赖 RSI 的信号而作出买卖决定。

RSI 指标与 KDJ 指标一样，都属于波动指标，其分析、运用必须附属于基本的趋势分析（市场的主要趋势压倒一切，怎么强调都不过分）。RSI 指标在市场进入无趋势阶段（横向延伸状态）时，能紧密地跟踪价格的变化，从而给短线投资者在无趋势市场环境操作中提供较有效的建议。

从 RSI 的计算式可以知道，指标的取值范围在 0 ~ 100 之间。当 RSI 等于 50 时，意味着市场买进强度与卖出强度相比较地（或相对性地）正负等于零；当 RSI 超过 50 时，表示市场波动强烈；相反地，当 RSI 低于 50 时，表示波动微弱。

RSI 指标是两条曲线，分别以不同的时间跨度为参数，其研判特点主要包括以下几个方面：

（1）参数的取值

RSI 指标以时间为参数，可以采用任何的期间长度，但公认的标准是 14 天。另外，

9 天与 22 天的期间也很常用。RSI 的振幅与时间长度之间保持相反的关系，时间参数越短，指标越灵敏，振幅越大。从相对强弱指标的计算式来看，其时间参数以天为单位。

（2）指标的取值

RSI 取值界定在 0 ~ 100 之间。依据取值不同，可划分为极强、强、弱、极弱四个区域。

超买 / 超卖的基准取值随 RSI 时间参数长短不同而变动：一般 14 天 RSI 指标的超买超卖基准预设值为 70/30，9 天 RSI 指标预测值为 80/20，而中轴线 50 则被认为是强、弱势的分界线。

当然，上表只是对 RSI 指标最简单的概念性认识，并不能完全依此构成真正的买入、卖出决策参考，否则容易招致损失。因此，作出买入、卖出的决策，RSI 指标的取值只是参考因素之一，还要综合考虑其他因素，如形态、其他指标、平均线、趋势线等的影响。

（3）长、短期 RSI 的相对位置

当短期 RSI 处于长期 RSI 上方时，属于多头市场；当短期 RSI 处于长期 RSI 下方时，则属于空头市场。当短期 RSI 低位上穿长期 RSI 时，有买入预示意义，而且右侧相交将更有预示意义；而短期 RSI 高位下穿长期 RSI 时，有卖出预示意义。但仅凭此操作，出错的机会较大，应结合其他情况综合考虑。

（4）指标曲线的形态

RSI 曲线形态也有助于对行情的判断，当 RSI 在较高或较低的位置（如超买区或超卖区）形成头肩形或多重顶（底），是采取行动的信号。形态出现的位置越高或越低，则出错的可能性越小。

（5）指标的背离

从 RSI 指标与价格形态的背离来考虑，顶背离为卖出信号，底背离为买入信号，用 RSI 背离现象来判断趋势的反转获利或停损机会较大。

当 RSI 于超买区形成两个依此下降的峰，而价格却持续上涨的时候，就构成了顶背离；当 RSI 于超卖区形成两个依此上升的底，而价格却持续下跌的时候，就构成了底背离。

类似随机指标，背离现象被认为是相对强弱指标应用最为重要的部分之一。从 RSI 指标与价格形态的背离来考虑，顶背离为卖出信号，底背离为买入信号，依据 RSI 背离现象来研判行情的转向成功率较高，也就是说，背离现象是 RSI 指标最具意义所在。

指数点数成交值指标 TAPI

1.TAPI 指标概述

TAPI（Total Weighted Stock Index）中文译名为"每一加权指数的成交值"，是一种超短期股市分析技术指标。TAPI 指标是根据股票的每日成交值与指数间的关系，来反映股市买气的强弱程度及未来股价展望的技术指标，其理论分析重点为成交值。其理论依据是认为成交量是股市发展的源泉，成交量值的变化会反映出股市购买股票的强弱程度及对未来股价的展望；简言之，TAPI 是探讨是每日成交值与指数间的关系。

2.TAPI 指标的计算公式

TAPI 指标的计算方法非常简单，主要是利用每个周期成交量与当前周期的加权指数来进行计算的。

以日为周期来计算 TAPI 值为例，其计算公式为：

TAPI= 每日成交总值 + 当日加权指数

指数点成交值和其他指标的计算一样，由于选用的计算周期的不同，TAPI 指标也包括日 TAPI 指标、周 TAPI 指标、月 TAPI 指标年 TAPI 指标以及分钟 TAPI 指标等各种类型。经常被用于股市研判的是日 TAPI 指标和周 TAPI 指标。虽然它们计算时的取值有所不同，投资者只需掌握 TAPI 形成的基本原理和计算方法，更为重要的是利用 TAPI 指标去分析、研判股票行情。

3.TAPI 指标的应用原则

（1）加权指数上涨，成交量递增，TAPI 值亦应递增，若发生背离走势，即指数上涨，TAPI 值下降，此为卖出信号，可逢高出货或于次日获利了结。

（2）加权指数下跌，TAPI 值上扬，此为买进信号，可逢低买进。

（3）在上涨过程中，股价的明显转折处，若 TAPI 值异常缩小，是为向下反转信号，持股者应逢高卖出。

（4）在连续下跌中，股价明显转折处，若 TAPI 值异常放大，是为向上反转信号，持股者可逢低分批买进。

（5）TAPI 值无一定之高点和低点，必须结合大势 K 线或其他线路一起研判，不能单独作用。

（6）由空头进入多头市场时，TAPI 值需超越 110，并且能持续在 110 以上，方能确认涨势。

（7）TAPI 值低于 40 以下，是成交值探底时刻，为买进信号。

（8）TAPI 值持续扩大至 350 以上，表示股市交易过热，随时会回档，应逢高分批获利了结。

（9）TAPI 值随加权股价指数创新高峰而随之扩大，同时创新高点，是量价的配合。在多头市场的最后一段上升行情中，加权股价指数如创新高峰，而 TAPI 水准已远不如前段上升行情，此时呈现价量分离，有大幅固档之可能。大势在持续下跌一段时间，接近空头市场尾场时，TAPI 值下降或创新低值的机会也就愈小。

4.TAPI 的特殊分析方法

以前 TAPI 指标主要是研究大盘的量价关系，一般不用于个股的研判。随着股市技术的发展，它也开始被运用于个股的研判。TAPI 指标特殊分析方法主要集中在 TAPI 线和股价运动趋势之间的关系及 TAPI 线和 TAPIMA 线之间的关系等方面。

（1）TAPI 线与股价运动趋势之间的关系

TAPI 曲线向上攀升，而股价曲线也同步上升，则意味着股票行情是处于上涨的阶段，股价走势将维持向上攀升的态势，市场上人气比较活跃，投资者可积极进行个股的投资决策。

TAPI 曲线继续下跌，而股价曲线也同步下跌，则意味着股票行情是处于下跌的阶段，股价走势将维持下跌的态势，市场上人气比较低落，此时，投资者应以持币观望为主。

TAPI 曲线开始从高位向下回落，而股价曲线却还在缓慢向上扬升，则意味着股价走势可能出现"顶背离"现象，特别是股价已经经过了一轮比较长时间的上升行情以后。

TAPI 曲线从底部开始向上攀升，而股价曲线却继续下跌，则意味着股价走势可能出现"底背离"现象，特别是股价已经经过了一轮比较长时间的下跌行情以后。

（2）TAPI 指标的曲线形态

当 TAPI 指标在高位盘整或低位横盘时所出现的各种形态也是判断行情，决定买卖行动的一种分析方法。

当 TAPI 曲线在高位形成 M 头或三重顶等高位反转形态时，意味着股价的上升动能已经衰竭，股价有可能出现长期反转行情，投资者应及时地卖出股票。如果股价走势曲线也先后出现同样形态则更可确认，股价下跌的幅度和过程可参照 M 头或三重顶等顶部反转形态的研判。

当 TAPI 曲线在低位形成 W 低或三重低等低位反转形态时，意味着股价的下跌动能已经减弱，股价有可能构筑中长期底部，投资者可逢低分批建仓。股价的上涨幅度及过程可参照 W 底或三重底等底部反转形态的研判。

TAPI 曲线顶部反转形态对行情判断的准确性要高于底部形态。

（3）TAPI 线和 TAPIMA 线之间的关系

当 TAPI 曲线和 TAPIMA 曲线经过长时间的底部整理后，TAPI 曲线开始向上运行，TAPI 曲线也同时走平或小幅上升，说明股价上涨的动能开始增强，股价的长期向上运动趋势初步形成，投资者可以开始逢低吸纳股票。

当 TAPI 曲线开始向上突破 TAPIMA 曲线时，说明股价的上涨动能已经相当充分，股价的长期向上趋势已经形成，如果伴随较大的成交量配合则更可确认，投资者应坚决地全仓买入股票。

当 TAPI 曲线向上突破 TAPIMA 曲线并运行一段时间后，又开始向下回调并靠近或触及 TAPIMA 曲线，只要 TAPI 曲线没有有效跌破 TAPIMA 曲线，都表明股价属于强势整理。一旦 TAPI 曲线再度返身向上时，表明股价的动能再次聚集，股价将进入强势拉升阶段，投资者可以及时买入股票或持股待涨。

当 TAPI 曲线和 TAPIMA 曲线再度同时向上延伸时，表明股价的强势依旧，投资者可一路持股待涨。

当 TAPI 曲线和 TAPIMA 曲线同时向上运行较长的一段时间后，由于 TAPI 曲线运行速度超过 TAPIMA 从而远离 TAPIMA 曲线时，一旦 TAPI 曲线掉头向下，说明股价上涨的短期动能消耗比较大，股价有短线回调的要求，投资者可持股观望或逢低吸纳。

当 TAPI 曲线从高位掉头向下运行时，表明股价上升动能已经衰竭而下降的动能开始积聚，股价的中期上升趋势已经结束，而中期下降趋势开始形成，投资者应及时地卖出股票。

当 TAPI 曲线从高位向下运行并向下突破 TAPIMA 曲线后，TAPIMA 曲线也开始向下掉头运行时，表明股价的强势上涨行情已经结束，股价的长期下降趋势日益明显，投资者应坚决一路持币观望或逢高卖出剩余的股票。

当 TAPI 曲线在 TAPIMA 曲线下方一直向下运行时，说明股价的弱势特征极为明显，投资者唯一能采取的投资决策就是持币观望。

当 TAPI 曲线在 TAPIMA 曲线下方运行很长一段时间后，开始慢慢掉头向上时，说明股价的下跌动能暂时减缓，股价处于弱势整理格局，投资者还应继续观察，不要轻易采取行动。

当 TAPI 曲线在 TAPIMA 曲线下方开始向上突破 TAPIMA 曲线时，说明股价的反弹动能开始加强，股价将止跌反弹，此时，投资者可以少量买入股票做短线反弹行情但不可恋战，一旦行情再度向下，及时离场观望，直到股价长期下降行情开始形成。

当 TAPI 曲线和 TAPIMA 曲线始终交织在一起，在一个上下波动幅度不大的空间内横向运动时，预示着股价处于一个长期的横盘整理的格局中，投资者应以观望为主。

第十六章
市场与价格指数

　　股价指数是衡量股票市场总体价格水平及变动情况的尺度，综合市场指数是股价指数的一种。综合市场指数是将样本股票基期价格和计算期价格分别加总，然后相比求出股价指数，它的特点是先综合后对比。

主要的综合市场指数

1. 上证综合指数

　　上证综合指数是上海证券交易所于 1997 年 7 月 15 日起编制并公布的上海证券交易所股价指数。基期为 1990 年 12 月 19 日，样本权数为全部上市股票，按加权平均法计算。当新股上市、退市或者上市公司增资扩股时，为了保证股指的连续性，采用除数修正法修正固定除数。新股上市的第 11 个交易日开始计入此指标。上海证券交易所股票指数的发布几乎是和股市行情的变化相同步的，它是我国股民和证券从业人员研判股票价格变化趋势必不可少的参考依据。

　　图 16–1 是上证综指 20 年来的走势图：

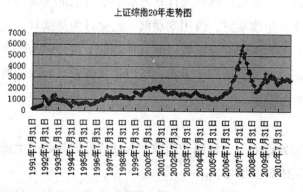

图 16-1

其中，除数修正法的公式是：修正前的市值／原除数＝修正后的市值／新除数，修正后的市值＝修正前的市值＋新增（减）市值，新除数即为新的基期，用来计算以后的指数。以下几种情况需要修正：

（1）成分股新上市，上市后第一个交易日计入指数。

（2）成分股除息（分红派息），指数不予修正，任其自然回落。

（3）有成分股送股或配股，在成分股的除权基准日前修正指数。修正后市值＝除权报价 × 除权后的股本数 ＋ 修正前市值（不含除权股票）。

（4）汇率变动——每一交易周的最后一个交易日，根据中国外汇交易中心该日人民币兑美元的中间价修正指数。

（5）当某一成分股在交易时间内突然停牌，取其最后成交价计算即时指数，直至收盘。

（6）当某一成分股暂停交易时，不作任何调整，用该股票暂停交易的前一交易日收盘价直接计算指数。若停牌时间超过两日以上，则予以撤权，待其复牌后再予复权。

（7）有成分股摘牌（终止交易），在其摘牌日前进行指数修正。

（8）成分股发生其他股本变动（如内部职工股上市引起的流通股本增加等），在成分股的股本变动日前修正指数。

修正后市值＝收盘价 × 调整后的股本数 ＋ 修正前市值（不含变动股票）。

停市——A 股或 B 股部分停市时，指数照常计算；A 股与 B 股全部停市时，指数停止计算。

2. 深圳综合指数

深圳综合指数由深圳证券交易所于 1991 年 4 月开始编制发布。1991 年 4 月 3 日为该指数的基期，基期值为 100，其样本为所有在深圳证券交易所挂牌上市的股票，权数为股票的总股本，该股票指数的计算方法基本与上证指数相同。当指数股的股本结构或股份名单发生改变时，改用变动前一营业日为基准日，并用"连锁"方法对指数进行调整。因为深圳综合指数以所有挂牌的上市公司为样本，其代表性非常广泛，且它与深圳股市的行情同步发布，所以是投资者研判深圳股市股票价格变化趋势必不可少的参考依据。

3. 大盘指数

我国的大盘指数指的是上证综合指数和深证成分股指数。上证综合指数前文已述，下面补充深证成分股指数。

深证成分股指数是由深圳证券交易所通过一定标准对其交易所上市的公司进行

考察，选出 40 家有代表性的公司编制而成的。成分股以 1994 年 7 月 20 日为基期，以成分股的可流通股数为权数，基日指数为 1000 点，采用加权平均法。选择成分股的标准如下：

首先根据上市时间、市场规模、流动性三个标准确定入围公司。入围公司须有一定的上市交易日期，一般应当在 3 个月以上；市场规模方面，将上市公司的流通市值占市场比重的 3 个月平均数按照从大到小的顺序排列并累加居于 90% 之列；流动性方面，将上市公司的成交金额占市场比重的 3 个月平均数按照从大到小的顺序排列并累加需居于 90% 之列。其次根据入围公司选定成分股样本，评选条件有公司股票在一段时间内的平均市盈率，公司近三年来的财务状况和经营业绩，运作规范情况等。同时，深圳证券交易所定于每年 1、5、9 月对成分股的代表性进行考察以确定是否需要进行调整。

深圳成分指数成为大盘指数因其具有一定的优点。首先，该指数可以克服原有综合指数的不足。深圳成分指数采用流通股市值较大、交投活跃、具有行业代表性的股票作为成分股，用可流通股数加权计算，可以克服原有综合指数的不足。同时，该指数经过严格筛选，选择大盘股、一线股等，有利于反映市场总体走向，为投资者提供一个更合理的参考指标。最后由于成分股指数内部结构比较稳定，投资者容易计算出成分股和指数之间的关系，从而多为股指期货和期权采用以进行合理投资。图 16-2 显示了近年来深证成指指数和市盈率：

图 16-2

3. 大盘走势图

大盘指数常被用到指数分时走势图（即时走势图）中。指数分时走势图的横坐标是开市的时间，纵轴的上半部分是指数，下半部分显示的是成交量。分时走势图根据不同的时间标准分为 1 小时、15 分钟、5 分钟等，可视具体情况而定，一般较常采用的为 15 分钟。在不同时间标准下，将与各点时间相对应的加权指数连成线即为分时股价或指数图。通常在走势图下用柱状图表示出成交金。分时走势图可以清楚地显示出当天大势的价、量变化，对于研判起到重大作用。下面根据图 16-3 说明大盘走势图的应用：

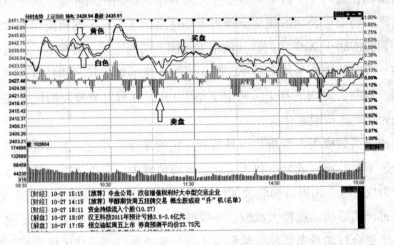

图 16-3

白色曲线：表示上证交易下的大盘指数。

黄色曲线：不考虑上市股票发行数量的多少，将所有股票对上证指数的影响等同对待的不含加权数的大盘指数。

根据白色曲线和黄色曲线的相对位置关系，可以分析出小盘股与大盘股的涨跌幅比较：

当指数下跌时，如果黄色曲线仍然在白色曲线之上，这表示小盘股的跌幅小于大盘股的跌幅；如果白色曲线在黄色曲线之上，则说明小盘股的跌幅大于大盘股的跌幅。

当指数上涨，如果黄色曲线在白色曲线之上，表示发行数量少的股票涨幅较大；而当黄色曲线在白色曲线走势之下，则表示发行数量多的股票涨幅较大。

要注意白线和黄线之间的间距，这意味着大盘股和中小盘股之间的分歧是否在加大。同时看黄线时，不要忘记看黄线所对应的涨跌数值，这在中小盘股走势与大盘股走势相背离时尤为重要，它说明了当前大多数股票的涨跌幅度，这是常被人忽略的一个数据。

红色、绿色的柱线反映当前大盘所有股票的买盘与卖盘的数量对比情况。当红柱增长，表示买盘大于卖盘，指数将逐渐上涨；红柱缩短，表示卖盘大于买盘，指数将逐渐下跌。同理，绿柱增长缩短表示指数下跌量增加或减小。指数在上涨过程中，红柱线越长，表示上涨的动能越充分，大盘越容易往上走；在下跌过程中，绿柱线越长，表示下跌的动能越强，大盘越容易往下跌。

黄色柱线：每分钟的成交量，单位为手即 100 股。成交量是推动股指变化的重要因素，其大小反映了市场的活跃度，暗示着大盘强弱的转换。当大盘处于缩量整理时，多、空双方处于交战的平衡点，若成交量开始温和放大且股指上涨，则表明有新资金进场，大盘将转强，适用于"量增价涨"的判断；当大盘处于连续上升阶段，若成交量创下巨量却不能维持股指继续上涨，则表示多头能量消耗过大，大盘有可能盛极而衰。

最后还要注意波动的长短和幅度，因为大盘走势的波形比较圆滑而不尖锐，所以它的波形长短和出现次数也有一定的研究价值。波形短则必然意味着当日大盘波动的次数多，说明多、空双方力量对峙；波形长则往往意味着大盘在局部时间上出现过一边倒的走势行情，导致当日大盘波动的次数减少。

ROC 指标

1.ROC 指标概述

同移动平均线一样，ROC 指标也是用来判断主要指数的趋势。变动速率指标 ROC 是一种重点研究股价变动动力大小的中短期技术分析工具。ROC 指标是以物理学上的加速度原理为基础，通过比较当前周期的收盘价和 n 周期前的收盘价，计算股价在某一段时间内收盘价变动的速率，应用价格的波动来测量股价移动的动量，衡量多空双方买卖力量的强弱，来达到分析预测股价的趋势及是否有转势的意愿的。如图 16-4，为 ROC 指标图：

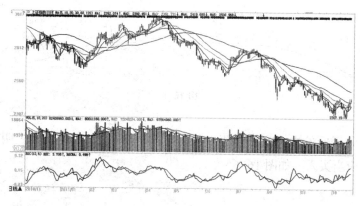

图 16-4

根据计算周期的不同，ROC 指标又可分为日 ROC 指标、周 ROC 指标、月 ROC 指标年 ROC 指标以及分钟 ROC 指标等各种类型，一般只有日 ROC 指标和周 ROC 指标经常被用于研判股市，其基本的计算方法是一样的。以日 ROC 指标为例，其计算公式有两种：

第一种为，ROC（n 日）=AX÷BX。其中：AX= 今日的收盘价 –n 日前的收盘价，BX=n 日前的收盘价，n 为计算参数，日原始参数为 10 日。

第二种为，ROC=［C（I）–C（I–H）］÷C（I–n）×100%。其中，C（I）表示当日收盘价参数，日原始参数为 10 日。

2.ROC 指标的应用

根据加速度原理，ROC 以 0 为轴上下波动：当 ROC 的值大于 0 并且继续上升时，表示上涨的动量增加，若处于下降，则表示上涨的动量下降，卖点出现；反之，若 ROC 的值小于 0 并且继续下降时，表示下跌动量仍在增加，若处于上升，表示下跌动量已经减弱，买点出现。在具体应用 ROC 指标的时候，需要引入 ROCMA，ROCMA 是 ROC 的 n 日移动平均价。

若股价处于上升后的回调阶段，当 ROC 在 0 值之上时，从上向下降至 ROCMA 之下，表明股价会继续下跌，应当在跌破日卖出。如图 16–5：

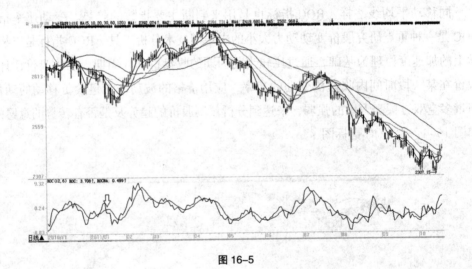

图 16–5

若股价处于低价中，ROC 小于 0 而由下向上突破 ROCMA，则表明股价在短期内会反弹，应当买入，如图 16–6：

图 16-6

当股价处于下跌至盘底而反弹上升的阶段时，若 ROC 也跟着上升，表明股价已经跌到底部，随后会有很大的反弹行情，应该在上升日买入股票，如图 16-7：

图 16-7

当股价上升到高位而出现回落时，若 ROC 也跟着下降表明股价已经上升到了顶部，后市股价很可能较大幅度地下跌，应当在下降日卖出，如图 16-8：

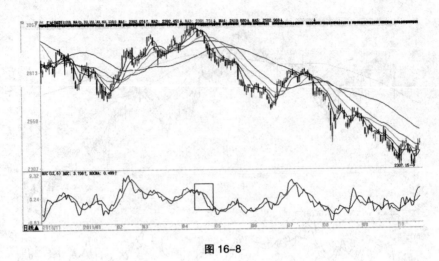

图 16-8

一般在上升行情中，ROC 与股价同时上升，若出现股价继续上升而 ROC 不随之上升，表明股票已经上涨到顶部，后市会出现行情的调整，应该卖出股票。

反之，在下降行情中，ROC 与股价同时下降，若出现股价继续下降而 ROC 不随之下降反而上升，表明股票已经到达底部，后市行情会出现反弹，应该买入股票。

板块指数

板块指数是针对某一板块设立的独立的指数，它是用来反映板块的整体走势，能够将该板块与其他板块进行对比，同时能够反映出该板块内部个股的强弱状况，具有特定的参考意义。它的样本股选择可以是该板块内的所有个股，也可以是板块内具有较强代表性的个股，一般都是选择该板块内的所有个股编制而成的。

1. 经济周期与行业板块之间的关系

经济周期本身是一个不断在通货膨胀与通货紧缩之间转换的过程。而有的行业板块比较适宜与通货膨胀的状态，有的板块在通货紧缩的经济情况下表现更好，因此股市各板块随着经济周期呈现轮动的现象。

各个行业对宏观经济的反映不同。能源类行业对价格的变化最为敏感，在价格上涨阶段表现最好；金融行业对利率及通货膨胀率变化敏感，由于在经济下行时，利率往往下调，而利率的下降有利于信贷和金融投资，所以这一时期金融板块的股票表现较好；工业行业固定成本较高，产能调节过程缓慢，因而在经济开始上升时，产能利用率的调高可以转化成利润，所以在牛市早期就表现良好；而食品医药类行业对通胀率和经济减速不太敏感，在熊市末期和牛市末期具有防御性。

在经济衰退之后的恢复期，居民重新建立其消费的信心，经济在消费的带动下开始复苏。此前利率的不断下降为房地产业提供了充裕的资金，而需要解决的住房问题和不断下降的房价刺激消费者的购房愿望，所以，房地产行业是经济复苏过程中的先行板块，同时将带动相关行业板块的走强，比如建筑业板块。

在这种情况下，由于之前的利率不断下调，加之对市场预期消费的增加，企业开始进行借贷活动并恢复扩大生产和销售，餐饮业、零售业等批发和贸易行业还是走强，并成为经济进一步复苏的信号。

利率的不断降低刺激了企业的投资愿望，同时也刺激了居民的投资愿望，银行的贷款收益率不断上升，而金融保险业板块也开始走强。

公共事业板块对于利率的变化十分敏感，不断下调的利率使其降低成本支出，提高收益率，因此电力、煤气和水生产以及供应板块也开始走强，但由于这些板块属于防御性板块，所以相对其他周期性行业而言，上涨幅度和速度都不会太猛烈。

制造业板块随着其他一些板块的走强而上升，这是由于经济复苏阶段各企业还囤积有大量的存货，当社会性消费开始回升时，需要消化一段时间，一段时间后印刷、塑料、家居等制造业行业板块开始逐渐走强。

随着股市行情不断上涨，通货膨胀率的上升，能源类、矿业类板块终于开始走强，当采掘业板块开始上涨时，意味着牛市即将结束。

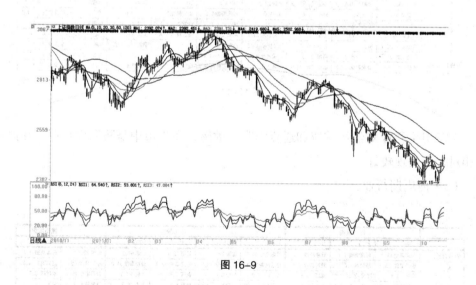

图 16-9

牛市末期，除了能源矿产类、制造业、工业板块还走高，对于利率较为敏感的房地产板块、航空板块、电力煤气及水的生产和供应板块都开始下滑。如图 16-9 所示。

以下是各行业在经济周期中的走势，图 16-10 到图 16-15 中的是牛熊市转化过程中标普 500 个行业指数的绝对涨跌幅和从高到低的排序。

（1）牛市行业

	熊市阶段			牛市阶段					熊市阶段
	2000	2001	2002	2003	2004	2005	2006	2007	2008迄今[1]
强势行业	公用事业51.7	可选消费1.9	日常消费-6.3	信息技术46.5	能源22.7	能源29.1	能源58.3	能源32.4	日常消费-1.4
	医药卫生23.4	原材料1.0	原材料-7.7	可选消费36.1	公用事业13.6	公用事业12.8	公用事业31.0	原材料20.0	医药卫生-5.4
	金融23.4	工业-7.0	能源-13.3	原材料34.8	电信9.9	医药卫生4.9	金融20.5	公用事业15.8	原材料-5.7
	日常消费14.5	日常消费-8.3	金融-16.4	工业29.7	工业9.9	金融3.7	电信19.7	信息技术15.5	能源-5.8
	能源13.2	金融-10.5	医药卫生-20.0	金融27.9	S&P9.0	S&P3.0	原材料18.1	电信11.6	信息技术-9.0
	工业4.5	能源-10.5	S&P-23.4	S&P9.0	可选消费6.1	原材料2.2	S&P13.6	工业9.8	可选消费-8.4
	S&P-10.1	医药卫生-12.9	可选消费-24.4	能源22.4	原材料4.7	日常消费1.3	日常消费13.0	电信8.5	S&P-10.0
	原材料-17.7	S&P-13.0	工业-27.6	公用事业21.1	金融2.2	信息技术0.4	工业11.2	医药卫生5.4	公用事业-10.3
	可选消费-20.7	电信-13.7	公用事业-33.0	医药卫生13.3	信息技术0	工业10.5	医药卫生10.5	S&P3.5	工业-11.2
	电信-39.7	信息技术-26.0	电信-35.9	日常消费9.2	医药卫生-3.9	可选消费-7.4	可选消费8.4	可选消费-14.3	电信-21.3
弱势行业	信息技术-41	公用事业-32.5	信息技术-37.6	电信3.3	医药卫生-5.8	电信-9.1	信息技术8.1	金融-20.8	金融-26.3

图 16-10

能源行业是标准的牛市行业，牛市顶峰时，能源股在整个市场中表现最佳。

（2）熊市行业

	熊市阶段			牛市阶段					熊市阶段
	2000	2001	2002	2003	2004	2005	2006	2007	2008迄今[2]
强势行业	公用事业51.7	可选消费1.9	日常消费-6.3	信息技术46.5	能源22.7	能源29.1	能源58.3	能源32.4	日常消费-1.4
	医药卫生23.4	原材料1.0	原材料-7.7	可选消费36.1	公用事业13.6	公用事业12.8	公用事业31.0	原材料20.0	医药卫生-5.4
	金融23.4	工业-7.0	能源-13.3	原材料34.8	电信9.9	医药卫生4.9	金融20.5	公用事业15.8	原材料-5.7
	日常消费14.5	日常消费-8.3	金融-16.4	工业29.7	工业9.9	金融3.7	电信19.7	信息技术15.5	能源-5.8
	能源13.2	金融-10.5	医药卫生-20.0	金融27.9	S&P9.0	S&P3.0	原材料18.1	电信11.6	信息技术-9.0
	工业4.5	能源-10.5	S&P-23.4	S&P9.0	可选消费6.1	原材料2.2	S&P13.6	工业9.8	可选消费-8.4
	S&P-10.1	医药卫生-12.9	可选消费-24.4	能源22.4	原材料4.7	日常消费1.3	日常消费13.0	电信8.5	S&P-10.0
	原材料-17.7	S&P-13.0	工业-27.6	公用事业21.1	金融2.2	信息技术0.4	工业11.2	医药卫生5.4	公用事业-10.3
	可选消费-20.7	电信-13.7	公用事业-33.0	医药卫生13.3	信息技术0	工业10.5	医药卫生10.5	S&P3.5	工业-11.2
	电信-39.7	信息技术-26.0	电信-35.9	日常消费9.2	医药卫生-3.9	可选消费-7.4	可选消费8.4	可选消费-14.3	电信-21.3
弱势行业	信息技术-41	公用事业-32.5	信息技术-37.6	电信3.3	医药卫生-5.8	电信-9.1	信息技术8.1	金融-20.8	金融-26.3

图 16-11

医药卫生行业对经济减速和通货膨胀不敏感，在牛市中是防御性行业，在熊市中相对来说表现较好。

（3）前周期行业：

	熊市阶段			牛市阶段					熊市阶段
	2000	2001	2002	2003	2004	2005	2006	2007	2008迄今[4]
强势行业	公用事业51.7	可选消费1.9	日常消费-6.3	信息技术46.5	能源22.7	能源29.1	能源58.3	能源32.4	日常消费-1.4
	医药卫生23.4	原材料1.0	原材料-7.7	可选消费36.1	公用事业13.6	公用事业12.8	公用事业31.0	原材料20.0	医药卫生-5.4
	金融23.4	工业-7.0	能源-13.3	原材料34.8	电信9.9	医药卫生4.9	金融20.5	公用事业15.8	原材料-5.7
	日常消费14.5	日常消费-8.3	金融-16.4	工业29.7	工业9.9	金融3.7	电信19.7	信息技术15.5	能源-5.8
	能源13.2	金融-10.5	医药卫生-20.0	金融27.9	S&P9.0	S&P3.0	原材料18.1	电信11.6	信息技术-9.0
	工业4.5	能源-10.5	S&P-23.4	S&P9.0	可选消费6.1	原材料2.2	S&P13.6	工业9.8	可选消费-8.4
	S&P-10.1	医药卫生-12.9	可选消费-24.4	能源22.4	原材料4.7	日常消费1.3	日常消费13.0	电信8.5	S&P-10.0
	原材料-17.7	S&P-13.0	工业-27.6	公用事业21.1	金融2.2	信息技术0.4	工业11.2	医药卫生5.4	公用事业-10.3
	可选消费-20.7	电信-13.7	公用事业-33.0	医药卫生13.3	信息技术0	工业10.5	医药卫生10.5	S&P3.5	工业-11.2
	电信-39.7	信息技术-26.0	电信-35.9	日常消费9.2	医药卫生-3.9	可选消费-7.4	可选消费8.4	可选消费-14.3	电信-21.3
弱势行业	信息技术-41	公用事业-32.5	信息技术-37.6	电信3.3	医药卫生-5.8	电信-9.1	信息技术8.1	金融-20.8	金融-26.3

图 16-12

制造业行业、资本品行业、交通运输行业等工业行业在企业成本开始下降和预期未来经济需求上升的牛市前期表现较好。

	熊市阶段			牛市阶段					熊市阶段
	2000	2001	2002	2003	2004	2005	2006	2007	2008迄今
强势行业	公用事业51.7	可选消费1.9	日常消费-6.3	信息技术46.5	能源22.7	能源29.1	能源58.3	能源32.4	日常消费-1.4
	医药卫生23.4	原材料1.0	原材料-7.7	可选消费36.1	公用事业13.6	公用事业12.8	公用事业31.0	原材料20.0	医药卫生-5.4
	金融23.4	工业-7.0	能源-13.3	原材料34.8	电信9.9	医药卫生4.9	金融20.5	公用事业15.8	原材料-5.7
	日常消费14.5	日常消费-8.3	金融-16.4	工业29.7	工业9.9	金融3.7	电信19.7	信息技术15.5	能源-5.8
	能源13.2	金融-10.5	医药卫生-20.0	金融27.9	S&P9.0	S&P3.0	原材料18.1	日常消费11.6	可选消费-8.4
	工业4.5	能源-10.5	S&P-23.4	S&P9.0	可选消费6.1	原材料2.2	S&P13.6	工业9.8	信息技术-9.0
	S&P-10.1	医药卫生-12.9	可选消费-24.4	能源22.4	原材料4.7	日常消费1.3	日常消费13.0	电信8.5	S&P-10.0
	原材料-17.7	S&P-13.0	工业-27.6	公用事业21.1	金融2.2	信息技术0.4	工业11.2	医药卫生5.4	公用事业-10.3
	可选消费-20.7	电信-13.7	公用事业-33.0	医药卫生13.3	日常消费0	工业0.4	医药卫生10.5	S&P3.5	工业-11.2
	电信-39.7	信息技术-26.0	电信-35.9	日常消费9.2	信息技术-3.9	可选消费-7.4	可选消费8.4	可选消费-14.3	电信-21.3
弱势行业	信息技术-41	公用事业-32.5	信息技术-37.6	电信3.3	医药卫生-5.8	电信-9.1	信息技术8.1	金融-20.8	金融-26.3

图 16-13

汽车、家具、家电、零售（衣服）等可选消费行业在熊市末期开始上升，在牛市前期表现较好。

（4）后周期行业

	熊市阶段			牛市阶段					熊市阶段
	2000	2001	2002	2003	2004	2005	2006	2007	2008迄今
强势行业	公用事业51.7	可选消费1.9	日常消费-6.3	信息技术46.5	能源22.7	能源29.1	能源58.3	能源32.4	日常消费-1.4
	医药卫生23.4	原材料1.0	原材料-7.7	可选消费36.1	公用事业13.6	公用事业12.8	公用事业31.0	原材料20.0	医药卫生-5.4
	金融23.4	工业-7.0	能源-13.3	原材料34.8	电信9.9	医药卫生4.9	金融20.5	公用事业15.8	原材料-5.7
	日常消费14.5	日常消费-8.3	金融-16.4	工业29.7	工业9.9	金融3.7	电信19.7	信息技术15.5	能源-5.8
	能源13.2	金融-10.5	医药卫生-20.0	金融27.9	S&P9.0	S&P3.0	原材料18.1	日常消费11.6	可选消费-8.4
	工业4.5	能源-10.5	S&P-23.4	S&P9.0	可选消费6.1	原材料2.2	S&P13.6	工业9.8	信息技术-9.0
	S&P-10.1	医药卫生-12.9	可选消费-24.4	能源22.4	原材料4.7	日常消费1.3	日常消费13.0	电信8.5	S&P-10.0
	原材料-17.7	S&P-13.0	工业-27.6	公用事业21.1	金融2.2	信息技术0.4	工业11.2	医药卫生5.4	公用事业-10.3
	可选消费-20.7	电信-13.7	公用事业-33.0	医药卫生13.3	日常消费0	工业0.4	医药卫生10.5	S&P3.5	工业-11.2
	电信-39.7	信息技术-26.0	电信-35.9	日常消费9.2	信息技术-3.9	可选消费-7.4	可选消费8.4	可选消费-14.3	电信-21.3
弱势行业	信息技术-41	公用事业-32.5	信息技术-37.6	电信3.3	医药卫生-5.8	电信-9.1	信息技术8.1	金融-20.8	金融-26.3

图 16-14

由食品、饮料、零售（食品百货）组成的日常消费行业在牛市的后期表现较好。

	熊市阶段			牛市阶段					熊市阶段
	2000	2001	2002	2003	2004	2005	2006	2007	2008迄今
强势行业	公用事业51.7	可选消费1.9	日常消费-6.3	信息技术46.5	能源22.7	能源29.1	能源58.3	能源32.4	日常消费-1.4
	医药卫生23.4	原材料1.0	原材料-7.7	可选消费36.1	公用事业13.6	公用事业12.8	公用事业31.0	原材料20.0	医药卫生-5.4
	金融23.4	工业-7.0	能源-13.3	原材料34.8	电信9.9	医药卫生4.9	金融20.5	公用事业15.8	原材料-5.7
	日常消费14.5	日常消费-8.3	金融-16.4	工业29.7	工业9.9	金融3.7	电信19.7	信息技术15.5	能源-5.8
	能源13.2	金融-10.5	医药卫生-20.0	金融27.9	S&P9.0	S&P3.0	原材料18.1	日常消费11.6	可选消费-8.4
	工业4.5	能源-10.5	S&P-23.4	S&P9.0	可选消费6.1	原材料2.2	S&P13.6	工业9.8	信息技术-9.0
	S&P-10.1	医药卫生-12.9	可选消费-24.4	能源22.4	原材料4.7	日常消费1.3	日常消费13.0	电信8.5	S&P-10.0
	原材料-17.7	S&P-13.0	工业-27.6	公用事业21.1	金融2.2	信息技术0.4	工业11.2	医药卫生5.4	公用事业-10.3
	可选消费-20.7	电信-13.7	公用事业-33.0	医药卫生13.3	日常消费0	工业0.4	医药卫生10.5	S&P3.5	工业-11.2
	电信-39.7	信息技术-26.0	电信-35.9	日常消费9.2	信息技术-3.9	可选消费-7.4	可选消费8.4	可选消费-14.3	电信-21.3
弱势行业	信息技术-41	公用事业-32.5	信息技术-37.6	电信3.3	医药卫生-5.8	电信-9.1	信息技术8.1	金融-20.8	金融-26.3

次债危机导致"特例"

图 16-15

金融业是时间上更靠后一些的周期行业，在牛市结束或熊市开始时表现较好。

2. 板块轮动

板块轮动是指同一板块内的个股或相关板块间所发生的轮流波动现象。板块产生轮动效应的表现是曾经排在后面的个股或板块开始充当先锋，引导其他个股或板块继续朝同一方向波动。

板块轮动分为板块内的个股轮动和相关板块间的轮动。

（1）板块个股轮动

板块个股轮动是指同一板块内的个股发生轮流波动的现象。具体表现为：某板块内的个股轮流充当领涨股或领跌股，并带动整个板块朝同一方向波动.

板块个股轮动的表现通常是板块内个股轮番涨跌，引导市场朝其有利的局势发展。如果市场正好极其需要这种手法，市场的参与情绪可以很快被带动起来，形成持续的高温现象，而这也是主力坐庄的手段之一。

当板块内个股发生轮动效应时，往往具有以下的规律：当板块行情启动时，板块内的个股往往会出现轮番领涨或领跌的现象，处于中后位置的个股会领头，但整体板块的发展趋势不会被这种板块内的热点切换而改变。在热点板块中，势头最猛、最有投机价值的"领头羊"（在板块整体持续上涨时称"领头羊"为龙头品种）将在板块的整个行情中一直起着主导作用。投资者需要注意板块中的"领头羊"，它往往是率先打破沉闷格局的个股，具有高度参与价值，因为其在个股轮动中领涨或领跌的机会最大，次数最多。同时，在板块行情中，轮动的现象往往只会出现在少数的几只强势股身上，这一般是由于主力资金集中运作于几只股上，比如：一只领头的股票涨停，而后可能会在为期一周的交易日之中，出现 2 ~ 3 只同板块内个股轮番涨停的情况。

（2）相关板块轮动

相关板块轮动指的是相关性较强的板块之间发生的轮流波动现象，即当某一板块成为领涨或领跌板块后，其他相关性较强的板块在后期相续充当领涨或领跌板块。造成相关板块轮动现象的原因是市场游资根据消息而开始流动，当市场人气鼎盛或处于报复性反弹的时候，以及市场处于恐慌性抛售的阶段性底部的时候，通常这种现象出现。

相关板块轮动现象有以下规律：当板块之间发生轮动效应时，往往具有以下的规律。相关性越强的板块，其板块轮动的可能性越大，反之，相关性越弱的板块，其板块轮动的可能性越小。在大盘上涨的时候，率先领涨板块在板块轮动中领涨的机会最大，次数最多，这些板块通常室中在少数几个强势板块中；而在大盘下跌的时候，率先领跌板块在板块轮动中领跌的机会也是最大，次数最多，这些板块通常集中在少数几个弱势板块中。

第十七章
能量型指标

能量潮指标 OBV

1. 能量潮指标概述

能量潮指标（On Balance Volume，OBV）是葛兰维（Joe Granville）于 20 世纪 60 年代提出的，并被广泛使用。股市技术分析的四大要素：价、量、时、空。OBV 指标就是从"量"这个要素作为突破口，来发现热门股票、分析股价运动趋势的一种技术指标。它是将股市的人气——成交量与股价的关系数字化、直观化，以股市的成交量变化来衡量股市的推动力，从而研判股价的走势。关于成交量方面的研究，OBV 能量潮指标是一种相当重要的分析指标之一。

能量潮理论成立的依据重要是：

（1）投资者对股价的评论越不一致，成交量越大；反之，成交量就小。因此，可用成交量来判断市场的人气和多空双方的力量。

（2）重力原理。上升的物体迟早会下跌，而物体上升所需的能量比下跌时多。涉及到股市则可解释为：一方面股价迟早会下跌；另一方面，股价上升时所需的能量大，因此股价的上升特别是上升初期必须有较大的成交量相配合；股价下跌时则不必耗费很大的能量，因此成交量不一定放大，甚至有萎缩趋势。

（3）惯性原则——动则恒动、静则恒静。只有那些被投资者或主力相中的热门股会在很大一段时间内成交量和股价的波动都比较大，而无人问津的冷门股，则会在一段时间内，成交量和股价波幅都比较小。

OBV 指标由 OBV 线和 OBV 值构成的：

（1）OBV 线

OBV 线方法是葛兰维又一大贡献，将"量的平均"概念加以延伸，是将成交量值予以数量化，制成趋势线，配合股价趋势线，从价格的变动及成交量的增减关系，推测市场气氛。他认为成交量是股市的元气，股价只不过是它的表象特征而已。因此，成交量通常比股价先行。这种"先见量、后见价"的理论早已为股市所证明。

OBV 线的应用原则：

OBV 线呈 N 字形波动，当 OBV 线超越前一次 N 字形的高点时，则记下一个向上的箭头；当 OBV 线跌破前一次 N 的低点时，就记下一个向下的箭头。

当 OBV 线连续形成 N 字形上涨状态，则上涨的股价将要出现反转。

当 OBV 线在连续小 N 字形上涨时，又出现大 N 字形上涨状态，则行情随时可能出现反转。

OBV 线的走向与股价曲线产生"背离"时，说明当时的走势是虚假的，不管当时股价是上涨行情还是下跌行情，都随时有反转的可能，需要格外留心。

OBV 线如果持续一个月以上横向移动后突然上冲，预示大行情随时可能发生。OBV 经过长达一个月的横盘突然上冲，在成交量的配合下，股价一路上扬。

（2）OBV 值

OBV 指标的 OBV 值计算比较简单，主要是计算累积成交量。

以日为计算周期为例，其计算公式为：

当日 OBV= 本日值 + 前一日的 OBV 值

如果本日收盘价或指数高于前一日收盘价或指数，本日值则为正；如果本日的收盘价或指数低于前一日的收盘价，本日值则为负值；如果本日值与前一日的收盘价或指数持平，本日值则不于计算，然后计算累积成交量。这里的成交量是指成交股票的手数。

和其他指标的计算一样，由于选用的计算周期的不同，OBV 指标也包括日 OBV 指标、周 OBV 指标、月 OBV 指标年 OBV 指标以及分钟 OBV 指标等各种类型。经常被用于股市研判的是日 OBV 指标和周 OBV 指标。另外，投资者只需掌握 OBV 形成的基本原理和计算方法，更为重要的是利用 OBV 指标去分析、研判股票行情。OBV 线是将 OBV 值绘于坐标图上，以时间为横坐标，成交量为纵坐标，将每一日计算所得的 OBV 值在坐标线上标出位置并连接起来成为 OBV 线。

能量潮指标的一般研判标准：

（1）当 OBV 线下降而股价却上升，预示股票上升能量不足，股价可能随时下跌，是卖出股票的信号。

（2）当 OBV 线上升而股价却小幅下跌，说明市场上人气旺盛，下档承接力较强，股价的下跌只是暂时的技术性回调，股价可能即将止跌回升。

（3）当OBV线呈缓慢上升而股价也同步上涨时，表示行情稳步向上，股市中长期投资形势尚好，股价仍有上升空间，投资者应持股待涨。

（4）当OBV线呈缓慢下降而股价也同步下跌时，表示行情逐步盘跌，股市中长期投资形势不佳，股价仍有下跌空间，投资者应以卖出股票或持币观望为主。

（5）一般情况下，当OBV线出现急速上升的现象时，表明市场上大部分买盘已全力涌进，而买方的能量的爆发不可能持续太久，行情可能将会出现回档，投资者应考虑逢高卖出。尤其在OBV线急速上升后不久，而在盘面上出现锯齿状曲线并有掉头向下迹象时，表明行情已经涨升乏力，行情即将转势，为更明显的卖出信号。这点对于短期急升并涨幅较大的股票的研判更为准确。

（6）一般情况下，当OBV线出现急速下跌的现象时，表明市场上大量卖盘汹涌而出，股市行情已经转为跌势，行价将进入一段较长时期的下跌过程中，此时，投资者还是应以持币观望为主，不要轻易抢反弹。只有当OBV线经过急跌后，在底部开始形成锯齿状的曲线时，才可以考虑进场介入，作短期反弹行情。

（7）OBV线经过长期累积后的大波段的高点（即累积高点），经常成为行情再度上升的大阻力区，股价常在这区域附近遭受强大的上升压力而反转下跌。而一旦股价突破这长期阻力区的话，其后续涨势将更加强劲有力。

（8）OBV线经过长期累积后的大波段的低点（即累积低点），则常会形成行情下跌的大支撑区，股价会在这区域附近遇到极强的下跌支撑而止跌企稳。而一旦股价向下跌破这长期支撑区的话，其后续跌势将更猛。

2. 能量潮指标特殊分析方法

（1）OBV指标的最佳适用范围

① OBV指标对于上市在两年内并从上市之日起一路下跌的次新股的研判，有其独特的优势，这点投资者在以后次新股行情研判中千万加以注意。

② OBV指标对于上市在两年以上并经过前期大幅炒作过的股票的研判已经没有什么实质的参考意义。

（2）OBV值（或线）的正负转换

当股市盘局整理时，OBV值（或线）的变动方向是重要的参考指标。

①当OBV线从负的积累值转为正值时，是OBV研判行情的一个重要利用点。

对于上市两年内并从上市就开始下跌的次新股而言，一上市就下跌的股票，经过一段时间的下跌后，其OBV线（或值）就会变成负的，而且下跌时间越长、幅度越大，其负值将越大。然后经过一段时间的小幅上升行情后，当负值慢慢变小并向零靠拢时，说明买方力量越来越强，而当OBV线一旦从负的积累值转为正值时，代表买方开始掌握了股市的走势方向，已经取得了决定性的优势，股价有可能从此相成一段长期上升趋势，是最佳的长线买进信号。

对于上市两年内但股价已经经过前期大幅炒作又跌回历史低位（或创历史新低）时的次新股，如果其 OBV 线从负的积累值转为正值时，也只能说明多空双方又暂时取得平衡，股价未来的运行方向还不明朗。投资者可进行短线买入，等待股价的反弹行情，或者持币观望，静待行情的发展。

对于上市两年内但股价涨幅很小的次新股，如果其 OBV 线从负的积累转为正值时，说明多空双方经过一段事情的较量，多方渐渐占据优势，投资者可开始中短线建仓，一旦股价再次放量上升，OBV 线也开始从负值以下急速上升，是中线买进信号，投资者可及时买入股票，持股待涨。

对于上市时间超过两年，而且股价经过前期大幅炒作后，经过送股除权后，其股价又回到历史低位或创新低，但如果从整体来看，股价还是处于其相对的历史较高位。即使这时 OBV 线变成负值，然后再由负变正时，这时 OBV 指标由负变正的研判功能就不再适用，投资者应选择其他指标对其研判。

②当 OBV 线从正的积累值转为负值时，也是 OBV 研判行情的一个重要利用点。

对于上市时间超过两年，而且股价并没有大幅炒作的股票，经过送股除权后，其股价又回到历史低位或创新低，如果这时 OBV 线由正变成负值，OBV 指标由负变正的研判功能就不再适用，投资者也应选择其他指标对其研判。

对于一上市就上涨而股价没有大幅下跌的股票和上市时间超过两年的股票，OBV 指标由负变正的研判功能也不适用。

3.OBV 曲线的背离现象和形态特征

（1）OBV 线与股价发生背离现象的情况，也是判断股市变动是否发生转折的重要参考依据

如果经过前期一段较大的上涨行情后，股价继续上升，而 OBV 线却开始掉头向下，表明股价高档买盘乏力，是短线卖出的信号。

如果经过前期一段较大的下跌行情后，股价继续下跌，而 OBV 线却开始掉头向上，表明股票低价位买盘较积极，买方力量开始加大，是短线买入信号。

（2）OBV 线与股价形态中的 M 头、W 底和三重顶、三重底等形态的关系

当股价波动形态有可能形成 M 头（或三重顶等顶部形态）时，OBV 线会发出很强的警示信号。当股价经过一段回落调整再次到达前期顶部附近小幅盘整时，而此时的 OBV 线也无力上扬，成交量萎缩，此时股价很容易再次下跌形成 M 头，此时投资者应倍加警惕。如果 OBV 线与股价形态几乎同时形成三重顶形态，更应短线卖

出股票。

当股价波动形态有可能形成 W 底（或三重底等底部形态）时，OBV 线也会发出较强的警示信号。当股价形态即将形成 W 底时，如果与之相对应的 OBV 线领先上扬，成交量放大，是一种股价可能短期见底的信号。如果 OBV 线与股价形态几乎同时形成三重底时，股价阶段性的底部特征将更明显。

4. 能量潮指标的优缺点

（1）能量潮指标的优点

OBV 指标适用于短期投资的决策，是预测股价短期波动的重要分析方法，它能帮助投资者确定股价突破盘局后的发展趋势。

OBV 指标一个重要的功能在于可以局部显示市场内主力资金的动向。虽然 OBV 指标无法提出资金移动的理由，但是，当突然放大或缩小的成交量出现在低价或高价时，可以提醒投资者注意成交量的变化，从而提前研判市场内的多空倾向。

（2）能量潮指标的缺点

由于 OBV 指标根据计算累积成交量的而成的，因此，对于像周 OBV 指标和月 OBV 指标等这些周期比较长的研判指标来说，在实际操作中就失去了研判功能，这点是和其他技术分析指标是有着本质的不同。投资者在实际操作中应注意这点，尽量少用周 OBV 及月 OBV 等指标来研判行情，以免研判失误。

同样道理，OBV 指标没有原始参数值，它不能根据修改参数值来从更多角度和不同周期去对行情进行多方位进行研判，因此，OBV 指标的分析方法比较简单、研判功能比较单一。

另外，由于 OBV 指标计算原理过于简单，并且在 OBV 值的计算公式中，仅用收盘价的涨跌来做依据，则存在着失真的现象，因此，OBV 指标的适用范围仅限于短期操作，而不能用于中长期投资的研判。

成交量比率 VR

1.VR 指标概述

成交量比率（简称 VR），是一项通过分析股价上升日成交额（或成交量）与股价下降日成交额比值，从而掌握市场买卖气势的中期技术指标。该指标通常用于个股分析，其理论基础是"量价同步"及"量须先于价"，是根据成交量的变化确认股票是处于低价区或高价区，进而反应相对低风险和相对高风险区域，从而把握正确买卖的时机的方法。

成交量比率是以研究股票量与价格之间的关系为手段的技术指标，其理论基础是"量价理论"和"反市场操作理论"。VR指标认为，由于量先价行、量涨价增、量跌价缩、量价同步、量价背离等成交量的基本原则在市场上恒久不变，因此，观察上涨与下跌的成交量变化，可作为研判行情的依据。同时，VR指标又认为，当市场上人气开始凝聚，股价刚开始上涨和在上涨途中的时候，投资者应顺势操作，而当市场上人气极度旺盛或极度悲观，股价暴涨暴跌时候，聪明的投资者应果断离场或进场，因此，反市场操作也是VR指标所显示的一项功能。

一般而言，低价区和高价区出现的买卖盘行为均可以通过成交量表现出来，因此，VR指标又带有超买超卖的研判功能。同时，VR指标是用上涨时期的量除以下跌时期的量，因此，VR指标又带有一种相对强弱概念。

总之，VR指标可以通过研判资金的供需及买卖气势的强弱、设定超买超卖的标准，为投资者确定合理、及时的买卖时机提供正确的参考。

2.VR指标的计算公式

计算公式：

VR=N日内上升日成交额总和/N日内下降日成交额总和

其中：N日为设定参数，一般设为26日。

计算过程：

（1）N日以来股价上涨的那一日的成交量都称为UV，将N日内的UV总和相加称为UVS。

（2）N日以来股价下跌的那一日的成交量都称为DV，将N日内的DV总和相加称为DVS。

（3）N日以来股价平盘的那一日的成交量都称为PV，将N日内的PV总和相加称为PVS。

（4）最后N日的VR就可以计算出来：VR（N）=（UVS+1/2PVS）÷（DVS+1/2PVS）

这里得出的计算公式是对上面公式的具体细分。随着股市分析软件的日益普及，实际上VR指标的数值由计算机自动完成，无需投资者自己计算，这里主要是通过了解VR指标的计算过程而达到对其有更进一步的理解。

3.VR指标的运用原则与要点（N设定为26日）

（1）VR指标的运用原则

①从VR的绝对取值方面考虑，根据VR值大小确定买卖时机，将VR值划分以下区间：

VR介于40～70区间时，可考虑买进；

当VR介于80～200区间时，可继续持股；

当 VR 大于 200 时，可根据情况获利了结；

当 VR 超过警戒线 450 以上时，可伺机卖出。

以东方电子在 1999 年 4 月 9 日前后为例，如图 17-1：

该股在 1999 年 4 月 9 日前后的 VR 值处于 70 以下，4 月 9 日最低至 55.97，而股价在 20 元上下窄幅波动。后来的 5 月 19 日行情表明此时是最佳的建仓时机，此时 5 月 19 日该股摸高至 60 元，此时 VR 指标给出了极为有效的建仓信号。但是需要说明的是，这波行情中，VR 给出的卖出信号明显失败，在 VR 第二次达到 700 时，该股才开始见顶，未与股票走向同步。

图 17-1

②当成交额经萎缩后放大，而 VR 值也从低区向上递增时，行情可能开始发动，是买进的时机。

以 ST 宝利来在 1999 年 10 月中旬为例，如图 17-2：

该股在 1999 年 9 月初开始，VR 大部分处于较低位，该股的成交在 10 月 14 日仅有 5500 股，此时每股股价在 25 元左右。10 月 18 日成交量放大，VR 也接着从低位上升，表达了买入 ST 宝利来的极佳时机。由此开始，ST 宝利来突破 100 元，开始了大牛行情，最高位达到 126.31 元。

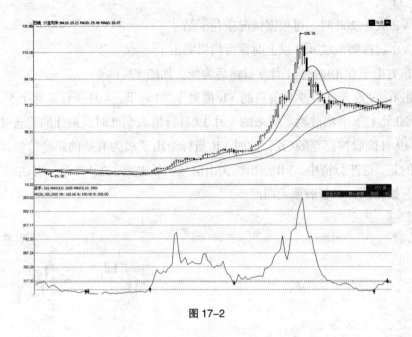

图 17-2

③ VR 值在低价区增加，股价牛皮盘整，可考虑伺机买进。

以上海梅林在 1999 年 11 月中旬至 12 月上旬为例，如图 17-3：

该股在 1999 年 11 月 12 日见到 6.57 元的低位，此时 VR 也到了 58.2 的低位。至 12 月 6 日期间，该股的股价是在 6.57 至 7.311 同牛皮盘整，但 VR 已上升至 150 左右，提示了伺机买入建仓的时机。最高点在 2000 年 2 月 17 日，为 33.26 元。

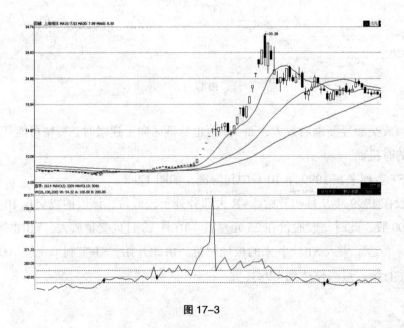

图 17-3

④VR 值升至安全区内，而股价牛皮盘整时，一般可以持股不卖。

以东方明珠 5 月 19 日行情前夕的情况为例，如图 17-4：

该股的 VR 在 1999 年 4 月 13 日升至 5 月 14 日基本上是在 150 ~ 200 间波动，而该股的股价在这段时间呈现的是牛皮盘整，持股不动即可以收获。

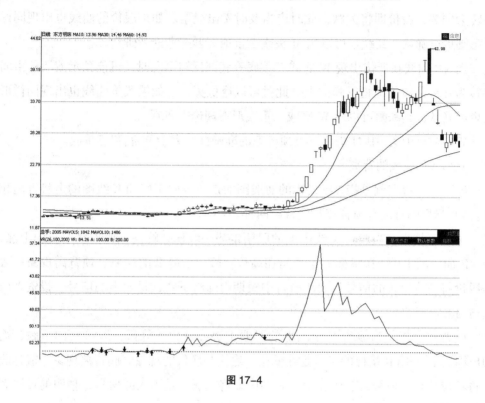

图 17-4

⑤VR 值在获利区增加，股价亦不断上升时，应把握高档出货的时机。VR 指标在这种情况下，实际应用的意义不大。

⑥一般情况下，VR 值在低价区的买入信号可信度较高，但在获利区的卖出时机要把握好，由于股价涨后可以再涨，在确定卖出之前，应与其他指标一起研判。

（2）VR 指标的应用要点

①成交量比率在分析低价区域时可信较高，因为其先于价格的指标，但在观察高价区域宜参考其他指标，应与其他指标一起研判来把握卖出时机。从上述的四个例子也可以看到，当股价处于底部准备发动行情时，VR 指标还有较为明确的提示，不能够提供准确的信息。但股价拉高后，VR 的指示作用不大，并且往往会出现失真现象。

②一般情况下，VR 不能明确某一时刻买卖的具体信号。

4.VR 指标的特殊分析方法

（1）VR 曲线的形态

通过 VR 曲线出现的各种形态，我们可以判断行情走势、决定买卖时机。

当 VR 曲线在高位形成 M 头或三重顶等顶部反转形态时，可能预示着股价由强势转为弱势，股价即将大跌，此时应当及时卖出股票。如果股价的曲线也出现同样形态则更可确认，其跌幅可以用 M 头或三重顶等形态理论来研判。

当 VR 曲线在低位出现 W 底或三重底等底部反转形态时，可能预示着股价由弱势转为强势，股价即将反弹向上，此时可以逢低买入。如果股价曲线也出现同样形态更可确认，其涨幅可以用 W 底或三重底形态理论来研判。

VR 曲线的形态中 M 头和三重顶形态的准确性要大于 W 底和三重底。

（2）VR 曲线的背离

R 曲线的背离就是指 VR 指标的曲线图的走势方向正好和 K 线图的走势方向相反。VR 指标的背离有顶背离和底背离两种。

顶背离是指，当股价 K 线图上的股票走势一峰比一峰高，股价在一直向上涨，而 VR 曲线图上的 VR 指标的走势是在高位一峰比一峰低的现象。顶背离现象一般是股价将高位反转的信号，表明股价中短期内即将下跌，是卖出的信号，投资者应当适时卖出股票。

底背离是指，当股价 K 线图上的股票走势一峰比一峰低，股价在向下跌，而 VR 曲线图上的 VR 指标的走势是在低位一底比一底低的现象。底背离现象一般是股价将低位反转的信号，表明股价中短期内即将上涨，是买入的信号，精明的投资者会选择在此时买入股票。

与其他技术指标的背离现象研判一样，在 VR 的背离中，顶背离的研判准确性要高于底背离。当股价在高位，VR 也在高位出现顶背离时，可以认为股价即将反转向下，投资者可以及时卖出股票，此时指标所提供信息准确性较高。

5.VR 指标的实战技巧

VR 指标构造比较简单，只有一条 VR 曲线，因此，相对于其他指标而言，它的研判也比较简单明了，实战技巧主要集中在 VR 曲线的运行方向上方面。由于 VR 指标过于简单，为了更准确地研判行情，我们可以采用 VR 指标和 OBV 指标相结合来研判行情。

（1）买卖信号

当 VR 曲线的运行形态一底比一底低，而 OBV 曲线的运行形态一底比一底高，同时股价也突破中短期均线，则表明 VR 指标和 OBV 出现了底背离走势，此时应当买入股票。

当 VR 曲线的运行形态一顶比一顶低，而 OBV 曲线的运行形态一顶比一顶高，同时股价也向下突破短期均线时，则表明 VR 指标和 OBV 出现了顶背离走势，此时应当适时卖出股票。

（2）持股持币信号

当 VR 曲线和 OBV 曲线几乎同时摆脱低位盘整格局，向上快速扬升时，如果股价也依托短期均线上涨，则意味着股价的中短期上升趋势已经形成，这是 VR 指标发出的持股待涨信号，投资者应当继续持股。

当 VR 曲线和 OBV 曲线从高位一起向下滑落时，如果股价也被中短期均线压制下行，则意味着股价的中短期下降趋势已经形成，这是 VR 指标发出的持币观望信号，投资者需谨慎，保持观望态势。

（3）实战中的注意事项

成交量比率的值一般介于 60～150 之间，称之为安全区，一般可以持股或者持币观望。

一般而言，成交量比率在低价位时具有较高的可信度，在高价位时应当配合其他指标综合研判，更为可靠，比如心理线 PSY。

成交量比率在高位 350～400 区间时，表明大多数资金已投入市场，缺乏更多的增量资金来提高股价，因此终会造成缺乏后续资金支持股价，而出现股价下跌等情况。

有的时候也会出现按成交量比率的卖出信号卖出股票，而股价却继续上涨等情况，此时应与其他指标（如中间意愿指标 CR，动向指标 DM 等）综合运用，效果会更好。

成交量比率在低位 40～60 区间时，估计一般容易反弹。但在个股行情走势上，也经常发生股价无反弹的状况，而随后的成交量比率只在 40～60 低价位区间波动。

心理线 PSY

1.PSY 指标概述

心理线（Psychological Line），简称 PSY，主要是从股票投资者买卖趋向的心理方面，对多空双方的力量对比进行探索。它对股市短期走势的研判具有一定的参考意义。此指标是建立在研究者心理趋向的基础上，将一定时期内投资者倾向买方或卖方的心理与事实转化为数值，形成测定人气、用以分析股价未来走势的技术指标。

心理线作为情绪指标的一种，主要由一段时间内收盘价涨跌天数的多少探究市场交易者的内心趋向，以此作为买卖股票的参数。它能精确地显示股价的高峰和谷底。

我们简单地认为，一段时间内，上涨是多方的力量，下跌是空方的力量，PSY 是上涨天数占该段总天数内的比率，则多空力量的对比就这样简单地描述出来了。

从心理线反映市场人气来看，当一段行情开始前，通常超卖的最低点会出现两次。因此，投资者观察心理线时，若发现某一天的超卖现象格外严重，短期内低于此点的机会较小，当心理线向上变动而又再度回落到引点时，就是买进的机会。反之亦然。所以，无论上升行情还是下降行情前，都会出现两次以上的买点或卖点；投资者若把握好这两个时机，便可稳获收入。

研究人员发现：一方面，人们的心理预期与市势的高低成正比，即市势升，心理预期也升，市势跌，心理预期也跌；另一方面，当人们的心理预期接近或达到极端的时候，逆反心理开始起作用，并可能最终导致心理预期方向的逆转。

2.PSY 指标的计算公式及参数

$PSY = A/N \times 100$

其中，N 为周期，是 PSY 的参数，可以为日、周、月、分钟；

A 为在这周期之中股价上涨的周期数。

例如：N=20 日时，日之中有 12 日上涨，8 日下跌，则 PSY（20 日）=60

这里判断上涨和下跌均是以收盘价为标准，计算日周期的收盘价如果比上一周期的收盘价高，则定为上涨；比上一周期收盘价低，则定为下降。

PSY 参数的选择是人为的，可以随投资者的喜好和市场的变化来决定，没有硬性规定。为了便于计算，也由于习惯，一般选择参数为 10 或大于 10。参数选得越大，PSY 的取值范围越集中、越平稳，但又有迟滞性的缺点；参数选得小，PSY 取值范围上下的波动就大，且敏感性太强。这是在选择 PSY 参数的时候，应该注意的。

参数的选择是 PSY 指标研判行情的一个重要手段。根据经验，日线一般设定为 12 日，最大不超过 24。周线一般为 15 周左右，最长不超过 26 周。月线以取 12 为好。参数过长或过短，指标的精确度都会降低，从而达不到预期的效果。

例如：N 取 12 天，如果有 6 天上涨，6 天下跌，心理线 $PSY=6/12 \times 100=50$。再将此值标示在百分比的图纸上，每天延续下去时，将每天的百分比连接起来，即成为心理线，与 K 线相互对照后，能够更准确地从股价变动中了解超买或超卖情形。

和其他指标的计算一样，由于选用的计算周期的不同，PSY 指标也包括日 PSY

指标、周 PSY 指标、月 PSY 指标、年 PSY 指标以及分钟 PSY 指标等各种类型。经常被用于股市研判的是日 PSY 指标和周 PSY 指标。

3.PSY 指标的研判法则

（1）在盘整局面，PSY 的取值应该在以 50 为中心的附近，上下限一般定为 25 和 75，PSY 取值在 25 ～ 75 之间，说明多空双方基本处于平衡状况，反映股价处在正常的波动状态，投资者可以按照原有的思路买卖股票。如果 PSY 的取值超出了这个平衡状态，就是超买或超卖。

（2）PSY 的取值如果高得过头或低得过头了，都是行动的信号。一般说来，如果 PSY<10 或 PSY>90。这两种极端低和极端高的局面出现，就可以不考虑别的因素而单独采取买入或卖出的行动。

（3）当 PSY 达到或低于 25 时，说明在 N 天内，下跌的天数远大于上涨的天数，空方力量比较强大，市场上悲观气氛比较浓，股价一路下跌。但从另一方面看，由于下跌的天数较多，市场上显示超卖的迹象，特别是在跌幅较大的情况下，市场抛盘稀少，抛压较轻，股价可能会反弹向上。

（4）当 PSY 的取值第一次进入采取行动的区域时，往往容易出错，要等到第二次出现行动信号时才保险。第一次低于 25 或高于 75，就采取买入或卖出行动，一般都会出错。这一点对 PSY 来说尤为重要。几乎每次行动都要求 PSY 进入高位或低位两次，才能真正称得上是安全的。

（5）PSY 的曲线如果在低位或高位出现大的 W 底或 M 头，也是买入或卖出的行动信号。

（6）在多头市场和空头市场开始初期，可将超买、超卖线调整至 85 和 15，到行情发展中后期再调回至 75 和 25，这样更有利于 PSY 指标的研判。

（7）PSY 线一般最好同股价曲线配合使用，这样更能从股价的变动中了解超买或超卖的情形。我们常碰到的背离现象在 PSY 中也是适用的。

4.PSY 指标显示的买卖时机

（1）买入时机

①当心理线 PSY<10 时，是极端低的情况，是真正的超卖，此时是一个短期抢反弹的机会，可以不考虑其他因素而直接买入。

例如，如图 17-5，成城股份在 2001 年 10 月 18 日的 12 日心理线 PSY 已低于 10，仅为 8.33，此时是较好的买入时机，可以不考虑其他因素，直接买入。其后几日的走势证明了此时买入是正确的。

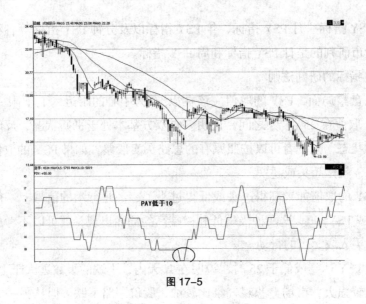

图 17-5

②当心理线 PSY 在低于 25 的低位区出现两次时，可采取买入行动。第一次低于 25 就采取买入行动，一般容易出错。

例如，信联股份在 2001 年 10 月 8 日出现过 PSY 在低位区运行的情况，此时若采取买入行动，将面临被套的局面；但当 10 月 22 日 PSY 再度进入低位区后，可确认买入信号，此时买入股票，即可获利。

③PSY 曲线如果在低位形成大的 W 底，也是买入的行动信号。

例如，如图 17-6，昆百大在 2001 年 9 月初至 10 月底期间，心理线 PSY 在低位形成 W 底形态，是买入信号。应当适时介入，获利空间较大。

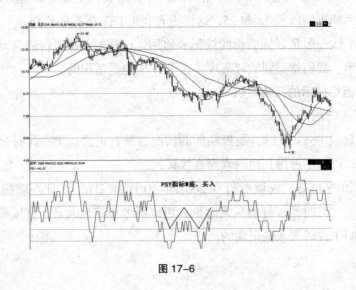

图 17-6

（2）卖出时机

①心理线 PSY>90 时，是极端高的情况，可以不考虑其他因素而直接卖出。

例如，如图 17-7，龙腾科技（原名五矿发展）在 2001 年 8 月 20 日时的 PSY=91.67，出现极端高情况，符合此条件，应当果断卖出。

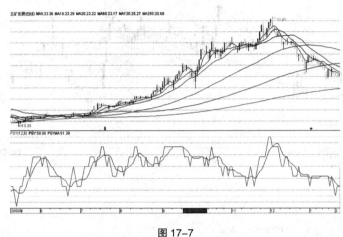

图 17-7

②当心理线 PSY 在高于 75 的高位区出现两次时，可采取卖出行动。第一次高于 75，就采取卖出行动，一般都会出错。

例如，如图 17-8，国元证券在 2000 年 10 月 17 日出现 PSY 大于 75 在高位运行的情况，此时不宜卖出；一个月后，PSY 再次大于 75 进入高位区，此时应采取卖出行动较为准确。

图 17-8

③ PSY 的曲线如果在高位形成大的 M 头，也是卖出的行动信号。

例如，如图 17-9，宁波富邦（600768）在 2001 年 5 月中旬至 2001 年 8 月底，心理线 PSY 在高位区形成大的 M 头，此时卖出，可避免其后的下跌行情，是卖出信号。

图 17-9

5.PSY 指标的应用要点

心理线 PSY 既适用于大势，也适用于个股。由于心理线主要反映市场心理的超买或超卖，因此，当心理线 PSY 在 25 ~ 75 的常态区域内移动时，为观望信号，一般不宜采取行动，应持观望态度。

（1）心理线 PSY 的计算只以上涨天数为主，股价持平或下跌均不予考虑。

（2）根据心理线公式计算出来的数值，超过 75 时为超买，低于 25 时为超卖，在 25 ~ 75 区域内为常态分布。但在涨升行情时，应将卖点提高到 75 之上；在下跌行情时，应将买点降低至 15 以下。具体数值要凭经验和配合其他指标。

（3）无论上升行情还是下跌行情展开前，心理线 PSY 通常会出现两次以上的买点或卖点，有比较充分的时间和机会来进行判断、决策。

（4）心理线 PSY 与成交量比率 VR 构成一组指标，可相互参考使用。两者配合使用，决定短期买卖点，可以找出每一波的高低点。

（5）心理线和逆时针曲线配合使用，可提高准确度，明确指出头部和底部。在应用其他指标分析股票时，也应当注意指标之间的联系，并配合使用，才能提高准确度，帮助投资者作出更准确的决策。

负成交量指标 NVI

1. 负成交量指标概述

负成交量指标又称为负量指标，是费班克研发的成果。其作用与正量指标相类似，主要用途除了被利用于寻找买卖点之外，更是侦测大多头市场的主要分析工具。市场上成交量小，并不表示市场无方向感，而是反映市场资金在一般投资者还未找到市场方向时已经入市。这种市场投资者可能是投资大户或者投资机构。因此 PVI 指标的理论观点认为，当日的市况如果价跌量缩时，表示大户主导市场。也就是说，PVI 指标主要的功能，在于侦测行情是否属于大户市场，即捕捉市场淡静时的市场动量，对后市有一定指导作用。其假设前提是成交量减少时，少量精明投资者已经悄悄进入市场，并占据了市场。

由于散户扮演着行情追随者的角色，并且具有追涨杀跌的特征。因此，当行情出现价涨量增的走势时，散户的信心增加，介入市场的动机转为积极。此时，财力雄厚的"庄家"或者"大户"，正好趁行情活络的机会，顺势调节股票。相反的，散户因为资金相对不足的原故，无法在股中行情不好的时候，逢低向下分批承接。因此，当行情呈现价跌量缩的走势时，大部分散户会退场观望，此时，大户反而伺机吸纳股票。因此理论上，NVI 指标将萎缩的成交量视为大户介入的资金。

金融交易市场中，大户资金的推波助澜，确实扮演着重要角色。由于大户资金雄厚，具有锁定筹码的功能，因此，大部分股民选择股票时，喜欢跟随庄家大户进出。也就是说，一般股民认为，凡是庄家大户积极介入的股票，大致上都有一段利润不错的趋势行情。

在《股市逻辑》（*Stock Market Logic*）一书中，费班克指出，当 NVI 升到一年期移动平均线以上时，出现牛市的可能性是 95%，而 NVI 在一年期移动平均线下方时，出现牛市的可能性则降为 50%，因此，NVI 可预测牛市的到来。

虽然大户的资金，对于推动股价行情，具有关键性的力量。但是，散户的资金也是一股不可忽视的力量。只有大户资金的市场，行情的发展有限。一个全面大多头的行情，必须拥有大户与散户集体推动的力量。因此，NVI 指标与 PVI 指标，实际上是同样的作用，只是观察的目标不同而已。如果两种指标的信号同时发生，一般可视为"大多头"行情来临前的重要征兆，需要特别注意。

2. 负成交量指标 NVI 计算公式

$NVI=NV+（CLS-CLSn）+CLSn \times NV$

第一次计算时，昨日的 NVI 一律以 100 代替。

图表上除了显示 PVI 曲线之外，另外须配合一条 NVI 的 N 天移动平均线。（一般平均线参数设定为 72、144 或 288 天，运用在中国股市时，大都采用较短周期。）

本公式须先比较当日成交金额与前一日成交金额后才能逐步计算。

3. 负成交量指标 NVI 的研判

（1）NVI 指标位于其 N 天移动平均线之上时，表示目前处于多头市场。

（2）NVI 指标由下往上穿越其 N 天移动平均线，代表长期买进信号。

（3）NVI 指标位于其 N 天移动平均线之下时，表示目前处于空头市场。

（4）NVI 指标由上往下穿越其 N 天移动平均线时，代表长期卖出信号。

（5）NVI 指标与 PVI 指标，分别向上穿越其 N 天移动平均线时，视为大多头信号。

正成交量指标 PVI

1.PVI 指标介绍

正成交量指标（Positive Volume Index）又称为正量指标（PVI），其主要作用是辨别目前市场行情是处于多头行情还是空头行情，并追踪市场资金流向。识别主力资金是否在不动声色地购进股票或抛出，从而得出市场的操作策略。正成交量指标 PVI 是相对于负成交量指标 NVI 而言的，它主要关注的是成交量的递增时期。其前提假设是在成交量趋升的时候，大多数投资者占据市场，如图 17-10。

图 17-10

2.PVI 指标计算公式

PVI=PV+（CLS–CISn）/CLSn × PV

MA=PVI 的 N 日移动平均线

第一次计算时，PV 一律以 100 代替，参数 N 设置为 72。

3.PVI 指标应用法则

PVI 指标位于其 N 天移动平均线之上时，表示目前处于多头市场。

PVI 指标由下往上穿越其 N 天移动平均线，代表中期买进信号。

PVI 指标位于其 N 天移动平均线之下时，表示目前处于空头市场。

PVI 指标由上往下穿越其 N 天移动平均线时，代表中期卖出信号。

4.PVI 指标注意要点

PVI 指标的理论观点认为，当日的市况如果量增价涨时，表示随大流的投资者即散户会主导市场。相反的，如果当日的成交值缩减，表示少量精明大户取而代之，正不动声色地收购股票。也就是说，PVI 指标主要的功能，在于侦测行情是否属于散户市场，显示了大多数不那么精明的投资者的行为。但需要注意的是，PVI 指标并不是一个反向指标，尽管它反映的是大众心理行为，但它仍与价格是同方向变动的。

散户通常是一个喜欢追涨杀跌的大众群体，因此当行情出现价涨量增的走势时，可以想像，"散户群"必走会赶来凑热闹。相反的，所谓的"庄家"即精明的投资者，为了消化手中库存股票的压力，反而会在散户群集的市场中抛售股票。因此，费班克教授认为，这种价涨量增的市场，应该归纳为散户主导的市场。然而，PVI 指标并不是一个"反市场操作"指标。也就是说，以散户为主轴的行情，并不表示股价绝对会下跌。在一般市场里,散户的财力仍然是一股不可忽略的力量，只是散户有"不团结"及"筹码零乱"的特性，容易导致行情波动较不稳定而已。

以某地股市为例，有一段时期，股民相当热衷于追踪买卖量较大的券商，将其视为庄家买卖的依据。结果发现，有部分庄家并未介入的个股，其股价仍然能够维持相当的强势。这种状况，让一些迷信庄家的股民百思不解。其实庄家并不一定是"赢家"，股市中很多例子显示，散户的力量虽然分散、不团结，但有时候也是很强大的。

PVI 指标除了可以反应大众心里，帮助股民认清市场的结构，归属于大户或者散户市场之外，也可以利用其指标的交叉信号，作为中期买卖的依据。但是，其最大的功能是配合 NVI 指标，共同追踪即将引发大多头行情的股票。因此，PVI 指标与 NVI 指标，实为一组不可分的指标组合。

5. 正成交量指标的作用

（1）辨别目前的股价，处于多头市场或者空头市场。

（2）追踪散户资金流向。

（3）当天成交量增大，表明有更多的投资者参与到市场中来，则当天股价的升跌意义较大，能反映出投资者对后市的看法。

（4）若当天成交量较小，则表明市场上参与投资者数减小，则当天股价是升是跌，意义都不太大。

（5）正成交量指标一般不单独使用，通常结合其他指标综合研判，以提高信息准确性。

动量指标 MTM

1.MTM 指标概述

MTM 指标又叫动量指标，其英文全称是"Momentom Index"，是一种通过测量涨跌速度专门研究股价波动的中短期技术分析工具，属于短线指标。其理论基础是价格和供需量的关系，在一个具有自由机制的市场，需求大于供应则使价格上涨，但是价格上涨又可能使供应者增加生产或使需求者寻求代用品，如此又迫使价格下跌。股价的涨跌随着时间必然日渐缩小，变化的速度及动力慢慢减缓，行情则有望反转。

动量指标 MTM 是一种利用动力学原理，专门研究股价在波动过程中各种加速、惯性作用以及由静到动或由动转静的现象。它认为股价的涨跌幅度随着时间的推移会逐渐变小，股价变化的速度和能量也会慢慢减缓后，行情就可能反转。在多头行情里，即股票走势良好时，随着股价地不断上升，股价上涨的能量和速度必将日渐萎缩，当上涨的能量和速度减少到一定程度时，行情将会出现大幅回荡整理或见顶反转的行情；而在空头行情里，随着股价地不断下跌，股价下跌的能量和速度也将日渐萎缩，当下跌的能量和速度萎缩到一定程度时，相反的，行情将会出现大幅反弹或见底反转的行情。

股价在波动中的动量变化可通过每日之动量点连成曲线即动量线反映出来。在动量指数图中，水平线代表时间，垂直线代表动量范围。动量以 0 为中心线，即静速地带，中心线上部是股价上升地带，下部是股价下跌地带，动量线根据股价波情况围绕中心线周期性往返运动，从而反映股价波动的速度。

因此，动量指标就是通过观察并测量股价波动的速度，衡量股价波动的动能，从而揭示股价反转的规律，成为投资者正确买卖股票的重要参考指标。

2.MTM 指标的计算方法

和其他指标相比,MTM 的计算方法比较简单易懂。根据选用的计算周期的划分,MTM 指标包括日 MTM 指标、周 MTM 指标、月 MTM 指标年 MTM 指标以及分钟 MTM 指标等各种类型。常用的是日 MTM 指标和周 MTM 指标。虽然它们的计算时的取值有所不同,但基本的计算方法一样。另外,由于各种软件版本的不同,MTM 指标的计算有两种方法。

(1)以日 MTM 指标为例,其计算过程如下:

MTM(N 日)=C–CN

式中,C= 当日的收盘价,CN=N 日前的收盘价。

N 为计算参数,一般起始参数为 6

(2)以日 MTM 指标为例,其计算过程如下:

MTM(N 日)=(C÷CN×100)–100

式中,C= 当日的收盘价,CN=N 日前的收盘价,N 为计算参数,一般起始参数为 6。

尽管这两种计算方法不尽相同,但这二者计算方法的意义和研判手段是相同的。在股市分析软件上,MTM 线是将每个交易日动量点连成线,即动量线,于是股价在波动中的变化可以通过动量线反映出来。

动量指标是以 0 线为中心线,0 线上方为股价上升地带,0 线下方为股价下跌地带。动量线就是根据股价围绕着中心线周期性波动来反映股价波动的速度。

3.MTM 指标的一般研判标准

MTM 指标的一般研判标准主要从三方面:在 0 轴线的重要参考作用、MTM 线与股价曲线的配合使用以及 MTM 曲线的形态等进行分析。具体分析如下(以 12 日 MTM 指标为例):

(1)0 轴线的重要参考作用

MTM 指标是以 0 轴线为中心线。MTM 曲线主要是以其为中心,围绕其上下波动。

①当 MTM 曲线在 0 轴线上方时,说明多头力量强于空头力量,股价是处于上升或高位盘整阶段。

②当 MTM 曲线在 0 轴线下方时,说明空头力量强于多头力量,股价是处于下跌或低位盘整阶段。

③当 MTM 曲线从 0 轴线下方开始向上突破 0 轴线时,说明股市多头力量逐渐强大,股价向上运动的能量开始放出,股价将加速向上运动,是较强的中长线买入信号。投资者应及时买入股票。

④当 MTM 曲线从 0 轴线上方开始向下突破 0 轴线时,说明股市的空头力量逐

渐强大，股价向下运动的能量更加强大，股价的下跌速度也将加快，是较强的中长线卖出信号，投资者应及时中长线全部卖出股票或持币观望。

⑤当MTM曲线从0轴线下方向上突破0轴线并向上运动较长的一段时间以后，如果股价向上运动的加速度开始放缓，说明股市的多头力量开始衰弱，一旦MTM曲线开始掉头向下，预示着股价将见顶回落，是较强的短线卖出信号，投资者应及时短线全部卖出股票。

⑥当MTM曲线从0轴线上方向下突破0轴线并向下运动了较长的一段时间以后，如果股价向下运动的加速度开始放慢，说明股市的空头力量开始衰弱，一旦MTM曲线开始抬头向上，预示着股价将短期见底反弹，是较好的短线买入信号，投资者可以开始少量建仓。

⑦当MTM曲线向上突破0轴线后，只要MTM曲线不掉头向下，说明股价向上运动的速度和能量始终能支撑着股价的上涨，是很强的持股待涨信号，投资者应坚决一路持有股票。

⑧当MTM曲线向下突破0轴线后，只要MTM曲线没有抬头向上，说明股价向下运动的能量还是比较大，是较强的持币观望信号，投资者最好一路持币观望，尽量少做反弹，直到股价完全止跌向上为止。

（2）MTM曲线与股价曲线的配合使用

①当MTM曲线与股价曲线从低位同步上升，表明短期内股价有望继续上涨趋势，投资者应继续持股或逢低买入。

②当MTM曲线与股价曲线从高位同步下降，表明短期内股价将继续下跌趋势，投资者应继续持币观望或逢高卖出。

③当MTM曲线从高位回落，经过一段时间强势盘整后再度向上并创出新高，而股价曲线也在高位强势盘整后再度上升创出新高，表明股价的上涨动力依然较强，投资者可继续持股待涨。

④当MTM曲线从高位回落，经过一段时间盘整后再度向上，但到了前期高点附近时却掉头向下、未能创出新高时，而股价曲线还在缓慢上升并创出新高，MTM曲线和股价曲线在高位形成了相反的走势，这可能就意味着股价上涨的动力开始减弱，MTM指标出现了顶背离现象。此时一旦股价从下，投资者应果断及时地离场。

⑤当MTM曲线在长期弱势下跌过程中，经过一段时间弱势反弹后再度向下并创出新低，而股价曲线也在弱势盘整后再度向下创出新低，表明股价的下跌动能依然较强，投资者可继续持币观望。

⑥当MTM曲线从低位向上反弹到一定高位、再度向下回落，但回调到前期低

点附近时止跌企稳、未能创出新低时，而股价曲线还在缓慢下降并创出新低，MTM 曲线和股价曲线在低位形成相反的走势，这可能就意味着股价下跌的动能开始衰弱，MTM 指标出现了低背离现象。此时投资者也应密切关注股价动向。

通常在市势完成快速发展，开始减速时（但并未见顶或底），MTM 指标已率先掉头向下或向上。因此，MTM 指标领先于价格变动。经验表明，领先时间约达 3 天左右。这样，MTM 的上下拐点是价格拐点的早期警告信号。有时单单用动量值来分析研究，显得过于简单，在实际中再配合一条动量值的移动平均线使用，形成快慢速移动平均线的交叉现象，用以对比，修正动量指数，效果很好。

梅斯线指标 MASS

1.MASS 指标概述

梅斯线，其英文全称为"Mass Index"。一般缩写为 MASS，又称重量指数。它是唐纳德·道尔西（Donald Dorsey）设计的，通过累计股价波幅宽度，绘制出的震荡曲线。梅斯线指标虽主要的功能在于寻找飙涨股或者极度弱势股的重要趋势反转点。

为了将股价的波幅差距，固定成一个范围模式。MASS 指标将每日的价差波幅，以指数平均的方式加以平滑，以便观察它波带宽窄的程度。

由于股价高低点之间的价差波带忽而宽忽而窄，并且不断地重复循环。MASS 指标利用这种重重循环的波带，可以准确地预测股价的趋势反转点。一般市场上的技术指标通常不具备这方面的功能，因此 MASS 指标是所有区间震荡指标中，风险系数最小的一个。

2.MASS 指标的计算公式

AHL=DIF 的 9 天指数平均数

BHL=AHL 的 9 天指数平均数

MASS=MASS= $\sum$（AHL÷BHL）

一般参数设定为 25 天。可视需要缩短周期至 12 天。

参考 MASS 指标时，须同时观察 K 线图走势，并且在 K 线图上，绘制一条股价的 9 天移动平均线。

3.MASS 指标的应用法则

（1）当 MASS 高于 25 时，代表价差波幅扩大。当 MASS 低于 25 时，代表价差波幅狭窄。但是，所谓凸出的部分经常是价差波幅瞬间大幅扩张所造成的。由于冲击的力量过于猛烈，造成 MASS 曲线向上穿越 27，暗示股价波带的宽度已扩增至一定极限，近期内反转的可能性增加。

（2）如果 MASS 曲线向上穿越 27，随后又掉头跌落 26.5，当时股价的 9 移动平均线正处于上升状态，代表多头行情即将反转下跌，如果 MASS 曲线向上穿越 27，随后掉头跌落 26.5，当时股价的 9 天移动平均线正处于下跌状态，代表空头行情即将反转上涨。

（3）为了让 MASS 指标的反转信号，具者更实际的参考价值，观察 MASS 曲线的"凸出的部分"信号时，必须同时观察 K 线图走势，并且在 K 线图表上搭配一条 9 天的移动平均线，然后根据移动平均线移动的方向，决定进场买人或者退场卖出。

（4）MASS 曲线低于 25 的股票，一般较不具投资价值。

（5）MASS 曲线由 0 轴向上穿越 20 随后两线形成胶着调整，之后再次形成黄金交叉，当股价 9 天移动平均线处于上升状态时，代表多头行情将形成。

4.MASS 指标的实战应用

大幅震荡发生的时间一般是行情反转之前。如果每日股价的高低点差距不大，则股价形成主要反转点的可能性较小。如同波浪理论的原理一般，最后的第五波，都是幅度大且快速的行情，也就是行情结束前的特征。

如果每日的高低价差波动范围较小，说明当时股民的情绪稳定。因此，不管股价是涨是跌，大致上都会维持其原来的趋势前进。然而，根据"乱中获利"的原理，每当股民情绪恐慌的时候，都是主力进场操作的最佳时机。要判断这种敏感度，投资者除了必须自己凭借经验细心研究体会，还需要以股价扩张的高低价差为基础进行分析，必要时需要结合其他指标研判。

密封的容器中如果放入了化学合成物，剧烈晃动会使其内部压力加大，很容易促使该容器爆裂，内部物质喷出。这种道理运用在股票市场，得到了最好的验证。MASS 指标主要在于侦测这种"摇晃的动能"。由于买方与卖方激斗的结果，造成一股冲突的力量。这股力量是种警告信号，它提醒股民，目前是两军大会战的时刻。一旦激战停止之后，多空优势会明朗化，股价趋势随即会出现反转，股市也会更加明朗。

"混乱的走势"会造成股民情绪紧张，导致股价的波动幅度加剧，也只有在这种时机下，MASS 指标才有可能出现"凸出"信号。在正常行情中，MASS 指标没有任何作用。更简单说，MASS 指标只有在股价波动幅度扩大时，才被利用来测量其波带的宽窄度，并且评估个股是否已经进入极度"摇晃"的状态。当"摇晃"的程度到达一定的极限时，暗示股价正在进行反转前的准备动作。

第十八章
止损策略

什么是止损

所谓止损，就是把高价买进的股票低价卖出，以免估价继续下跌而遭受更大的损失，其目的在于将损失最小化，以接受较小的风险为代价来规避较大的风险。

股市中所存在的最根本且无法改变的特征就是市场的不可预测性和波动性。任何投资者，即使资深的分析师，对股票的分析预测也是不确定的。所以，在操作交易过程中不免会存在着风险。我们不能以某种方式将其消除，但我们可以采取止损操作来控制风险的扩大。

止损操作是在投资者意识到自己的投资错误并且持仓已经产生损失的情况下，为了避免更多的亏损而临盘果断采取的紧急安保措施。

用自然界中的"壁虎断尾"现象来形象地说明止损操作的意义。当壁虎遇到敌害时，他们能自己把尾巴断在地上，由于里面的神经还在活动，尾巴会"噼噼噗噗"地跳一会，好像是只活的虫子，当敌害将注意力集中到尾巴上时，壁虎赶紧钻入墙缝逃走。对于自然界中的弱小动物，为了求得生存，它们通常都有着令人难以置信的自卫能力。其实，止损操作也如同"壁虎断尾"，是一种典型的投资者自救行为。

在投资界有一条很受欢迎的法则，叫作"鳄鱼法则"。它的意思是：假定一只鳄鱼咬住你的脚，如果你用手去试图挣脱你的脚，鳄鱼便会同时咬住你的脚与手。你愈挣扎，就被咬住得越多。所以，万一鳄鱼咬住你的脚，你唯一的机会就是牺牲一只脚。所以，止损往往也被称为"割肉"。但不能把止损操作想象成"割"自己的肉。投资者一定要树立正确的投资心态，不要认为执行止损操作是认赔出局，而是为了将损失控制在最小的范围之内，从而使投资者有机会也有能力迎接下一次新牛市行情的到来。一旦投资者发现了自己的股票发生了一定的亏损，那就必须要执行止损操作，不得有任何延误，不得存在任何幻想。往往那些不懂得对资金执行止损操作的投资者都是亏损最多的。

止损的原因

当投资者所持股票发生亏损并处于极其危险的境况时，首先必须考虑的问题就是如何减少损失，最大限度地阻止损失的进一步扩大。

大体上讲，执行止损操作的原因有两个。其一是客观的情况变坏，是无法以人的意志而控制和改变的。比如国家宏观政策的改变，重大的政治变动，地震、洪水等自然灾害，坐庄机构的资金链断裂等等。其二，是投资者在主观决策上的失误。这是一条十分重要的理念。股市中的每一位投资者都不能不承认自己在操作中会随时出现错误的可能。如若深入地追究其真正原因，是因为股市的主要特征是随机性。不论什么时候都不可能存在固定不变的规律。在股市中，风险和机遇是同时存在着的，股市中唯一永远不变的就是变化。当然，股市中也同时具有着像资金流向、股民心理、行情周期。庄家操控等非随机性特征。然而非随机性特征必定不会简单而重复的运行，仅仅是在概率的意义上存在。假设成功的概率为80%，那么就是说同时也存在着20%的失败。当遇到这20%的失败概率，就有必要止损了结了。

止损的作用

通常投资者认为止损即意味着亏损，因此难以接受止损的操作。但事实上，止损操作并不全部意味着亏损。毕竟资金减少的幅度是很小的，不会对本金造成严重的损失。这样投资者就可以把握下一次盈利的机会，轻而易举地将亏损弥补回来。举一个例子，如果投资者有10万元的资金，在亏损10%时进行止损，此时资金还剩9万元，那么在下次投资时只需要达到11%的盈利水平就可以补回上次的亏损。但是，如果投资者拒绝止损，随着股价的持续下跌，当资金亏损到了30%的幅度才进止损，此时本金仅剩7万，这就需要42%的盈利才能翻本。因此，持有时间越长，投资者的损失越大，回升的机会也就越难。

对于中小投资者而言，止损操作显得尤为重要。很多人因不注重止损，最终造成本金的重大亏损，也从此永远离开了证券市场。

止损并不代表股价一开始跌就进行止损，要根据持仓成本的不同，设置不同的止损位置。在一般情况下，投资者当然不需要轻易地卖出股票，但在特殊情况下，这种操作方法不仅是必要的，还是一种股票操作技巧。

止损与止盈

前面我们已经具体论述了什么是止损以及止损操作在股票交易中的必要性。下面将主要介绍另一种与止损操作相反的交易策略，叫作止盈。并比较止损与止盈在操盘中的区别。

1. 什么是止盈

止盈，也称为停利、守赢，意思是在股价达到一定的涨幅时立即出货，以确保阶段性利润目标的实现，通俗地说就是"见好就收"。

止盈策略是在交易操盘之前制定的。经过大量地训练，职业操盘手对制定和实施止盈策略有着丰富的经验，他们一般都会根据市场的变化和股价的技术特征来制定和实施操盘行为。但非职业投资者都不会执行止盈操作。因而，通过观察止盈策略的制定和实施与否可以区别出投资者是职业的还是非职业的。

市场是不确定的，任何人都不能准确地预测出股价的未来走势。如果在股票频频下跌的情况下，投资者仍对股价抱有上涨的幻想，那么很可能出现收益大量地回吐，甚至原先的盈利最终转变成亏损。很多投资者在股票有了一定的收益之后，即便后来股价开始下跌，但由于个人的心理因素并没有执行止盈操作，使得收益一点一点地减少，到了最后，原本正确的操作却导致了资金的亏损。所以，为了避免资金的回吐，不管盈利多少，都必须要进行止盈的操作，确保资金不会变为亏损。

普通投资者对风险的抵御能力一般较小，因此止盈操作就发挥出了它的保护作用。通过阶段性止盈，可以确保收益的稳定，提高投资的安全性，从而最大限度地保护资金的安全。

2. 止损与止盈的区别和联系

止损策略和止盈策略是各不相同的。首先，止损和止盈在概念上有着不同的表述。止损是在股价发生明显转跌，为防止亏损进一步扩大而果断斩仓的一种行为；止盈则是在股价持续上涨的过程中，在预定的目标股价卖出股票，以规避市场风险的方法。其次，止损和止盈对投资者的投资心态都具有很大的考验。通常投资者在行情不好、股价下跌时认为自己手中的股票总有盈利的时候，不进行止损操作，不去理会可能的市场风险，最终导致资金的亏损幅度越来越大。同样，由于投资者的贪婪心理，在股价达到预定价位仍然不肯出手，总期望着股价不断地突破新高，可结果常常以扭赢为亏而告终。

在交易操作中，止损和止盈是同等重要的。不能制定和实施止损止盈策略的投资者都不算是成功的。一个理性的投资者，既懂得通过止损止盈交易操作来控制风险，又能够以此来稳定收益。只有将各种各样的因素考虑在内，才能制订出一整套紧密周全的操作计划，才能使实际操作更趋于完美。

关于哪一种操作方法更好，这要因人而异，难以作出统一的定论。一般来说，因为人性所普遍有的弱点，许多投资者基本都存在"止损太难，止盈简单"的心态。因此，止盈操作对欠缺经验的新手更为适合，其难度要比止损操作较小，成功率当然也要较高。

3. 止盈的方法

在大多数情况下，止盈操作与止损操作的差别不大，有时甚至止盈操作的位置与止损操作的位置也是一致的。如果某一投资者的持仓成本较低，那么当股价在出现由高转低的走势时，就需要执行止盈操作了。

总结很多投资者的经验和教训，虽然在操作之前制定了一套周全的止盈策略，但在实际操盘过程中往往却难以严格的执行，所以只有通过大量地练习才能把止盈当成一种操盘习惯。要想做好止盈，就要注意到两方面问题。其一要克服心理障碍。大多数投资者在股市中获取一定的投资盈利，在股价走势发生转折变化的情况下还盲目又乐观地看多做多，幻想股价还会出现更大的涨幅。因而投资者切忌贪婪求成，只要有利可图，即使盈利只有 10 元钱，也算是赢家。其二股市行情具备阶段性的走势特征，可以利用该特征灵活操作以达到积少成多的目的，这就要考验到投资者的操作技术。

4. 常用的止盈方法

常用的止盈方法有两种，一种是静态止盈，另一种是动态止盈。

（1）静态止盈。即一旦股价达到提前设定的目标价位，就要毫不犹豫地坚决执行止盈操作。通常存在这样一种现象：在实际操作中，投资者在目标价采取了止盈操作，但后市行情又出现了更高的卖出价格，从而失去了更多的盈利。但假若投资者抱着这样的心理，那么对风险的掌控就会处于弱势。一般而言，这种方法适合于稳健的中长期投资者。

（2）动态止盈。动态止盈的方法可以用下面的图 18-1 来说明：

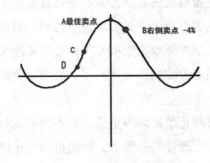

图 18-1

假设图中曲线为一段时间内某股票的价格走势。从中我们可以看出，A点为最佳卖点，但在实际操盘中谁也不能预测该点会达到多高，这样就很容易卖早了，出现了很多像C点、D点的卖点。B点虽然也不是最高价，但相比C点和D点来说也是相对高价。

由此我们得出动态止盈的概念，即在投资已经盈利的情况下（C点或D点），经过对行情趋势的分析，投资者认为股价还有上涨的潜力，当达到某一更高的位置时（A点或B点），才卖出股票的操作。

举一个简单的例子，某投资者以6元买入一只股票，当涨到7元时，设置止盈点为6.4。随后又经过一段时间，股价由7元涨到了9元，止盈点就可以提升到8元。这样即使庄家出货，也能够从容地获利出局。

要根据股价的波动形势，灵活地设置止盈点。一般常用的设置止盈位的标准有三种：

（1）价格回落幅度

一般而言，如果投资收益达到了10%，那么就可以将止盈位设置在收益回落到7%，剩下3%是股价的波动空间。当投资收益在20%～30%，止盈位应当设置在股价回落的5%～8%的回落幅度，该回落幅度也就是留给股价的正常波动空间。如果收益达到了30%以上，那么留给股价的波动空间也要更大，以便有效地把握住更大的盈利机会。还有一种特殊情况，那就是如果投资者已经看出股价确实见顶了，即便没有跌倒提前设置的止盈位，也要坚决卖出。

（2）技术形态

当股价上升到了顶部区间，在适当留出一定的股价波动空间同时，也要根据股价的波动或跟随K线的波动中心来设置止盈位。

（3）均线破位

在股价上涨的行情中，因为均线是跟随股价不断上升的，因而一旦股价向下击破均线，则意味着股价下跌的可能性极大，此时投资者必须止盈。

止盈位的设定要依形势而灵活多变，投资者可以根据收益幅度的大小以及自身的预期来随时调整止盈位的幅度。

止损点的设定

1. 设定止损点的优点

设定止损点在股市交易中是特别重要的一部分。一般来说，设定止损点有几个好处。首先，在设定止损点的过程中，不管在实际操作过程中还是在心理上，投资者常常自然而然地会让自己经历一个接受最坏打算的心理过程。即使到了不得不止损的情况，也会对亏损的收益有所心理准备。

而在实际交易中，更经常出现的现象是当股价的走势与期望的方向相反时，投资者的情绪就会变得纠结挣扎，此时更难作出正确的决定。

因此，通过设置止损点，可以帮助投资者解决这样的问题。因为这个决定是在相对冷静的时候作出的。当股票价格按照预期的方向急剧变动时，通常是因为有利好消息发布而实现的。实际上这时很容易让人迷信价格会永远持续这个趋势。然而事情并非如此，这常常都是股价达到顶部的表现。

其次，如果能够比较成功地设置出止损点，通常就会比临场抛出市价指令卖出更令人满意的价格。倘若投资者是在盯市的时候突然决定抛出股票，那么很有可能会由于时间的滞后而卖出一个比决定价格差得多的价位。

2. 设立止损点的原则

总的来说，止损点的设立应当遵循以下三项基本原则：

（1）提前设立原则。提前设立，就是买进股票以后就要设立止损点，而不要买进后不管，等到股票跌了才想到要设置一个止损点。这样做的结果，通常是到最后破坏了自己的心态，从而起不到应有的作用。

（2）有效性原则。有效是相对于无效而言的。比如，一投资者购买了一只25元的股票，并把止损点定在20元。如果股价瞬间跌破了20元，随后又很快上涨，则这个破位就是无效的，不要盲目止损。

（3）不后悔原则。即指一旦执行了止损操作，后来却发现这个操作是错误的，这个时候不要有后悔的想法，如果有，将对今后的操作产生负面的影响。如果遇到股票卖了以后又涨上去了的情况，这个时候要想到现在的股票有上千种，总有一个会让自己赚钱的。总结经验是必要的，但总结经验并不等于去后悔。如果每一次错误的操作都让你后悔不已，那么时间久了就会导致止损计划不能执行。

投资的重要原则之一就是止损。投资者不能漫无目的地买进股票，然后放任自流。投资者应当谨记不设定止损点就不进场的原则。但是在投资者的资金比较大而且买进的股票数量也比较多的情况下，针对每一个股票都设立一个止损点显然是不现实的。然而投资者可以设立一个自己所持股票市值的止损点，尤其是在资金连续增值时期，如果你知道自己的资金必然会有回落，你就可以定一个相对高的止损点，一旦发现大事不妙就毫不犹豫果断出逃。对于亏损比较大的人而言，可以通过观察市值走势来定出一个最后的止损点，到了这个位置马上全部清仓出场。只有执行必要的止损计划，才能保住胜利果实，防止亏损最大。如果每一位投资者都能做到这一点，那么股市中就不会存在什么"套牢"，更不会出现有的人股票一套十几元甚至三十多元的情况了。

3. 设立止损点的方法

一方面，就长期头寸而言，最好将卖出点设置在支撑线以下，另一方面，对于短期头寸，则往往是在阻力线以上。在这里，支撑和阻力两个概念意味着很多东西。我们以止损点为例，支撑可能是一条特定的价格线，或者是动态的趋势线或移动平均线。不论怎样，将止损点设置在支撑线以下才是关键所在，万万不能设置在支撑线上。毕竟，如果价格没有跌到支撑线以下或者是上升到阻力线以上，趋势就不会得到再次确认或反转，这取决于环境。

一般而言，设立止损点的方法有如下几条：

（1）提前设立向下的止损点。比如你用20万元买入一只股票，止损点就要设在18万元，等到股票跌到了这个价位，必须先停止操作。如果不幸达到16万元，你至少休息一个月，来深入检讨。千万不要担心如果休息一个月，错过行情怎么办。要记住股市是永远都不会关闭的，只要你不选择退离股市，总有一天可以翻身。

（2）设立向上的止损点。比如，如果你在股市中的30万元资金涨到了60万元，则无论如何要先退出来，休息一下。往往很多投资者在这个时候会头脑发热，禁不住诱惑。虽然很多人都知道这个时候也是危险最大的时候。

（3）5%止损法。这被认为是最有效防止市值跳水的最好方法，尤其是在操作强势股的时候。有些情况下，投资者可能无法判断主力何时出货，但只要坚持一个原则：一旦股价从它的最高点向下跌了5%并且是有效的，则坚决果断出货。当然，5%的比例并非固定不变的，投资者可以适时而变。

（4）目标位止损法。任何有过股票投资经验的投资者在买入股票时心中都会有一个基本的目标，假如临近或者达到了这个目标，就要先进行止损操作，果断出局。因为当投资者心中的目标经过了冷静的思考运算之后，就会变得相对准确一些，设置好止损点的位置以后，不仅可以增强自信心，从而有利于今后的操作，也避免了最后因为狂热而得而复失。

4. 设立止损点应当注意的问题

对于止损点的设置，首先要考虑技术方面的因素。一方面，在上升趋势已确立情况下，将移动平均线设为止损点。一般来讲，移动平均线可分为短期、中期与长期移动平均线这三种。以不同需要为依据可设置不同均线系统，我们经常看见的有5、10、20、30、60、120天等；要是投资者是做短线操作，可以选择把5天均线作为止损位；如果是长线买家，则可参考60天均线作为止损点；对于那些主要以中线交易操作为主的投资者，在实际操作过程中 20 天均线显得更为重要。当个股或者大盘经过长期盘整之后进入上升阶段，投资者应当重点关注的是 20 天均线的支撑力度。如果股价一直处于 20 天均线上方且 20 天均线处于上升状态，大可不必因为其出现的小幅回调而担心，可沿 20 天均线不断提高止损点。上升当中，股价回调总会止于 20 天均线上方。而一旦股票或者大盘失去上涨动力之后，股价便开始回调或横盘，20 天均线会由上移逐步转为走平，此时，应引起高度警惕，一旦出现有效跌破 20 日均线，在 3 日内无法再次站上，则应立即止损出局。这种操作方法，对于一批有主力控盘的长庄股，非常有用。举一个例子，有一只股票从 5 元开始一路上行至 30 元，这样涨幅已达到了 6 倍，虽然其间有几次回调，但始终都没有有效跌破过 20 天线。如果投资者在买入股票后一直持有，则将获得丰厚的利润。

另一方面，在盘整市道中，可以技术支撑位作为参考止损点。常见的技术形态有箱型、头肩型、三角形、M 型等，当个股（大盘）形成上述形态之后，其构筑时间越长，技术上一旦突破，有效性就越大，实战中，例如，某一只股票在一段时间内在 19 元 ~ 21 元一带作了两个月之久的箱体整体，又在某日股价突破向下拉出长阴，击穿箱体底部，此时应该采取止损操作；又如某一只股票，在一段时间内构筑了一个标准的 M 型，股价又于某日出现向下击穿颈线位，这时应当进行止损操作，斩仓出局，以避免将来可能出现的更多的亏损。

其次，进行止损点的设置也要把大盘的因素考虑在其中几个。当大盘出现猛跌的情况时，个股往往难以从中幸免，导致大部分投资者都被深度套牢。此时对投资者的心理也是一种考验，可谓忍耐是金，止损点设立的比平时要低一些；当大盘一路阴跌，有走熊市的可能，止损点要设得高些，不要等反弹就马上认错出局。因为上涨可能性较大，大盘盘整或处于强势，所以可以将止损点设得相对低一点。在大多数情况下，如果市场上主要是个股行情，就不必过多低考虑大盘所带来的影响。

再次，进行止损点的设置要考虑入市时机。如果股票是在涨 1 倍以上后再去买入，设立止损点时就要高，只要股价掉头向下，在较短的时间内是很难回到这个价位的，所以即便被震出也要无怨无悔。如果是在刚启动就介入，因为主力在拉升之后有可能会洗盘，则止损点可定得低一点，既然选择买入，看好中长线，可以陪主力洗一把。

最后，要针对不同类型股票来设置止损点，一般情况下，绩优股、高价股、大盘股由于主力控盘能力相对较弱，比绩差股、低价股、小盘股止损点设置要高一些。前者下跌往往以阴跌方式出现，速度慢，同样，反弹速度也慢。因此，一旦出现转势信号，最好放弃侥幸心理，及时止损出局。

还有另一种操作技巧，就是不设置止损点，而是采取更灵活的操作技巧，即为设置止损操作。进行止损幅度的设定不需要一个固定的数值，因而显得更加地灵活，它是根据指数和股价的具体波动形态，以及投资者的持仓成本和风险承受能力综合考虑的。投资者在实战操作的时候，应当不断地总结找出一个适合自己的止损幅度，以确保将风险控制在心理可以允许的范围内。

在进行止损操作时必须要判断出庄家是不是在出货。如果庄家没有出货，那么股价的波动就是相对安全的，为了避免股票是庄家打压震仓的过程中卖出的，灵活地调整止损点，可以适当地放大止损的幅度。但是，为了确保资金的安全，如果发现庄家正在盘中进行着明显的出货操作，投资者一定要将止损幅度设置得小一些。

不断试错

1. 试错法概述

试错法是一种常见的用来解决问题、获取知识的方法。此种方法与使用理论推导和使用洞察力的方法恰恰相反，可以视为一种简易解决问题的方法。

通常在试错的过程中，我们要选择一个可能的解法，然后将其应用在待解问题上，通过验证后如果失败的，那么就选择另一个可能的解法，再接着尝试下去。直到找到一种能够产生正确结果的解法，整个试错过程才算结束。

而我们一般将试错法归结为以下的几种特征：

（1）试错法并不试着去探讨为什么某种解法会成功，只要成功解决问题即可。

（2）试错法也不试着去找出可以被广泛应用、拿来解决其他问题的解法。

（3）用试错法只需找出某种解法，并不必去尝试出所有的解法，因而也不会找出问题的最佳解法。

（4）即便对问题的领域仅有最低限度的知识，仍然可以运用试错法来寻找问题的解法。

使用试错法并不是说使用者可以胡乱地寻找解法，一般来说，使用者能够有条不紊地控制各个变因，从而整理出最有机会成功解决问题的解法。

如果一个人经常采用试错法的思路来解决问题那么，当面临问题时，他就会朝着愿望不断地作出一次次的反应，直到解决问题为止。由此我们可知，试错法的本意就是通过从多次尝试解决问题然而却多次遭遇失败之中，不断地寻求问题的解法。

2. 试错法在股市投资中的应用

因为试错法的应用范围非常的广泛，在股市投资中我们也可以应用试错法，具体应用方法如下：

（1）确立证券分析的初始假定，主要运用归纳推理、类比推理通过创造性的思维活动提出一个初步的证券分析假定。

（2）完成证券分析假说，证券分析家以所确立的初始假定为前提，运用演绎推理，一方面对已知的证券市场趋势作出推延解释，被解释的证券市场趋势越多，则支持初始假定的证据就越多。另一方面，对未来的证券市场趋势作出预测，并观察其证实性或者证伪性。

（3）验证证券分析假说，第一步，从证券分析假说的基本观念出发，运用逻辑推理，引申出关于证券市场趋势的结论来，也就是以待检验的证券分析假说为前件P，引申出其蕴含的证券市场趋势Q，并以此为后件，构成一个充分条件假设判断：如果P，那么Q；第二步，运用证券市场趋势验证，通过证券分析及其实践，来检验从证券分析假说基本观念为前提推演出来的关于证券市场趋势的后件结论，是否真实可靠。

需要指出，在运用假说的方法进行证券分析中，对于验证证券分析假说而言，重要的不是引申出来关于过去的证券市场趋势的结论，而是引申出来关于未来的证券市场趋势的结论。其次，证券分析假说的完成，是一个动态的过程。所以，最后，对于证券分析假说的"检验"也就具有相对性。换言之，运用假说方法从事证券分析的最大难点在于：在证券分析中，一次性的证伪并不被看作决定性的判决，并不一定能说明证券分析假说的错误；对于证券分析科学理论常识或者证券市场价格变化趋势而言，证券分析家不仅要"知道"，而且要"知道自己知道"，而整体上则可能存在"知道自己知道""知道自己不知道""不知道自己知道""不知道自己不知道""知道自己知道不知道"和"不知道自己知道不知道"多种可能性；况且，众所周知，证券分析家都是厚脸皮，绝对不会甘心一驳就倒。为此，证券分析家必须善于区分证券市场上的本质和现象、必然性和偶然性、内容和形式、现实性和可能性、质变和量变。简单地说，证券分析家应用假说方法从事证券分析工作，就是提出证券分析假说，不断地测试合理的证券分析假说，并且不断地提出新的证券分析假说。这样，对于运用假说方法的证券分析家而言，"错误"反而成为证券分析家进步的阶梯。和投资家一样，证券分析家也终于公平地成为证券市场上大胆的冒险家。估计诸如此类的分析，也和"证券分析的不可能理论"之间具有千丝万缕的联系。在证券分析领域，我对正统证券分析家最正式、最强烈、最重要的哲学忠告就是证券分析对象的质变：必须由分析证券市场趋势的量变变为分析证券市场趋势的质变。

止损操作的主要方法

1. 移动止损法

（1）移动止损的基本含义

移动止损，又称为"追踪止损"，就是通过追随最新价格而设置一定点来进行的止损，它往往是在进入获利阶段时设置的。在仓位变得越来越有利可图时，通过提高止损触发价位，交易者可以保证在市场反向变动时仍可实现大部分账面收益。所以说，移动止损在实战中是一个非常实用的交易工具，特别是在股价波动较大的情况下，可以有效地保证投资者的盈利。

（2）移动止损的提出背景

对于那些做过现货黄金交易的投资者，一般可能都有这样的经历：虽然在开仓时设置了一个止损和止盈位置，并且金价的实际运行开始也是按照开仓方向运行的，但是最终交易结束之后发现，价格没有移动到止盈的位置就掉头反转达到了止损的位置，最后不得不以失败收场。

出现这种情况是因为：第一，止损价位一直是"亏损止损"，最终走到这个位置必然亏损。第二，没有人能够准确预测到价格会运行到什么位置开始掉头运动。

所以追踪止损的交易方法，通过可以用手动或交易机器人自动根据当前价位修改订单的止损条件。价格向盈利方向运动的越多，止损价格也跟着运动。这样当价格掉头向下的时候，可以及时止损锁定收益。

（3）移动止损的优点

①防止盈利成亏损

随着盈利的增加，可以采用移动止损的方法来不断地调整止损位置。即使价格突然掉头向相反的方向运动，也能够及时平仓锁定利润。本来有浮盈的单子变成亏损单是非常令人懊恼和难以接受的。

②亏损最小化，盈利最大化

在股价出现反向运动的情况时，可以采取移动止损的方法，从而锁定亏损额。实际上很多时候并不是亏损而只是少赚一些。但是只要价格没有反向运动到你的止损位置，而是不断盈利，那么追踪止损功能就会不断修改交易单，提高止损时的盈利水平。

③提高交易可控性和盈利模式的可复制性

追踪止损的算法很简单，在交易机器的协助下，只要客户设置好"订单扫描时间、追踪价位同当前价格的距离差、追踪算法"等参数就可以实现自动追踪。这样就省去了客户需要不断盯盘、不断手动修改的麻烦。在交易活跃时段交易品的价格波动非常大，手动修改订单要赶上价格波动的速度非常困难。使用计算机可以快速扫描所有订单，并可进行及时修改，不管是速度还是准确率都远远高于手动修改的方式。

由计算机和软件控制的股票交易，规则性更强，不带有人的主观色彩，因而从长期来看。采用追踪止损的方式比人工根据价格随行就市的方法，盈利模式的可复制性更好。

（4）如何运用移动止损

移动止损的理论基础大体上有两个，那就是对偶尔会出现的大规模趋势的期望与有可能抓住主要趋势的绝大部分盈利。若是入场时机合适而且市场继续向着投资者交易的期望方向前进，那么移动止损就是一个完美的止损策略，因为它抓住了一个趋势的绝大部分。

通过使用移动止损法进行止损，能够明显提高平均回报对于平均亏损的比率。然而移动止损不是没有缺点的，它能让一些本来有中等盈利的交易变成亏损交易，因而有时会降低盈利交易的次数。此外，运用这种止损会偶尔出现的浮动盈利的大幅缩减，这就导致很多投资者在心理上很难接受这种止损方法。

（5）移动止损法的运用

例如投资在52元买进了100股某只股票，最初采用的是6元的止损，因为他打算在股票降到46元时抛出。一旦股票上升到64元，该投资者就可以得到12元的收益，于是他又决定使用一个回撤止损。假定投资者决定设一个30%的回撤止损，因为他现在已经有了12元，就愿意返回其中的30%，即3.60元。当利润上升到13元时，30%的回撤就变成了3.90元；14元的时候，30%的回撤就是4.20元。由于随着利润的增长，固定百分比的实际金额也连续增长，投资者可能就想在利润更大的时候改变这个百分比，从而会把这个百分比下移到25%。投资者可以继续下减到20%，可以继续下减这个百分比，直到5%回撤，或者愿意在达到4%的利润后保持20%的回撤。

2. 横盘止损法

横盘止损也就是将止损目标设定为买入股票之后的价格在一定幅度内横盘的时间。例如可以设定买入后5天内上涨幅度未达到5%即进行止损。通常横盘止损要与最大亏损法同时使用，以更好地控制风险。

尤其是在买入横盘整理个股以后，采用这种止损方法十分有效。因为在横盘整理的过程中可能会出现多次假突破、真洗盘的动作。

（1）买入条件

一般而言，指数在5个交易日以及5个交易日以上都在2%这个空间内上下波动，就可认为是横盘。对于大盘来说，出现横盘的时间较少，时间一般也不长，而出现横盘，基本上有以下几种情况：

①高位横盘，也叫强势盘整。这种横盘后的结果大多都会出现下跌，并且很有可能是长时间的下跌。也有可能是中继横盘，即横盘后向上突破，如果是真突破，则必须同时满足两个条件。其一是有领涨板块，其二要带量突破，否则，最终可能是诱多突破。

②低位横盘，也叫弱势盘整。指数在经过前期一个较大幅度的下跌后，出现反弹而企稳，出现低位横盘状态，低位横盘分为重心上移和重心下移，如果是上移那后面的走势可能要乐观些，重心上移，多关注成交量变化情况及有无领涨板块出现。下移则不参与。

在大盘出现横盘中，相对较难把握的就是做个股。追强势股可能被套顶部，做弱势股则可能再次下跌，而那些与大盘同步的盘整股票也不是好的对象。从安全与收益方面来看，这个阶段的选股，如果进行操作，应选择股票基本面良好，盘子适用，盘口有上冲欲望，成交量有一定放大的股票。在这个阶段 ZL 吸筹指标同样适用，不过不是日线，而应改变为 60 分钟线。个股的重要支撑线对操作个股也有用，股价跌到 250 均线，而获得支撑，可以关注，放量拉升则作为买入目标。

（2）卖出的条件

在盘整阶段，一旦从大盘看出要出现再次向下破位的迹象，特别要注意的是迹象而不是已经破位，就必须要清仓。而单从个股看，一旦单日涨幅达到 3% 以上，应逢高抛出，最大限度地保留盈利。

（3）止损

在盘整阶段，如果买入后没有如期上涨，出现下跌就应以买入价下向 3% 止损出局；如果出现横盘，则以大盘出现破位迹象时止损出局。

3. 单根 K 线止损法

单根 K 线止损法一般被认为是最有效的止损方法。我们使用单根 K 线进行止损的目的是用小止损博大收益。

（1）单根 K 线止损法及应用范围

单根 K 线止损法大多数发生在震荡整理的末期，也就是即将面临突破的行情里面，主要有地步形态的突破、中继形态的突破，或者是反转形态的突破，具体到走势上也就是我们经常看到的震荡箱体、整理三角形等一些形态的突破。

（2）如何运用单根 K 线判断进场点和止损点

在走势上，一旦价格突破原有的价格区间，就会顺势上涨或者下跌，不会回到原有的价格区间。

这个时候，突破的这根阳（阴）线就是我们的进场点，也可以在突破后寻找低点和高点进场，这样，这根阳线或者阴线实体的下端也是我们的止损点。

（3）单根 K 线止损法操作要点

①不管是向上还是向下，在突破时必须是强有力的。

②要结合市场的趋势，做到顺势突破，顺势做单。

③要考虑震荡的幅度以及时间。

当然没有任何一种方法是百分之百有效的，单根 K 线止损法，也有被动止损的时候，那就是市场出现假突破，或者突破失败的情况。所以，即使掌握了这种方法，也是要根据市场的运行方法和具体形态作进一步分析。

如果运用得当的话，投资者就能用很小的止损来博取最大的收益。

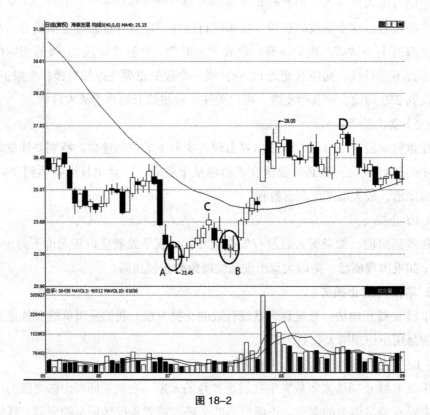

图 18-2

如图 18-2 所示，假如在图中标注 A 点的阳包阴动作发生时进场，则进场当时的这根 K 线的最低点就成为止损保护点，如果之后股价不能上涨，跌破此点后立即认亏出局。假如在标注 B 点左侧的阳包阴进场，则至 B 点就必需止损出局了，而之后的实际走势证明，这个止损错了；关于对止损操作的理解，要注意这几点：第一、任何人都无法找到尽善尽美的止损方法，止损之后再涨起来，这就说明进场点还不够精准，需要进一步提高，还有止损是保护自己现在不受更大损失，至于止损之后是涨还是跌则不是我们重点考虑的要素。

另外，上图从 D 点开始的快速下跌，如果在重要均线埋伏，则会被空头全歼，有时仅仅是多幻想一两天，灾难就会降临。首先是强调对风险的防范，必须做到"永不大亏"，这一点要做到也并非易事。

严重被套后的止损方法

股票被套是指预测股票要上涨而在买进之后，价格又下跌了，从而处于亏损的状况。

被套就意味着亏本，它是每一位股票投资者都不愿意遇到的，但谁也不能保证自己的每一次判断是正确的。面对市场中各种各样的消息谁都会有失误的时候，失误不可怕，可怕的是去面对，要以积极的心态去面对失误，从而寻找出解决问题的办法。

1. 股票被套的原因与选股方法

能否正确地处理好被套牢的股票，是鉴别投资者技能水平的最重要标志之一。分析股票被套的原因，是被套之后投资者需要做的第一件事情。一般来说，股票被套的原因有如下几种：

（1）大盘涨跌

成交量变化和重要均线方向的变化是判读大盘涨跌趋势的重要标准。如果大盘的运行趋势有系统性风险的征兆，应该果断地认赔卖出股票，如果投资者因为个股原因出现犹豫状态，也应该设立止损价格与止损征兆。如果大盘的运行趋势尚处于上涨或者横盘状态，则要重新分析个股的状态。

（2）个股原因

在大盘处于非系统风险状态下，则需要分析个股的现时状态。首先要运用参考个股的重要均线和庄家行为意图的方法，判断个股的中线趋势。如果是中线波段趋势变坏，应该考虑换股或者卖出；如果中线趋势还可以，则需要判断短线趋势。如果技术指标和大盘背景处于强势状态，被套的个股明显表现较弱，需要换出部分仓位，这样可以提高效率。

（3）选股失误

职业投资者选股的最重要标准如下：

①市场即时热点。要判断正在进行的行情性质，所选择的个股要与当时的行情性质配合。不能以自己的个人喜好否定市场，甚至与市场逆反。

②筹码主力动能。筹码集中，远离密集区的股票动能较足。在这个基础上要熟悉股票的股性、主力的股性以及趋势的必然性。

③股票未来题材。题材是非常重要的，题材的排序是主题题材、个股独特题材、市场常规题材、其他影响股价的题材。

④股票基本质地。考虑股票质地的时候，还要考虑主力资金的喜好。如果被套的个股选股不符合上述标准，应该考虑卖一部分，换进合乎标准的股票。

（4）买入时机

盈利是选股技术与选择时机技术的组合，最佳的时机有：大盘处于系统获利阶段，即沪市的成交量在 100 亿以上，且指数趋势转好或者上涨的情况；个股处于量能活跃阶段，买入某只股票或者持有某只股票，必须要求股票是活的。相比之下，最好的股票是独立活跃，次之是跟随活跃，绝对不能考虑死股票。

2. 止损方法

（1）定额止损法

定额止损法指预先把亏损额设定为一个固定的比例，一旦亏损大于该比例就及时平仓。这种方法一般适用于两类投资者，即刚入市的投资者和风险较大市场（如期货市场）中的投资者。使用这种止损法，投资者不需要过分依赖对行情的判断，因为它的强制做用相对来说是比较明显的。

定额止损的关键是设定止损的比例。定额止损的比例由两个数据构成：一是投资者能够承受的最大亏损。由于投资者的心态、经济承受能力等各个方面不同，止损比例也不相同。同时也与投资者的盈利预期有关。二是交易品种的随机波动。这是指在没有外界因素影响时，市场交易群体行为导致的价格无序波动。定额止损比例的设定是在这两个数据里寻找一个平衡点。这个过程是一个动态的过程，投资者应根据经验来设定这个比例。如果投资者设定了止损比例，便可以避免被无谓的随机波动震荡出局。

（2）技术止损法

技术止损法是一种较为复杂的止损方法。它是将止损设置与技术分析相结合，剔除市场的随机波动之后，在关键的技术位设定止损单，从而避免亏损的进一步扩大。较强的技术分析能力和自制力是这种方法对投资者最基本的要求。相对来说，技术止损法要比前一种对投资者具有更高的要求，因而很难找到一种固定的模式。例如，在上升通道的下轨买入后，等待上升趋势的结束再平仓，并将止损位设在相对可靠的平均移动线附近。一般而言，运用技术止损法，无非就是以小亏赌大盈。就沪市而言，大盘指数上行时，5 天均线可维持短线趋势，20 天或 30 天均线将维持中长线的趋势。一旦上升行情开始后，可在 5 天均线处介入而将止损设在 20 天均线附近，既可获得阶段行情上涨所带来的大部分利润，又可在头部形成时及时脱身，以确保利润。在上升行情的初期，5 天均线和 20 天均线相对距离不大。如果准确看出行情，即便在 20 天均线附近进行止损，也不会造成太大的损失。

再举一个例子，当进入盘整阶段（盘局）以后，市场通常会出现箱形或者收敛三角形态，价格与中期均线（一般为 10 ~ 20 天线）的乖离率逐渐缩小。投资者可以在这个时候选择在技术上的最大乖离率处介入，并将止损位设在盘局的最大乖离率处。通过这样的操作，投资者可以低进高出，实现获取差价。一旦价格对中期均线的乖离率重新放大，则意味着盘局已经结束。此时价格若转入跌势，投资者应果断离场。盘局是相对单边市而言的。处于盘局初期时，市场中往往人心不稳，震荡也较大，投资者可以放心大胆地介入；而在盘局后期则应将止损范围适当缩小，以提高保险系数，避免可能产生的损失。

（3）无条件止损法

不计成本，不考虑亏损的多少，无条件出逃的止损方法被称为无条件止损。当市场的基本面发生了根本性转折时，投资者应摒弃任何幻想，不计成本地杀出，以求保存实力，择机再战。如果基本面发生恶化，投资者应当机立断，砍仓出局，因为基本面的变化往往是难以从恶劣的局势中扭转回来的。

我们在上面所介绍的每一种解套技巧都具有不尽相同的特点，并且它们的适用时机也各不相同。这就需要我们在股市运行的不同阶段采用不同的方法来尽可能地达到解套的目的。

选择止损的时机与指令

1. 止损时机

在以下情形下，投资者一定要注意观察股市走势，选择合适时机，果断地采取此方法。

（1）当大盘反转下跌时

当大盘要从上涨趋势转为下跌趋势时，持有股票是很危险的，投资者要扔掉幻想，即使亏本，也要迅速抛出手中的股票，否则，损失会更大。

（2）误购炒高股

在人为的炒作下，有些股票的价格远远高于其价值，且脱离大盘运作的轨道，而在市场上，有些投资者欠缺思考，盲目跟风追涨，错将这些被炒高的股票购入。事实上，这类股票已属天价，一旦下跌，难有回升、解套的机会，因此，买入该种股票是极其危险的。

（3）根据持股多少

在止损操作中，根据持有股票的多少，可采取一些了结法和分批了结法。例如，某投资者手中持有 800 股股票，当价格跌到界限点，他全部售出，此为一批了结法；当他持有股数较多如 6 万股时，便可规定一个临界度，如 19 ~ 20 元，出 2 万股；跌至 19 元时，再出股 1 万元，此为分批了结法。这种方法有助于进一步减少风险损失，如若价格反转上升便获利，增大反败为胜的机会。

2. 止损指令

所谓止损，就是指当股票价格达到预计的价格水平时，便立即转变为市价指令并予以执行的一种指令，也被称为停损指令、STOP 指令。通常情况下，投资者在建仓后，一般会设定一个在预定条件下的平仓指令，以达到控制风险的目的。止损指令的作用就在于将亏损控制在一定的范围之内。在某个价格条件满足时，迅速通过交易所的交易系统发出平仓指令，这个条件往往是当时价格向投资者原有头寸不利的方向急速发展时出现，这个指令触发下达后，交易所交易系统将优先成交，因为这是一种割肉式的斩仓指令。投资者可以利用止损指令来有效地锁定利润，避免出现更多的亏损。

（1）保护性止损

保护性止损指令就像灭火队，当局势已经发展到了十分不利的地步，甚至看上去在理性上没有什么希望的时候，就需要使用这种指令进行紧急补救。因而运用这种指令通常是不能让人高兴的时候。

无论把保护性止损指令设置在何处，这都可能是最坏的可能性被触发。你将它设置在某一底点以下一段安全的距离。股价发生突破，触发你的止损价位，然后继续推进以替下一轮上升在这一价位形成一个新的低谷，或者立即反弹并创出新的高点。但没有关系，你有设置这一止损的理由。股票并不像它应该行动的那样运动，情况并不像你以所期望的那样，最好出市，即使遭受损失，也比面临一段时间的担忧与焦虑强。如果股票开始朝不利的方向运动，你不能知道它将会表现得如何糟糕。如果你未能设置好止损，你可能会一直一天又一天地希望那从未到来的反弹，而你的股票价格却一天比一天低，最后你可能发现（正如数百万人发现的那样），那些开始看起来一个很小的回调，一点讨厌但数量较小的损失，最后变成一场严重的灾难。止损指令不总是能设置。在某种情况下，对于一些交易活跃的股票，交易所可能限制止损指令的使用。

问题是在什么地方以及在何时设置止损，而这并没有完美的规则。如果止损价位太近，你自然会遭受不必要的损失；你将会失去手中持有的股票，而它们最终向前推进，并完成你预先期望的上升幅度。如果止损太远，在你的股票决定性突破某一形态的情况下，你将会遭受不必要的损失。

你不应该对那些保守型的高价股设置与那些投机型的低价股一样的止损距离幅度，例如，像"AT"这样的高价股售价在 80 元，而"PIC"这样的低价股售价在 8 元，止损价位距离某一底部的距离幅度显然应该不相同的。

正如我们已经看到的那样，高价股变动的幅度更小。相反，低价股经常呈现宽幅运动。所以，对于低价股，我们应该为其留有更多的余地，对它们应该比那些波动性较小"蓝筹股"设置更远的止损价位。

同样地，我们可以根据我们的敏感度指标提供各股的脾性。尽管在某一时间，两只股票的售价可能完全相同，你可以预见像"GFO"这样的股票将会比"CFG"这样的股票产生较大幅度的波动。因此，你应该对"GFO"设置比"CFG"更远的止损。

我们必须考虑这些因素并总结出一些可以遵从的简单方便的规则，我们暂且假设一只想象的、中等脾性的股票，售价在 25 元。我们继续假设，在这种特定情况下，采用距离其上一局部底部 5% 的幅度作为止损距离能够拥有较好的效果。

对于一只拥有同样敏感度指标的售价在 5 元的股票，我们可能需要再加上一半的止损空间，即是说，止损应该设置在距离其上一局部小底部 7.5% 的地方。我们之所以得到这一结论，是考虑到它们的正常价格变动幅度，并用一指数加以表示，平均售价在 25 元的股票，这一指数一般为 15.5 元左右，而与此相对应，平均售价在 5 元的股票，这一指数一般为 24 左右，这些只是相对的指标，只是表明售价在 5 元的股票一般将波动 24% 的幅度，而售价在 25 元的股票，约在 15.5% 的幅度。我们用基本的止损距离 5% 乘以这一比较因子 24/15.5，即大致得到 7.5%。

用同样的方法，采用敏感度指标，我们引入股票的相对敏感度指标这一概念。如果这一指标为 1.33，我们将把止损距离再乘以这一数据，从而得到 10%。如果一只售价相同的股票其相对敏感度指标为 2.00，我们是止损距离将为 15%，如果其相对敏感度指标仅为 0.66，则得到 5%。

在任何情况下，用百分比表示的止损距离，都可以把"正常价格变动幅度"除以 15.5%，然后再乘以敏感度指标，并用 5% 乘以这一结果。这种操作可以很容易地、快捷地用计算尺加以操作。

上面所说这些，不用说，对一般读者来说也许显得十分复杂。我们意识到，许多人都不会如此花费精力与时间去计算出一个精确的、科学的止损价位幅度，去指导他们一年之中难以有几次的买卖交易。然而此处比较详细地给出了一套系统的、完整的确定何处设置止损的方法，从而其中所涉及到的原理已经十分明了，以便你可根据自己的经验对各种因素加以改变和修正。

对于一般常见的情况，一张简化的止损价格距离表已十分足够了。接下去的表格，将对不同股价群体及不同程度的敏感度的股票给出通过上述方法能够计算出的大致止损距离。

（2）跟进性止损

跟进止损用于股价已经朝获利的方向运动后结束交易，或者在另外一些情况下，股票在盈利性的运动完成之前或者跌破其上一个局部底部之前已经给出危险的信号。

你将发现在许多情况下，股票将朝先前的方向继续运行许多天，然后可能会出现特别异常的交易量。经常，这种情况发生在股价到达一条重要的趋势线或某一形态的边界或阻力区域。这种极大的成交量意味着下述两种情况之一。一般地它意味着此轮小运动已经达到了一个终点，这就是暂时的上涨局部顶部。然而，在偶然的情况下，这种成交量也许标志着一种突破性的运动的开始，股价可能继续上涨好几个点或许多点，并可能近乎竖直地上涨。当然在相反的情况下，可能发展成下跌运动。

如果注意到一轮可观的上涨随后而来的巨大成交量，并假定这一天标志着此轮运动的终点，你以市价或者限价售出了股票，但是，如果这只是一种不常见的情况，即，下一交易日该只股票以一个上升的跳空缺口高开，并在以后数个交易日里继续上涨3点、8点或者20点，此时你将会感到十分失望。而在另一方面，过去的经验已经告诉你，经常不能指望这种非分的盈利。你将会发现，十次之中有九次，你最好离开市场。

假设这不是发生在突破上一个局部顶部而进入新的高顶的第一天，当这样异乎寻常的成交量的交易日出现之后，取消你的保护性止损，并针对这一天设置一个止损指令，将之置于当月收市价格以下1/8点的地方。例如，你已在21元的价位买入一只股票，它以中等规模的成交量上行，某一天，股价冲破以前在23元处的局部顶部，并配以十分巨大的成交量，下一天，该只股票继续以中等规模的交易量上涨到23.75元，第三天仍以中等规模的交易量上涨到24.25元，而最后，到第四天，该股上涨到25元，并出现了除突破23元的那一天以外，比其余任何一天都更为巨大的成交量。当股价报收25元以后的这天早上，你将要注意这一成交量信号。你应该取消你的保护性止损，例如它可能设在18元的地方。单独对这一天，你应该在24.875元设置一止损指令。在大多数情况下，这将意味着你的股票将要在当日的第一笔交易中止损出局，而你可能会比用市价指令得到稍低一点的价格。而另外一种情况是，当巨大的交易量出现以后，你不可能留在市场，应该有足够的卖盘在这一局部顶部附近，或在你止损价位附近把你赶出市场。

同时，如果股价继续朝限定的方向运动，你得到了保护而不至于失去这一股票。假设你在 24.875 处设定止损后的第二天早上，股价以一缺口在 25.25 元开市，然后价格继续上涨，并在 26 元收市。在这种逃逸性的运动情况下，这天的收市价很可能在这天的最高处。然后你将设置你的止损，同样，只是单独对这一天，将它置于 25.875 元。如果该股在 26.375 元开市，上涨到 28，你将在 27.875 元处设置另外一个止损，我们假定，在下一天开市止损指令被触发并成交于 27.625 元。在这个例子中，第一天只冒 1/8 点的风险，而最终得到 25/8 点的额外净盈利。必须指出，这完全是净利润，因为在两种情况下，你的佣金大致相同。

这种跟进性的止损可以在图表上使用你选择的任何标记加以显示。例如，一段较短的对角交叉线。当一只股票连续数天以逃逸式的运动演进，你可以每日重复这一记号，在每一接续的交易日收市价以下 1/8 点处标注止损，直到最后，其中一个被触发。在卖空的情况下，一个买入的止损指令可以按我们刚刚讨论过的卖出止损完全相似的方法加以便用，以跟随股价以一急速的逃逸性跳水向下运动。

每当某一股票达到其合理的目标并伴随着极高的成交量，或者股价超出了其目标突破了其趋势通道，以及在某些情况下；股价未能达到其目标，这种止损指令的使用都应加以标明。

如果你的股票，例如，正在沿着一条通道上涨，在下部与上部趋势线大约一半的地方，突然出现极大的成交量，此时，这种保护性收市价止损将会保护你遭受股价运动失败的威胁。在股价突破上一局部高点而创造出一个新的高点之前，这种情况下出现的极其巨大的成交量，一定是一警示与威胁。尤其是还存在一个缺口或者在这个地方出现单日反转的情形下，这尤其可靠。

在一只股票已经完成其既定的运动幅度并伴随着交易量给出一个局部顶部的信号情况下，你可以在第一天设置一个（1/8 点）收市价止损指令。如果股价下一天继续上涨，没有出现异常的成交量，你可以每日都让止损价位在这同一点，直到出现另外一个"发泄日"或顶部信号出现，即是说，直到你看到另外一个出现极大交易量的交易日、一个缺口，或者一个单日反转，然后把这一止损上移至该日收市价下 1/8 点处。这种方法经常比那种连续的跟进性收市价止损更好一些。

在极大的交易量已经出现后而收市止损没有被触及的那一天，股价应该创造出新的高点，并完全上涨过前一局部高点并在其以上收市。这种行为一般意味着股价的运动仍未完结。然而，如果这一运动再次继续创新高并显示出极重的成交量，即使只在接着出现的那一天，我们都应用一收市价跟进性止损加以保护。

在本章中，以及整个本书中，"极重成交量"这一词汇只是表示相对该只股票在你关注的近期一段时期的成交量而言。对于一些清淡的股票，1000股也许将是十分沉重的交易量，而10000股对于一些交易更为活跃的股票来说只是一种正常的交易。但某一天非同寻常的极重成交量产生时，成交量在K线图上也将由一个市场的峰顶加以显示。

应该明白，我们已经讨论过的跟进性止损为专门针对短期获利交易，或者在一个中等趋势的市场顶部结束一轮异乎寻常的逃逸性运动的交易。尽管需要这种操作手法的极端情形并不少见，但他们并不是市场常见的每日都出现的行为。对于一般的局部顶部，即使是在那些十分明显的情形下，例如，趋势通道、成交量峰值及其他指标，许多交易者及投资者都宁可等待预期的回调，而不愿支付额外的佣金或者失去假定仍然处于有利主要趋势之中的头寸。

总之，跟进性的止损是一种在某些情况下十分有用的工具，但并非用于处理一些特殊的及不怎么常见的情况。

相反，保护性的止损，是对一般交易者，那些不能整日研究市场的人士，或者那些还没有较多经验的交易者提供的一种工具，用以限制其可能的损失。这将保护他因自己不愿结束不利头寸而遭受损失，因此，他可以避免进入一种彻底失望的十分窘困的境况。因为他将自动地被赶出市场，不管他是盈利还是亏损，他将可以把他的资本用于更有希望的股票，而不会在股票已经于其不利的方向运动了许多点数以后，才不得不担忧其股票会不会会不会重新上涨。

然而，如果一个人拥有足够的知识以及足够的决心，一旦市场趋势已经表现出确切的反转迹象，立即离开市场，止损指令则不是那么需要。没有它们，这样的人也能成功地操作，而这样做还有许多优点，因为止损指令经常会被虚假运动或延续的缓慢回调触发。对那些经验丰富的技术专家来说，不使用止损指令还有一点优势，他们是期望长期的盈利，并愿意等到次等回调出现以后才离开市场。但是，对一个人，他并不确信他的方法，最好当他用60元买入的股票已跌至29元或者到5元的时候及早止损出局，停止持有这样的股票。

需要止损的情况

（1）短线操作或超短线（即盘中T+0）操作要用止损策略。做短线最大的失败之处，不是一时盈亏的多少，而是因为一点零星失误就把浅套做成深套或重套；把短线做成中线，甚至做成长线。因此，不会止损的人是不适合短线操作的，也永远不会成为短线高手。

（2）当市场整体趋势向下运行时，投资者需要研判大盘指数和个股的后市下跌空间的大小，依此作为是否止损的参考，对于后市下跌空间大的个股要坚决止损。特别是针对一些前期较为热门、涨幅巨大的股票。

（3）根据趋势是否扭转，决定是否要用止损策略，通过对政策面、公司基本面、市场资金面等各方面多角度的研判分析大势。如果发现市场整体趋势已经转弱，长线稳健的投资者应该不论是否亏损都坚决卖出。

（4）对于主力出货的个股，要坚决彻底的止损。庄家清仓出货后到下一轮行情的重新介入，期间往往要经历相当长的整理过程。而且，随着我国股市的不断扩容，有些曾经极为辉煌的热门股，可能会陷入长久无人问津的漫漫熊途中。

（5）投资者在大盘指数处于牛市顶峰位置进入股市的要用止损策略。这时市场中的各项技术指标均处于同步顶背离状态中，移动成本分布显示市场中获利盘比例偏多、股民们常常得意洋洋并且夸夸其谈，此时市场已经濒临危险的边缘，遇到操作不利要及时止损。

（6）仓位过重的投资者或满仓被套的投资者，要适当止损部分股票。这样做的目的，不仅仅是为了回避风险，而是更加有利于心态的稳定。

（7）当亏损达到一定程度时，要用止损策略。这需要根据交易前设置的止损位作为衡量标准，一旦跌到止损位时，投资者可以通过果断的止损，来防止损失的进一步扩大。

（8）当数量指标发出明确的卖出信号时，要用止损策略。如：当股价跌破某条重要均线时要止损；当随机指标的 J 值向下穿破 100 时止损；当成交量放出天量时止损；MACD 形成死叉时要止损等等。

（9）对于追涨型买入操作要用止损策略。追涨型买入是出于获取快速利润目的，对已有一定涨幅的个股的追高买入行为，一旦发现判断失误，要果断地止损。如果没有这种坚决止损的决心，就不能随便参与追涨。

（10）对于激进型投资者要用止损策略。有些操作风格和操作技巧比较激进的投资者，在出现投资失误时，可以凭借足够的看盘时间和敏锐的盘中感觉，通过盘中"T+0"或短期做空的止损方式来降低套牢成本。

（11）当技术形态出现破位走势时，要用止损策略。如:股价跌破重要支撑区时、向下跌穿底部形态的颈线位时，收敛或扩散三角形选择下跌走势时，头肩顶、圆弧顶、多重顶等顶部形态即将构筑完成时，都需要应用止损策略。

（12）对于投机性买入操作要用止损策略。投机性买入是指不考虑上市公司的基本面情况，仅从投机价值角度出发的选股，投资者一旦发现原有的买入理由不存在时要立即止损。

不能止损的情况

（1）熊市末期缩量下调时，不要止损。量能的萎缩，显示了下跌动能的枯竭，此时斩仓出局无疑是不明智的。

（2）上升趋势中的正常技术性回调整理时，不要止损。只要市场整体趋势没有走弱，就可以坚持以中线持股为主，短线高抛低吸的操作策略。

（3）指数严重超卖时，不要止损。指数与个股不同，指数的严重超卖信号，往往比个股真实可靠。但观察大盘是否超卖不能使用普通的常用指标，要重点参考指数专用指标，主要是STIX、超买超卖OBOS、涨跌比率ADR、腾落指数ADL四种指标。

（4）当股价严重背离价值时，不要止损。熊市中，常会出现非理性的暴跌，在这种泥沙俱下的浪潮中，有部分具有投资或投机价值的个股，会跌到平常可望不可及的低价，这时投资者要有长线持有的耐心，切忌不分青红皂白地止损。

（5）根据风险收益比，进行测算，在不考虑自己的盈亏状况的前提下，如果，按现价买入该股，未来的风险远远大于收益，要坚决止损。如果，未来的收益远远大于风险，则不要止损。

（6）有恐慌盘出现时，不要止损。恐慌性抛盘的出现往往是股价见阶段性底部的重要特征，投资者切忌盲目加入恐慌杀跌行列中。

（7）临近重要底部区域时，不要止损。股指在底部区域时，通常情况下已经不具有下跌动能，但有时大盘仍会有最后的无量空跌，投资者要坚定持股信心。

（8）个股股价的下跌空间有限时，不要止损。当股价经过长期的调整，深幅的下跌后，股价被压缩到极低位置，再度下行的空间有限时，投资者不仅不能杀跌，还要考虑如何积极吸纳。

（9）对于庄家洗盘的股票，不要止损，庄家在临拉升前，为了减少未来时期的拉抬阻力和抬高市场平均成本，常常会采用洗盘的方法，试图将意志不坚定的投资者赶下轿子，投资者此时要保持信心，不能随意止损。

（10）股价接近长期的历史性重要支撑位时，不要止损。这时应以观望为宜，但也不要急于抄底抢反弹，需要等待趋势的最终确认后，再采取进一步动作。

（11）当个股跌到某一位置企稳后，受到市场主流资金的关注，并且有增量资金不断积极介入，在量能上表现出有效放大的个股，不要止损。

（12）投资者由于优柔寡断，导致深度套牢，目前亏损过于巨大的，不要止损，因为这时止损为时已晚，不仅不能挽回多少损失，反而会严重打击投资心态。

用止损控制风险

我们一般认为合理的风险控制就是要将亏损保持在很小幅度，也就是使用一个比较靠近介入价格的止损。然而，事实上，这种止损方法大多可能无法解决所遇到的问题，反而带来更多的麻烦。短线交易产生的一系列损失，加起来可以比一次长线交易产生的巨大亏损还要大。此外，如果当投资者止损出场后趋势仍然没有明显变化，他应该所要面对的是决定重新入场的时机。

进行止损其实是福祸相依的，这不是因为止损法本身有什么错，因为检测市场并使用止损技巧去了结一次交易，也会出现同样的结果。从大的方面上来说，止损策略提供了对灾难事件和价格突变的保护作用，可是要试图使得风险非常小，反而会引起了较大的亏损和难以揣测的特定风险。如果风险被限制得过小，就容易被市场噪音激发，这样在止损出场与价格移动方向（或方向改变）之间只有很少的联系。

通过研究历史数据，可以很容易地发现有些风险保护设定的标准曾经对某次交易起到了良好的作用。但长期测试的结果表明，这种绩效改进的因素仅是单方面的，因为止损控制了一个反向的价格跳动，但不是很清楚这种情况是否会再次发生；即使发生了，止损策略是否可以被顺利执行也是个未知数．

在某些情况下，一个表现不佳的交易策略可以通过使用止损策略进行改进。然而同时，它也可以简单地通过不进行交易来完成改进。使用系统化的风险控制，在绩效的回报／风险率方面可以有偶然的改进。当程序控制仓位为零时，风险已经被完全控制，净资产不受价格上下波动所支配。如果一个较大的亏损在这段时间被避免，则总的绩效就会改进，一种可替代的方法是交易一个较小的投资组合，这是常见的降低风险的较优选择。

如果小幅止损的效果无法预期，那么控制风险的最佳选择就是降低杠杆，把风险减少至可接受的水平。我们可以通过以下几种方式来达到降低杠杆的效果：

（1）使用一个最大回撤与净资产标准差的组合来寻找该交易项目的长线风险标准。

（2）调节系统风险至你可接受的水准。你大概需要在任一年中有小于1%的机会失去多于10%的投资，因此，设置要使得年风险的3个标准差相等于你投资的 10%。

（3）确定投资的大小或要进行交易的资金额，根据以上第 2 步中的被调节后的风险来决定。

（4）为了防止恶性价格突变的冲击，使用一个较大幅度的止损点，使其不易由市场噪音所触发。

由于风险受到控制，较高的利润就更为重要，我们接受 20% 的期望回报，并保持风险值于 7.5%，依靠使用大的止损，测试优化的结果会更加连贯一致，我们就有更强的信心：止损将不会干扰预期的回报。

第十九章
成交量与持仓量

成交量是指一个时间单位内某项交易成交的数量。它是一种供需的表现，当供不应求时，人们都想要买进，成交量自然放大；反之，供过于求，市场冷清无人，成交量势必萎缩。而将人潮加以数值化，便是成交量。它是判断股票走势的重要依据，对分析主力行为提供了重要的依据。

广义的成交量包括成交股数、成交金额、换手率；狭义的也是最常用的成交量仅指成交股数。成交股数指当天成交的股票总手数（1 手 =100 股）。

成交量分析基本原理

简单地说，技术分析就是对时间、价、量三者关系的分析。

一般说来，股票买卖反映在价、量关系上，往往呈现价增量增，价跌量减的规律。

根据这一规律，当价格上升时，成交量不再增加，意味着价格得不到买方确认，价格的上升趋势就会改变；反之，当价格下跌时，成交量萎缩到一定程度不再萎缩，意味着卖方不再认同价格继续下降了，价格下跌的趋势就将会改变。

当股价随着成交量的递增而上涨，为市场行情的正常特性，此种量增价涨关系，表示股价将继续上升。

而当在一波段的涨势中，股价随着递增的成交量而上涨，突破前一波的高峰，创下新高后继续上涨，然而此波段股价上涨的整个成交量水准却低于前一波段上涨的成交量水准，价突破创新高，量却没突破创新水准量，则此波段股价涨势令人怀疑，同时也是股价趋势潜在的反转信号。

股价随着成交量的递减而回升，即股价上涨，成交量却逐渐萎缩。成交量是股价上涨的原动力，原动力不足是股价趋势潜在反转的信号。

有时股价随着缓慢递增的成交量而逐渐上涨，渐渐地走势突然成为垂直上升的喷发行情，成交量急剧增加，股价暴涨。紧随着此波走势，继之而来的是成交量大幅度萎缩，同时股价急速下跌。这种现象表示涨势已到末期，上升乏力，走势力竭，显示出趋势反转的现象。反转所具有的意义将视前一波股价上涨幅度的大小及成交量扩增的程度而定。

在一波段的长期下跌，形成谷底后股价回升，成交量并没有因股价上涨而递增，股价上涨欲振乏力，然后再度跌落至先前谷底附近，或高于谷底。当第二谷底的成交量低于第一谷底时，是股价上涨的信号。

股价下跌，向下跌破股价形态趋势线或移动平均线，同时出现大成交量，是股价下跌的信号，表明趋势反转形成空头市场。

股价跌一段相当长的时间，出现恐慌性卖出，随着日益扩大的成交量，股价大幅度下跌；继恐慌性卖出之后，预期股价可能上涨，同时恐慌性卖出所创的低价，将不可能在极短的时间内跌破。恐慌性大量卖出之后，往往是空头的结束。

当市场行情持续上涨很久，出现急剧增加的成交量，而股价却上涨乏力，在高位盘旋，无法再向上大幅上涨，显示股价在高位大幅震荡，卖压沉重，从而形成股价下跌的因素。股价连续下跌之后，在低位出现大成交量，股价却没有进一步下跌，价格仅小幅变动，是进货的信号。

成交量作为价格形态的确认。在以后的形态学讲解中，如果没有成交量的确认，价格形态将是虚的，其可靠性也就差一些。

目前，技术分析派人士认为，成交量主要有四种形态：

（1）市场分歧促成成交

所谓成交，就是有买有卖才会达成，光有买或光有卖绝对达不成成交。成交必然是一部分人看空后市，另外一部分人看多后市，造成巨大的分歧，又各取所需，才会成交。

（2）缩量

缩量是指市场成交极为清淡。缩量一般发生在趋势的中期，大家都对后市走势十分认同，下跌缩量，碰到这种情况，就应坚决出局，等量缩到一定程度，开始放量上攻时再买入。同样，上涨缩量，碰到这种情况，就应坚决买进，坐等获利，等股价上冲乏力，有巨量放出的时候再卖出。

（3）放量

放量一般发生在市场趋势发生转折处。不过，业内人士认为，放量相对于缩量来说，控盘主力利用手中的筹码大手笔对敲放出天量，是非常简单的事。所以投资者还要结合个股具体情况加以分析。

（4）成交量不规则性放大缩小

这种情况一般是没有突发利好或大盘基本稳定的前提下庄家所为，风平浪静时突然放出历史巨量，后期却没什么表现，一般是实力不强的庄家在吸引市场关注，以便出货。

（5）堆量

当主力意欲拉升时，常把成交量做得非常漂亮，几日或几周以来，成交量缓慢放大，股价慢慢推高，成交量在近期的K线图上，形成了一个状似土堆的形态，堆得越漂亮，就越可能产生大行情。相反，在高位的堆量表明主力已不想做了，在大举出货。

常见的放量形态

这里的量指的就是成交量，放量即成交量比前一段时间明显放大。

如果量比指标在1.5以下，放量不明显；在1.5到2，属于温和放量；2到5属于放量明显，量比达5倍以上就是巨幅放量了。量比是衡量相对成交量的指标。它是指股市开市后平均每分钟的成交量与过去5个交易日平均每分钟成交量之比。其计算公式为：量比 = 现成交总手 /（过去5日平均每分钟成交量 × 当日累计开市时间）。

常见的放量形态如下：

1. 尾市放量涨停

按现行的交易规则，股票每天涨幅不能超过10%（不包括特殊情况），股价上涨10%既为封涨停板。

尾市放量涨停，是指在14：00之前，股价处于低迷状态，股价波动幅度较小，而且成交量呈现出极度萎缩的现象。但在14：00之后，有时甚至是在收盘前半小时，股价突然放量向上拉升，并且拉至涨停；涨停之后，成交量又迅速萎缩。

（1）形成原因

表现出该种上涨态势的个股一般为强庄股，或者其庄家已经达到了高度控盘。尾市时出现放量涨停，一般都是庄家所为。并且这是庄家在拉升阶段常用的做盘手法。（当然，也不排除庄家在出货的过程中采用这种手法来拉盘，引诱投资者入场接盘。因此，投资者遇到这种走势的个股时，一定要看清楚股价所处的位置。）开盘之后，由于庄家高度控盘，这类股票能够让股价一直在一个很小的范围内波动，即使这个时期大盘大幅上涨，该股股价的表现也可能持续低迷。散户可以在此阶段自由买卖，当人们对该股失去信心时，庄家突然大量买进，使得股价被大幅度拉升，以致涨停，其余投资者根本来不及对此作出反应。

（2）意义分析

庄家这么做，首先可以在个股有利好消息时防止散户跟风买货。一般的投资者看到个股在一天的大部分时间里股价都是处于低迷的状态，收盘前的半个小时内就不会对股价再抱有太多的幻想，有的投资者甚至都不愿意继续看它了。庄家正好抓住散户的这种心态，在尾盘的时候采用对倒的手法把股价快速拉上去。此时成交量呈现出明显的放大，并且成交量的放大主要是来自于庄家对倒所产生的成交量。当股价被拉至涨停后，成交量又迅速萎缩。这表明在股价涨停之后，很少有主动性的抛盘出现，庄家对筹码锁定得比较牢固。

其次，这能够吸引公众眼球，刺激散户的购买欲望，方便以后顺利出货。散户由于封涨停板而无法顺利买到股票。因此庄家在拉抬股价的过程中，由于浮筹少，减少了干扰，拉升也较容易。如果股价上升到一定程度，因为其间极少卖盘，使想买股票的散户无法如愿。这样一旦涨停板打开，就会有散户投资者涌入，让庄家能够顺利出货，庄家便能够获得很丰厚的利润，而新介入的散户的利润空间则很难说了。因此，投资者要胆大心细，注意不要被套在高位。

除此之外，一些资金实力不是很雄厚的庄家，在做盘的时候也会采取尾盘拉升的策略。尾盘拉升的最大好处就是可以节省庄家很多拉升股价的成本。在尾市拉升股价，很多投资者来不及作出反应，股价就已经涨上去了，因此可以避免一些抛压盘涌出，增加庄家接筹和拉升股价的成本。

（3）尾市放量涨停的鉴别

如果在股价刚启动的底部区域，或者是在股价上涨的中途出现这种走势，就标志着庄家开始进入拉升阶段，后市股价将会继续向上攀升。如果是在股价经过大幅度上涨之后出现这种走势，那么投资者就要引起注意了，因为这很可能是庄家在故意拉高股价，引诱投资者入场接盘，而庄家的真正目的则是为了出货。在这种情况下，后市股价很可能会出现下跌行情。在股价处于市场高位时出现这种走势，盘面上一般都会有一个明显的特征，即在拉升股价之前的震荡过程中，成交量不会呈现出萎缩的状态，而是呈现出时大时小的现象。在股价封住涨停之后，成交量很少会呈现出极度萎缩的状态，反而会出现持续放大的现象。

2. 台阶式放量

台阶式放量，是指股票走势在 k 线图上呈现一种台阶状，即每上涨一段时间后，原位震荡一段时间，如此反复。当股价拉升时，成交量会出现放量的现象；当股价停顿整理时，成交量则会逐步萎缩。

（1）形成原因

这种走势出现在股价上涨的初期，或者是股价上涨的中途，很有可能与庄家有关。从走势图上可看出，股价的运行呈现出很有规则的上涨，几乎每一次上涨都是在前一个台阶的基础上一口气拉上去，休整一段时间后继续上一个台阶。其运行的目标十分明确，就是向上攀升。出现这种走势现象，预示着庄家向上拉升股价的意志很坚决，后市股价很可能继续攀升。

在股价波动的过程中，股价始终在分时均线附近波动，同时成交量快速萎缩。经过一段时间的震荡之后，股价突然放量向上发动攻击，此时股价呈现出直线式的上冲。但是股价冲高到一定幅度之后，会再次停顿下来震荡休整，成交量也同样快速萎缩。股价每次向上拉升时，都会呈现出直线式的拉升，但每次拉升的幅度都不是很大。股价反复出现这样的走势，从整个形态来看呈现出有规律的阶梯式上涨。在全天的运行中，股价的重心不断地向上移动。也有些个股在开盘后股价先呈现出震荡的走势，之后再出现向上拉升，上冲之后股价再次进入震荡整理阶段，如此反复地向上攀升。

有时候，当股价处于市场高位时，也有可能出现台阶式放量，但并不常见。如果是在股价经过长期上涨的高位区域出现这种走势，就标志着庄家已经开始出货。庄家试图通过这种手法来吸引投资跟风接盘，从而达到自己顺利出货的目的。若是庄家卖出：首先，此时的股价必然处于市场高位；其次，股价在分时走势图上呈现出这种走势时，股价在震荡的过程中成交量不会出现极度萎缩，因为庄家要在这个过程中出货，必然会在成交量上反映出来。

（2）操作技巧

遇到这种走势类型的个股时，投资者一定要分清此时股价处于上涨过程的哪个阶段。如果是在股价启动的初期，或者是在股价上涨的中途出现这种走势，只要股价在震荡的过程中不放量，投资者就可以在股价第二次上冲时果断买进；如果在股价震荡的过程中成交量放大，那么稳健型的投资者最好不要急于入场买进，应在第二天开盘后观察一下股价的走势情况。如果第二天股价能够继续走强，再入场买进也不迟。

3. 温和放量

温和放量即成交量温和放大。如果出现温和放量的走势，则表明市场参与操作的人气在逐步回暖，原来做空的力量也在逐步地向做多这一方转化，从而使得成交量出现逐步放大的现象。

（1）直观特征

量柱顶点的连线呈现平滑的反抛物线形上升，线路无剧烈的拐点。定量的水平应该在 3%～5% 换手左右方为可靠。温和放大的原因是随着吸筹的延续，外部筹码日益稀少，从而使股票价格逐步上升，但因为是主力有意识的吸纳，所以在其刻意调控之下，股价和成交量都被限制在一个温和变化的水平，以防止引起市场的关注。

（2）注意事项

温和放量的位置不同，其技术意义也完全不同。其中在相对低位和长期地量后出现的温和放量才是最有技术意义的。

温和放量有可能是长线主力的试探性建仓行为。所以虽然也许会在之后会出现一波上涨行情，但一般还是会走出回调洗盘的走势；也有可能是长线主力的试盘动作，会根据大盘运行的战略方向确定下一步是反手做空打压股价以在更低位置吸筹，还是在强烈的大盘做多背景下就此展开一轮拉高吸货的攻势。因此最好把温和放量作为寻找"黑马"的一个参考指标，寻低位介入。

温和放量的持续时间一般不会太长。否则容易引起市场注意，且不容易控制股价。不同时期参与市场的散户群体和散户心理也会有很大变化，所以一个实力主力介入个股的前期为了获取筹码，会采用多种操作手法，但温和放量无疑是其中最主要的一种手法。所以，我们经常会在一个长线庄股的走势图中反复观察到温和放量。

缩量出现的原因

所谓缩量，是指个股在某个时间段的成交量与其历史成交量相比，有明显减小的痕迹。

1. 价跌量缩

（1）若是上涨初期价跌量缩，大部分是洗盘行为，属正常的回调，投资者可以逢低买进；如果股价跌破了重要的支撑位，则投资者需要退出观望。

（2）若上涨途中出现价跌量缩，那么上升趋势明确，则此种现象很可能是庄家诱空的陷阱。

（3）上涨的末期，价跌量缩，则表明股价短期涨幅已大，虽然其不一定能够就此形成头部，但出货迹象明显，投资者应该谨慎持股。但若次日股价反转，投资者则宜出局，保住胜利果实。

这种走势的原因总结起来有以下几点：一是投资者看淡后市，卖多买少，所以急剧缩量；二是市场处于弱势，极小的成交量就能打低价股，投资者坚决出局。投资者可等缩量到一定程度后，开始放量上攻时再买入。

2. 价涨量缩

（1）若是上涨初期出现价涨量缩的走势，很有可能是股价刚触底反弹，多数投资者还抱着熊市思维，不敢轻易介入。另一种可能是，投资者的追涨意愿不强，可能要回调，投资者暂时处于观望阶段。

（2）若上涨途中出现此类走势，那么很有可能是股价还处于上升趋势；当然，也有可能会出现滞涨，投资者做多需谨慎。

（3）如果此态势出现在上涨末期，一是股价涨幅已大，观望气氛渐浓，做多动能不够；二是高价位量价背离，宜逢高派发。

3. 走势原因总结

一般这种情况都是好现象。如果缩量涨停，可放心持有。

（1）如果不是涨停，则要视情况分析：如果价位偏低，表明空方惜售，空间很大；如果价位偏高，表明多方做多意愿不足，回调的情况产生的可能性很大，尤其是在放量上涨之后再缩量上涨，阐明行情可能反转向下，短线就可以出货，彻底出局或者再过段光阴抢进。黑马股的出现好像是在某一天爆发，但在此之前从成交量的某些变更就能看出很多迹象：有一种黑马股的成交量是从某一天起突然放大，然后每天都保持这个程度。这种变更表明庄家在有企图地吸纳，这种吸纳往往引起股价上涨，但收市时却有人故意将股价打低，留下上影线，从日线上可以看出，成交量放大时，股价小幅上涨，而在下跌时，常常形成十字星。另一种黑马股的成交量是从某一天起逐步放大，并保持一种有规律放大的趋势，这正是庄家已介入的证明。与此同时，股价小幅上扬，表明庄家已没有耐心或时间慢慢进货。经过加速，股价必然会突然腾飞。价格继续上涨时，成交量随之放大，则上升趋势不变。成交量大幅增加，但价格并不继续上升，是反转征兆。价格继续下跌时，成交量放大，下跌趋势不变。成交量放大，而价格下跌趋缓，是反弹征兆。

（2）成交量的变更要害在于放量的趋势和缩量的趋势。这种趋势的把握来自于对前期的整体确定以及当时的市场变更状态，还有很难阐明白的市场心理变更。在用成交手数作为成交量研判的首要根据时，也可赞助。

（3）上升途中缩量上攻天天涨，下跌途中缩量阴跌天天跌，市场上有这样一种认识，觉得股价的上涨必须要有量能的配合，如果是价涨量增，则表现上涨动能充沛，预示股价将持续上涨；反之，如果缩量上涨，则视为无量空涨，量价配合不理想，预示股价不会有较大的上升空间或难以继续上行。实际情况其实不然，具体情况要具体分析，范例的现象是上涨初期需要价量配合，上涨一段后则不同了，主力控盘个股的股价往往越是上涨成交量反而萎缩了，直到再次放量上涨或高位放量滞胀时反而预示着要出货了。股价的上涨根本没有抛盘，因为大部分筹码已被主力锁定了，在没有抛压的情况下，股价的上涨并不需要成交量的。股价在下跌历程中不放量是正常现象，一是没有接盘因此抛不出去，二是惜售情节较高没有人肯割肉。实战中往往出现无量阴跌天天跌的现象，只有在出现恐慌性抛盘之后，再次放量才会有所企稳。其实放量下跌阐明抛盘大的同时接盘也大，反而是好事，尤其是在下跌的末期，显示出有人起头抢反弹。由于弱势反弹首要靠市场的惜售心理所支撑的，止跌反弹的初期往往会出现在畏怯中单针见底，因此需要放量，但之后的上攻反而会浮现缩量反弹天天涨的现象，这时不必理会某些市场人士喋喋不休的放量论调，因为弱势反弹中一旦再度放量，就阐明筹码已松动了，预示着新一轮下跌的起头。向下破位或下行时却不需要成交量的配合，无量下跌天天跌，直至再次放量，显示出有新资金人市抢反弹或抄底为止。在拉升时"价涨量缩"甚至比"价涨量增"更正确，这时往往是庄家控盘比例极高造成的。

4. 缩量平台中蕴藏的机遇

众所周知，大盘下跌中能逆势企稳甚至上升的个股，要么主力仍驻其中，要么主力趁机吸货。从这两个基本的判断得出一个结论：主力在场。故此，关注逆市股可谓是漫漫熊途中寻求避风港的最佳策略。就形态而言，大盘下跌中庄股悄然构筑出逆市缩量平台是安全性较高的形态之一。

其特征主要有：

（1）在大跌市仍能缩量企稳平台，中线潜力大，这是该形态中最关键的一点。因为在大盘下跌、压力区抛压等多重压力之下仍能够企稳，并且缩量，这已经很清楚地说明了两点：一是有主力在场，所以不跟随大盘跌；二是主力一定达到至少相对控盘程度，所以才能在缩量的情况下保持股价不跌。同时主力既然控盘，其伺机拉升的意愿势必强烈，投资者而处于主动地位。

（2）选择价位在主力成本区或相对底部的股票较安全。对投资者而言，可以首先淘汰掉主力高度控盘且股价又在相对高位的逆市股票，如此介入逆市股，风险不是特别大，这在调整市中有利于自我保护。其中的主力成本区一般可用成交密集区进行分析。

（3）此类股一旦在大盘企稳时开始突破，其拉升时往往逐步连续性放量。此前的平台缩量其实是成交的累积阶段。从成交量的转换原理看，相应的后面阶段就有个成交的释放期，这恰好与拉升期需要放量的要求相辅相成。另外，正由于成交集中持续地放大，造成股价运行的惯性较大，像刹车后失去动力但车仍会继续前行一样，股价在成交缩小时仍会惯性上行，形成成交量的顶背驰，但这时候往往也就是股价将见顶的信号，应择机抛出。

（4）操作策略上，可等待出现连续放量突破时及时买入，这时候虽然不是介入的最低点，但往往是最安全点。

对持仓量的解释

1. 持仓量指标

持仓量是维持价格趋势的燃料。假如市场是一列火车，那么持仓量就是燃料。如果燃料用尽了，火车就没有了继续行驶的动力。市场趋势就会停下来或者反转。当持仓量逐渐减少，表明市场燃料真正减少，那么原来的价格趋势必然无法维持长久。要延续这种稳健的价格走势，就需要持仓量稳步地增加，至少不能让持仓量减少。

持仓量是市场操作不同意见的指标。没有不同意见就无法形成市场，即使在多头市场里，也永远有投资者做空，在空头市场里也总会有投资人做多。持仓量会随着投资者对市场的预期而发生变化。

价格稳健，但持仓量增加。价格处于区间震荡或整理行情时，这种现象表明多空双方都在发动攻势。一旦有一天股票收盘价突破区间，亏损的一方止损带来的推动力量都不可小觑。

价格平稳，但持仓量减少。价格盘整，多空双方却没有意愿开新仓，这样的市场死气沉沉。交易者暂时可以不关注这个市场了。

持仓量随价格上升而稳步增加。这是理想的上升趋势。在此趋势中，价格在上涨，很明显是由于多头控制了局面。说明原来的多头不断加仓，或是新的多头加入。但同时，市场的空头也不断加以摊平成本，或者新空头进场放空，这两种情况无论哪一种，都表明市场处于稳健上升的趋势之中。

价格下跌，伴随持仓量增加。这是稳健下降的趋势信号。这个现象显示空头主宰了市场的走势，而多头也在试图向下摊平成本，减少手中的筹码。这些都不断提供价格下行所需的燃料。和多头不同的是，空头市场中，价格下跌，持仓量即使不增加，下降的趋势也会持续下去。只有获利的资金获利了结后，原有趋势才会打住。持仓量减少，代表市场降低了对价格持续下跌的预期心理。

2. 持仓量计算

股价走势涨难跌易，如何估算主力持仓数量呢？我们通常可以通过以下方法来推算：

在判断主力持仓量上可通过即时成交的内外盘统计进行测算，有如下公式：

当日主力买入量 =(外盘 ×1/2+ 内盘 ×1/10)/2

然后将若干天进行累加，一般换手要达到 100% 以上才可以停止追踪。所取时间一般以 60 ~ 120 个交易日为宜。因为一个波段庄家的建仓周期通常在 55 天左右。

有的个股底部周期较为明显，可将底部周期内每天的成交量乘以底部运行时间，大致估算出庄家的持仓量，即有如下公式：

庄家持仓量＝底部周期 × 主动性买入量（忽略散户的买入量）

或：

庄家持仓量＝阶段总成交量 ×1/3 或 1/4

个股在低位出现成交活跃、换手率较高，而股价涨幅不大（设定标准为阶段涨幅小于50%，最好为小于30%），通常为庄家吸货。此间换手率越大，主力吸筹越充分，投资者可重点关注"价"暂时落后于"量"的个股。可以将50%的换手率作为基数，每经过倍数阶段如2、3、4等，股价走势就进入新的阶段，也预示着庄家持仓发生变化，则有如下公式：个股流通盘 ×（个股某段时期换手率－同期大盘换手率）；计算结果除以3，此公式的实战意义是主力资金以超越大盘换手率的买入量（即平均买入量）的数额介入，一般适用于长期下跌的冷门股。因此，主力一旦对冷门股持续吸纳，我们就能相对容易地测算出主力手中的持仓量。

暴增和抛售高潮

1. 成交量暴增

成交量暴增是指个股某日的成交量突然暴增，与前一日相比，高出数倍之多。同时，这一日的成交量也远远高于最近一年的平均成交量。

图 19-1

大多数上市公司不希望盘中交易受到场外因素干扰，避免在交易时段宣布重大消息。市场收盘后发布的重大消息很可能使得其后的交易日成交量暴增。这样第二个交易日的一般都会向上跳空。成交量在很短的时间内突然放大，这种情况下，股票价格也难免会产生剧烈的波动。但若某些消息的多、空含义不明，买进卖出大体平衡，则成交量一般不会太大。

产生原因：个股成交量的暴增大多是由于利空消息，当然也有少部分是利多消息。

这些利空消息主要包括：公司实际收益远不及分析师的预计或者投资者本身的预期；公司管理层对企业为了运营状况或盈余数据提出预警；专业分析师或机构降低公司投资评级；有关于公司财务状况恶化的传言；公司在这样股东非常看重股利收益的情况下，依然宣布降低股利；公司主要产品发生质量问题并被索赔；大规模回收问题产品；预期可通过的专利申请被驳回；火灾、爆炸等恶性事故的发生；损失重要合同、订单或客户。

要看准暴涨股，需要从以下几方面判断：

业绩。不一定要个股有很出色的业绩，略微出现亏损将更易被人看中。业绩太好已无想象空间，且多有中线资金长期驻守，筹码大部分被长线买家拿走，主力想在二级市场中进行收集相当困难；而业绩平平或略有亏损就注定了是重组的命，不重组就没有出路，反而给市场以巨大的想象空间。因此中国股市有一种特有现象——不亏不涨，小亏小涨，大亏大涨。

流通盘。流通盘不能够太大，一般在5000万股左右比较好，如果是在2000万股左右那就更好了。小盘股有着大盘股难以比拟的巨大优势，主力只要动用极小的资金即可达到控盘的目的，总投资不大，一个超级大户或几个大户联合就可达到调控股价的目的，因此小盘股极易被主力相中。在资本运作中，对小盘股的重组难度不大，极易成功。

技术面。股价最好是在低位，倘若走势是从山顶上直线下坠，在低位长期横盘后不再创新低，而成交量却一直非常小，则要注意该股有可能成为未来的大牛股。再看成交量，价量配合方面应该是涨时有量、跌时无量，刚从底部启动时成交量特大，在中位调整一段时间后再次启动时成交量应只是略有放大，不能太大，太大了就有出货嫌疑。

另外，少部分利多消息也会造成暴增，主要有；签署重大合同；取得重要专利；宣布与某大企业结成战略同盟；研发成功治疗某种重大疾病的药物；专业分析师或机构将公司评级提高或提高其股票的目标价格；重大诉讼案胜诉；公司同意被高价并购。

2. 抛售高潮

股市抛售高潮指的是低价大量出售股票。这种现象一般出现在经济不景气或是公司有不利消息放出时。

"单日反转"与"抛售高潮"是股市趋势和技术分析中的专用名词，"单日反转"是一种可识别的反转模式，它的出现和完成都在同一个交易日内。这样的模式有的时候意义很大，因为它意味着某个向上或向下运动的（至少是临时的）中止。在下行方向单日反转常常以放大的和显而易见的形式出现在一个恐慌抛售的末尾。单日反转模式对可能的趋势发展提供了重要的线索，这是一个紧急的警示。"抛售高潮往往出现在快速和涉及广泛的市场下跌的结尾阶段，在最后的清理运动中，不管愿意与否，数百万股股份被扔到水里，这就是所谓的抛售高潮"。

第二十章
风险管理策略

风险的含义

随着现代社会活动越来越复杂，各行各业的人们每天都必须面对各种不同的风险，到目前为止对于风险的具体定义，国内外学术界众说纷纭，尚未发展出一个大家一致认同的说法。由于对风险的研究的角度不同，经济学家、行为科学家、风险理论学家、统计学家以及精算师，均有自己的风险概念。虽然不同的学者对风险定义有着不同的解释，但可以归纳为以下两种代表性观点。

1. 风险是事件未来可能结果发生的不确定性

莫布雷称风险为不确定性；威廉姆斯将风险定义为在给定的条件和某一特定的时期，未来结果的变动；在前文提到过马克维茨和夏普等人将证券投资的风险定义为该证券资产的各种可能收益率的变动程度，并用收益率的方差来度量证券投资的风险，通过量化风险的概念改变了投资大众对风险的认识。由于方差计算的方便性，风险的这种定义在实际中得到了广泛的应用。在这种定义中可以看出这里的风险并非完全是不利的因素，风险的结果也有机会为投资人带来获利，这里风险属于广义上得风险。

2. 风险是损失发生的不确定性及大小

J.S. 罗森将风险定义为损失的不确定性，又有学者将风险定义为不利事件或事件发生的机会。这是一种客观的看法，着重于投资的整体以及数量的状况。该观点认为风险是指投资者在投资活动中发生损失的可能性，例如某一投资者在某次的投资过程中遭受损失的概率介于 0 ~ 1 之间。若概率为 0，即表示该投资活动不会遭受损失，若概率为 1，则表示该投资活动必定会发生损失，因此，在上面的案例中，投资者的投资活动损失的概率越大，风险也越大。

3. 风险的特征

风险的客观性是指不以投资者的意志为转移，独立于投资者意志之外的客观存在。投资者只能采取风险管理的办法降低风险发生频率和损失幅度，而不能彻底消除掉风险。风险的普遍性是指，在现代社会，每一个投资者将面临着各式各样的风险。风险的损失性是指只要存在风险，就一定又发生损失的可能性。风险的可变性是指在一定的条件下，投资者的风险具有可以转化或者规避的特性。

4. 股票的价格风险

在风云变幻的股票市场上，每只股票价格的变化时刻牵动着无数投资者的心。股票投资的吸引力也正是在此，随着股票价格的波动，投资者才会在证券市场取得收入，正是股价的波动，才能够允许投资者在证券市场上低价买进，高价抛出，取得资本利得收益。同时，股价波动的同时，也会有投资者高价买进，随后股价一路下跌。因此，股票投资都是有风险的，股票价格的风险是指由于某些因素的影响使股票价格出现不利于投资者的波动，使得投资者在投资期内不能获得预期收益甚至遭受损失的一种可能性。股票价格的风险可简单地用预期收益率与实际收益率之间的离差来表示。例如，预期股票投资收益率为30%，而实际收益率为18%，这12%的离差就反映了风险情况。

系统风险和非系统风险

1. 系统风险

从证券投资的角度，可以把风险的类型分为系统风险和非系统风险。系统风险又称市场风险，也称不可分散风险。是指由于某种全局性的共同因素引起的投资收益的可能变动，这种因素以同样的方式对所有证券的收益产生影响。根据上述定义，可以得出系统风险具有非常重要的三个特征：

（1）系统风险不是某个因素引起的，它是一系列的因素相互作用引起的。在经济方面的影响因素有利率、现行汇率、通货膨胀、宏观经济政策与货币政策、经济周期循环等。政治方面的影响因素有政权更迭、战争冲突、制度变革等。社会与技术方面的如人口增加、技术革新等。

（2）系统风险对市场上所有的股票持有者都有影响，只不过有些股票与另一些股票相比敏感程度不同而已，举例来说基础性行业、原材料行业等，其股票的系统风险就可能很高。

（3）系统风险的最为重要的一个特性是无法通过分散投资来加以消除。由于系统风险是个别企业或行业所不能控制的，是社会、经济政治大系统内的一些因素所造成的，它影响着绝大多数企业的运营，所以对于股民来说，无论如何选择投资组合都无济于事。

对于证券市场来说，发生系统风险是经常性的。从图 20-1 中，可以看到上证指数从 2000 年到 2010 年间高低起伏的变化。

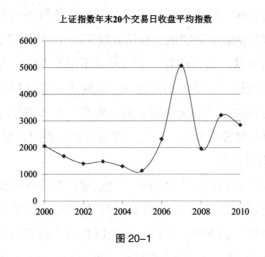

图 20-1

如上图所示，上证指数年末 20 个交易日收盘指数平均值在 2005 年末的 1000 多点一跃而至 2007 年末 20 个交易日收盘指数平均值的 5000 多，随后又在 2008 年末降到 2000 多点，这种过山车般的上升与下跌即是系统风险。

而影响系统风险的主要因素包含着以下几个因素：

（1）市盈率过高

在证券市场经历了疯狂的无理性的炒作后，股价的价格会大幅飙升，导致了股市的平均市盈率偏高、相对投资价值不足，此时先入市资金的盈利已十分丰厚，一些股民就会率先撤出，将资金投向别处，从而导致股市的暴跌。2007 年的股市暴跌，当时的市盈率已经完全偏离了正常证券市场的水平。

（2）股民的盲目从众行为

在股市中，许多股民并无主见，看见别人抢购股票时，也不究其缘由，就认为该股票行情看涨，便跟着大量买进，以致引起一个抢购狂潮，从而使该股票价格猛升，造成市盈率过高，后期大部分被套的事实。

（3）经营环境恶化

一个国家宏观经济政策发生变化或者世界经济格局发生变化都会对上市公司的经营乃至整个国民经济产生不利影响，如 2008 年的次贷危机导致了沿海的许多中小企业生存困难，上市公司的利润萎缩，股价下跌，投资信心不足。

（4）利率提高

利率是政府用来调整宏观经济的一把利器。当利率上升时，股票的相对投资价值将会下降，导致整个股价下滑。是什么原因造成这种股价的变化呢？从一个直观的表现上看当利率提高时，会吸引股票市场上一部分投资者将资金撤回，投入到储蓄中。受供求关系的影响，股票的价格会发生下跌。从另外一个角度考虑，当利率升高时，企业负债的利息成本会增加，直接导致了企业的利润下降，经营业绩下降，同样会导致股票价格下跌。而且还有一个因素也不得不考虑，当利率提高时，会给投资者造成一种股市过热、经济流动性过剩、政府正在通过利率的提高来控制股市的一种印象，投资者的投资信心会受到影响，而在一个非理性的市场中，缺失对市场的信息，往往导致股票价格大跌，因此，投资者的心理因素也不得不考虑。

（5）税收以及会计政策

税收的高低将直接影响着上市公司的经营业绩。在进行税改过程中，所得税由33%下降到25%，直接增加了企业的税后利润，提高业绩，进而影响股票价格。同样会计政策的变化同样引起资产、负债的变化以及收入利润的确认的变化，进而影响利润。而有学者提出，我国在2007年股市大繁荣的一个重要因素是会计政策中资产计价的变化。

2. 控制系统风险

尽管无法通过分散化来消除系统风险，但是同样可以采取其他的手段控制系统风险。

（1）首先，从投资价值的角度分析，当市场整体价值具有高估的趋势，市盈率偏高的时候，投资者切不可放松对系统性风险的警惕，此时市场人气鼎沸，投资者踊跃入市，股民对于风险的意识逐渐淡漠时，往往是系统风险将要出现的征兆。

（2）其次，在股市行情的运行过程中，始终存在着不确定性因素，投资者可以根据行情发展的阶段来不断调整资金投入比例。由于目前的股市升幅较大，从有效控制风险的角度出发，投资者不宜采用重仓操作的方式，至于全进全出的满仓操作更加不合时宜。这一时期需要将资金投入比例控制在可承受风险的范围内。仓位较重的投资者可以有选择地抛出一些股票，减轻仓位，或者将部分投资资金用于相对较安全的投资中，如申购新股等。

（3）最后，如果投资者无法预测什么时候会出现系统性风险，尤其在行情快速上升的过程中。如果提前卖出手中的股票，往往意味着投资者无法享受"疯狂"行情的拉升机会。这时，投资者可以在控制仓位的前提下继续持股，但随时做好止盈或止损的准备，一旦市场出现系统性风险的时候，投资者可以果断斩仓卖出，从而防止损失的进一步扩大。

3. 非系统风险

与系统风险相对的是非系统风险又称非市场风险或可分散风险，是指只对某个行业或个别公司的证券产生影响的风险，它通常是由某一特殊的因素引起，与整个证券市场的价格不存在系统、全面的联系，而只对个别或少数证券的收益产生影响。是发生于个别公司的特有事件造成的风险，因此，它具有以下几个特征：

（1）非系统风险是由特殊因素引起的，如企业的经营管理等问题、上市公司的劳资问题等。

（2）非系统风险只影响某只或者某几只股票的收益。它是某一企业或行业特有的风险。如三聚氰胺事件导致奶粉以及乳制品行业进入了一个严冬。

（3）非系统风险最为重要的一个特征是可通过分散投资来加以消除。由于非系统风险属于个别风险，是由个别人、个别企业或个别行业等可控因素带来的，因此，股民可通过投资的多样化来规避非系统风险。

4. 利用分散化投资规避非系统风险

分散化投资可以规避非系统风险，但是，在实际操作的过程中，到底选取多少只股票可以几乎规避掉所有的非系统风险呢？而且直观的系统风险和非系统风险的表示是什么样子呢？

下面通过一个例子进行详细的解释。

下表列出了从纽约证券交易所（NYSE）随机挑选的不同个数的证券所组成的等权投资组合的平均年标准差。

投资组合中股票的数量	投资组合年报酬率的平均标准差	投资组合标准差和单一股票标准差的比率
1	49.24%	1.00
2	37.36%	0.76
4	29.69%	0.60
6	26.64%	0.54
8	24.98%	0.51
10	23.93%	0.49
20	21.68%	0.44
30	20.87%	0.42
40	20.46%	0.42
50	20.20%	0.41

100	19.69%	0.40
200	19.42%	0.39
300	19.34%	0.39
400	19.29%	0.39
500	19.27%	0.39
1000	19.21%	0.39

在上表中的第（2）栏中，可以看到，只包含1只股票的投资组合的标准差是49.24%。它指的是如果你随机选择一只股票，并把所有的钱投进去，那么，你每年的报酬率的标准差将高达49.24%。如果你任意选两只股票，而且把你的钱投资在这两只股票上，你的平均标准差大约下降至37%；以此类推。

在上表中我们也应该注意到一个重要事情是，标准差随着证券个数的增加而减小。当我们拥有100只随机选择的股票时，投资组合的标准差从49%降到20%，大约下降了60%。在500只股票的情况下，标准差是19.27%。

下图能够较好地反应这个关系：

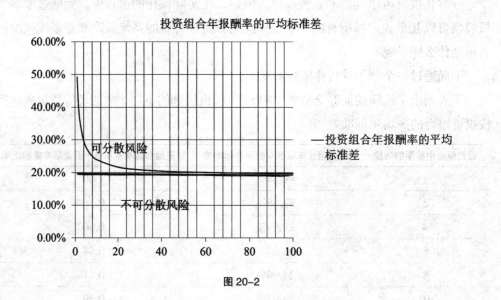

图 20-2

图 20-2 反映了通过增加证券的个数来降低风险所带来的好处，随着所增加的证券的数量越来越多，风险变得越来越小。在持有10种证券时，绝大部分的分散效应就已经实现了，而当持有30种左右时，边际分散效应就很小了。上述例子具有一般性，为做分散投资的证券数目的选择提供了参考。

规避市场风险

1. 市场风险的定义及影响因素

前面我们详细地介绍了证券市场的系统和非系统风险以及如何在整体层面上应对系统风险和非系统风险。而对于证券市场风险总体的分类可以参见图 20-3：

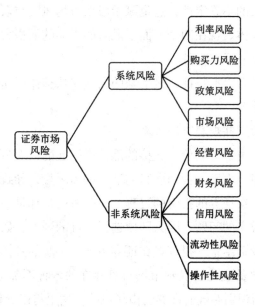

图 20-3

从上图，可以看出证券市场的风险包含了两大部分，系统风险和非系统风险。有的学者将系统风险也称作广义的市场风险。同时，系统风险包含了：利率风险、购买力风险、政策风险、市场风险（狭义）。而非系统风险包含了：经营风险、财务风险、信用风险、流动性风险以及操作风险。

证券市场的市场风险有两种定义，其中广义上的定义是同系统风险相同，指由于某种全局性的共同因素引起的投资收益的可能变动，这种因素以同样的方式对所有证券的收益产生影响。而我们下面要讲市场风险是指证券市场的狭义的市场风险，是指证券投资活动中最普遍、最常见的风险，是由证券价格的涨落直接引起的。当市场整体价值高估时，市场风险将加大。

证券市场风险因素分为市场内部因素和外部因素。证券市场是由众多要素组成的，其中，最为基本的是四大要素：证券市场主体（资金的供给者和需求者）、证券市场客体（各种各类的证券）、证券市场媒体（承销商、经纪人、投资银行、交易所）和证券市场价格（既包括证券的价格又包括市场指数）。以上四种要素要通过复杂的组织与结构联系起来，才能保证证券市场的顺利运转及其功能的正常发挥，而其中任何一个环节出现问题，都可能导致风险事故的发生。

证券市场同每个产品、行业、市场都一样，都具有特定的风险。但证券的特殊之处在于，它只是一种虚拟资本或价值的符号，其价格体现了市场对资本未来收益现金流贴现的定价。而人们对未来的收益的现金流量的信心又是捉摸不定的，从而股票的价格有着更大的不确定性，这也赋予股票市场风险与众不同的特性，即高风险性。而高风险性具体表现在四个方面：风险的影响的面积大；造成的证券价格的波动性强；突发性强；可控性弱。

尽管证券市场具有以上特性，接下来的内容将从整体层面和技术层面举例说明如何规避证券市场风险。

2. 从整体层面识别并规避市场风险

由于市场风险是由证券的价格直接的涨落而引起的，而市场因素主要从时机方面影响着证券的价格。由于多种因素影响证券的需求量，导致证券价格下跌，由此给投资者造成损失。在证券的投资的过程中，时机的选择是一个重要的问题，即什么时候买，什么时候卖的问题，因为即使选择了好的证券，如果把握不好时机，仍然难以达到满意的投资结果。投资者在证券市场上买卖的具体时机，主要取决于市场走势，而市场走势的变化要受到市场自身存在的各种不确定因素的影响。因此，可以从以下几个方面识别并规避证券的市场风险，这里将以股票市场举例说明。

（1）考虑市场的发育程度

在发达的股票市场上，例如美国证券市场，股票交易非常规范，因此市场上价格波动相对较小，给投资者带来的不确定性因素也就较少。但是，在不成熟的股票市场上，缺乏公开健全的股票发行与交易市场，私下交易盛行，缺乏有效的管理机构和手段，缺乏必要的法律法规，市场交易的秩序比较混乱，市场价格常常被一些机构大户随意操纵。在这种市场环境下，投资者面临的不确定性要比在发育成熟的市场大，风险也就相对大一些。我国的股票市场发展较晚，市场的发育程度不高，在许多方面还不成熟，因此风险也相对地大一些，投资者在进入股票市场的时候，一定要有面对风险的思想准备。因此，在识别股票市场风险的过程中，应该关注市场监管情况以及最近受证监会处罚的上市公司的情况，同时，在发育程度不好的证券市场上要时刻关注敏感信息的出现，因为这些信息往往是股价发生变化的信号之一。

（2）资金状况

由于股票的价格受供求关系的因素的影响，因此，在识别股票市场风险的过程中需要考虑流入股市资金的情况。例如，当国家银根紧缩时，股票市场的一部分资金会流出，而股票的供给不会减少，结果容易造成股票供大于求，股票价格下跌；在国家银根放松时，社会上游资较多，进入股票市场的资金随之增加，对股票的需求增加，股票价格也容易上升。

（3）市场价格波动与市场的季节性

由于上市公司的产品有的具有季节性，而且投资者在投资过程中对市场的信心是交替变化的，因此，股票市场价格的波动具有周期性。而股票价格的周期性波动告诉我们，价格的高潮期产生一轮行情的高点，价格的低潮期产生一轮行情的低点。因此，假如投资者能在低潮期买进股票，而在价格出现高潮期时卖出股票，则可获得利益。但是，但要准确地预测高潮与低潮的时间和价位就很难了，因为其每次循环的时间可能不一样，价格高低点也迥异，给人们把握周期增加了难度。但这并不是说无法把握股价波动规律了。一般来说，如同自然界物体运动具有惯性一样，股票价格的运动方向一旦形成，也有一定的惯性，即价格以趋势的方式演变。上涨的趋势一旦形成，股价就将上涨一段时间，不会轻易下跌（大趋势）；下跌的趋势一旦形成，股价也将下跌一段时间，不会轻易上涨（大趋势）。在股票市场的股价上升时期，如果供给力量不发生大的变化以压倒需求力量，股价的涨势就不会中止。反之，亦然。所以，顺势买卖就成为一种明智的选择。这也就是美国技术分析大师墨菲先生说的买卖股票的小秘诀：顺着当前的主要趋势交易，直到发生确凿的反转为止。

3. 利用托宾 Q 比率识别并规避股票市场风险

Q 比率是由詹姆斯·托宾（James Tobin）于 1969 年提出的，因此又称为托宾 Q 比率（Tobin'sQRatio）。Q 比率被定义为股票市场的总市值与市场上所有上市公司资产的重置价值之比，即：

Q= 股票市场的总市值 / 股票市场上市公司资产的重置价值

Q 比率表示的是股票市场价格与上市公司重置价值差别的大小，所谓公司资产的重置价值是指当前重置公司资产所需支付的成本。Q 比率具有向历史均值回归的特性，据此我们可以判断市场所蕴含的潜在风险大小——Q 比率越高，投资风险越大；Q 比率越低，投资风险越小。由此，可以利用托宾 Q 比率来规避证券市场风险。

由证券的收益率公式可以得知：投资收益由两部分组成，一是利息、股息、红利等经常性收入，二是证券买卖的过程中获得的资本利得收益。证券投资的风险即来源于上述两部分收益的不确定性。然而对于大部分的中国投资者，资本利得收益是证券投资收益的主要部分，从而证券市场的风险也主要是证券的定价风险，即证券的价格背离其内在价值的风险。

从上文的 Q 比率的定义可以看出 :

（1）当 Q 比率等于 1 时，股票市场准确定价。

（2）当 Q 比率大于 1 时，股票价值被高估。而此时是公司发行新股以及扩大投资的天赐良机，而发行股票又会压低股票的价格，而企业的投资扩张又会提高资本品的价格（即提高资本的重置成本），这两方面的因素使得 Q 比率减小。

（3）当 Q 比率小于 1 时，股票价值被低估。上市公司要扩大资本规模则不会采用发行股票的方式，而是收购现有的公司，从宏观上看，社会资本的总量并没有增加；由于既没有新股的发行，也没有新的投资，（在其他条件不变的前提下）股票的价格不会受压，而资本品的价格将会降低（从而资本的重置成本降低），这样 Q 比率将会上升。

因此，综合上面的结论 Q 比率具有向理论的均值（Q=1）回归的趋势。

事实上，Q 比例虽然具有回归的趋势，但是由于投资者的风险厌恶程度以及其他方面的因素的影响，西方国家的 Q 比率维持在 0.6 ~ 0.7 之间波动。

正因为 Q 比率具有上述的回归特性，可以利用该特性进行股票市场的市场风险。

以美国股市为例，在 1900 ~ 1998 年间美国股市 Q 比率的历史均值是 0.7。从下图中可以看出美国股市的几次大波动都被 Q 比率非常准确地反映出来，当 Q 比率很高时，股市的大幅下跌就要开始了，如图 20-4 所示 :

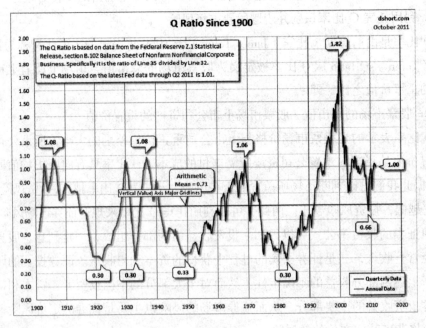

图 20-4

而下表则统计了美国历史上三次大熊市中 Q 比率从峰值到低谷过程中总体股价下跌的比例。从上图可以看到，1998 年末美国股市的 Q 比率达到了历史最高点，严重偏离了 0.7 的历史均值，根据 Q 比率的回归趋势，曾经有学者估计美国股市在 1998 年底后的 5 年里下跌的概率将超过 90%，近年来的事实表明了这一估计的准确性。

估价大跌时间	Q 比率从峰值到低谷总体估价下跌的比例
1929 年 8 月到 1932 年 6 月	82%
1937 年 2 月到 1938 年 5 月	49%
1968 年 11 月到 1974 年 9 月	59%

从上面的实例可以看出，可以通过 Q 比率图来确定目前市场总体形势，以达到规避市场风险的目的。

避开购买力风险

1. 购买力风险的定义以及概述

在日常生活中，在市场会听到这样的话：“钱不值钱了啊，东西又涨价了。”或者听到新闻报道：“全年 CPI 指数将达 4.5%。”上述的所说的一个现象就是通货膨胀，或者称购买力下降。可以这样说，无论你是否意识到，通货膨胀都会一直伴随着我们得生活。购买力下降或者通货膨胀是怎么造成的呢？又是如何影响我们的生活的呢？

造成购买力下降或者通货膨胀的直接原因是国家财政赤字的增加。政府为了挽救经济危机或弥补庞大的财政赤字，不顾商品流通的实际需要，滥发纸币，并以此对劳动人民进行掠夺。他们之所以要利用这种办法来弥补财政赤字，是因为这种办法比起增加税收、增发国债等办法富于隐蔽性，并且简便易行。当用滥发的纸币向厂商订货，向农民收购农产品，向政府职员、军人等发放薪饷时，即是通过这种种渠道把大量的纸币投入流通之时，一般人并不会马上知道这些纸币是不代表任何价值的纸片。

虽然，影响通货膨胀的因素多种多样，这里仅列举一个小的例子，从一个简单的方面来理解通货膨胀。假设现在社会上流通的货币每 1 元代表 1 个单位价值的实体。但是，如果政府加大了货币的发行，货币的发行量增加了 1 倍，那么此时的 1 元货币很显然只能换回 0.5 个单位价值的实体。而对于拥有实体的人们来说，他们并没有损失，但是对于拥有货币资金的人们来说，他们的货币所能够换回的实体的价值将会变为原来的一半。对于这些持有货币的人们来说，这显然承受了很大的风险。

同样，这样的现象发生在股票市场上就是投资者需要面对的购买力风险。购买力风险是指投资者的投资利润将主要通过现金形式来分配，而现金可能因为通货膨胀、货币贬值的影响而导致购买力下降，从而使基金的实际收益下降，给投资者带来实际收益水平下降的风险。

举个例子说明，比如甲投资者投资于某种证券每年的获利率为3%，而通货膨胀率为5%，此时，实际利率为负。当人们持有100元人民币时，年终价值103元，但若持有100元的商品，年终价格为105元，即年初的100块可以买到的商品到了年终却买不到了，这就是说货币的购买力下降了，或者货币在对内贬值。

通过上面的解释，可以看出购买力风险不同于利率风险和市场风险，因为一种投资者有可能在其价格持续上升的情况下丧失购买力，许多投资者错误地认为货币越多越富裕，这种货币幻觉使投资者忽视了通货膨胀的问题。投资者只有把注意力集中在实际收益率而非名义收益率上，才能克服货币幻觉问题，而且只有当实际收益率为正值，即名义收益率大于通货膨胀时，投资才会变得真正有意义。

2.购买力风险对于上市公司的影响

由于投资者将要面对购买力风险的影响，因此，要想识别并回避购买力风险，则必须了解购买力风险是如何影响上市公司的，进而理解购买力风险影响股票市场的机制，只有这样，才可以从源头回避购买力风险。下面将主要介绍购买力风险对于上市公司的影响。

不言而喻，购买力风险对于上市公司的影响是非常巨大的。而这种影响可以从两个方面考虑：分别是从企业经营活动那个角度考虑和从筹资活动的角度考虑。

从企业经营角度而言，通货膨胀的影响有三个方面。首先，在通货膨胀发生后，在企业的内部，货币性资金不断贬值。物价上涨，币值下降，付出同样多的货币，只能获得较少量的商品，原材料采购受到影响。如果企业的营运资金不足，在通货膨胀严重的情况下，企业又很难利用债务筹资或者债务筹资的资本很高，此时将会发生因为原材料供应不足导致企业停产的风险。但是通货膨胀也会为企业带来好处，清偿债务时可以用贬值的、购买力较小的货币去偿付，使企业获得一定的购买力收益。而且如果通货膨胀发生前，企业存有大量的实物性资金，如原材料、在制品、产成品、固定资产等，在通货膨胀发生时会发生保值，但是这种保值是以牺牲这些资金在投资的收益而取得的。其次通货膨胀发生后，物价水平的提升一定程度上促使职工薪资要求的提高，企业职工流失风险加大，同时也增加了企业的直接人工、直接材料等各项成本，压缩了利润空间。最后，伴随着通货膨胀，政府必将采取相应的物价管制措施，结果企业的外部经营条件受抑制，政府会提高利率，收紧银根，造成大量消费者将货币存入银行，使得公司的市场前景暗淡，这将直接影响着公司的业绩。

从企业的筹资活动角度分析，在通货膨胀严重时，企业资金需求不断加大。通货膨胀对企业最明显的影响是使企业资金占用量不断增加，资金需求迅速膨胀。而这种资金需求加大导致的是资金供给持续性短缺。在通货膨胀时，企业的资金来源却受多方限制，以至于资金的供给量持续性短缺。尽管此时企业资金的来源受多方限制，但是为了维持正常的经营，某些企业不得不进行筹资，此时资金成本不断提高。存款准备金率和利息率的上涨也增加了企业为偿还贷款而支出的利息。

3. 通货膨胀对于股票市场的影响机制

从上面可以看到，通货膨胀对于企业的影响有利有弊，但是对于常规的企业来说还是弊大于利。在了解了通货膨胀对于上市公司的影响之后，可以从货币角度来看通货膨胀的不同阶段对于股票市场的不同影响。在通货膨胀初期，由于货币幻觉还在投资者的心中存在，名义货币量增多，对股票的需求增大，股价会上升。但是，随着通货膨胀的进一步发展，政府将开始实行从紧的货币政策，将会缩紧银根，提高存款准备金率，使得货币供应量减少、筹资成本加大，进入股市的资金来源减少，从而减少了对股票的需求，股价因而下跌。而伴随着通货膨胀率越高，股价的波动幅度就越大。

而图 20-5 给出了上证指数与 CPI 的变化的趋势图，以供读者参考。

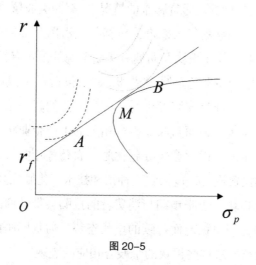

图 20-5

由此，作为投资者来说，购买力风险就分为了两个部分。其一是由于企业的经营导致的业绩的变化以及上述通货膨胀使得股价大幅波动的风险。而另外一种风险就是，投资者的预期收益率与通货膨胀率直接的博弈，如果通货膨胀率高于投资预期收益率，那么投资者就会遭受损失。

4. 如何识别并避开购买力风险

由于购买力风险被分做了两个因素，因此，需要投资者从两个源头上分别采取措施来避开购买力风险。

应对股票的波动，投资者可以采取下列措施：

（1）投资者应当高度重视对宏观经济政策的分析。首先，应把握股市的投资机会，而这一前提是要密切关注国家出台的财政与货币政策等宏观调控措施，根据货币供应量的变化，作出自己的判断；其次，要准确把握股票价格的变化趋势，通过密切关注整体物价水平的变动，分析商品价格变化对上市公司生产成本的影响，从而可以对股票价格变化趋势作出预测；最后，要重点关注上游大宗商品和下游受益于消费需求增强的行业，较为准确地分析其内在联系。

（2）充分把握不同阶段的投资机遇。要想把握不同阶段投资机遇，需要作出两点预测。首先，能够准确判断通货膨胀的性质。温和的通胀有利于企业盈利并推动股价上涨，这是通货膨胀的前期阶段，而严重的通胀发生在这之后，会导致股市发生大幅的下跌。其次，分析不同通胀阶段的预期。在通胀最初阶段，投资者对于未来的通胀发展没有正确的预期，股价具有较大上涨空间，随着通胀的加剧，投资者不断修正预期，而股价的上涨空间迅速缩减。

（3）正确选择投资品种。在通货膨胀的情况下，有四类股票可以进行正确的投资。第一类，资源类股票。原材料等大宗商品价格的上涨以及维持在高位可能会持续更长时间，如矿产、农业、林业板块，而拥有垄断资源的公司有较强的价格操纵能力，这类股票比较明显地集中在有色金属、能源板块等，包括石油、煤炭、电力等。第二类，以粮食为主的相关板块。通货膨胀发生时，首先上涨的就是粮食价格，因此，粮食价格会维持在相对高位水平，而与农业生产相关的生产企业将从中受惠，最直接的作用就是生产粮食的企业，而后会传导到化肥、农药等相关行业。所以，要高度关注农业收益板块中的投资机会，包括农业种植和技术、化肥农药和农机等。第三类，日用商品流通零售类板块。通胀预期与消费者的抢购会带动商品流通零售业业绩的增长，其股票市场则显现出稳定而持续的增长态势。通货膨胀前提下，公用事业的价格会逐步提高，能够导致这些板块的个股有相应的表现。

而防范另外一种购买力风险，即预期收益率低于通货膨胀率风险的措施不是很多。当投资者察觉到这种风险时，应当尽量避免投资于股票市场，可以考虑投资黄金、期货或者某些收藏品等实物市场。只有当预计其他投资的实际收益率都低于股票的实际收益率且都为负时，这时需要购买实体资产或者直接消费，以确保货币资金不贬值。如果投资者在这种情况下还想保持资产较强的流动性，那投资者也不得不冒险投资于股市，以确保货币资金以最慢的速度贬值。

规避利率风险

1. 利率风险定义及其对股票市场的影响

利率风险是系统风险的一个方面。而且利率风险在整个证券投资风险中扮演者一个重要的角色。那么利率风险到底是如何定义的呢？

利率风险是指利率变动对投资者的收益或资本的价值发生的波动所产生的风险。当利率向上调整时，股票的相对投资价值将会下降，从而导致整个股价下滑。

利率提高对股市的影响表现主要体现在三个方面：

（1）绝大部分企业都有相当的负债是从银行借贷而来，特别是流动资金部分，基本上都是借贷资金。利率的提高将加大企业的利息负担及成本支出，从而影响上市公司的经营业绩，而上市公司的经营业绩将直接影响着证券市场上的股票的价值，而股票的价格围绕着价值进行波动，因此也会导致股票的价格的下降。

（2）伴随着利率的提高，债券及居民储蓄利率也会相应上调，这些都会降低整个股市的相对投资价值，一些投资者将会抛售股票而将其资金存入银行套利或投向债券市场，从而导致股市供求关系向其不利的方向转化，导致股价的下调。而从另外一个方面考虑，根据资本资产定价模型的公式可以知道，随着无风险利率升高，投资者的必要报酬率升高，从而导致股票的价值下降。

（3）利率的提高将抑制社会消费，如我国采取的保值储蓄政策在一定程度上就抑制了社会消费的增长，从而影响了企业的市场营销，导致销售收入减少及整体经营效益的下降。

利率对于股票价格的影响一直非常明显，股票的价格对于利率的变化反应也非常的迅速，因此，要想在股票市场立于不败之地，必须能够把握住股票市场的大体的价格走势。而把握股票市场的大体的价格走势的前提是能够了解利率的变化，识别利率风险。

2. 识别利率风险

识别利率风险，分作两个部分：首先需要了解利率的影响因素；其次是在了解利率影响因素的基础上，把握利率的变化趋势。

在研究利率风险的过程中，首先应从根本上弄清楚利率到底是什么。那么，利率的定义到底是什么呢？西方的学者认为，利率，就表现形式来说，是指定时期内利息额同借贷资本总额的比率。详细地说来，从借款人的角度来考虑，利率是使用资本的单位成本，是借款人使用贷款人的货币资本而向贷款人支付的价格；从贷款人的角度来看，利率是贷款人借出货币资本所获得的报酬率。从表面上看，利率受基准利率的影响。而基准利率通常由国家的中央银行控制，在中国，由中国人民银行管理。从这里看，似乎利率是个变化无常的家伙，它受着人为的操控。但是，中央银行对于利率的控制也并不是随心所欲，原因是他们将利率作为宏观经济调控的重要工具之一。从这个角度来看，利率的调节也是有迹可循的。当经济过热、通货膨胀上升时，他们便会提高利率、收紧信贷；当过热的经济和通货膨胀得到控制时，他们便会把利率适当地调低。

利率的定义决定了影响利率的变动因素有：货币供应量、中央银行再贷款利率和存款准备金率等。因此，识别利率的风险的过程就要从这点突破。抛开那些复杂的理论，利率风险的识别分为三个层次。第一个层次，一个投资者应该时刻关注国家的宏观政策，应该对于国家的宏观经济政策时刻保持警惕，随时作出应对措施。而识别利率风险的最高境界是时刻关注国家的经济发展状况，利用"当经济过热、通货膨胀上升时，便提高利率、收紧信贷；当过热的经济和通货膨胀得到控制时，便会把利率适当地调低"这一简单易于理解的道理，从而自己对于利率的变化有个自己的判断。如果不能达到这个程度，当发现经济环境发生剧烈化，虽然不能判断其变化的趋势，此时，已经识别出了利率的风险，就需要采取一定的措施，应对利率的变化。

3. 规避利率风险的实际操作

针对上文所说的识别的利率风险的三个层次，下文将分别讲述一下应对措施。

一般说来，如果市场中已经发出了明显的利率升高信号时，此时如果在股价波动的前期，甚至股价还未发生变动时，可以采取清仓操作。如果股价已经发生大跌，这时候的操作需要视情况而定，此时利率风险已经对投资者的资产造成了影响。当发生了非理性的大跌之后，可以适时的选择某些资本负债率低的公司进行建仓，由于利率的变化实际对于资本负债率高的公司影响较小，大跌之后，这类公司的股票价值的损失不是很大，在无其他因素的影响下，将会发生价格反弹。而此时市场利率升高对负债比率高的公司会造成很大的困难，由于财务费用的增加，纯利润会减少，可分配股利会减少，股票价值会大幅下跌，此时应冷静判断，综合考虑交易成本等因素后决定对于资本负债率高的企业的股票进行割肉还是平仓。而当市场利率下降时，情况则相反。

而当投资者可以根据宏观经济形势准确的判断利率的变动趋势时，此时的操作的确定性将会大很多。风险喜好的投资者在预测到利率会下降时，应该果断建仓。应当尽量了解所选上市公司中营运资金中自有成分的比例，利率下降时，会使得借款较多的企业或公司的价值增大更多，从而导致股票价值升高。而利率的下降对那些借款较少、自有资金较多的公司的价值影响不大，其股票价格的变化只是非理性投机者的一时冲动导致的价格变化，因此，价格增长的空间不大。因而，利率下降时，一般要买或多买借款较多的企业股票。而利率变化方向相反时，操作相反。

利率波动变化难以捉摸时，应优先购买那些自有资金较多企业的股票，这样就可基本上避免利率风险。

风险评估

1. 风险评估的含义与目的

前面我们详细地介绍了各种风险的识别、评估以及规避的方法，下面将要介绍两方面内容：风险的评估方法，以及如何量化股票风险。

风险评估是指，在事件发生之前或之后（但还没有结束），该事件给人们的生活、生命、财产等各个方面造成的影响和损失的可能性进行评估的工作。换句话说，风险评估就是测评某一事件或事物带来的影响或损失的可能程度。

在企业的经营活动或者投资活动中，都不可避免地需要进行风险评估。而在股票投资的过程中进行风险评估也是一个不可避免的步骤。而风险评估的目的，简单地说就是测算各种不确定因素导致股票投资收益水平减少的程度或可能给投资者造成经济损失的程度。

2. 风险评估的原则

投资者在进行股票的风险评估时，应当了解风险评估的原则，而风险评估大体有下列三个原则：

（1）风险评估的结果不是精确值，只能是一个估计的参考值。虽然风险评估的目的是测算某种不确定因素导致投资收益减少的程度。但是，风险评估不能给出一个十分精确答案，使评估的结果与将来的实际情况完全一样。在大多数时候，评估者获得的是比较各种股票风险度的参照值，根据这些参照值，投资者大体了解哪种股票的风险较大，哪种股票的风险较小一些，或者投资者直接根据经验定性的评估股票的风险。

（2）评估风险的方法通常是根据风险变动的一般规律或计量经济学的定理设计的。然而，在不同的时间、不同的地点、发生在不同类型股票上的风险，总有一定的特殊性。所以，在应用风险评估的结果进行投资决策时要注意到这一点，避免以简单的形式逻辑推理替代辩证逻辑思维，作出选择。

（3）风险评估的结果可能会随着外界的环境变化而发生变化。风险具有变异性，而变异性决定了任何一种股票的风险程度都是随时改变的。某些原因的产生会改变股票的风险程度，比如企业经营管理水平的下降会增加股票的风险。所以，对风险的评估要有连续性，要定期地核对，修正其评估结果。

3. 风险评估的方法

读者可能已经发现，前面已经介绍了几种风险评估的方法。而这里将系统地将风险评估的方法做一汇总。风险评估的方法有多种多样，投资者可根据自己的具体情况作出选择，也可以综合运用多种方式来进行。目前比较流行的评估方法主要有以下几种：

（1）调查法。在调查法中比较常见的是专家调查法。该方法是 20 世纪 40 年代由美国著名公司兰德公司研究人员赫尔默和达尔奇设计的一种信息调查法，它以希腊名城阿波罗神殿所在地特尔斐命名，故还可以称作为特尔斐法。该方法的基本特点是：以问卷形式向众多的专家个别征求对某事的看法，并在此基础之上作出决策。近年来，这种方法被人们普遍运用到股票风险评估之中，投资者利用这种方法广泛地听取有关专家，比如市场分析家、证券咨询人员、证券报刊的专栏撰稿人、证券业管理者和证券从业人员，以及教授、学者等对当前投资利弊与风险度的分析意见，从中归纳出带有某种倾向性的结论，供投资者决策时参考。但是，对于股市的中小投资者来说，这种方法不太现实，因为很难保证各个专家能够实事求是地保证信息的客观准确。在这种情况下，投资者可以自己利用手中的资源，通过咨询或者查阅某些新闻等方式进行调查，通过自己的判断来评估股票风险。

（2）利用统计学评估法。这种方法将统计学原理运用到股票投资风险评估中。而这种评估的鼻祖应属马克维茨。他认为，投资者在从事股票投资时，对未来的收益状况都有自己的预期，而未来实现的收益与预期收益之间往往存在着差异，即实际收益可能大于或小于预期收益，预期收益呈负方向变动的可能性和变动的幅度，就是股票投资风险。股票投资的预期收益变动的可能性及其变动幅度，可以借助数理统计中概率分布和标准差的概念来描述。这样，对股票风险的评估就转化为求预期收益之变动的概率分布与标准差的统计学的问题。股票未来可能收益的概率分布的均方差或标准差反映的是股票投资总风险量。这种方法运用多种数学模型，如资本资产价格模型、资产多样化模型等对此进行了测算，创立了以 β 系数测算单项金融资产系统性风险，进而测算出其非系统性风险的方法。同时在后来还发展出了风险价值等方法。该方法的特点是将股票的风险进行了量化，虽然准确性有待加强，但是其应用范围非常广泛。

（3）财务指标评估法。对于大多数股票投资者来说，这是一种非常直观而且容易掌握的风险评估方法，它主要用来评估股票的个别风险。财务指标评估法是利用企业财务报表的财务信息和市场的非财务信息提供的信息，编制或挑选一套指标体系，反映企业的经营实绩和企业发行的股票的质量。并在此基础之上，通过比较和动态的分析，加入评估者的主观判断，确定股票的风险。财务指标可以是绝对量指标，如反映股票收益量的指标；也可以是相对量指标，如反映股票收益变动水平，偿债能力大小的各类比率等。常用的财务指标一般有三类：第一类是企业偿债能力指标，包括流动比率、速动比率、现金比率、应收账款周转率、存货周转率、自有资金比率、负债比率、股东权益对总资产比率、负债对股东权益比率、周转资金比率等；第二类是股票盈利能力指标，它包括每股收益、派息率、每股股息、市盈率和投资收益率等；第三类是市场价格趋向指标，其中主要的指标是股票价格指数。

4. 股票的风险评级

在实际投资活动中，投资者要对股票的投资风险进行风险评估时还有一种做法。由于个人投资者评估股票风险十分困难，因此专职证券信誉评级机构对市场上发行和转让的有价证券风险进行了评级，而投资者可以根据自己选取的股票对应该评级结果来评价公司的股票风险。下面将介绍美国著名标准－普尔公司的股票评级方法。美国标准－普尔公司对股票的评级主要以上市公司的盈利能力和股票红利多少为依据，然后按照一定的计算标准将两方面的情况汇总到一起，确定风险等级。评估的具体方法是：首先收集企业近期连续 8 年以上的盈利数据，根据各年度盈利比上一年度增减情况为每年收益状况打分，再求出每年分值的加权平均数作为基本盈利指数，然后将基本盈余指数与一个特定的成长指数相乘，求出稳定收益指数；企业红利也以同样方法评估，只是样本数据代表的年限更长，一般在 20 年以上；最后将两者计算结果加总，对照预定的股票等级标准，即可评出股票品质的优劣和投资风险的大小。标准－普尔公司对股票排队一般分为八个级别，从 A+ 到 D，风险依次递增。具体的内容和标准见下表：

等级	股东收益状况
A+	股东收益最高
A	股东收益较高
AD	股东收益高于平均水平
B+	股东收益相当于平均水平
B	股东收益低于平均水平

BD	股东收益较低
C	股东收益极低
D	股东无收益或为负数

单个股票风险的衡量

1. 单个股票风险的衡量方法概述

众所周知，投资的收益是建立在承担风险的基础上。在市场均衡的状态下，风险和收益是对应的。例如，在证券投资的过程中，收益和风险是一对孪生兄弟，他们存在这样的关系：风险大的证券要求的收益率也高，而收益率低的投资往往风险也比较小，正所谓"高风险，高收益；低风险，低收益"。在股票市场上，如果投资者都预期一只股票的价格会涨得很高，通常股票的价格已经不低了，此时作出买入的投资决定，那么在股票价格下跌的情况下就会损失惨重。同样，如果股票市场允许做空，如果预期一只股票的价格会跌得很厉害，而股票的价格已经不高了，此时作出卖空的投资决定，那么在股票价格上涨的时候也会损失惨重。这时，股票就具有高风险、高收益的特征。尽管如此，在市场并未达到均衡的状态下，市场上也会存在着风险高收益低的这样的股票，同样的，市场上也会存在着风险低收益高的股票。因此，在选股的过程中要尽力注意到这种情况。这就是量化股票风险的一个意义之一，而另外一个意义是，不同的投资者在投资的过程中所愿意冒的风险不同。例如，有的投资者完全厌恶风险，那么投资很简单，他只需投资国库券。但是有的投资者在投资时，愿意为一个单位的收益冒一个单位的风险，或者为一个单位的收益冒两个单位的风险时，那对于这样的投资者，量化的投资风险将变得很重要，它与量化的收益共同组合，提供给投资者一个选股的工具。当然，量化单只股票风险的意义还包括它为股票组合的风险的量化提供了理论基础。

那么到底应该如何衡量单个股票的风险呢？有两大类衡量风险的方法。一种是利用预期收益的不确定性来衡量风险，这种方法包括利用标准差或方差衡量单只股票的风险以及利用 β 系数衡量单只股票的风险。而由损失的不确定性而引申出来衡量股票风险的方法有利用证券投资收益低于其期望收益的概率衡量股票风险、计算证券投资出现负的收益的概率以及 VAR（风险价值）的方法。利用证券投资收益低于其期望收益的概率衡量股票风险、计算证券投资出现负的收益的概率的这两种方法统称为利用损失法衡量股票风险。

在前面我们提到马克维茨利用预期收益率的方差来计量股票的风险，从而首次定量地计量了股票的风险。马克维茨也由此奠定了现在资产组合理论的基础。

如果纵观个别股票投资收益率的历史记录，可以发现，虽然个别时期投资收益率变动较大，但总体来看，与该股票收益率围绕着历史平均值进行上下波动，因此，可以用此历史平均值为该股票未来收益情况的预期值。

在统计学上，"离差"可用来衡量风险，该项衡量称为"标准差"，即一种现象可能呈现的离差。把统计上标准差的意义和计算方法移用到股票投资上来，就是用标准差这一指标，作为估量个别股票的投资风险大小的尺度。标准差大的股票，表示其风险大，相反，其风险则小。而且，由于有数量的规定性，因而不同股票之间各自的风险可以对比。

波动性越大，股票收益的不确定性也越大；波动性越小，就比较容易确定股票的预期收益，标准差的作用在于度量一个数量系列变动性的平均大小。因此，利用股票各年收益率的资料来计算其标准差，则可表现出其各年收益率的变动大小，从而估量股票投资的风险程度，以供股票投资者决策时参考。

而具体计算标准差的公式在前文已经给出。下面举例说明如何利用历史数据确定单只股票的标准差，进而衡量其风险。

例如，利用 A 上市公司股票年收益的过去 10 年资料，首先求得在此 10 年的平均收益率为 14%。然后根据上述公式计算标准差，如果标准差为 10.6%。这就是该公司股票的收益率为 14% ± 10.6%，其变动范围在 3.4% ~ 24.6% 之间，表示其股票的收益率高时可达到每年可得 24.6% 的收益，低时年收益只有 3.4%。如果用 B 上市公司同样 10 年的年收益率资料，计算出 10 年的平均收益率也是 14%，标准差是 12.8%，B 公司股票年收益高可达 26.8%，低则只有 1.2%。两者相比，显然 B 公司股票的风险要比 A 公司大，人们当然乐意购买 A 公司的股票，而不去购买 B 公司的股票。

2. 股票组合的风险衡量的相关概念

而根据马克维茨的资产组合理论，投资分散化可以回避股票的非系统风险，所以越来越流行的是利用投资组合进行股票的投资。

由于中小投资者在投资的过程中，很少利用量化的办法选股。而在实际操作中，往往选取相关性较为小的股票。在这里介绍一个相关性的概念以供读者在选股时作出更准确的判断。通常人们喜欢说两只股票相关，那么相关到底是一个什么样的概念呢？

相关性是指当两个因素之间存在联系，一个典型的表现是：一个变量会随着另一个变量变化。相关又会分成正相关和负相关两种情况。相关性的统计与分析是经济学中常用的一种方法。相关性系数的计算过程可表示为：将每个变量都转化为标准单位，乘积的平均数即为相关系数。两个变量的关系可以直观地用散点图表示，当其紧密地群聚于一条直线的周围时，变量间存在强相关性。

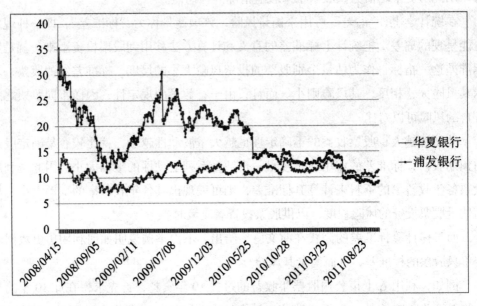

图 20-6

　　图 20-6 为 2008 年 4 月 ~ 2010 年 8 月间浦发银行和华夏银行的股价变动趋势。从图中可以看出，这两只股票的变动趋势大体相同，具有一定的相关性，而从 2008 年 9 月 ~ 2010 年 5 月间的相关性不是很高。因此，投资者可以利用股价变动趋势直观地考察股票的相关性。

　　因此，上面介绍了衡量个股的四种方法以及相关性的概念，当在实际的操作中，需要根据投资者的不同的目的与操作习惯，选用上述一种或者几种方法来衡量股票风险。